Gugel • Methoden-Manual II: »Neues Lernen«

Gugel • Methoden-Manual II: »Neues Lernen«

Günther Gugel

Methoden-Manual II: »Neues Lernen«

Tausend neue Praxisvorschläge für Schule und Lehrerbildung

Beltz Verlag · Weinheim, Basel, Berlin

Günther Gugel, Jg. 1949, Diplompädagoge,
Geschäftsführer des Instituts für Friedenspädagogik Tübingen e.V.
www.friedenspaedagogik.de

Lektorat: Peter E. Kalb

2., überarbeitete Auflage 2003
© 1998 Beltz Verlag • Weinheim, Basel, Berlin
Layout, Satz: Studio Christoph Lang, Rottenburg a. N.

Bildnachweis:
Burkhard Pfeifroth S. 9, 30, 31, 77, 109, 141, 163, 191, 211.
Günther Gugel S. 13, 17 unten, 41, 62, 74, 80, 209.
S. 11: Max Ernst, VG-Kunst; S. 14 oben: Auguste Renoir: Die Töchter von Ctolle;
S. 14 unten:. Branko Bahunek: Mädchen mit Puppe; S. 16: Christoph Lang;
S. 17 oben: Jan Roeder; S. 18: dpa; S. 19: dpa; S. 21: Käthe Kollwitz, Zug der Weber,
Archiv für Kunst und Geschichte, Berlin; S. 24: Hanel, Cartoon-Caricature-Contor,
München; S. 24: Jupp Wolter, Cartoon-Caricature-Contor, München; S. 27: Prof. Dr.
E. Bauer, Braunschweig: Plakat zur Ausstellung „Ein Stück moderner Kulturgeschichte" –
eine Ausstellung über Donald Duck; S. 29: Social Alternatives, 2/1989; S. 37: Deutsche
Welthungerhilfe; S. 38: Benetton; S. 40: Der Spiegel 22/95, S. 232; S. 48: Deutsche
Welthungerhilfe; S. 49: Globus Kartendienst, Hamburg; S. 53: Peter Ruge; S. 54: aus:
Dr. Peter-Klaus Schuster. Nationalsozialismus und „Entartete Kunst", München 1987;
S. 55: Steinkunst aus: Christian Mauracher, Jugend am Berg, 6/96, DAV-Redaktion,
München; S. 60: Walter Staufer; S. 62: Bertram Gugel; S. 64: Klaus Staek, Heidelberg;
S. 65: Pro Asyl; S. 66: Wostock-Verlag, Köln; S. 67: Der Spiegel, 1/96; S. 69: Gedenk-
stätte Neuengamme; S. 71 links: Spiegel-Verlag (Hrsg.), „Die Unveröffentlichten 271
Spiegel-Titel aus 1993, Hamburg; S. 71 rechts: Time international; S. 74: Bertram Gugel;
S. 79: Jean Kralik, aus: W. Langhoff, Die Moorsoldaten. Schweizer Spiegel-Verlag,
Zürich; S. 80: Günther Gugel; S. 154: Gedenkstätte Buchwald; S. 193/194: Initiative
Gedenkstätte Eckerwald e.V.; S. 201: Arbeitskreis Zukunftswerkstätten München;
S. 215: Siegfried Scholz.
Alle übrigen Illustrationen und Schaubilder, Christoph Lang, Rottenburg a. N.

Trotz aller Bemühungen ist es uns leider nicht in jedem Fall gelungen, die Rechteinhaber
ausfindig zu machen. Sie werden gebeten, sich ggf. an den Verlag zu wenden.

Druck: Druckhaus Beltz, Hemsbach
Umschlaggestaltung: Federico Luci, Köln
Umschlagabbildung: Veit Mette, Bielefelder Fotobüro
Printed in Germany

ISBN 3-407-25259-5

Inhalt

Inhalt

Grundsätzliches zu Methoden

Die Wirksamkeit und Attraktivität von Bildungsarbeit ist nicht zuletzt eine Frage der Methoden. Ansprechende und attraktive Methoden können die Teilnehmerinnen und Teilnehmer motivieren und sie zu einer Auseinandersetzung mit ansonsten häufig als trocken (oder gar langweilig) empfundenen Themen und Problemen veranlassen.

Methoden in der Bildungsarbeit lassen sich grundsätzlich in zwei Formen einteilen:

▲ in Methoden,
die sich auf die sozialpsychologische Ebene beziehen (u. a. auch Interaktion und Kommunikation in Gruppen) und

▲ in Methoden,
die sich auf die Inhaltsvermittlung beziehen.

Methoden sind dabei keine Tricks und Kniffs, um die Teilnehmerinnen und Teilnehmer bei der Stange zu halten. Sie sind auch kein Allheilmittel gegen eine langweilige Seminargestaltung.
Methoden sind Verfahren, mit deren Hilfe sich alle Beteiligten mit einem Thema so auseinander setzen, dass sie zu neuen Einsichten und Kompetenzen gelangen können.
Für die Anwendung möglichst vielfältiger und abwechslungsreicher Methoden spricht eine Reihe von Gründen:

▲ Lernen gelingt vor allem dann,
wenn Konzentrations- und Entspannungsphasen sich abwechseln. Die Anwendung unterschiedlicher Methoden kann hierzu einen wichtigen Beitrag leisten.

▲ Nicht alle Teilnehmerinnen und Teilnehmer
setzen sich auf die gleiche Weise mit einem Thema auseinander. Methodenvielfalt kann hier unterschiedliche Lernarten berücksichtigen.

▲ Eintönigkeit und Gleichförmigkeit
(z. B. immer nur reden) ist ermüdend und wirkt demotivierend. Ein Methodenwechsel kann hier neue Impulse bringen.

▲ Nicht nur die Leitung,
sondern auch die Teilnehmerinnen und Teilnehmer tragen Verantwortung für das Seminargeschehen. Nur die Anwendung vielfältiger teilnehmerorientierter Methoden ermöglicht eine starke Einbeziehung der Teilnehmerinnen und Teilnehmer.

Methoden sind keine Manipulationsinstrumente

Methoden dürfen nicht für Indoktrination oder Manipulationszwecke verwendet werden. Die grundlegenden Prinzipien der (politischen) Bildungsarbeit, wie sie u. a. im so genannten Beutelsbacher Konsens formuliert wurden, müssen sich auch in den angewandten Methoden niederschlagen:

▲ Das Indoktrinationsverbot:
Es ist nicht erlaubt, die Teilnehmerinnen und Teilnehmer – mit welchen Mitteln auch immer – im Sinne erwünschter Meinungen zu überwältigen und damit an der Gewinnung eines selbstständigen Urteils zu hindern.

▲ Das Kontroversegebot:
In der Wissenschaft und Politik ausgetragene Kontroversen müssen auch in der Bildungspraxis kontrovers behandelt werden.

▲ Die Teilnehmerzentrierung:
Die Teilnehmerinnen und Teilnehmer müssen in die Lage versetzt werden, sowohl die politische Situation als auch ihre eigene Situation und Interessenlage zu analysieren, sowie nach Mitteln und Wegen zu suchen, die politische Situation im Sinne ihrer Interessenlage zu beeinflussen.

In methodischer Hinsicht folgt daraus, dass Lernformen, die Selbstständigkeit und Eigenarbeit fördern, Vorrang haben müssen vor Formen des Belehrens.

Zum Umgang mit der Methodensammlung

Dieser Methodenband enthält sehr unterschiedliche methodische Anregungen, z. B.:

▲ Arbeitsblätter und Spiele,
die sofort ohne große Vorbereitung und Vorkenntnisse angewendet werden können;
▲ Übungen,
die einer gewissen Vorerfahrung bedürfen;
▲ Rätsel,
deren Lösung nur wenige Minuten dauern;
▲ Analyseraster,
deren Anwendung auch mehrere Stunden beanspruchen kann.

Die verschiedenen methodischen Anregungen können in unterschiedlichen Sozialformen, z. B. in Einzel- oder Gruppenarbeit angewendet werden. Um dies kenntlich zu machen, finden sich am Ende jeder Methodenbeschreibung Piktogramme:

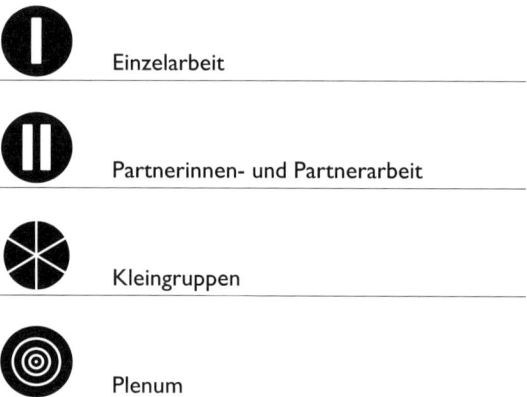

Einzelarbeit

Partnerinnen- und Partnerarbeit

Kleingruppen

Plenum

Piktogramme weisen auch darauf hin, für welche Seminarsituation die Methode u. a. geeignet erscheint:

Anfang

Vertiefung

Auflockerung

Schluss

Die Auswahl einer Methode kann über das Inhaltsverzeichnis, das Register am Schluss des Bandes oder auch einfach durch Blättern und Schmökern erfolgen.

Was zu beachten ist

▲ Nicht jede Methode passt zu jeder Lehrerin bzw. jedem Lehrer, zu jeder Fortbildungs- oder Schülergruppe. Deshalb muss gezielt ausgewählt werden.
▲ In vielen Fällen ist es sinnvoll, die Methode zunächst selbst als Teilnehmerin oder Teilnehmer zu erleben, bevor sie in der Rolle der Leitung angewendet wird.
▲ Die Methoden sind zwar vielfältig angewendet und erprobt, dennoch bieten sie für sich alleine genommen keine Gewähr, dass sie immer „gelingen" und zu den gewünschten Lernerfolgen führen.

Bildorientierte Methoden

**„Ein Bild sagt mehr als tausend Worte."
Bilder sprechen vor allem die Gefühlswelt
des Menschen an. Sie wirken deshalb un-
mittelbarer als Texte. Sie erregen Neugier,
erwecken oft spontane Zustimmung oder
Ablehnung.**

„Bilder" können sehr vielfältig sein. Sie reichen
von Werbefotografien über Comics und Karikaturen bis zu Ölgemälden. Jede Darstellungsart
erfordert eigene Umgangsweisen und Methoden.
Da Bilder bei der Betrachtung und Auseinandersetzung vielfältige Assoziationen auslösen können,
ist es wichtig, diese aufzugreifen und zu hinterfra-
gen. Hierzu können z. B. Kriterienkataloge hilfreich sein.

Bildorientierte Methoden bieten sich jedoch nicht
nur aus didaktischen Überlegungen an, sondern
auch deshalb, weil wir in einem Zeitalter der
„Bilderwelten" leben. Schrift und Sprache werden
zunehmend durch bild- und symbolorientierte
Darstellungen abgelöst.

Bilder produktiv einsetzen – I

Bilder wirken direkter als Worte. Sie wecken Assoziationen und sprechen Gefühle an. Bilder sind jedoch nicht die Wirklichkeit, sie interpretieren Wirklichkeit.

Reaktionen auf Bilder bzw. die Wirkungen von Bildern bewusst zu machen kann neue Erfahrungen erschließen.

Das hierfür verwendete Bildmaterial (Werbefotografien, Zeichnungen, Ölgemälde usw.) kann sehr unterschiedlich sein, deshalb sind auch verschiedene Methoden des Zugangs und der Auseinandersetzung mit Bildern notwendig, die sich gegenseitig ergänzen.

Viele der hier kurz skizzierten Möglichkeiten werden bei anderen Methodenbeschreibungen des Bandes ausführlich dargestellt.

Was man machte könnte

Bilder befragen

▲ Was sehe ich?
▲ Welche Gefühle löst das Bild bei mir aus?
▲ Was ist das Thema des Bildes?
▲ Ist die Bildaussage eindeutig oder mehrschichtig?
▲ Was ist besonders auffallend (Motivwahl, Farbgebung, Personendarstellung etc.)?
▲ Wie ist die Bildaufteilung (Vordergrund, Hintergrund, Spiegelachsen, Tiefendarstellung etc.)?
▲ Wie ist die Farbgebung?
▲ Wie sind die Kontraste (Helligkeitsabstufungen) des Bildes?
▲ Welche Elemente des Bildes werden in welcher Reihenfolge wahrgenommen?
▲ Was ist nur bei sehr genauem Hinsehen zu erkennen?
▲ Gibt es einen offenkundigen Anlass oder eine Funktion des Bildes?
▲ Wo könnte das Bild aufgenommen sein?
▲ Hat das Bild einen Titel? Warum wurde wohl gerade dieser gewählt? Welchen Titel würde ich dem Bild geben?
▲ Was hat der Maler (Fotograf) mit dem Bild ausdrücken wollen?
▲ Warum wurde das Bild publiziert (gemalt)?
▲ Was würde meine Mutter (Vater, Freundin, Freund usw.) zu dem Bild sagen?
▲ Welche Texte (Gedichte, Zeitungsnachrichten usw.) unterstreichen die Bildaussage, welche konterkarieren sie?
▲ Welche Verbindungen bzw. Zusammenhänge zur Wirklichkeit sind zu erkennen? *(Vgl. Arbeitsblatt „Checkliste")*

Einige Bildarten

Nach der Technik
Gemälde
Fotografien
Zeichnungen
Collagen
Computergrafiken
Standbilder aus Filmen

Nach ihrem Verwendungszweck
Werbebilder
Zeitungsbilder
Buchillustrationen
Privatfotografien
Titelbilder
Homepages im Internet
CD-Plattenhüllen
Kataloge

Nach dem Grad des Eingriffs in das Bildmaterial
Dokumentarbilder
Verfremdete Bilder
Manipulierte/zensierte Bilder

Bildern Worte geben

Das Bildgeschehen und die Bildwirkungen verbalisieren:
▲ Zu einem Bild einen Titel suchen.
▲ Eine Identifikationsfigur suchen und mit ihr das Bild durchwandern.
▲ Die (vermutete) Entstehungsgeschichte des Bildes erzählen.
▲ Einzelne Personen (Gegenstände) des Bildes in „Ich-Form" sprechen lassen. *(Vgl. „Mit Bildern identifizieren")*

Kontrastbilder suchen

Zu einem vorgegebenen Bild soll ein zweites Bild gesucht werden, dessen Aussage einen Kontrast zum ersten abbildet. Da Bilder immer mehrere Assoziationen und Deutungen zulassen, können so verschiedene Aspekte eines Themas deutlich werden.

Die Bildaussage nachstellen

Bilder, auf denen Personen(gruppen) abgebildet sind, eignen sich gut dazu, Bildszenen im Raum nachzustellen:
▲ Welche Haltung nehmen die Personen ein?
▲ Was empfinde ich, wenn ich diese Haltung eingenommen habe?

Bilder produktiv einsetzen – 2

▲ Wie ist die Beziehung der Personen untereinander? Wodurch wird im Bild diese Beziehung ausgedrückt?

▲ Welche Person spricht mich am stärksten an?

▲ Was könnte der abgebildeten Szene
vorausgegangen sein?

▲ Wie könnte die Szene weitergehen?

Bilder verfremden

Das Verfremden von Bildern dient dazu, die Grundaussagen besser herauszuarbeiten und verstehen zu
können:

▲ Ein Bildelement kopieren und in
einen neuen Kontext/Hintergrund setzen.

▲ Historische Bilder (Bildausschnitte) in
einen aktuellen Bezugsrahmen stellen.

▲ Das Bild in einem anderen Stil (oder auch
mit anderen Farben) nachmalen.

▲ Zum Originalbild eine Collage anfertigen.

▲ Das Bild spiegeln (im PC oder einfach
mit einem Spiegel).

▲ Die Farben des Bildes verändern.

▲ Das Bild ergänzen, übermalen.

Instrumentalisierung von Bildern verdeutlichen

Bilder werden auch für bestimmte Interessen gezielt hergestellt und eingesetzt. Dabei lassen sich
verschiedenen Darstellungstypen (Bildmotive)
unterscheiden. Z. B. in der Länderdarstellung:

▲ „Die schöne Welt": Reisekataloge, Interesse:
Kunden gewinnen, Reisen verkaufen.

▲ „Die schreckliche Welt": Nachrichten-
magazine, Interesse: Leser binden, hohe Ein-
schaltquoten erreichen.

▲ „Die arme (hilfsbedürftige) Welt":
Hilfsorganisationen, Interesse: Spendengelder
requirieren.

Bilder im Seminarablauf

Impulsbilder

Impulsbilder regen zum Nachdenken an, fordern
zum Reden heraus, spiegeln stark den Erfahrungs-
hintergrund wider oder appellieren an die Gefühlswelt der Betrachtenden.
Impulsbilder sollen, wie es der Name ausdrückt,
einen Impuls geben oder eine Provokation sein.
Das Bild sollte auch nur diese Funktion erfüllen,
um danach dem Problem und seiner Diskussion
Platz einzuräumen.

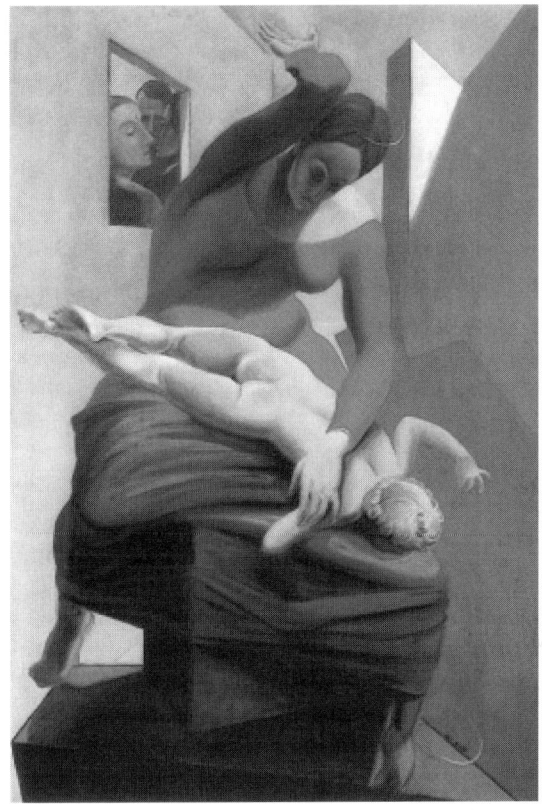

Max Ernst. Die Jungfrau züchtigt das Jesuskind vor drei Zeugen, 1926.

Mit Bildern provozieren

Während Impulsbilder ein Thema aufreißen, machen Bilder, die provozieren, gegensätzliche Meinungen deutlich. Zu jeder Zeit gab und gibt es
Bilder, die Tabus verletzen, die (bei bestimmten
Gruppen) öffentlich Anstoß erregen. Mit Bildern
provozieren bedeutet, bewusst Widerspruch he-
rauszufordern, um mit diesem Widerspruch weiterarbeiten zu können

Mentale Bilder aktivieren

Anschauungen und Weltsichten sind in mentalen
Bildern gespeichert. Diese Bilder können aktiviert
und konkret beschrieben werden, indem bestimmte Begriffe oder knapp umrissene Bildbe-
schreibungen vorgegeben werden, z. B.:

▲ Willy Brandt, knieend in Warschau;

▲ Jugendliche 1989 auf der Berliner Mauer.

Was wird wirklich erinnert, was entspricht der
Realität, was wurde subjektiv ergänzt usw.

Bilder produktiv einsetzen
Checkliste

Illustrationen und Bilder befragen

1	**Wie wirkt das Bild auf mich?**	▲ Gefällt mir ▲ Weckt Interesse ▲ Lässt mich kalt ▲ Gefällt mir nicht ▲ Ärgert mich, geht mir auf die Nerven	**Warum?**
2	**Welchen Zweck scheint das Bild auf den ersten Blick zu haben?**	▲ Lückenfüller ▲ Auflockerung ▲ Aufmerksamkeit wecken ▲ Ergänzung des Textes ▲ Erklärung des Textes	**Woraus ist das ersichtlich?**
3	**Macht das Bild Lust, den Text zu lesen?**	▲ Ja ▲ Hat keinen Einfluss ▲ Nein	**Warum?** **Woran kann das liegen?**
4	**Stimmt das Bild mit dem Inhalt, der Aussage, der Atmosphäre des Textes überein?**	▲ Ja ▲ Nein ▲ Verschiebt das Bild die Aussage des Textes? ▲ Manipuliert es den Text oder den Leser?	**Was stimmt überein?** **Was passt nicht zusammen?**
5	**Wie wäre es, wenn das Bild fehlen würde?**	▲ Besser ▲ Ruhiger, ausgewogener ▲ Egal ▲ Schade ▲ Langweiliger, eintöniger	**Warum?**
6	**Nach welchem Prinzip arbeitet die Illustration?**	▲ Realistische Darstellung, sie stellt Wirklichkeit dar ▲ Freie, fantasievolle Darstellung ▲ Grafisch/künstlerisch: wirkt durch Farben und Formen, nicht durch inhaltliche Aussagen	**Ist das Prinzip eindeutig?**
7	**Mit welcher Technik ist die Illustration erstellt worden?**	▲ Zeichnung: Bleistift/Kohle/Kreide ▲ Gemälde: Aquarell/Öl/Deckfarben ▲ Grafische Techniken: Filzstift/Folien/Spritzpistole ▲ Collage: verschiedene Elemente kombiniert ▲ Fotografisch: Foto/Film-/Fernsehbilder ▲ Computergrafik	**Wie passt die Technik zum Inhalt?**
8	**Wo könnte eine solche Illustration eventuell auch noch vorkommen?**	▲ Bilderbuch/Kinderbuch ▲ Comicheft ▲ Trickfilm ▲ Werbung (Prospekte, Zeitschriften, Plakate) ▲ Zeitung ▲ Jugendzeitschrift/Jugendmagazin ▲ Tagesschau ▲ Videoclip	**Warum?** **Welche Elemente der Illustration sprechen dafür?**

Vgl. Dani Lienhard: Illustration in Lesebüchern – mehr als nur Zuckerguß. In: die neue Schulpraxis, 4/1992, S. 9.

Bilder produktiv einsetzen

Arbeitsmaterial

Funktionen von Bildern in Lerntexten

▲ Dekorative Funktion:
Bilder müssen nicht in unmittelbarem Zusammenhang mit dem Text stehen, erhöhen aber die Attraktivität des Textes und bieten dem Leser Abwechslung.

▲ Repräsentative Funktion:
Hauptfiguren oder wichtige Objekte des Textes werden abgebildet. Die im Text erzählte Handlung wird visualisiert.

▲ Organisierende Funktion:
Bilder fassen Informationen zusammen, bieten eine gegliederte Übersicht.

▲ Interpretierenden Funktion:
Schwierige Textpassagen werden durch analoge Bilddarstellungen erklärt (Vergleich mit bekannten Prinzipien).

▲ Transformierende Funktion:
Bilder bieten eine Gesamtaussage, die im Nachhinein durch Detailinformationen im Text erklärt und differenziert wird.

Deutsches Institut für Fernstudien (Hrsg.): Medien und Kommunikation. Konstruktionen von Wirklichkeit. Studienbrief 4. Weinheim und Basel 1990, S. 72.

Mentale Funktionen von Bildern

▲ Aktivieren:
Bestehende mentale Modelle des Betrachters werden abgerufen. So rufen z. B. Piktogramme ganze Verhaltensmodelle auf.

▲ Akzentuieren:
Durch Betonung bzw. Hervorhebung wird Wichtiges von Unwichtigem unterschieden.

▲ Konstruieren:
Bilder werden als Anlässe für die Entwicklung neuer mentaler Modelle genutzt.

▲ Ersetzen:
Bilder funktionieren als komplette mentale Modelle.

Deutsches Institut für Fernstudien (Hrsg.): Medien und Kommunikation. Konstruktionen von Wirklichkeit. Studienbrief 4. Weinheim und Basel 1990, S. 73.

Ein Junge verkauft Gipsbilder an Touristen.

Wie Bildunterschriften Bildaussagen verändern:

1. Für den Fotografen zeigt sich Achmed als Bilderverkäufer.
2. In den Ferien macht es Achmed Spaß, an Touristen selbst gebastelte Bilder zu verkaufen.
3. Seit Achmeds Vater tot ist, trägt er die Verantwortung für das Überleben der Familie.
4. Achmed muss jeden Tag mindestens 15 Bilder verkaufen, sonst ist sein Patron nicht gut auf ihn zu sprechen.

▲ Was fällt Ihnen spontan zu dem Bild ein?
▲ Welche Bildunterschrift ist Ihnen am einleuchtendsten? Welche ist eher unwahrscheinlich?
▲ Mit welchem Land assoziieren Sie das Bild?
▲ Wie verändert sich Ihre Einstellung zu dem Bild durch die Bildunterschriften?

Das Bild wurde 1997 in Gafsa, Tunesien aufgenommen.

Bilder produktiv einsetzen
Erfahrungsbericht

Mit Bildern das Verständnis von Lernen herausfinden

Die im Verlaufe des Lebens gesammelten Erfahrungen prägen unsere Sichtweisen – von uns selbst, von unseren Mitmenschen, von der Welt. Diese Sichtweisen, auch Deutungsmuster genannt, bilden quasi eine Brille, durch die wir alles Neue betrachten.

Um diese Tastsache wussten wir in der Arbeitsgruppe. Auch hatte jede von uns in verschiedenen Zusammenhängen an ihren Lernmustern gearbeitet und sie sich zumindest teilweise bewusst gemacht.

Um die ständige Anwendung individueller Deutungsmuster und die damit verbundene Vielfalt in der Auffassung von Lernen für andere anschaulich und nachvollziehbar zu machen, beschlossen wir, gemeinsam folgende Übung durchzuführen:

Jede von uns bekam dieselben zwei Kunstpostkarten mit der Aufforderung, sie unter der Überschrift „Lernen" zu betrachten und die eigenen Gedanken schriftlich festzuhalten.

Nicht nur die Deutung der Bilder hat einen Bezug zur Lerngeschichte. Selbst die Herangehensweise ist davon gefärbt. Dies wurde bei der Besprechung der Texte in der Arbeitsgruppe offensichtlich und veranlasste uns, sich die persönliche Herangehensweise rückblickend noch einmal bewusst und den anderen nachvollziehbar zu machen.

Aussagen von GruppenteilnehmerInnen

▲ „Wir machen zusammen Musik und führen euch vor, was wir alles schon können. Unsere Kleinste spielt zwar noch kein Instrument, aber sie singt wunderschön. Dass wir hier so postiert sind, liegt nur am Fotografen, der uns so haben will. Wenn wir alleine sind, geht es hier beengter zu, dann klingen auch schon mal falsche Töne an. Aber beim Vorspielen ist das Arrangement nun einmal so – wir finden das nicht schlimm, denn das gemeinsame Musizieren macht uns Spaß."

▲ „Einsam, beziehungslos, auch zur Puppe scheint keine Beziehung zu bestehen. Die Ausstrahlung des Bildes auf mich wirkt verschlossen, Körperhaltung geschlossen, Hof-Häuser-Anordnung geschlossen. Es sind enge, fantasiearme Voraussetzungen zur Entwicklung von Lernen gegeben."

▲ „Nach dem Erhalt der Bilder bin ich sofort an die ‚Arbeit' gegangen. Beide Bilder haben meinen spontanen Widerstand hervorgerufen. Mädchen mit Puppe: Mein erster Impuls: ‚So stell ich mir Lernen nicht vor'."

E. Fuchs-Brüninghoff / M. Pfirrmann (Hrsg.): Ansichten von Lernen – Lernansichten. Frankfurt/M. 1992, S. 23 ff., Auszüge.

Bildkartei – I

Eine Bildkartei ist eine Sammlung von Bildern aus unterschiedlichen Lebensbereichen.

Diese Bilder sind auf einen DIN-A4-Karton aufgeklebt und evtl. in einem Karteikasten untergebracht. Eine Bildkartei kann aus wenigen Motiven bestehen oder bis zu mehrere hundert Bilder umfassen.

Die Bilder können selbst fotografiert sein, sie können aber auch aus Zeitschriften übernommen werden. Bei der Zusammenstellung sollte darauf geachtet werden, dass möglichst vielfältige Motive aus vielen Bereichen des gesellschaftlichen und politischen Lebens erfasst sind.

Die Einsatzmöglichkeiten reichen von geringer Eigenaktivität der Teilnehmerinnen und Teilnehmer bis zu weitgehender Selbstbestimmung (selbst produziertes Material).

Bilder als persönliche Darstellungshilfe

Wird mit einem Thema direkt an die Lebensgeschichte der Teilnehmerinnen und Teilnehmer angeknüpft, so bietet die Bildkartei den Betrachterinnen und Betrachtern die Möglichkeit, sich von selbst ausgewählten Bildern erinnern zu lassen und mit Hilfe dieser Bilder anderen mitzuteilen, was für sie selbst wichtig und bedeutsam geworden ist. (So kann man z. B. zur Einführung in das Thema „Das Fremde" oder „Fremdenfeindlichkeit" Bilder aussuchen lassen, die stark negative oder stark positive Gefühle wecken.)

Vorstellübung „Wühltisch"

Alle Bilder der Bildkartei werden auf einem großen Tisch ausgebreitet. Die Teilnehmerinnen und Teilnehmer erhalten nun die Aufgabe, sich ein Bild herauszusuchen, das sie im Zusammenhang mit dem Seminarthema besonders anspricht. Alle schauen nun gleichzeitig die Bilder durch und suchen sich ihr Bild heraus. Die Teilnehmerinnen und Teilnehmer legen nun nacheinander ihr Bild in die Mitte des Stuhlkreises (oder heften es an die Wand) und berichten, warum sie gerade dieses Bild ausgewählt haben, was sie damit verbinden.

In Anfangssituationen können die Teilnehmerinnen und Teilnehmer noch ihren Namen und einige biografische Daten hinzufügen. Wichtig ist die genaue Themenstellung bei der Auswahl, z. B. ein Bild, „das für mich Politik symbolisiert", „das meine Beziehung zur Gewalt ausdrückt", „das für mich den Schulalltag spiegelt" usw.

Problemdarstellungen

Die Schülerinnen und Schüler wählen in Kleingruppen zu dem jeweiligen Thema passende Bilder aus. Dabei sollen sie auch begründen, warum sie diese Bilder auswählen. Die Kleingruppe wählt nun aus diesem Bestand gemeinsam einige Bilder aus, bringt sie in eine bestimmte Reihenfolge und formuliert einen passenden Text (als Untertitel) dazu. Die so erstellten kleinen Ausstellungen veranschaulichen die jeweilige Problemsicht der Gruppen.

Baumaterial für kreative Gestaltung

Durch Veränderung und Ergänzung können neue Bilder geschaffen werden. Eine Möglichkeit hierzu ist es, ausgesuchte Bilder über ein Episkop auf ein großes Papier zu projizieren und Teile davon nachzumalen. Weitere projizierte und nachgemalte Bilder ergänzen und verändern dieses Bild.

Eine andere Möglichkeit bietet sich mit Hilfe eines Kopierers an. Die Bilder können kopiert, und dann mit Hilfe von Schere und Kleber in Collagetechnik montiert und erneut kopiert werden. Wenn Computer und Scanner verfügbar sind, so können Bilder in den PC eingelesen und mit entsprechenden Bildbearbeitungsprogrammen verändert werden.

Auf diese Art und Weise können Bilder verfremdet und neue Blickwinkel und Gesichtspunkte zu Themen entwickelt werden.

Assoziationen

Die Leitung wählt aus der Bildkartei einige Bilder mit Bezug zum Thema aus. Die Teilnehmerinnen und Teilnehmer sollen anhand der Bilder einzeln, in Gruppen oder im Plenum ihre Assoziationen nennen. Hierfür eigenen sich besonders gut Motive, die Alltagssituationen darstellen.

Geschichten erfinden

Die Kleingruppe erhält eine Reihe (15–20) von Bildern, auf denen Personen abgebildet sind. Sie haben nun die Aufgabe, eine Person auszuwählen und deren Geschichte zu erzählen. (Dies kann z. B. stark auf bestimmte Bevölkerungsgruppen bezogen sein: nur Bilder von Frauen oder nur Bilder von ausländischen Mitbürgerinnen und Mitbürgern. Wie leben sie? Wo arbeiten sie? Wie wohnen sie?)

Bildkartei – 2

Bildüberschriften finden

Zu einem Bild werden verschiedene Überschriften gesucht. Die Wahrnehmung des Bildes verändert sich, je nachdem welche Deutung durch die Überschrift vorgegeben wird (z. B. zum Bild eines Obdachlosen: „Arbeitsscheu", „Auf der Suche nach Arbeit").

Bildvergleiche

Anhand von zwei Bildern mit demselben Thema können Vergleiche in der Aussage gezogen oder Kontraste gefunden werden. Dabei können formale und thematische Unterschiede, Gemeinsamkeiten, Parallelen in Form, Farbe und Aussage entdeckt werden. Kontrastierende Bilder können ausgewählt werden, um Probleme von verschiedenen Seiten zu betrachten und die Vielschichtigkeiten des Themas aufzuzeigen.

Bild des Jahres

Aus einer Sammlung von Bildern (oder von Illustrierten) sucht sich jede bzw. jeder das Bild heraus, das für sie bzw. für ihn im vergangenen oder laufenden Jahr das zentrale politische (oder kulturelle usw.) Ereignis ausdrückt. Diese Bilder können mit dem von Journalisten gewählten „Bild des Jahres" kontrastiert werden.

Zu Bildausschnitten assoziieren

Die Teilnehmerinnen und Teilnehmer schneiden aus einem weißen Blatt Papier ein kleines Fenster heraus, das den Blick auf ein von ihnen ausgewähltes Detail des Bildes freigibt. Die anderen assoziieren nun, was sie mit diesem Detail verbinden.

Bilder vertonen

Die ausgesuchten Bilder werden mit Musiksequenzen oder Liedern unterlegt und erhalten dadurch ihre besondere Aussage.

Variationen

Von der Bildkartei können Dias oder einzelne Folien angefertigt werden. Dadurch ergeben sich zusätzliche Einsatzmöglichkeiten.

Vgl. J. Flothow u. a: Arbeiten mit der Bildkartei. In: Medien Praxis 4/78, S. 35 ff.
E.-G. Dieckmann: Kreative Medienarbeit im politischen Unterricht. In: Erfahrungsorientierte Methoden der politischen Bildung. Bundeszentrale für politische Bildung, Bonn 1988, S. 178–218.

Eine Bildkartei selbst erstellen

▲ Sammlung von Bildmaterial:
eigene Fotos, Reproduktionen aus Bildbänden, Bilder aus Illustrierten.
▲ Auswahl der Bilder:
dabei ist darauf zu achten, dass möglichst viele gesellschaftliche Bereiche (Familie, Arbeit, Umwelt) berücksichtigt und zudem unterschiedliche Erfahrungsbereiche dargestellt werden.
▲ Aufkleben der Bilder auf festen Karton. Format: DIN A4.
▲ Numerieren der Bilder und evtl. Überkleben mit Klarsichtfolie.
▲ Aufbewahrung der Bilder in einer entsprechenden Box.

Ganz neue Möglichkeiten für die Erstellung einer Bildkartei ergeben sich durch das vielfältige Angebot von Foto-CDs, wenngleich hier (noch?) beachtet werden muss, dass die dort gespeicherten Bilder am ehesten der Werbefotografie zuzuordnen sind.

Lernmöglichkeiten

Die Bildkartei ermöglicht selbst bestimmtes, erfahrungsbezogenes und problemorientiertes Lernen.

Selbst bestimmtes Arbeiten kann zu tieferen Einsichten in die eigene Situation führen und neue Handlungsmöglichkeiten eröffnen und gleichzeitig den kreativen Umgang mit Medien aufzeigen.

Eine Bildkartei kann helfen, Probleme zu formulieren und eigene Erfahrungen anderen mitzuteilen.

Bildkartei – 3

Das größte Fotoarchiv der Welt

umfasst über 16 Millionen Bilder und wurde 1995 von der Firma Corbis, (die 1989 von Bill Gates gegründet wurde) gekauft. Aus diesem Archiv, das die wichtigsten Bilder des Jahrhunderts enthält, bedienen sich Zeitungen, Zeitschriften und Buchverlage. Mit dem Kauf, so schätzen Kenner, kontrolliert Bill Gates bereits drei Viertel des Welthandels mit digitalen Bildrechten.

Im Internet kann man in der Sammlung recherchieren:
http://www.corbis.com

Vgl. Die Zeit, 20. Oktober 1995, S. 86.

Literaturhinweise

Geo-Extra Nr. 2: Sehen, Wahrnehmen, Fotografie. Hamburg 1996.
Hülsen-Esch, Andrea von / Jean-Claude Schmitt: Die Methodik der Bildinterpretation. Göttingen 2002.
Kowalski, Klaus: Arbeitshefte Kunst für die Sekundarstufe II, Methoden der Bildanalyse. Stuttgart 1999.
Sontag, Susan: Über Fotografie. München 2002.

Internet

Bundesverband der Pressebildagenturen
www.bvpa.org
Zugang zu Bildarchiven
www.uni-kiel.de/ub/Faecher/kunst/
textsamml.html

Weiterarbeit

▲ Die ausgesuchten Bilder in eine Reihenfolge bringen;
▲ Lässt sich daraus eine Bildergeschichte erstellen?
▲ Kontrastbilder suchen: Welches Bild stellt das Gegenteil der Aussage dar?
▲ Bildunterschriften formulieren.
▲ Sich auf ein Gruppenbild einigen.
▲ Einen Kontext zu dem Bild erfinden, in dem das Bild stehen könnte. Wie verändert sich die Bildaussage mit dem formulierten Kontext?
▲ Kurzbiografien der abgebildeten Personen erfinden.
▲ Welches Bild könnte das vergangene Jahr charakterisieren?

Die Bildkartei in Schlusssituationen

▲ Die Teilnehmerinnen und Teilnehmer suchen sich ein Bild aus und geben es einem anderen Gruppenmitglied mit auf den Weg.
▲ Die Teilnehmerinnen und Teilnehmer suchen sich ein Bild oder mehrere Bilder aus, die die Arbeitsweise der Gruppe symbolisieren.

Bilder, die Geschichte machten

Historische Ereignisse werden manchmal in Momentaufnahmen festgehalten, die symbolische Bedeutung erhalten.

Das sind dann Fotos, die um die Welt gehen. Anhand solcher Fotos können historische oder aktuelle Ereignisse nachvollzogen und präsent gemacht werden. Diese Schlüsselbilder eignen sich dabei besonders als Einstieg in ein Themenfeld.

Vorgehensweise

Das betreffende Foto wird entweder (per Kopierer) vergrößert oder auf Folie kopiert. Alle Teilnehmerinnen und Teilnehmer sollten das Foto gut sehen können.

Zunächst können spontane Reaktionen auf das Foto gesammelt werden: Was fällt mir zu diesem Bild ein? Kenne ich dieses Bild? Wo habe ich es schon gesehen? Was verbinde ich damit?

Im nächsten Schritt sollten die historisch-politischen Zusammenhänge umrissen werden, die zu der abgebildeten Situation geführt haben.

Spannend ist es, die Geschichte eines Bildes (so weit wie möglich) zu verfolgen.

Symbolische Augenblicke

„Zeitgeschichte ist immer auch Geschichte von Bildern. In der Fülle dieser Bilder gibt es manchmal solche, die wir alle schon einmal gesehen haben. Viele davon gingen um die Welt. Manche können wir nicht vergessen, so sehr prägen sie sich ein. Oft sagen sie mehr aus als bewegte Filme. (...)

Es sind Fotos von Menschen, die ‚einmal im Leben‘ Geschichte gemacht haben, mit deren Abbild ein symbolischer Augenblick des Zeitgeschehens festgehalten wurde. Es sind Bilder von außergewöhnlichen historischen Situationen, Bilder der Freude und Bilder des Schmerzes, Momentaufnahmen von Einzelschicksalen, in denen sich das Schicksal vieler anderer widerspiegelt."

Guido Knopp: Bilder, die Geschichte machten. München 1992. S. 7.
Vgl. auch Guido Knopp: Die großen Fotos des Jahrhunderts. Bilder, die Geschichte machten. München 1994.
Reporter ohne Grenzen: www.reporter-ohne-grenzen.de

Fotos: dpa

Variation
Das Bild wird zunächst nicht gezeigt, sondern in knappen Worten beschrieben. Die Teilnehmerinnen und Teilnehmer malen nun das Bild, das sie vor Augen haben, mit Erinnerungen und Details aus. Erst danach wird das Foto präsentiert.

15–20

Bilder, die Geschichte machten

Beispiel

Foto: dpa

Dieses Bild ging 1972 um die Welt

„Auf einmal wurde geschrien: ‚Bomben, sie werfen Bomben.' Dann hörten wir ein schreckliches Heulen und gleich darauf die ersten Explosionen … Wir hatten panische Angst. Mein Onkel schrie: ‚Alle raus, sonst verbrennen wir noch!' Und so rannten wir ins Freie und auf der Straße entlang zur Brücke.

Und da kamen die Flugzeuge noch einmal zurück und stießen auf uns nieder.

Auf einmal dachte ich, die Welt geht unter: Eine Explosion, ein Wald aus Feuer rings um uns. Wir fielen alle hin und schrien, schrien, schrien. (…)

Sie deutet auf das Foto: ‚Ganz links, das ist mein Bruder. Und rechts von mir, da läuft mein Cousin. Wir rannten und rannten, und endlich kamen wir an die Brücke, dort warteten die Reporter.'

Unter ihnen war der Fotograf Huynh Cong Ut, der das Bild seines Lebens schoss. Er erhielt dafür den Pulitzer-Preis.

‚Sie haben Wasser über uns geschüttet, und wir haben geschluckt und getrunken, und mir war heiß, so heiß.

Dann wusste ich auf einmal gar nichts mehr. Ich wurde ohnmächtig.'

Das Napalm hatte sich in ihren Rücken, in den Nacken und vor allem in den linken Arm gefressen. Kim Phuc wurde nach Saigon gebracht, in das amerikanische Coray-Hospital. (…)

Vierzehnmal haben die Ärzte ihr gesunde Haut verpflanzt, von den eigenen Beinen auf die Wunden. Doch die Narbenstränge schmerzen zwei Jahrzehnte später immer noch."

Guido Knopp: Bilder, die Geschichte machten. München 1992, S. 13 ff. Auszüge.

Kim Phuc wurde 1997 zur UNESCO-Sonderbotschafterin für eine Kultur des Friedens ernannt.

Fragen zum Bild

▲ Wo ist das Bild aufgenommen?

▲ In welchem historischen Kontext steht es?

▲ Wer war/en der/die Täter, wer die Opfer?

▲ Warum wurde Napalm abgeworfen?

▲ Warum war die Zivilbevölkerung betroffen?

▲ Was empfinden Sie beim Anblick des Bildes?

▲ Was würden Sie am liebsten sagen, tun …?

Mit Bildern identifizieren

Diese Methode ist nicht auf Faktenwissen hin orientiert, sondern versucht, die Teilnehmerinnen und Teilnehmer in Kontakt zu wirklichen oder fiktiven Personen und deren Situation zu bringen.

Das Ein- und Mitfühlen durch Identifikation mit einer dargestellten Person ermöglicht, dass die Schülerinnen und Schüler mit ihren Empfindungen und Gefühlen an dem jeweiligen Thema beteiligt sind. Dabei ist jedoch wichtig zu sehen, dass die Empfindungen die eigenen und nicht die der dargestellten Personen sind. Über einen solchen Zugang kann das Verständnis für bestimmte Reaktionsweisen und Handlungen geweckt und deutlich gemacht werden.

Als Bildmaterial eignen sich sowohl aktuelle Fotos, auf denen mehrere Menschen dargestellt sind (z. B. Arbeitslose vor dem Arbeitsamt, Asylbewerber in ihrer Unterkunft, Kriegsopfer...) als auch historische Bilder und Gemälde.

Vorgehensweise

Die Teilnehmerinnen und Teilnehmer betrachten das Bild und suchen sich eine Person aus, die sie anspricht. Sie versuchen sich mit dieser Person zu identifizieren und beschreiben dann in Ich-Form die Gefühle, Stimmungen, Gedanken, Probleme etc., die sie in diese Person hineinlegen.

Einige Leitfragen und Wahrnehmungshilfen (die bei der Einführung benannt werden können):

▲ Betrachten Sie sich das Bild genau und suchen Sie sich eine Person aus, die sie besonders anspricht.
▲ Versuchen Sie sich mit dieser Person zu identifizieren und beschreiben Sie dann in Ich-Form die Gefühle, Stimmungen, Gedanken, Probleme usw., die diese Person haben könnte.
▲ Schreiben Sie dies auf einen Zettel auf.

Hierzu einige Hilfen:

▲ Wer bin ich auf dem Bild?
▲ Wie sehe ich aus?
▲ Wie fühlt sich mein Körper an?
▲ Welche Gefühle habe ich?
▲ Was denke ich gerade, an wen denke ich?
▲ Wo komme ich her? Wo gehe ich hin?
▲ Wer sind die anderen Leute neben mir?
▲ Was verbindet mich mit ihnen, was trennt mich von ihnen?
▲ Welche Erlebnisse und Ereignisse liegen hinter mir?
▲ Was geht mir durch den Kopf?
▲ Was erwartet mich, jetzt unmittelbar, morgen, in einigen Wochen?

Auswertung

Bei der Auswertung ist zu beachten, dass die beschriebenen Gefühle Empathieäußerungen der Teilnehmerinnen und Teilnehmer sind und nicht die realen Empfindungen der abgebildeten Personen.

Zunächst sollte das Geschriebene von allen, die dies wollen, vorgelesen bzw. mündlich vorgetragen werden. Dabei geht es nicht um eine Bewertung, sondern um eine Sammlung der verschiedenen Eindrücke. Wichtig ist auch festzuhalten, mit welcher Begründung sich die einzelnen Betrachterinnen und Betrachter „ihre" Person ausgesucht haben und warum bestimmte Stimmungen, Gedanken usw. formuliert wurden.

Interessant und hilfreich für die Teilnehmerinnen und Teilnehmer ist es, Informationen über die Entstehungsgeschichte des Bildes, dessen Hintergründe etc. zu erfahren.
Ergänzt werden sollten auch Aspekte der Strukturgeschichte, die eine bessere Einordnung des abgebildeten Geschehens zulassen.

Vorbereitung

▲ Es empfiehlt sich, entweder eine große Reproduktion des Bildes (evtl. auch als Dia) oder aber eine Kopie für jede Schülerin bzw. jeden Schüler parat zu haben.
▲ Die Leitfragen sollten für jede Schülerin bzw. jeden Schüler kopiert werden.

ca. 40

Mit Bildern identifizieren
Beispiel

Käthe Kollwitz: Folge „Weberaufstand". Blatt 4: Weberzug. Radierung 22 x 30 cm. 1893/97.
www.kaethe-kollwitz.de

Schülerinnen und Schüler schreiben

„Wohin gehen wir? Meine Last ist so schwer geworden? Ich verzehre mich vor Verzweiflung. Ungewissheit. Am meisten belastet mich die Sorge um mein Kind – und danach, danach komme ich. Zum Glück gehen wir in Gemeinschaft. Ich finde Halt. Die Männer kümmern sich um unser Wohl. Aber ich bin Mitläuferin. Mein Mann, der Vater meines Kindes wurde umgebracht. Ich kenne mein Ziel nicht mehr. Nur noch die Sorge um mein Kind hält mich. Aber ich kann bald nicht mehr, die Last wird mir zu schwer ... Man erzählt von Hoffnung. Ein schwermütiger Traum ... ertrinkt in Hoffnungslosigkeit ...".

„Ich sitze auf dem müden Rücken meiner Mutter und bin in tiefen Träumen versunken, die mich den harten Fußmarsch vergessen lassen. Hier in meinen Träumen fühle ich mich sicher und die Wärme des Rückens meiner Mutter durchflutet mich mit dem Gefühl der Geborgenheit.
Eben noch musste ich ein ganzes Stück des Weges selbst laufen. Neben langen Arbeiterhosen versuchte ich Schritt zu halten. Kein Mensch sprach mit mir, keiner wollte meinen Erzählungen lauschen. Gleichmäßig schreiten sie dahin. Ernste müde Gesichter, auf breiten Schultern in dunklen Jacken gehüllt. Der leere Blick müder Augen in Richtung der Ungewissheit."

Käthe Kollwitz: Der Weberaufstand

Am 26. Februar 1893 fand in einer geschlossenen Veranstaltung der „Freien Bühne" die Uraufführung von Gerhard Hauptmanns Schauspiel „Die Weber" statt, dessen öffentliche Darbietung polizeilich verboten war. Käthe Kollwitz nahm an dieser Aufführung teil und war so stark beeindruckt, dass sie sich mit dem historischen Ereignis von 1844 auseinandersetzte. Weber in Schlesien hatten in einem Auf-

stand auf die Not und Verelendung ihres durch Industrialisierung niedergehenden Berufsstandes aufmerksam gemacht. Käthe Kollwitz brachte mit ihrem Zyklus von sechs Blättern („Not", „Tod", „Beratung", „Weberzug", „Sturm", „Ende") das Problem in einen aktuellen politischen Zusammenhang.

Vgl. Susanne Florschütz: Käthe Kollwitz. Bonn o. J., S. 2 ff.

Karikaturen – I

Karikaturen übertreiben. Sie heben bewusst bestimmte Aspekte eines Problems hervor, um auf diese aufmerksam zu machen. Sie zeigen dabei durch ihre Zuspitzung oft genug Hintergründe und Zusammenhänge kurz und prägnant auf.

Das Spektrum der Karikatur reicht von der sozialkritisch-politischen Pressezeichnung bis zum harmlosen gezeichneten Witz. Seit Karikaturen sozialpolitische Themen aufgreifen, wurden sie immer auch für das Volk und dessen Freiheit im Kampf gegen die Mächtigen und Unterdrücker eingesetzt. Die Karikatur galt und gilt immer noch als ein wichtiges Medium der Erhellung von Missständen und der Wahrung von Menschenrechten.

Doch sind Karikaturen nicht nur Medium im Kampf des „Guten" gegen das „Böse", sondern wurden und werden natürlich auch von Herrschenden für ihre Interessen eingesetzt (wie u. a. im Nationalsozialismus deutlich wurde). Ebenso gibt es auch unpolitische, reaktionäre, rassistische und sexistische Karikaturen.

Tagespolitische Karikaturen erliegen häufig der Versuchung, mit Symptomen zu spielen, ohne die Hintergründe freizulegen. Politische Sachverhalte werden auf Charaktereigenschaften von Politikern reduziert, sozioökonomische Analysen haben hier nur selten Platz.

Für das Entstehen einer Karikatur sind bestimmte gesellschaftliche Spannungen die Voraussetzung. Karikaturen über eine bestimmte Person, über bestimmte Volksgruppen oder irgendwelche Dinge und Erscheinungen sind stets provoziert worden von einem – wenn auch nicht immer äußerlich sichtbaren, so doch stets vorhandenen – Widerspruch zwischen Anspruch und Wirklichkeit.

Um eine Karikatur zu verstehen, muss deshalb die aktuelle oder historische Situation bekannt sein oder entschleiert werden.

Was man mit Karikaturen machen kann

Stummer Impuls
Zu Beginn einer Arbeitseinheit kann eine Karikatur, die zuvor auf Folie kopiert wurde, als so genannter stummer Impuls projiziert werden. Die Karikatur dient hier dazu, die Aufmerksamkeit auf einen bestimmten Themenbereich zu lenken.

Untertitel texten
Zum Seminarthema werden zwei Karikaturen, bei denen die Untertitel entfernt wurden, auf ein Arbeitsblatt kopiert. In Einzel- oder Partnerarbeit sollen nun Untertitel getextet werden. Die getexteten Bilder werden dann an die Wand gehängt.

Analysieren
Zu einem Thema gesammelte Karikaturen (von verschiedenen Zeichnern oder nur von einem ...) werden auf ihre Aussagen und Wirkungen untersucht. Welche Stilmittel, welche Stereotypen, welche Wortwahl usw. finden sich? Wie wird das dargestellte Problem gesehen? Entspricht dies der eigenen Sichtweise?

Zeitgeschichte nachzeichnen
Anhand verschiedener Karikaturen kann z. B. die Geschichte der Bundesrepublik ebenso nachgezeichnet werden wie die Umwälzungen in Osteuropa oder die verschiedenen Phasen des Krieges im ehemaligen Jugoslawien.

Karikaturen selbst anfertigen
Als Einzel-, Gruppenarbeit oder auch als Wettbewerb werden Karikaturen zum Seminarthema selbst angefertigt.

Was zu beachten ist

Alle Einzelheiten der Karikatur müssen von allen Schülerinnen und Schülern gut wahrgenommen werden können. Deshalb muss die Karikatur entweder für alle kopiert werden oder aber als Folie oder Dia projiziert werden.

Hinweis:
Die größte Sammlung politischer Karikaturen in Deutschland befindet sich im Pressearchiv des Deutschen Bundestages.

Literatur und Internet

Grünewald, Dietrich (Hrsg.): Politische Karikatur – zwischen Journalismus und Kunst. Weimar 2002.

cartoons
www.cartoons.com

Cartoonweb
www.cartoonweb.com/

Political Cartoons
http://cagle.slate.msn.com/politicalcartoons/
http://cagle.slate.msn.com/

National cartoonist society
www.reuben.org/

Cartoon-Caricature-Contor, Rosmarinstr. 4, 80939 München, www.c5.net
Cartoon-Caricature-Contor ist bundesweit das umfangreichste Archiv für die Belieferung der Medien mit Karikaturen und Cartoons.

Karikatur der Woche
www.friedenpaedagogik.de

Karikaturen – 2

Stilmittel der Karikatur

Übertreibung
Sie gibt einer Sache das plastische Gepräge.

Paradoxie
Verblüffender Widerspruch gegen allgemein angenommene Meinungen.

Ironie
Bloßstellung von etwas für verkehrt Gehaltenem.

Situationskomik
Darstellung von Menschen in einer ungewöhnlichen, lächerlich wirkenden Lage.

Charakterkomik
Überdeutliches Herausstellen einer bestimmten Eigenschaft einer Person.

Parodie
Anwendung der Form eines Vorbildes auf einen neuen, oft unpassenden Inhalt.

Witz
Geistreiche Verbildlichung.

Individuation
Darstellung eines Allgemeinen an einem kleinen konkreten Einzelnen.

Humor
Heiter-distanziertes Über-den-Sachen-Stehen.

Sarkasmus
Bittere Verspottung, scharfe Verhöhnung.

Ein wesentliches Element der Komposition von Karikaturen ist die Verwendung der stets gleichen Basiselemente, jedoch in immer neuen Zusammenhängen. Die Karikatur ist so ein Kompromiss zwischen dem Bedarf an neuen Eindrücken und der Notwendigkeit, erkennbare Figuren immer wieder zu verwenden, damit der Leser die Situation rasch erkennen kann.

Problembereiche beim Benutzen von Karikaturen

▲ Wichtig ist die Dosierung und abwechslungsreiche Platzierung der Karikatur. Zuviele Karikaturen zerstören ihren Anreiz.

▲ Die in Karikaturen enthaltenen Zuspitzungen und Verkürzungen können auch zur Bestätigung von Vorurteilen führen.

▲ Karikaturen sind im Bereich der Kritik angesiedelt. Das Bemühen um Alternativen darf jedoch nicht vergessen werden.

Vgl. Herbert Krüger / Werner Krüger: Geschichte in Karikaturen. Von 1848 bis zur Gegenwart. Stuttgart 1981.

Karikatur als Waffe?

epd-Entwicklungspolitik:
Die Karikatur ist also für dich eine Waffe?

Guillo:
Nein, ich glaube nicht, dass der Pinsel eine Waffe ist. Waffen sind dazu da, um Menschen zu töten. Ich glaube, dass der Humor dazu dient, dass sich die Menschen besser verstehen. Ich kann ironisch sein, einen Diktator lächerlich machen – aber nicht, um alle zu zerstören, die diesen Diktator unterstützen, sondern damit sie kapieren, dass sie eine Dummheit unterstützten. Ich bin nicht dafür, den anderen zu eliminieren. Wenn du also ein Bild machst, auf dem ein kleiner Zwerg auf einen großen Stuhl klettert, dann ist das natürlich kein Witz, kein „Gag", aber es zeigt, dass dieser Typ illegitim in seinem Amt ist, dass der Stuhl zu groß für ihn ist, für einen anderen gedacht. Dieser Zwerg hat kein Recht darauf. (…)

epd-Entwicklungspolitik:
Was bewirkt eine Karikatur?

Guillo:
Wenn eine Karikatur gut ankommt, dann liegt das daran, dass du mit dem Publikum perfekt harmonierst. Das Publikum spürt eine Atmosphäre, hat ein Gefühl zu einer Sache, die passiert ist – und deine Aufgabe ist es, das sichtbar zu machen, das in eine Synthese zu fassen und es dem Publikum vorzuführen. Du lehrst das Publikum nichts Neues. Du öffnest ihnen nicht die Augen. Nein, es ist etwas, das man fühlt. Wenn die Leute ein Bild von dir loben, dann deshalb, weil sie genau dasselbe fühlen, weil sie sagen: Ja, so ist es.

epd-Entwicklungspolitik:
Heißt das, die Karikatur ist etwas, was die Leute schon wissen?

Guillo:
Nein, sie wissen es nicht. Es ist eine mehr irrationale Sache, mehr auf der Ebene des Gefühls. Die Leute haben das nicht systematisiert, nicht bewusst. Du bewirkst, dass sie (ein-) sehen, was sie (an-)sehen. Sie fühlen, dass irgendetwas faul ist im Lande, und du zeigst ihnen: das ist es. Deine Zeichnung deutet eine Stimmung, eine Atmosphäre.

Guillo ist Karikaturist und lebt in Chile. epd-Entwicklungspolitik, 22/91, S. 30 f.

Karikaturen
Arbeitsmaterial

Formulieren Sie zu den beiden Karikaturen je einen
eigenen Text als Untertitel.

Hanel

Jupp Wolter

Karikaturen
Analyseraster

Analyse-Bereich	Leitfragen
Aussage (Was?)	Was sieht man? Welches Problem/Ereignis ist dargestellt? Welche Personen sind zu erkennen? In welchen Lebenssituationen? Welcher Widerspruch wird aufgedeckt?
Stil (Wie?)	Was fällt besonders auf? Welche Mittel verwendet der Karikaturist? Auf welche Weise spricht er uns an? Wie werden Personen dargestellt? Welche Typisierungen werden verwendet?
Sender (Wer?)	Wer hat die Karikatur gezeichnet? In wessen Diensten? Was ist über den Karikaturisten bzw. seinen Auftraggeber bekannt? Welche Ziele verfolgt der Karikaturist? Welche bzw. wessen Partei ergreift er?
Zeit/Ort (Wann?)	Wann ist die Karikatur entstanden? Wo ist sie entstanden? Was wissen wir aus anderen Quellen über diese Zeit?
Intention (Warum?)	Was will der Karikaturist erreichen? Wen (was) greift er an und warum tut er das?

Wirkung (Welche?)	Welche Emotionen löst die Karikatur aus?
	Wie wirkt die Karikatur
	  – auf die Zeitgenossen (Zielgruppen – Gegner – Nichtbetroffene)?
	  – auf uns?
	  – auf andere?

Weg (Kanal)?	– Wie wird die Karikatur verbreitet (Zeitung, Flugblatt, Fernsehen usw.)? – Wem gehört das Kommunikationsmittel? – Wer entscheidet über die Platzierung der Karikatur?

H. Uppendahl: Die Karikatur im historisch-politischen Unterricht.
Freiburg/Würzburg 1978, S. 47.

Comics – I

Comics sind Einzelbilder, die aneinander gefügt werden, um eine Handlung wiederzugeben. Dabei werden nur einige bedeutsame Momente der Handlung dargestellt, der Rest spielt sich in der Fantasie der Lesenden ab. Sie geben der Handlung in ihrer Fantasie Bewegung und Kontinuität.

Die Bildfolgen können ohne oder mit Text (Sprechblasen oder Untertitel) sein.

Während in Deutschland der Comic als Unterhaltungsprodukt seinen Siegeszug angetreten hat, wird er in anderen Ländern (z. B. Lateinamerika) systematisch auch für die Volkserziehung und Alphabetisierung eingesetzt.

Kurze Bildfolgen können zur Illustration, als Einstieg etc. verwendet werden, besonders dann, wenn sie eine grundlegende Einsicht vermitteln, wie z. B. die „Esels"-Szene.

Möglichkeiten des Umgangs

Comics als Aufhänger
Die Sachaussagen, Fragen, Schwierigkeiten, die in Comics dargestellt werden, können unmittelbar als Aufhänger für das Thema benützt werden. Dabei kann auch überlegt werden, welche Aspekte des Themas hier angesprochen werden, welche fehlen usw.

Einzelbilder betexten
Aus einem Comic (Asterix, Mickey Mouse ...) wird ein aussagekräftiges Einzelbild herausgeschnitten und kopiert. Dieses Bild soll mit einem treffenden Text in der Sprechblase oder im Untertitel versehen werden. Die Figur kann auch unmittelbar zum Thema befragt werden nach dem Motto: „Was würde Onkel Dagobert dazu sagen ...".

Bildfolgen betexten
Statt eines Einzelbildes wird eine ganze Bildfolge kopiert, die Sprechblasen werden gelöscht und in Einzel- oder Gruppenarbeit neu betextet.

Bildfolgen neu zusammenstellen
In Gruppenarbeit kann ein neuer Comic gebastelt werden, indem Bilder aus mehreren Heften kopiert und neu montiert und betextet werden.

Texte isolieren
Die Texte des Comics sollen ohne Bilder als Prosa hintereinander geschrieben werden. Dadurch ergeben sich interessante Darstellungen.

Ins Gegenteil verkehren
Die Aussagen des Comcis werden durch neu formulierte Texte ins Gegenteil verkehrt.

Infocomics zur Sachinformation
Zu einer Reihe von Themen sind sog. Sachcomics erschienen, die grundlegende Informationen in Comicform darbieten. Dies kann als Einstieg in ein Sachthema sehr reizvoll sein.

Comics analysieren
Mit Hilfe des Analyserasters (oder eigener Kriterien) können Comics auch auf ihre Darstellungsformen, Inhalte, Charakterisierung der Figuren usw. analysiert werden. Solche Untersuchungen können z. B. der Frage nachgehen, wie Eigentum, Menschenrechte, Demokratie, Fremde, Frauen usw. dargestellt werden.

Die Welt als Comic
Wenn die Welt (die eigene Schule ...) in einer Comicserie dargestellt werden sollte, welche Serie würden Sie dann auswählen? Welche Comicfigur würden Sie welchem Politiker zuschreiben? Welche Figur würden Sie verkörpern, welche würden Sie sich wünschen? Solche Vergleiche sind nicht nur unterhaltsam, sondern vermitteln eine Menge Informationen über mögliche Sichtweisen und Interpretation der Welt.

Achtung

Die Arbeit mit Comics soll natürlich themenbezogen sein. D. h., die oben beschriebenen Möglichkeiten sollen z. B. für die Bereiche „Umgang mit Konflikten", „Mitbestimmung" usw. zugespitzt werden.

Comics – 2

Materialien

▲ Wichtig ist es, dass die entsprechenden Arbeitsblätter (Comicvorlagen usw.) in ausreichender Anzahl vorhanden sind.

▲ Scheren, Klebstoff, leeres Papier, Stifte usw.

▲ Steht ein Kopierer zur Verfügung, so können problemlos neue Comics montiert werden.

▲ Bilder, die in einen Computer eingescannt werden, können dort zu einem Comic zusammengebaut werden.

Vorgehensweise

▲ Es empfiehlt sich, die Arbeit mit Comics in Kleingruppen durchführen zu lassen.

▲ Alle Gruppen bekommen das gleiche Material und die gleiche Aufgabenstellung. So können die Ergebnisse am besten verglichen werden.

Riesenaugen sorgen für Comic-Boom

Dream Saga von Megumi Tachikawa
Die Comic- Helden der heutigen Teens sind feenhafte Mädchen mit Riesenaugen und japanischen Namen. Ob „Megumi", „Miaka" oder „Momoko" – die fantastischen Schicksale der pubertierenden Mädchen-Figuren haben den deutschen Comic-Verlagen einen regelrechten Boom beschert. Erstmals seit der Mickey-Mouse-Welle der 60er Jahre greifen deutsche Jugendliche nach Verlags-Angaben wieder massenhaft zu Comics.
Geschürt von den täglich ausgestrahlten japanischen Comic-Serien im Privatfernsehen finden inzwischen die gedruckten Ausgaben der so genannten Manga-Comics reißenden Absatz. Allein die Berliner Egmont Manga & Anime Europe GmbH, ein Ableger des renommierten Comic-Verlags Ehapa („Asterix"), brachte im Jahr 2002 140 Manga-Bände auf den Markt. Manga-Marktführer Carlsen Comics („Tim und Struppi") in Hamburg bedient den Markt sogar mit 180 Ausgaben. Die Basis-Auflagen liegen dabei nach Angaben von Egmont-Manga-Verlagschef Georg Tempel bei 10 000 bis 15 000. Manche Ausgaben erreichen Auflage von 60 000 bis 100 000.

http://www.stern.de/kultur/spezial/019/artikel/?id=337086&page=1
10. 11. 2002

Infocomics

Bedürftig, Friedemann / Dieter Kalenbach: Hitler. Hamburg 1989.
Brinkmann, Thomas: Comics und Religion. Kohlhammer 1999.
Lemery, Denys u. a.: Geschichte der Musik in Comics I. Von der Steinzeit bis Mozart. Stuttgart
Manara, Milo u. a.: Die Menschenrechte. Hamburg 1992.
Marcks, Marie: Marie, es brennt! Eine gezeichnete Autobiografie. München 1995.
Pfaender, Martin: 120 Tonnen Mauer aus Berlin. Mannheim 1992.
Stier, Ekkehard: Comics für den Religionsunterricht 2. Sekundarstufe I. Calw 2001.
Schaffer, Bernhard: Adolf und die Propaganda. Das Dritte Reich im Spiegel der Zeitungs-Comics Amerikas. Wuppertal 1994.
Spiegelmann, Art: Maus – die Geschichte eines Überlebenden. 2 Bde. Reinbek 1989.

Literaturhinweise

Füssl, Karl / Wolfgang Bauer: Comics in Deutsch und Kunsterziehung. Donauwörth 2000.
Grünewald, Dietrich: Comics. Tübingen 2000.
Lange-Weber, Petra: Comics in der Schule. Merkmale, Gestaltung, Sprache. Persen 2000.
McCloud, Scott: Comics richtig lesen. Carlsen 2001.
Strzyz, Wolfgang: Comics im Buchhandel. Geschichte. Genres. Verlage. Bramann 1999.

Internet

www.comicradioshow.com
www.unitedmedia.com/comics/
www.comics.com
www.dccomics.com/

Math comics
www.csun.edu/~hcmth014/comics.html

Comics

Analyseraster

Comics können auf ihre (unterschwelligen) Weltbilder, ihren Informationsgehalt und die Darstellungsweise von bestimmten Themen untersucht werden.

- Haben die Figuren einen inneren Zusammenhang? Was denken, fühlen und tun sie?

- Welche Charaktere verkörpern die Figuren?

- Wie sind Männer, wie Frauen dargestellt?

- Welche Rolle spielen andere, z. B. Fremde, Behinderte usw.?

- Welche Rolle spielt Gewalt?

- Wie wird mit der Verletzung von Normen und Werten umgegangen?

- Welche Grundwerte sind erkennbar?

- Was haben die Figuren und Geschichten mit unserer Wirklichkeit zu tun?

- Wie ist die Darstellungsweise der verschiedenen Charaktere?

- Welche Formen der Perspektive werden wann angewendet, welche Funktionen haben diese Perspektiven (Detail, Vogelperspektive, Froschperspektive, Untersicht etc.)?

- Wie sind die Texte formuliert? Welche Worte und Laute werden verwendet? Was wird ausgesagt?

- Was ist der Inhalt der Handlung? Gibt es einen Spannungsbogen? Gibt es eine Handlungszeit und einen Handlungsort?

- Wer sind die Akteurinnen und Akteure (Zahl, Alter, Geschlecht, Rasse, soziales Umfeld?)

- Wie ist die Mimik und Gestik der dargestellten Typen?

- Welches sind die Antriebskräfte der Handlung (Zufall, Glück, Arbeit, Kraft, Macht …)?

- Woher kommt das Gute und das Böse?

- Woher rühren die immer währenden Auseinandersetzungen, Konflikte und Kämpfe?

- Welche Schrifttypen werden verwendet, wie wirken diese?

- Was möchte die Geschichte bei den Leserinnen und Lesern bewirken?

- Welche Ängste, Spannungen und Hoffnungen werden in den einzelnen Comics stimuliert?

- Welche Klischees, Mythen und Stereotypen werden vermittelt?

- Welche Wirkungen könnten die vermittelten Weltbilder auf die Leserinnen und Leser haben?

Vgl. R. Greiner: Comics. Arbeitstexte für den Unterricht. Stuttgart 1977.

Bildergeschichten

Bilderfolgen illustrieren oder erzählen Geschichten, verdeutlichen Abläufe, erhellten Zusammenhänge und veranschaulichen auch komplexe Themen.

Bilderfolgen vereinfachen und stellen eine Reduktion auf wenige wesentliche Punkte dar. Gerade deshalb können sie jedoch auch Aha-Erlebnisse vermitteln.

Eine besondere Art von Bilderfolgen können aus Standbildern von Videos entstehen. Diese Standbilder können heute durch moderne Technik problemlos von jedem Video hergestellt werden. Sie ermöglichen einen anderen Zugang zum Medium Film, der auch eine genaue Einzelbildbetrachtung zulässt und oft zu einem tieferen Verständnis eines Filmes beiträgt.

Vorgehensweise

▲ Die Bilder in eine Abfolge bringen;
▲ die Bilder betexten oder
▲ einen freien Text auf der Grundlage der Bilder formulieren;
▲ evtl. Gegenbilder entwerfen;
▲ mit dem Original konfrontieren.

30–40

Was man mit Bildergeschichten machen kann

Bilderfolgen zum Seminarthema erstellen lassen
Das Bildmaterial kann selbst angefertigt (gezeichnet) oder aus Zeitungen und Zeitschriften gewonnen werden. Mit den Bildern soll nun eine mögliche Entwicklung des Themas deutlich gemacht werden.

Thesen bebildern
Theoretische Ausführungen gewinnen dann an Aussagekraft, wenn sie mit Bildern unterlegt (widerlegt?) werden. Wie würde eine Bilderfolge aussehen, die die These stützt? Wie eine Bilderfolge, die eine Gegenthese vertritt?

Ich in der Bilderfolge
Wenn ich Teil der Bilderfolge wäre, welchen Teil würde ich repräsentieren? Würde ich auch so handeln wie die abgebildeten Personen oder würde ich etwas anders machen?

Eingriffsmöglichkeiten
An welcher Stelle der Bilderfolge wären Eingriffsmöglichkeiten gewesen. Wer hätte hier wie handeln können? Was hätte sich dadurch vermutlich im weiteren Ablauf verändert?

Realität oder Fiktion
Veranschaulicht die Bilderfolge eine reale oder eine fiktive Entwicklung? Gibt es Beispiele, die die Aussagen der Bilderfolgen bestätigen? An welchen Stellen wird die Bilderfolge ungenau?

Wie soll „Entwicklung" aussehen?

Social Alternatives, Nr. 2/1989

▲ Erzählen Sie die dargestellte Geschichte.
▲ Schreiben Sie zu jedem Bild einen kurzen Text.
▲ Welche Beziehungen sehen Sie zur Realität?

Bildergeschichten
Arbeitsmaterial

„Streitkultur"

Die neun Stufen der Konflikt-Eskalation

1. Verhärtung

Die Standpunkte verhärten sich und prallen aufeinander, aber es besteht noch die Überzeugung,
dass die Spannungen durch Gespräche lösbar
sind. Noch keine starren Parteien oder Lager.

4. Images Koalitionen

Die Parteien manövrieren sich gegenseitig in
negative Rollen und bekämpfen sich. Werbung
um Anhänger.

2. Debatte

Polarisation im Denken, Fühlen und Wollen,
Schwarzweißdenken, Sichtweise von
Überlegenheit und Unterlegenheit.

5. Gesichtsverlust

Öffentliche und direkte Angriffe, die auf den
Gesichtsverlust des Gegners zielen.

3. Taten

„Reden hilft nichts mehr." Strategie der
vollendeten Tatsachen. Die Empathie geht verloren, Gefahr von Fehlinterpretationen.

6. Drohstrategien

Drohung und Gegendrohung.
Konfliktbeschleunigung durch Ultimatum.

Bildergeschichten
Arbeitsmaterial

7. Begrenzte Vernichtungsschläge

Der Gegner wird nicht mehr als Mensch gesehen. Begrenzte Vernichtungsschläge als „passende" Antwort. Umkehrung der Werte. Ein kleiner eigener Schaden wird bereits als Gewinn bewertet.

8. Zersplitterung

Zerstörung und Auflösung des feindlichen Systems als Ziel.

9. Gemeinsam in den Abgrund

Totale Konfrontation ohne einen Weg zurück. Die Vernichtung des Gegners zum Preis der Selbstvernichtung wird in Kauf genommen.

Arbeitshinweise

▲ Die einzelnen Karikaturen werden auf das Format DIN A4 vergrößert und ohne Text kopiert.

▲ Das Plenum wird (je nach Größe) in mehrere Arbeitsgruppen aufgeteilt.

▲ Jede Arbeitsgruppe erhält einen Satz der Kopien.

▲ Die Arbeitsgruppen erhalten folgene Hinweise:
  – Bringen Sie die Bilder in eine für sie logische Abfolge.
  – Geben Sie der Bildergeschichte einen Titel.
  – Formulieren Sie zu jedem Bild einen kurzen Untertext.

▲ Die Gruppenergebnisse werden mit den neun Konflikt-Eskalationsstufen von Friedrich Glasl verglichen.

Beispiele für Arbeitsgruppenergebnisse

▲ Die Sitzung
1. Die Sitzung TOP sechs
2. Meinungsverschiedenheiten
3. Zwei Parteien
4. „So nicht!"
5. Die Spinnen, die Römer
6. Zwei Fronten
7. Hahnenkampf
8. Auf in den Kampf
9. Zerstörung des eigenen Fundaments

▲ Aufmandeln
1. Besprechung
2. Kontra – Reh
3. Aufmandeln
4. Was ihre könnt, können wir schon lange
5. Das glaubt ihr selbst nicht
6. Zwoi Gockl auf dem ...
7. Hahnenkrämpfe
8. 333 Große Keilerei
9. Wie man wieder auf den Boden kommt

Vgl. Günther Gugel / Uli Jäger: Streitkultur. Eine Bilderbox. 2. Aufl. Tübingen 2001.

Illustrationen auf den Seiten 30/31: Burkhard Pfeifroth

Buttons und Aufkleber

Die Aussagen von Buttons und Aufklebern sind häufig Kurzformeln für bestimmte Weltanschauungen oder auch Ausdruck von Interessen und Meinungen. Sie können jedoch auch einfach dazu dienen, auf ein bestimmtes Problem aufmerksam zu machen oder andere zu provozieren.

Das Gestalten von Buttons und/oder Aufklebern kann dazu beitragen, die eigene Meinung und Überzeugung kurz und prägnant zu formulieren. Dies wiederum kann zu einer vertiefenden Auseinandersetzung führen, die eine Begründung der „Kurzformel" notwendig macht.

Themen

Buttons und Aufkleber können praktisch zu jedem Thema des Unterrichts angefertigt werden:
▲ gegen oder für die weitere Reduzierung der Bundeswehr;
▲ gegen Gewalt im Alltag;
▲ gegen den Bau einer bestimmten Autobahn;
▲ für kleine Schulklassen.

Neben solchen „Für und Wider"-Aussagen können Buttons auch für Kurzformulierungen von Entwicklungen verwendet werden, z. B.
▲ Charakterisieren Sie die ökologische Situation der Erde.
▲ Mit welchem Aufkleber würden Sie die Situation der Menschenrechte in der BRD kennzeichnen?
▲ Drücken Sie Ihre Einschätzung zur Europäischen Union durch einen Button aus.

Sammlungen

Legen Sie eine Sammlung von Buttons an. So erhalten Sie einen Überblick über die öffentliche Darstellung eines Themas.

Auf einem Ferrari in Düsseldorf wurde 1993 folgender Aufkleber entdeckt:

Eure Armut kotzt mich an.

Der Spruch treffe den Zeitgeist, meinte der Hersteller. Auf einem Ferrari wirke er offenbar anders als auf einem Fiat 500.

Vgl. Die Zeit, 12. 11. 1993.

Produktion

Eine Anleitung zur Produktion von Buttons und Aufklebern könnte z. B. sein:
„Stellen Sie Buttons oder Aufkleber her, mit denen Sie auf den Bereich verstärkte Nutzung regenerativer Energiepotenziale aufmerksam machen wollen.

Die Aussagen müssen kurz, prägnant und gut lesbar sein. Sie sollen durch ein Symbol unterstützt werden. Es steht nur wenig Platz zur Verfügung."

Sinnvoll ist es, neben einer Schreibmaschine auch Klebebuchstaben zur Verfügung zu stellen sowie verschiedenes Bildmaterial, das ausgeschlachtet werden kann. Sehr hilfreich ist auch ein Kopierer. Noch einfacher können Buttons mit Hilfe eines Computers entworfen werden.

Fragen zur Weiterarbeit

▲ Welche ausführlichen Argumente stehen hinter der Kurzformel?
▲ Wer (welche Personen und Gruppen) vertreten diese Meinungen und Argumente?
▲ Wie lautet die „Gegenparole" (z. B. „Atomkraft – Nein danke" – „Steinzeit – Nein danke"). Von wem wird diese vertreten?
▲ Wie wird (bei bekannten Buttons) in der Öffentlichkeit darauf reagiert?

Materialien

▲ Papier oder leichter Karton
▲ Buntstifte
▲ Vorgefertigte Buttonformen (oder eine Kopie des Arbeitsblattes)
▲ Wenn vorhanden: eine Buttonmaschine oder:
▲ PC mit Grafikprogramm und Drucker

30–40

Buttons und Aufkleber
Arbeitsmaterial

Text-Bausteine:

für
gegen
raus
rein
Achtung
für alle
für niemand
mach mit
pro
kontra
stinken nicht
und trotzdem
autofrei
alle sind
keiner ist
nur das
keine Chance
gemeinsam
für Kinder
für Frauen
für Männer
bald
schon immer
anders
mega
bleibt so
nach uns
besser als
so schlecht wie
wir wollen
ihr könnt
zuliebe
und anderswo
statt
als hättet ihr
haften
Zukunft
Vergangenheit
cool
stoppen
gleich heute
tschüss
möglich
denk dran
heute
aufwärts
registriert
stell dir vor
nein, danke
ja, bitte
super

Piktogramme

Piktogramme steuern als grafische Hinweiszeichen in vielen Situationen unser Verhalten in der Öffentlichkeit. Sie warnen uns vor Gefahren, zeigen Fluchtwege auf oder geben Hinweise auf gewünschtes Verhalten.

Auch in der Bildungsarbeit haben Piktogramme in vielfältiger Form Eingang gefunden. In didaktischen Materialien machen sie auf Arbeitshinweise oder Fragen aufmerksam. Auf Folien lenken sie den Blick auf bestimmte Daten oder in Bildungshäusern kennzeichnen sie die Raucherecke.

Doch damit ist der Einsatz von Piktogrammen nicht erschöpft. Ihr besonderer Wert liegt (wenn sie gut gestaltet sind) darin, dass sie einen Sachverhalt oder eine Aufforderung so komprimiert darstellen, dass jede/r sofort weiß, was gemeint ist. Ein Piktogramm zu entwerfen und grafisch zu gestalten setzt deshalb voraus, dass ein Inhalt verstanden und auf die zentrale Botschaft reduziert wird. Erst dann kann er so visualisiert werden, dass das Piktogramm von anderen wieder verstanden werden kann. Der Lerneffekt liegt also in einer intensiven, künstlerisch kreativen Auseinandersetzung mit einem Thema, das dadurch eine ganz neue Sichtweise erhält.

Kreativ mit Piktogrammen arbeiten

▲ Piktogramme sammeln: In welchem Zusammenhang tauchen sie auf? In welchem Bereichen sind sie besonders häufig vertreten (Sport, Musik, Politik usw.)? Was drücken sie genau aus? An wen wenden sie sich? Wer hat sie angebracht? Werden sie beachtet? usw.
▲ Ein Piktogramm oder eine Folge von Piktogrammen zum Seminarthema entwerfen. (Vgl. Arbeitsmaterial)
▲ Einen Text durch Piktogramme bebildern. Der Text bleibt dabei erhalten.
▲ Einen Text (Gedicht, Gesetzestext usw.) konsequent in Piktogramme übersetzen. Der Text wird durch Piktogramme konsequent ersetzt.
▲ Ein Piktogramm zu einem aktuellen politischen Ereignis entwerfen.
▲ Die eigene Lebensgeschichte als Piktogrammfolge entwerfen.
▲ Ein Piktogramm für das eigene Lebensmotto finden.
▲ Zeitgeschichte als Piktogramm-Folge darstellen.

Mögliche Vorgehensweisen

▲ Wortideen sammeln, einfache Sätze formulieren (z. B. „Hier gibt es Kaffee",

„Rauchen ist hier nicht erwünscht");
▲ Bildideen entwickeln und skizzieren;
▲ einen grafischer Entwurf anfertigen;
▲ den Entwurf künstlerisch umsetzen.

Kriterien für Piktogramme

▲ Einfachheit
▲ Stilisierung
▲ Gute Erkennbarkeit aller Teile auch aus größerer Entfernung
▲ Eindeutigkeit in der Aussage
▲ Internationalität

Piktogramme sind keine Parolen oder Aufkleber. Sie kommen normalerweise völlig ohne Sprache aus. Ihre Bildsprache ist universell verstehbar.

Arbeitsmaterial

▲ Papier
▲ Stifte
▲ Wachsmalkreide oder Filzstifte
▲ Schwarzer Karton
▲ Kleber
▲ Nach Möglichkeit Kopierer oder ...
▲ Computer mit Zeichenprogramm und Drucker

30–40

Literaturhinweise

Lechner, Herbert: Piktogramme. Müchen 1997.
Urban, Dieter: Gestaltung von Signets. München 1991.

www.get2testing.com
www.piktogramm.com

Emoticons

Im Computerbereich sind sog. Emoticons (aus „emotion" und „icon") verbreitet. Einige Beispiele:

:-	User ist ein Mann
:-O	Quatschkopf
:-(	User ist traurig
:-)	Grinsen, Humor
:-)´	Begeisterung
::-)	User ist Brillenträger
8-)	User trägt Sonnenbrille
=-)	Punker
(-:	User ist Linkshänder

Emoticons im Internet:
www.netlingo.com/smiley.cfm

BILDORIENTIERTE METHODEN

Piktogramme
Arbeitsmaterial

Piktogramme für einen fairen Umgang miteinander

Fertigen Sie zu den einzelnen Bereichen ein Piktogramm an, das die jeweilige Aussage eindeutig unterstützt und das möglichst allgemein verständlich ist.

Stellen Sie sich einen konkreten Ort vor, wo das Piktogramm angebracht werden soll.

Bitte nicht drängeln, sondern hinten anstellen!

Den anderen ausreden lassen!

Hier können Sie sich aussprechen!

Feedback sollte positiv sein!

Plakate – I

Plakate sollen Blicke anziehen. Die Aufmerksamkeit kann mit ausgefallenen Motiven, Signalfarben oder mit einprägsamen Schlagworten erregt werden.

Die Betrachter sollen zum Nach- und Umdenken angeregt werden. Komplexe Probleme müssen vereinfacht oder verfremdet werden, denn Plakate sollen Betroffenheit auslösen und zum Handeln aufrufen.

Symbole wie der Stempel („Abgestempelt"), Brücken („Baut Brücken") oder Wortspiele ermöglichen Assoziationen und motivieren Betrachterinnen und Betrachter, Probleme zu erkennen. Thesen, die ein Ursachen-Ergebnis-Geflecht darstellen, regen zu kontroversen Diskussionen und Lösungsansätzen an. Kleinigkeiten können große Wirkung haben.

Was man mit Plakaten alles machen kann

Plakate analysieren
Plakate werden zu nahezu allen politischen und gesellschaftlichen Anlässen produziert und plakatiert. Sei es als Werbeträger für Produkte oder politische Parteien, als Sympathieträger für bestimmte Aussagen oder als ironisch-verfremdete Hinweise von Künstlern und Basisgruppen. Plakate zu einem Thema können zusammengetragen und auf ihre Aussagen hin analysiert werden (siehe Checkliste).

Plakate selbst gestalten
In Partner- oder Gruppenarbeit können zu einem Thema Plakate gestaltet werden. Die Gestaltung kann völlig offen sein oder aber auch durch die Begrenzung der Stilmittel (nur Schriftplakat, nur Schwarzweißplakat usw.) eingegrenzt werden.

Plakate als Auswertung
Gegen Ende einer Unterrichtsreihe kann z. B. die Aufgabe gestellt werden, ein Plakat zu gestalten, das die wesentlichen Aussagen aus der Sicht der Schülerinnen und Schüler deutlich macht. Wichtig ist, eine Zielgruppe anzugeben, an die sich das Plakat wendet, sowie einen Ort zu bestimmen, an dem es aufgehängt werden könnte (z. B. für Jugendliche, in einem Jugendfreizeitheim; für Eltern in einer Kindertagesstätte usw.).
Als Arbeitsmaterial empfiehlt es sich, den Gruppen jeweils einen Satz Kopien von themenbezogenen Bildern zur Verfügung zu stellen.

Plakate umgestalten/verfremden
Ausgehend von bestehenden Plakaten, können diese in ihrer Aussage umgestaltet oder verfremdet werden. Dabei können z. B. durch Montage

neue Elemente eingefügt oder Textteile verändert werden. Die Aussage kann auch ins Gegenteil verkehrt werden.

Plakatwettbewerb
Die Erstellung und Gestaltung von Plakaten kann über die eigentliche Seminararbeit hinausgehen und in Form eines Wettbewerbs ausgeschrieben werden.

Plakatausstellung
Selbst erstellte oder gesammelte Plakate zu einem Themenbereich können als kleine Ausstellung (evtl. mit begleitenden Texten) präsentiert werden.

Anschlagfläche gestalten
Eine besondere Art der Plakat(wand)gestaltung ist die großflächige Gestaltung einer angemieteten Plakatfläche zu einem Thema. So haben z. B. zahlreiche Jugendinitiativen Plakatflächen mit Wandbildern gegen Ausländerfeindlichkeit bemalt.

Arbeitsmaterialien

▲ DIN-A1-Blätter (oder) leichter Karton
▲ Farbiges Papier in unterschiedlicher Größe und Form (Quadrate, Rechtecke, Kreise usw.)
▲ Scheren
▲ Klebstoff
▲ Wachsmalkreiden
▲ Bildvorlagen als Kopien
▲ Evtl. themenbezogene Plakate

Vgl. Landeszentrale für politische Bildung Baden-Württemberg (Hrsg.): Schülerwettbewerb des Landtags von Baden-Württemberg zur Förderung der politischen Bildung. Laßt Plakate sprechen. Baut Brücken – Chancen und Probleme friedlichen Zusammenlebens aus Schülersicht. Stuttgart o. J.
Staeck, Klaus: Sand für's Getriebe. Göttingen 1989.

Adresshinweis:
Deutsches Plakat-Museum, Rathenaustr. 2, 45127 Essen.

Plakate – 2

Was macht ein Plakat zu einem guten Plakat?

▲ Ein Plakat ist ein gutes Plakat,
 wenn es überhaupt ein Plakat ist. D. h. weder eine Anzeige, noch ein Prospekttitel, noch ein Gemälde etc., sondern ein Medium, das spezifischen Seh-Situationen, Seh-Gewohnheiten genügt.

▲ Ein Plakat ist ein gutes Plakat,
 wenn es vor allem ein Kommunikationsmittel ist. D. h. weder nur ein Meditationsbild, noch nur ein Bilderrätsel. Ein Plakat versucht durch eindeutige Aussagen bei einer genau definierten Zielgruppe klar formulierte Ziele zu erreichen.

▲ Ein Plakat ist ein gutes Plakat,
 wenn es schließlich auch ein gutes Kommunikationsmittel ist. D. h. ehrlich in der Aussage, ungekünstelt, nicht anbiedernd, widerspruchsvoll, offen, mutig, aktuell.

▲ Ein Plakat ist ein gutes Plakat,
 wenn es sich an zeitgemäßen Design-Standards orientiert, diese jedoch zugleich überbietet.

Das gute Plakat ist außerdem nicht das Ergebnis eines kreativen Anfalls, sondern einer durchdachten Konzeption.

Vgl. Gisela Brackert: Plakate beurteilen. In: Medien praktisch, 1/92, S. 23 ff.

Erfahrungsbericht: Ein Plakat gestalten

Im Rahmen einer Fortbildungstagung für Erzieherinnen zum Themenbereich „Gewalt in der Spielzeugwelt" wurde in der Schlussphase die Aufgabe gestellt, ein Plakat zu gestalten, das im Kindergarten aufgehängt werden kann und die Eltern über ausgewählte Aspekte des Themas informiert.

Es wurden drei Kleingruppen mit je 6 bis 7 Teilnehmerinnen gebildet. Als Material bekamen die Kleingruppen jeweils den gleichen Satz von ca. 40 kopierten (und z. T. vergrößerten) Bildern aus Spielzeugkatalogen, Werbeprospekten usw. sowie einen Plakatkarton im Format DIN-A1, farbiges Tonpapier, Scheren und Klebstoff.

Die Teilnehmerinnen in den Gruppen mussten sich zunächst auf die Grundaussagen des Plakates einigen und dann versuchen sie zu visualisieren. Ausgangspunkt war dabei in allen Gruppen das Bildmaterial, das zuerst durchgesehen und aussortiert wurde. Zu diesen ausgewählten Bildern wurden dann Aussagen bzw. Fragen formuliert.

Literaturhinweise

Fischer, Hans: Protokolle, Plakate und Comics. Berlin 1998.
Kippenberger, Martin: Die gesamten Plakate 1977–1997. Köln 1998.
Karger, Wilfried (Hrsg.): P 40. (P Vierzig). Plakate aus der DDR. Hameln 1997.
Wasmund, Klaus: Politische Plakate aus dem Nachkriegsdeutschland. Zwischen Kapitulation und Staatsgründung 1945–1949. Frankfurt/M. 1999.
Zimmermann, Wilhelm u. a.: Anschläge. 30 Jahre politische Titel – Bilder – Plakate. Frankfurt 2001.

Plakate im Internet

Plakate der Weimarer Republik
www.fes.de/archiv/_weimar/plak_index.htm

Die Sammlungen des Deutschen Historischen Museums – Plakate
www.dhm.de/sammlungen/plakate/bestand.html

Politische Plakate des 20. Jahrhunderts
http://www.fortunecity.de/lindenpark/caesarenstrasse/69/plakate/pplakate.html

Benetton
www.benetton.com

Plakate

Checkliste zur Beurteilung

UNITED COLORS
OF BENETTON.

Gestaltung

▲ Übersichtlichkeit
▲ Einprägsamkeit
▲ Verständlichkeit
▲ Originalität
▲ Künstlerischer Gesamteindruck

Konzeption

▲ Wie deutlich ist die Botschaft auf ein erkennbares Kommunikationsziel bezogen?
▲ Wie deutlich sind Botschaft und Kommunikationsziel auf eine Zielgruppe bezogen?
▲ Überzeugt die gestalterische Umsetzung im Blick auf Kommunikationsziel und Zielgruppe?
▲ Aktualisieren die Gestaltungsmittel die Botschaft?
▲ Kann das Plakat die Botschaft auch öffentlich verdeutlichen?

Wirkung

▲ Glaubwürdigkeit
▲ Identifikationsmöglichkeit für Betrachterinnen und Betrachter
▲ Überzeugungskraft im Sinne von Handlungsmotivation und Einstellungsänderung

▲ Positive Imagewirkung für den Absender
▲ Aufmerksamkeitswert des Plakats im Wettbewerb mit andereren Botschaften

Verbreitung

▲ Von wem wurde das Plakat in Auftrag gegeben, hergestellt und verbreitet?
▲ Wo ist das Plakat überall zu finden?
▲ An welche speziellen Zielgruppen wendet es sich?
▲ Gibt es spezielle Reaktionen auf das Plakat?

Subjektives Erleben

▲ Würden Sie das Plakat in Ihr Zimmer hängen?
▲ Wo würden Sie das Plakat aufhängen?
▲ Wem würden Sie das Plakat gerne schenken?
▲ An wen oder was erinnert Sie das Plakat?
▲ Welche Gestaltungselemente sprechen Sie besonders an? Welche stoßen Sie ab?
▲ Welche „Gegenaussage" provoziert das Plakat bei Ihnen?

Vgl. Gisela Brackert: Plakate beurteilen. In: medien praktisch, 1/79, S. 23 ff.
Vgl. www.benetton.com

Karten – I

Karten prägen Weltbilder. Ihre Gestaltung bestimmt mit, für wie wichig wir bestimmte Regionen, Gebiete und Länder halten und welchen Status wir dem eigenen Land zubilligen.

Ein grundlegendes Problem der Weltdarstellung ist die zwangsläufige Verzerrung, die eintritt, wenn die dreidimensionale Kugelfäche der Erde in die zweidimensionale Karte übertragen wird. Doch dieses Problem wird nur selten ausgewiesen.
Ein weiterer Aspekt der herkömmlichen Kartenbilder ist die vom visuellen Eindruck her nahe liegende Verknüpfung des politischen Gewichts eines Landes mit seiner flächenmäßigen Ausdehnung. Desweiteren ist eine eurozentristische Darstellung, die Europa im Zentrum der Welt zeigt, in den meisten Kartendarstellungen üblich.

Schule und Unterricht haben viel mit Weltbildern zu tun. Weltbilder sind auch (geografische) Bilder in den Köpfen. Der Umgang mit Karten kann diese veranschaulichen und korrigieren.
Es geht dabei nicht um das Abfragen von geografischen Kenntnissen, sondern um die gemeinsame Erarbeitung von Zusammenhängen. Deshalb ist es wichtig, dass der Umgang mit Karten gemeinsam i. d. R. in Kleingruppen oder in der Klasse geschieht.

Karten selbst zeichnen

Wer es schon einmal versucht hat, wird feststellen, wie schwer es ist, die Umrisse eines Landes oder Kontinents aufzuzeichnen bzw. Ländergruppen richtig zuzuordnen.
Als Partner- oder Gruppenarbeit kann es aber viel Spaß machen und zudem die Lücken des eigenen „Weltbildes" aufzeigen.

Subjektive Karten

Die Schülerinnen und Schüler zeichnen ihre persönliche Deutschland- (oder Welt-)Karte. Dabei geht es nicht um objektive Richtigkeit, sondern um subjektive Wichtigkeit. Die Orte, Regionen, Flüsse und Grenzen, die mit persönlichen Erinnerungen und Erlebnissen verbunden sind, tauchen dabei auf.

Stumme Weltkarte bezeichnen

Eine „stumme Weltkarte", also eine Karte, die nur Umrisse zeigt und nicht beschriftet ist, wird in Partner- oder Gruppenarbeit beschriftet. Hierbei können alle zum Thema gehörigen Aspekte einbezogen werden. Z. B. die reichsten und die ärmsten Länder, die Empfängerländer bundesdeutscher Ent-

Weltkarte

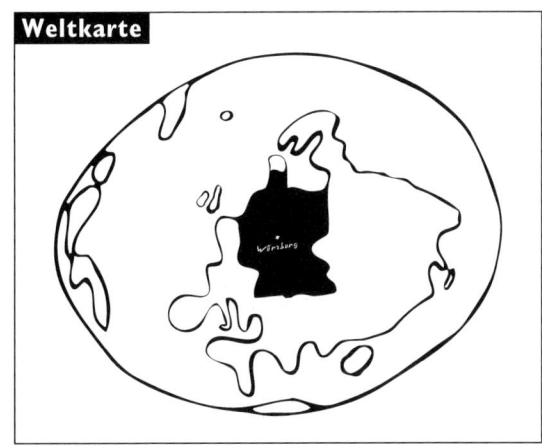

wicklungshilfe, Länder, die Atomkraftwerke betreiben etc.
Machtzentren und Randgebiete können deutlich gemacht werden.

Karten mit Daten füllen

Die Deutschlandkarte oder die Karte eines Bundeslandes oder Kreises kann mit Daten gefüllt werden, um so bestimmte Aussagen zu illustrieren. Z. B.:

▲ die Absturzstellen von Militärflugzeugen der letzten Jahre in eine Karte eintragen;
▲ ehemalige Konzentrationslager und Arbeitslager kontrastieren mit Gedenkstätten und Gedenktafeln von Verfolgten des Naziregimes;
▲ Arbeitslosenraten in den einzelnen Bundesländern, Landkreisen etc.;
▲ militärische Liegenschaften;
▲ Standorte von Kernkraftwerken, Müllverbrennungsanlagen usw.;
▲ Übergriffe auf Ausländerwohnheime usw.;
▲ ethnische Minderheiten.

Quartierkarten

Auf einem Stadtplan werden alle historisch und aktuell wichtigen Orte mit einer knappen Beschreibung eingetragen. Diese Quartierkarten können ganz verschiedene Perspektiven haben, z. B.:

▲ als Stadtführer für Rollstuhlfahrerinnen und Rollstuhlfahrer wird er vermerken müssen, wo hohe Bordsteinkanten sind, wie breit die Türen zu bestimmten Ämtern sind und ob sich dort Rollstuhlrampen befinden etc.;
▲ als Führer für neu eingetroffene ausländische Mitbürgerinnen und Mitbürger wird er die wichtigsten Anlaufadressen, Behörden, Einkaufsmöglichkeiten usw. erfassen;

Karten – 2

Deutschlandkarte

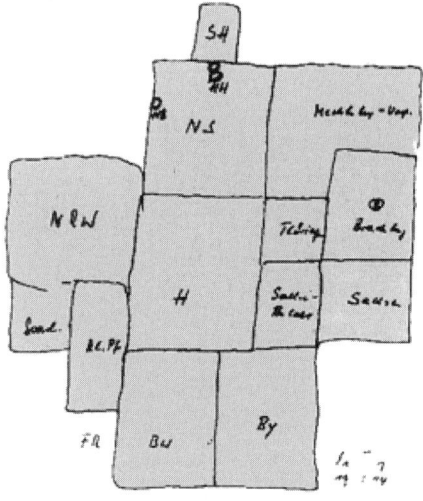

Der baden-württembergische Ministerpräsident Erwin Teufel zeichnete für die Süddeutsche Zeitung spontan diese Landkarte der neuen Bundesrepublik.

Der Spiegel 22/1995, S. 232.

▲ als alternativer Stadtführer wird er „Vergessenes" aus der Stadtgeschichte ausgraben;

▲ als politischer Führer wird er die politische Szene des Ortes mit Parteien, Bürgerinitiativen, Aktionsgruppen usw. beschreiben.

Straßenbilder

Die Umrisse der Kontinente und der einzelnen Länder können mit bunter Kreide z. B. als Straßenmalerei auf einen Parkplatz oder Hof gemalt werden.
In diese Umrisse können dann z. B. die Herkunftsländer der ausländischen Schülerinnen und Schüler eingezeichnet werden.

Karten vergleichen

Historische Karten eignen sich gut, um z. B. Entwicklungen von Staaten deutlich zu machen.
Der Vergleich von offiziellen Karten mit denen von politischen Organisationen (z. B. die Deutschlandkarte der Republikaner) kann Weltbilder transparent und deutlich machen.

Karten als Seminarbegleiter

Für nahezu jedes Thema der politischen Bildungsarbeit empfiehlt es sich, eine große Welt-, Europa- und/oder Deutschlandkarte an die Wand zu heften.

Die Weltkarten umdrehen

Die Australier laufen auf dem Kopf!
Europa ist oben – Australien unten.
Oben ist Nordamerika –
    Südamerika ist unten.
Unten ist vor allem auch Afrika –
    unten im Süden. (…)
Oben ist immer besser als unten.
Unten ist meist schmutzig –
    dreckig, schmutzig darf man nicht sein!
Oben ist wertvoller als unten.
Unten ist unter den Füßen.
Unten ist auch klein – (…)
Wir wissen doch genau, wie schwierig es war
    zu lernen:
Osten ist rechts – Westen ist links.
Oben ist Norden – Süden ist unten.
Wir Lehrerinnen und Lehrer lehren aber
    weiter: Süden ist unten!

Martha Kuhl-Greif: die Weltkarten umdrehen – die Perspektive wechseln. In: Dies. (Hrsg.): Stolpersteine. Literatur und Kinderbücher der südlichen Kontinente im Unterricht. Wuppertal 1993, S. 9 f.

Literaturhinweise

Fuhrer, Heinz: Feldmessen und Kartographie. Stuttgart 1998.
Hake, Günter: Kartographie. Visualisierung raum-zeitlicher Informationen. Berlin 2002.
Harvey, Miles: Gestohlene Welten. Eine Kriminalgeschichte der Kartografie. München 2001.
Monmonier, Mark: Eins zu einer Million. Die Tricks und Lügen der Kartographen. Basel/Boston/Berlin 1996.
Olbrich, Gerold: Desktop Mapping. Grundlagen und Praxis in Kartographie und GIS. Heidelberg 2002.
Wilhelmy, Herbert u. a.: Kartographie in Stichworten. Stuttgart 2002.

Karten im Internet
www.maps.ethz.ch
www.wetter-karten.de
www.nasa.gov
www.map-art.com

Karten – 3

Den Umgang mit Karten lernen

Der Umgang mit Karten muss gelernt und geübt werden. Hierzu einige Möglichkeiten:

Einen Spaziergang nachzeichnen

Von einem längeren Spaziergang werden verschiedenen Naturmaterialien mit nach Hause gebracht, z. B. Blätter, Gräser, kleine Steine usw. Zu Hause wird der Wanderweg in eine selbst gefertigte Karte eingezeichnet. Dabei werden die einzelnen Fundorte der Materialien besonders markiert.

Eine Schatzkarte anfertigen

Im Haus oder in der Umgebung wird ein Schatz versteckt. Die Lage des Schatzes wird in eine selbst gefertigte Schatzkarte eingetragen. Mit Hilfe der Karte soll nun der Schatz gefunden werden.

Adressen finden

Auf einem Stadtplan soll der eigene Wohnort (Straße und Haus) gefunden und markiert werden. Danach soll herausgefunden werden, wo Freunde, Verwandte usw. wohnen. Schwieriger wird es, wenn fremde Adressen in fremden Städten (Moskau, New York usw.) auf Stadtplänen gefunden werden sollen.

Geografische Besonderheiten herausfinden

Wo liegt der nächste See, wo der nächste Berg oder Fluss. Welche Einfluss auf das Leben haben diese geografischen Besonderheiten?

Karten vergleichen

Vom gleichen Gebiet werden verschiedene Karten verglichen: eine Wanderkarte, eine Straßenkarte, eine Freizeitkarte, eine geologische Karte, eine Luftverkehrskarte usw. Wozu werden die verschiedenen Karten verwendet, was sagen sie aus?

Vor einer Reise

Bevor eine Reise angetreten wird (z. B. vor dem Wochenende, vor den Ferien) kann auf einer Karte festgestellt werden, wo die einzelnen Reiseziele liegen und welche Reiseroute jeweils gewählt wird. Wie verändern sich die Routen, wenn verschiedene Verkehrsmittel benützt werden: Auto, Bahn, Binnenschiff, Flugzeug etc.?

Eigene Karten anfertigen

Eigene, fantasievoll ausgeschmückte Karten können über den eigenen Wohnort, über Urlaubs-

reisen, aber auch über Traumländer oder Orte von literarischen Handlungen angefertigt werden.

Mit der Karte Zeitung lesen

Beim Zeitunglesen kann ein Kartenatlas verwendet werden, um festzustellen, wo die einzelnen Orte, Länder, Staaten liegen, die in den Meldungen erwähnt werden und von welchen anderen Orten (Staaten usw.) sie umgeben sind.

Orte im Gradnetz

Mit Hilfe einer Karte, in der ein Gradnetz eingezeichnet ist, soll festgestellt werden, auf welchem Längen- und Breitengrad der eigene Wohnort (die Landeshauptstadt usw.) liegt.

Einen Globus herstellen

Mit Hilfe eines Luftballons und Pappmaschee wird ein eigener Globus erstellt, bemalt und bezeichnet.

Karten als Puzzles

Länder- oder Weltpuzzles (bei denen die Länderumrisse die einzelnen Puzzleteile darstellen) ermöglichen es, eine bessere Vorstellung von geografischen Lagen, Größenrelationen und angrenzenden Ländern zu erhalten.

Dioramen erstellen

Aus Pappmaschee wird ein dreidimensionales Modell des Landkreises / der Region angefertigt. Dabei soll der Maßstab möglichst exakt eingehalten werden.

Karten in Computerspielen

Viele Computerspiele enthalten historische oder aktuelle Karten. Diese Karten können als „Screenshots" vom Bildschirm abfotografiert und ausgedruckt werden, um sie dann zu besprechen.

Karten
Arbeitsmaterial

Projektionen

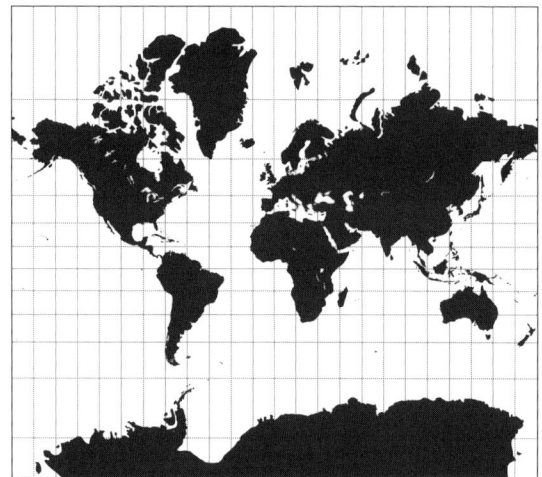

Die Mercator-Karte (1569)

ist winkeltreu; sie ist daher die einzige Navigationskarte für den größten Teil der Erde. Sie bildet die Länder am Äquator richtig ab, verzerrt (vergrößert) aber die Flächen in der Nähe der Pole, die nicht abgebildet werden können.

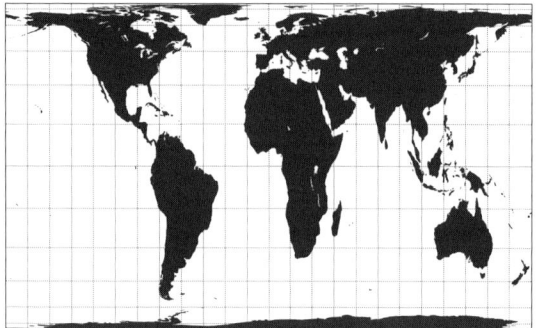

Die Peters-Karte (1972)

ist – relativ – flächentreu. Sie bildet die Industrieländer in den mittleren Breiten richtig ab; am stärksten verzerrt sind die tropischen Entwicklungsländer und die polnahen Gebiete. Wie jede rechteckige Weltkarte bildet sie die Form der Erde falsch ab.

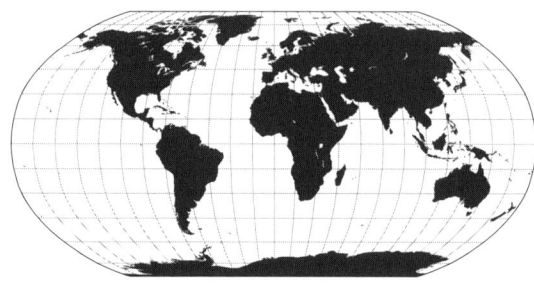

Die Robinson-Karte

ist vermittelnd. Sie ist für den größten Teil der Erdoberfläche flächentreu, die polnahen Gebiete sind etwas vergrößert, die Form der Erde wird annähernd richtig wiedergegeben. Vermittelnde Weltkarten sind das Ergebnis einer optimalen Ausgleichung der Fehler aller Weltkarten.

Das Problem: die optimale Weltkarte

Grundsätzlich kann die dreidimensionale Kugeloberfläche der Erde nicht in einer exakt übereinstimmenden, wirklichkeitsgetreu-objektiven Abbildung in die zweidimensionale Ebene eines Kartenblattes übertragen werden.

Vielmehr verändert und verzerrt jede Abbildung entweder die Flächengrößen oder die Strecken/Längen oder die Winkel bzw. – damit einhergehend – die Formen/Umrisse.

Wie stark die Verzerrung ist und welche der genannten Eigenschaften betroffen sind, hängt letztlich von der Wahl des Kartennetzentwurfes, d. h. der Art der mathematischen Abbildung ab.

Da es also aus mathematischen Gründen keine objektiv richtige Wiedergabe der Kugeloberfläche geben kann, gilt es, eine möglichst angemessene Darstellung zu entwickeln.

Vgl.: Deutsche Gesellschaft für Kartographie (Hrsg.): Ideologie statt Kartographie. Dortmund 1985.

Karten

Umriss Welt

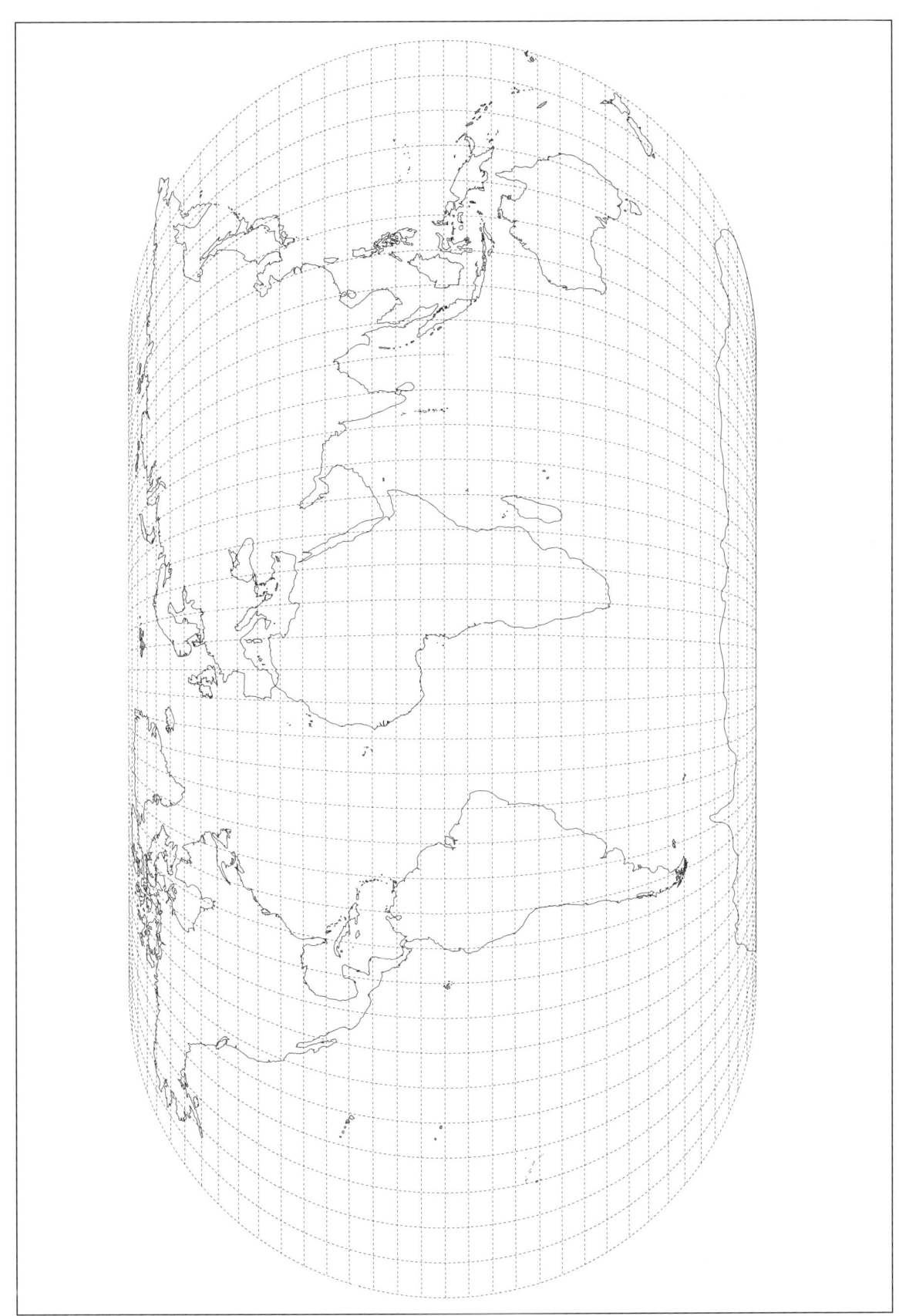

Karten
Umriss Europa

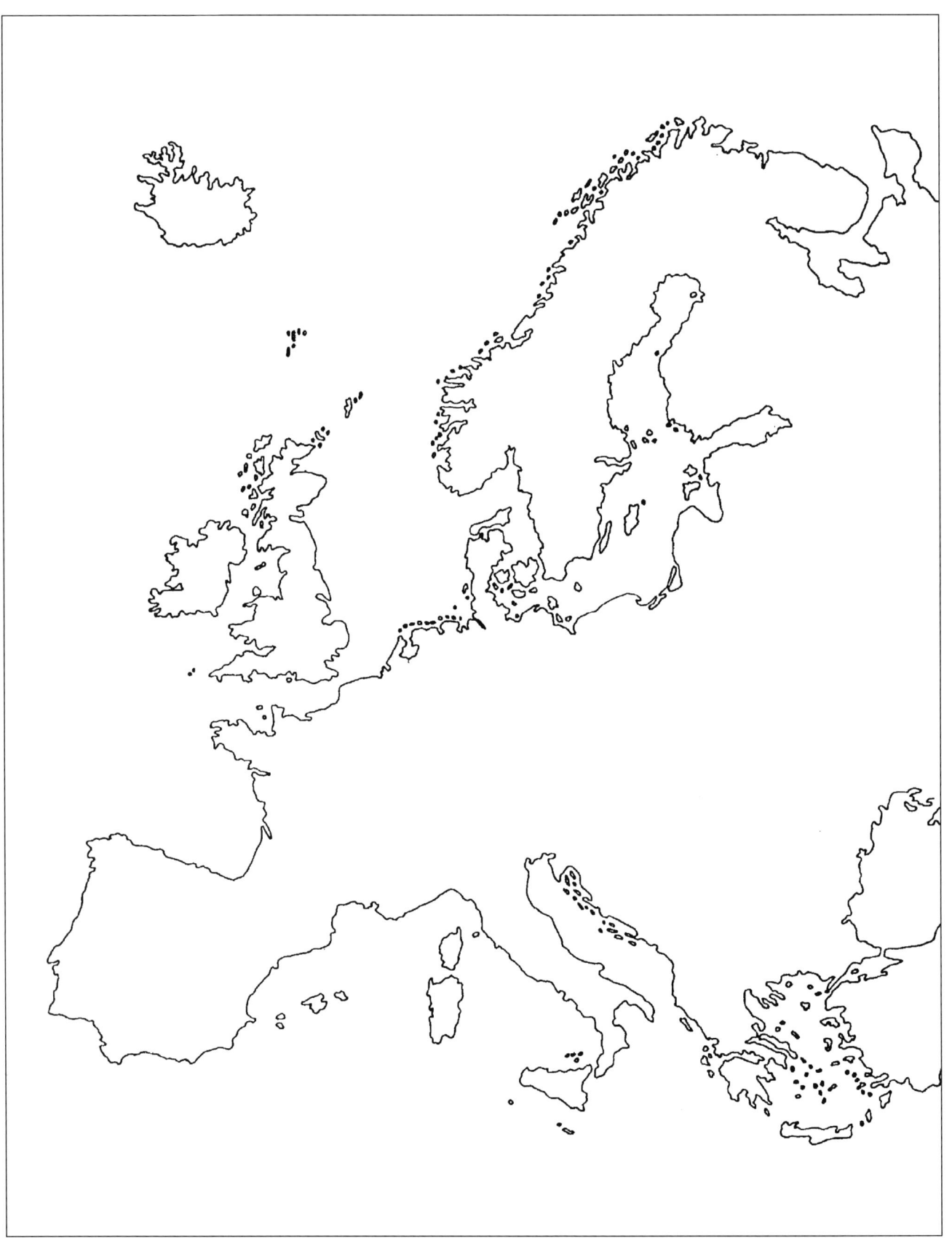

BILDORIENTIERTE METHODEN

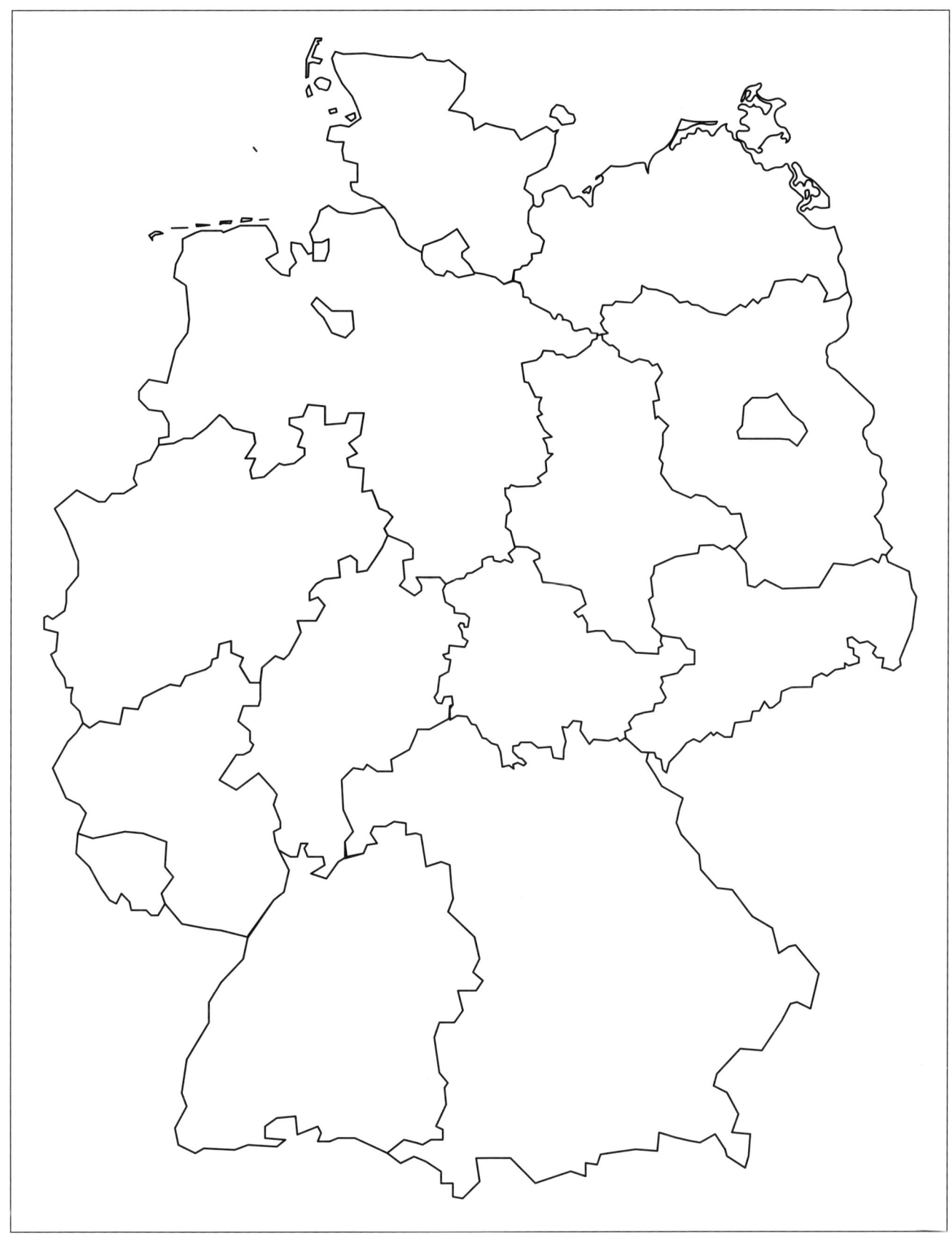

Karten
Arbeitsmaterial

Umgang
mit Informationen und Nachrichten

Weltkarte

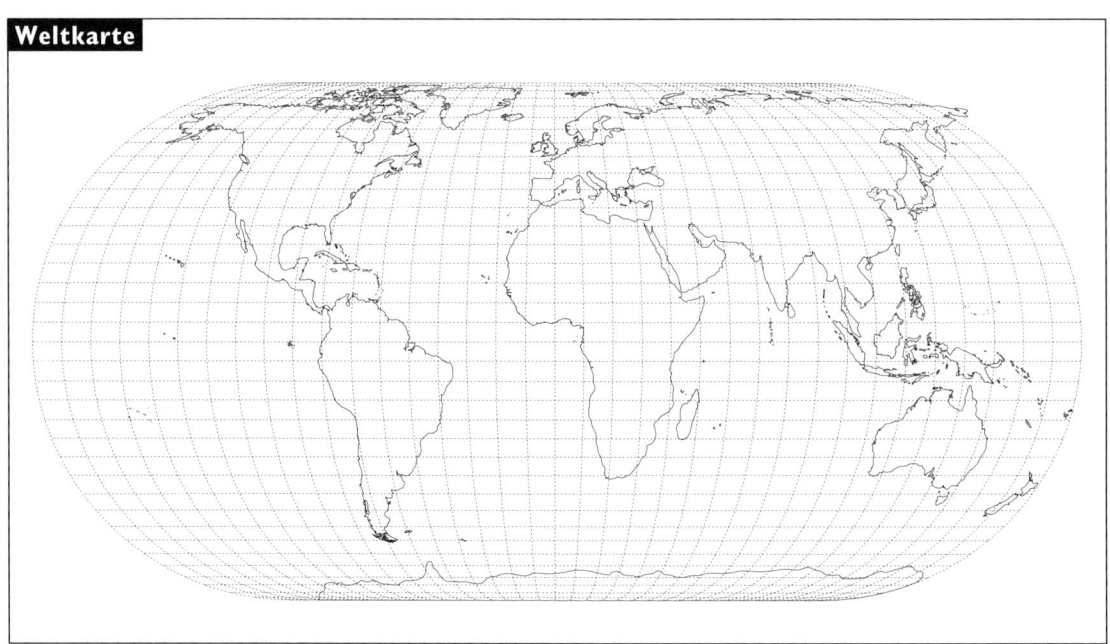

Medienanalyse und Visualisierung

Wie kann man Nachrichten über andere Länder konstruktiv bearbeiten und visualisieren?

Mit Hilfe einer stummen Weltkarte können Nachrichten geografisch zugeordnet werden und dadurch ein Gesicht bekommen.

Sinnvoll ist es, über mehrere Tage hinweg, wenn möglich über eine Woche oder länger, Medien auszuwerten und die Ergebnisse in eine stumme Weltkarte einzutragen.

Um einen Vergleich zu ermöglichen, sollten – von verschiedenen Gruppen – mehrere Tageszeitungen und die Nachrichtensendungen im Fernsehen ausgewertet werden.

Folgende thematische Zugriffe sind denkbar:
▲ Nachrichten über Konflikte und Kriege;
▲ Nachrichten über Hunger;
▲ Nachrichten über Flüchtlingsbewegungen;
▲ Nachrichten über Friedensverhandlungen;
▲ Nachrichten über die Rolle von Dritten (UNO, Industriestaaten);
▲ Nachrichten über Rüstungsexporte;
▲ Nachrichten über Entwicklungsprojekte;
▲ Nachrichten über Hilfsmaßnahmen.

Jeder Nachrichtenkategorie werden Klebepunkte einer bestimmten Farbe zugeordnet. Die einzelnen Nachrichten erhalten Nummern, welche auf die Klebepunkte übertragen werden. Die Punkte werden auf die jeweiligen Länder/Regionen geklebt, die Nachrichten auf einer großen Pinnwand festgeheftet (dabei kann auch ein dünner Faden zwischen dem Land und der Nachricht gespannt werden) oder in einem Ringbuch abgelegt.

Literaturhinweise

Beham, Mira: Kriegstrommeln. Medien, Krieg und Politik. München 1996.
Richter, Simone: Journalisten zwischen den Fronten. Kriegsberichterstattung am Beispiel Jugoslawien. Westerwaldverlag 1999.
Hörburger, Christian: Krieg im Fernsehen. Didaktische Materialien und Analysen für die Medienerziehung. Tübingen 1996.
Löffelholz, Martin (Hrsg.): Krieg als Medienereignis. Grundlagen und Perspektiven der Krisenkommunikation. Opladen 1993.
Ludwig, Clemens: Augenzeugen lügen nicht. Journalistenberichte: Anspruch und Wirklichkeit. München 1992.

Zahlenbilder / Infografiken

Die Möglichkeit, wirtschaftliche und politische Zusammenhänge durch Karten und Schaubilder zu veranschaulichen, ist für Schule und Unterricht unverzichtbar geworden.

Die Visualisierung von Daten und Fakten fördert das eigene Begreifen und Nachvollziehen komplexer Zusammenhänge.

Der hohe Informationswert von Zahlenbildern beruht auf der Verbindung von Text und Grafik zu kompakten, inhaltlich geschlossenen Einheiten. Sie berücksichtigen die veränderten Lese- und Lerngewohnheiten des heutigen visuellen Zeitalters.

Zahlenbilder sind selbstständige Informationselemente mit einer eigenen visuellen Sprache. Durch Schaubilder, Netzdarstellungen, Karten und Diagramme veranschaulichen sie Strukturen, Zahlenverhältnisse, geografische Bezüge und langfristige Entwicklungen. Sie machen so Zusammenhänge deutlich, die anders verborgen blieben und können auch Ausgangspunkt für neue Einsichten sein.

Vorsicht

Wichtig ist es, die Datengrundlagen der Grafiken und deren Beziehungen genau zu analysieren. Schaubilder, auf denen keine Quelle der verwendeten Daten vermerkt ist, sind mit Vorsicht zu gebrauchen.

Die Verwendung von Zahlenbildern

Illustration des gesprochenen Wortes

Zahlenbilder können mündliche Ausführungen, Vorträge, Statements usw. illustrieren.

Zahlenbilder als roter Faden

Entwicklungen und Zusammenhänge können auf der Grundlage von Zahlenbildern systematisch vermittelt werden, indem mehrere Zahlenbilder nacheinander über einen Tageslichtprojektor projiziert und ausführlich erläutert und interpretiert werden.

Zahlenbilder als Arbeitsmaterialien

Zahlenbilder können als Arbeitsmaterialien in die Gruppenarbeit eingegeben werden mit dem Auftrag, diese zu interpretieren und ihre Aussagefähigkeit genau zu analysieren.

Zahlenbilder als begleitendes Material

Zum Thema passende Zahlenbilder können vergrößert und als Zusatzmaterial an eine Informationswand geheftet werden.

Zahlenbilder selbst gestalten

Grunddaten werden in Form von Zahlenreihen und Tabellen zur Verfügung gestellt mit der Aufgabe, diese zu visualisieren. Dabei kann auch deutlich werden, wie sich Aussagen, entsprechend ihrer Bezugsgröße und Darstellungsweise, verändern bzw. manipulieren lassen.

Zahlenbilder können auch mit entsprechenden Computerprogrammen selbst gestaltet werden.

Zahlenbilder analysieren

Neben dem Inhalt der Zahlenbilder kann (und muss) auch die grafische Gestaltung in die Analyse einbezogen werden. Denn immer wieder werden – z. B. für die visuelle Darstellung verschiedener Länder – stereotype Personen oder Symbole verwendet.

Literaturhinweise

Angela, Jansen / Scharfe, Wolfgang: Handbuch der Infografik. Visuelle Information in Publizistik, Werbung und Öffentlichkeitsarbeit. Berlin 1999.
Gerhard, Ute (Hrsg.): Infografiken, Medien, Normalisierung. Zur Kartografie politisch-sozialer Landschaften. Krottenmühl 2001.
Geiz, Martin: Infografiken als Medium weltoffenen Lernens. In: epd-Entwicklungspolitik 20/21/2001.
Liebig, Martin: Die Infografik. Konstanz 1999.
Welthaus Bielefeld u. a. (Hrsg.): Atlas der Weltverwicklungen. Wuppertal 2001.

Infografiken im Internet

www.epd.de/ep
www.infografik.at
www.bmz.de/medien/statistiken/index.html
www.globus-infografik.de
www.welthungerhilfe.de

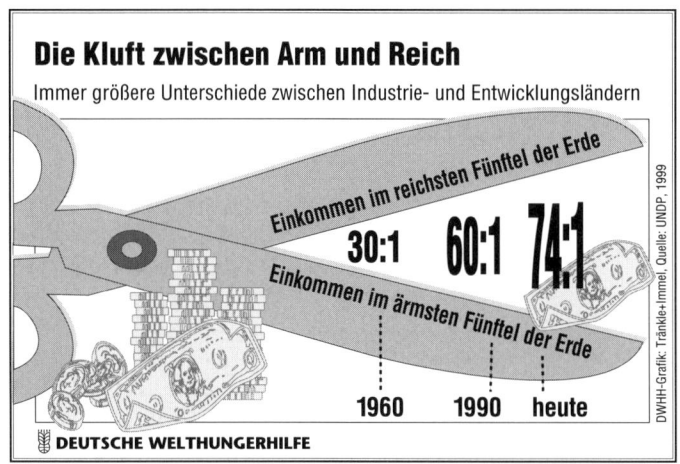

Die Kluft zwischen Arm und Reich

Immer größere Unterschiede zwischen Industrie- und Entwicklungsländern

Einkommen im reichsten Fünftel der Erde

30:1   60:1   74:1

Einkommen im ärmsten Fünftel der Erde

1960   1990   heute

DWHH-Grafik: Tränkle+Immel, Quelle: UNDP, 1999

DEUTSCHE WELTHUNGERHILFE

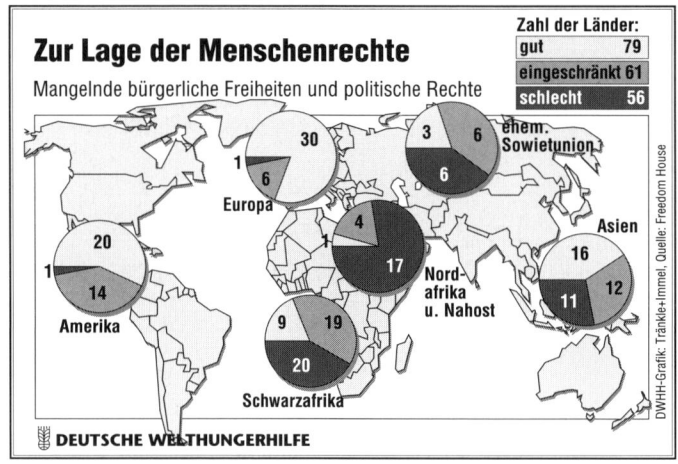

Zur Lage der Menschenrechte

Mangelnde bürgerliche Freiheiten und politische Rechte

Zahl der Länder:	
gut	79
eingeschränkt	61
schlecht	56

Europa

ehem. Sowjetunion

Asien

Amerika

Nordafrika u. Nahost

Schwarzafrika

DWHH-Grafik: Tränkle+Immel, Quelle: Freedom House

DEUTSCHE WELTHUNGERHILFE

Ikonographie in Zahlenbildern

Den einzelnen Länder oder Kontinenten werden auf Karten und Zahlenbildern häufig die gleichen Stereotypen zugewiesen:

▲ Russland wird als Bär dargestellt (mal harmlos drollig, mal aggressiv).

▲ Die Amerikaner erscheinen als Uncle Sam.

Wie sind diese Darstellungen zu bewerten? Sind sie harmlos und nett, oder aktivieren sie Vorurteile?

Im nebenstehenden Bildausschnitt sind verschiedene europäische Länder charakterisiert.

Zahlenbilder / Infografiken

Arbeitsmaterial

Aufbau und Elemente von Zahlenbildern am Beispiel einer Wetterkarte

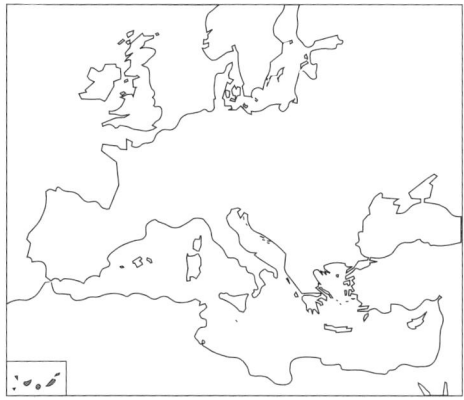

Das geografische Gebiet

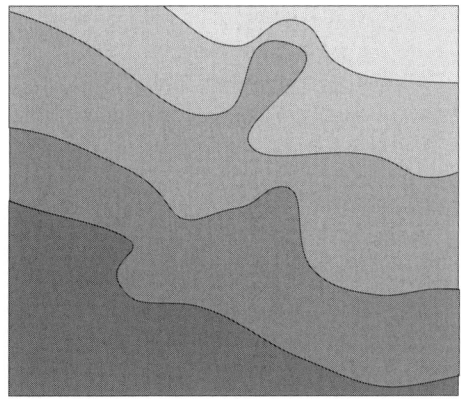

Die Wetterlage

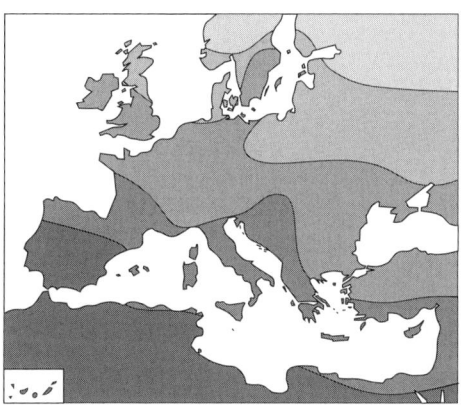

Die Wetterlage im geografischen Gebiet

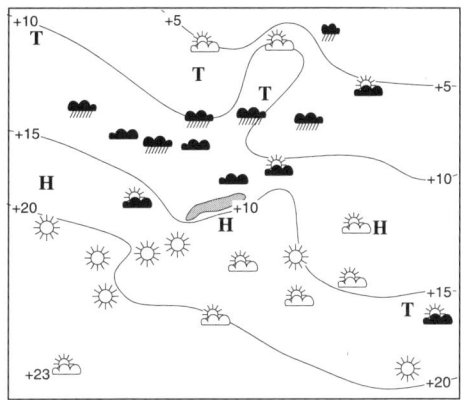

Symbole für Fronten und die Wetterprognose

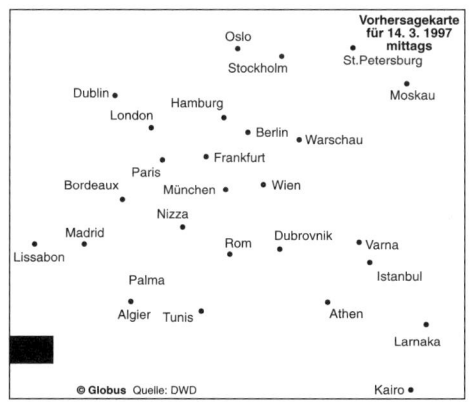

Orte und ihre Bezeichnungen

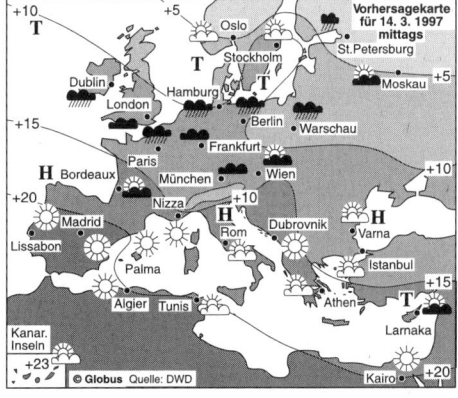

Die fertige Infografik

Computer-Grafikprogramme arbeiten mit der so genannten „Layer-Technik", d. h., einzelne Bildebenen werden als eigenes transparentes Bild erstellt und wie eine Folie über die anderen Bilder gelegt. Dieser Bildebenenaufbau ist bei der Globus-Wetterkarte gut zu erkennen.

Zahlenbilder

Arbeitsmaterial

Wo wird wie viel Energie verbraucht?

1. Übertragen Sie die Anteile des Weltenergieverbrauchs in das Raster. Ein Prozent des Weltenergieverbrauchs wird durch jeweils zwei Quadrate in der Karte dargestellt.
Zeichnen Sie dabei die Erdteile dort ein, wo sie geografisch hingehören. Sie sehen den wirklichen Erdteilen nicht unbedingt ähnlich. Sie stellen jedoch die Größenverhältnisse des Energiever-

brauchs dar. Verwenden Sie hierzu eine rote Farbe.

2. Suchen Sie in einem Lexikon die entsprechenden Prozentanteile der Weltbevölkerung.

3. Tragen Sie die Anteile der Weltbevölkerung mit einer blauen Farbe in die Karte ein.
Wo wird die meiste Energie verbraucht?
Wo leben die meisten Menschen?

	Weltenergieverbrauch	Weltbevölkerung
Afrika	2,5 %	
Asien	32,0 %	
Australien und Ozeanien	1,5 %	
Europa mit Russland	29 %	
Nord- und Mittelamerika	31 %	
Südamerika	4 %	

Quelle: Fischer Weltalmanach 2002, Frankfurt/M. 2001, S. 1189.

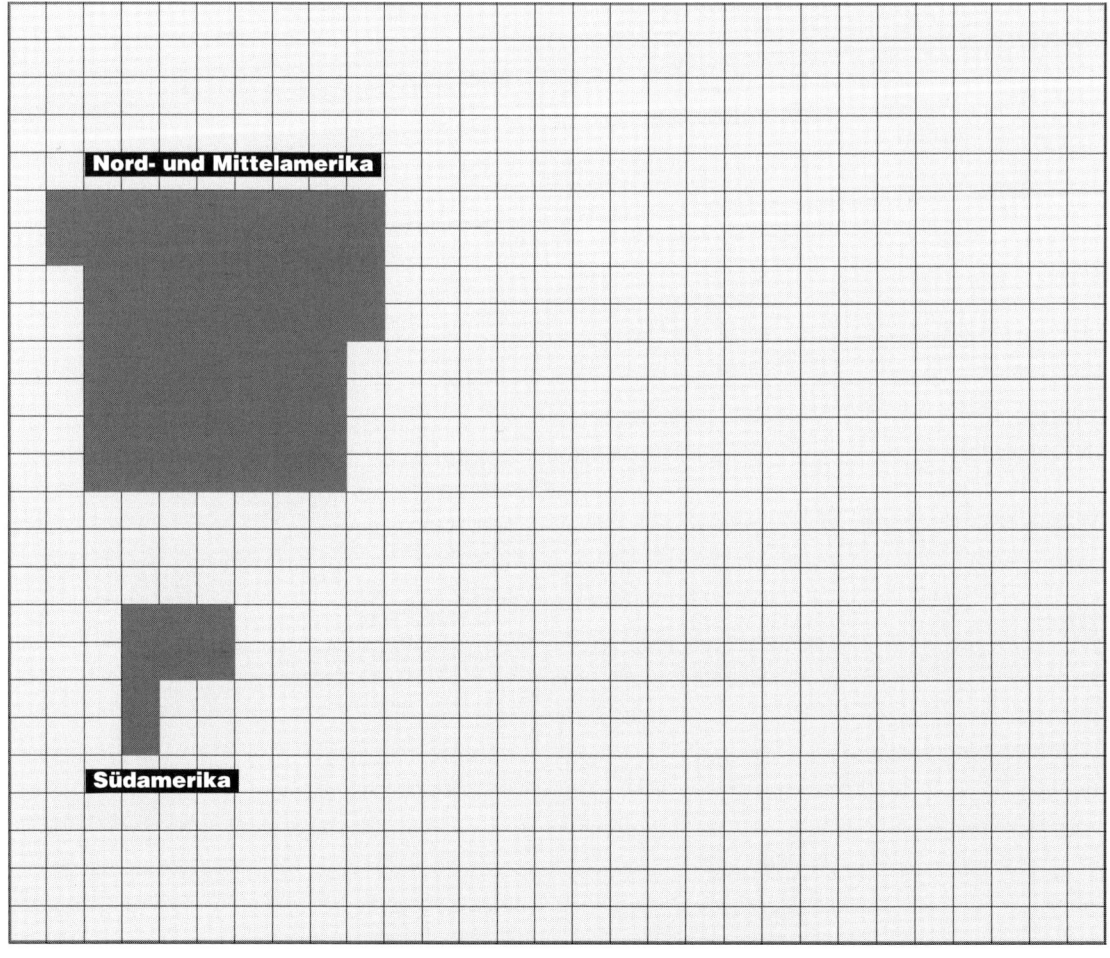

Zahlenbilder

Kopiervorlage

Aufgabe

Daten

Kunst – I

Menschen haben sich zu allen Zeiten und in allen Lebenslagen mit der Wirklichkeit auch künstlerisch auseinander gesetzt. Höhlenmalereien und Knochenamulette weisen auf frühe Formen künstlerischer Betätigung hin. Dabei war Kunst oft auch Ausdruck spiritueller und religiöser Erfahrungen.

Kunst kann als subjektive Interpretation und Verarbeitung von Wirklichkeit verstanden werden. Egal, ob sie den Zeitgeist widerspiegelt oder avantgardistisch ist, sie verdichtet immer ihre Aussagen, möchte Wesentliches ausdrücken. Kunst entzieht sich der Reproduktion, der beliebigen Vervielfältigung. Sie bleibt auch im Zeitalter der Massenproduktion Unikat. Dabei muss sich Kunst stets auch der Auseinandersetzung stellen, was denn nun das Eigentliche an „Kunst" sei.

Kunst ist stets auch im politischen Kontext zu sehen. Sie wurde und wird für politische Zwecke instrumentalisiert oder aus Angst vor Subversion lächerlich gemacht oder gar verboten.

Kunst kennt vielfältige Ausdrucksformen. Bilder und Skulpturen gehören ebenso dazu wie Literatur, Musik, Theater, Ballett, Film, Fotos, Performance usw.

Sich im Rahmen von Bildungsarbeit mit Kunst zu beschäftigen bzw. auseinander zu setzen bietet viele Möglichkeiten, Zugang zu bisher unentdeckten und verborgenen Fragestellungen und Problemsichtweisen zu erhalten.

Die Auseinandersetzung mit Kunst kann …

▲ die eigene Wahrnehmung schärfen;
▲ zu einer veränderten Sicht der Dinge beitragen, indem sie neue Blickwinkel und Interpretationsmöglichkeiten erschließt;
▲ unbewusste Bereiche ansprechen und zum Schwingen bringen und so zu einer ganzheitlichen Auseinandersetzung mit der Umwelt ermutigen.

Voraussetzung hierfür ist eine gewisse Neugier und Offenheit gegenüber nichtalltäglichen Darstellungs- und Ausdrucksformen.

Was man machen könnte

Auseinandersetzung mit Kunstwerken

Eine intensive Auseinandersetzung mit einem Kunstwerk, das das Thema des Seminars aufgreift, kann zu einer umfassenderen Sichtweise beitragen.

Zu einem tieferen Verstehen eines Kunstwerkes gehören Informationen über den Künstler, seine Schaffensperioden, die verwendete Symbolik, der Anlass des Werkes, die Inspirationen für die Art der Ausgestaltung, das gesellschaftliche und politische Umfeld usw.

Ein Bild, eine Plastik usw. wird als stummer Impuls gezeigt. Dann werden von den Teilnehmerinnen und Teilnehmern ihre Assoziationen und Empfindungen dazu geäußert. In einem zweiten Schritt werden die Intentionen des Künstlers erläutert.

Reaktionen auf Kunst sammeln

Kunst kann provozieren und wird oft genug als Provokation wahrgenommen.

Zustimmende oder ablehnende Reaktionen (bis zum Herunterreißen von Plakaten des Künstlers Klaus Staeck im Deutschen Bundestag) lassen Rückschlüsse auf Sichtweisen und Weltbilder der Akteure zu. Nachgegangen werden sollte in diesem Zusammenhang der Frage, wann Kunst von welchen Gruppen als anstößig empfunden wird.

Themenanalysen

Viele Bildungsthemen sind auch in Kunstwerken festgehalten. Diese stellen sowohl eine eigene Interpretation des Themenbereiches als auch (bei historischen Kunstwerken) eine wichtige historische Quelle dar.

So kann z. B. die Rolle der Kindheit in verschiedenen Epochen anhand von historischen Zeichnungen und Gemälden nachvollzogen werden.

Herrschaftskunst und „Entartete Kunst"

Auftragskunst zur positiven Selbstdarstellung war nicht nur während des Nationalsozialismus üblich, sondern ist in allen Kunstepochen feststellbar. Als Gegenpol zur Herrschaftskunst wurde z. B. im Nationalsozialismus die „Entartete Kunst" bekämpft.

Welche gesellschaftliche Funktionen erfüllt „Herrschaftskunst", welche die verfolgte Kunst. Beispiele hierfür finden sich in zahlreichen Katalogen und Ausstellungen. *(Vgl. Arbeitsblatt)*

Kunstwerke nachgestalten

Bilder oder Plastiken werden von den Teilnehmerinnen und Teilnehmern nach einer Vorlage nachgestaltet. Wobei die Vorlage bei der Nachgestaltung noch erkennbar sein soll. In einem zweiten Schritt kann das Thema dann frei interpretiert werden.

Kunst – 2

Selbst „Kunst" produzieren

Ein Thema mit verschiedenen Materialien selbst künstlerisch auszugestalten ist für viele Teilnehmerinnen und Teilnehmern eine wichtige neue Erfahrung. Sinnvoll ist es, nicht alltägliche Materialien zu verwenden. Also beim Malen auf Ölfarben zurückzugreifen, neben Tonplastiken auch aus vollem Holz oder Stein arbeiten zu lassen. Soll der Produktionsprozess nicht ganz offen sein, sondern etwas gesteuert werden, so empfehlen sich Angaben z. B. zum Ausstellungsort (in der Fußgängerzone einer Großstadt, im Foyer eines Theaters usw.).

Wegwerfkunst

Aus Schrottteilen, alten Haushaltsgeräten, Sperrmüllutensilien usw. können vielfältige Kunstwerke gestaltet werden.

Alltagskunst sammeln

Viele Gegenstände, die wir in unserem Alltag verwenden sind kleine Kunstwerke. Diese Gegenstände, entsprechend angeordnet und ausgestellt, entfalten oft eine faszinierende Wirkung.

Durch Kunst Fremdes kennen lernen

Auseinandersetzung mit Kunst muss grenzüberschreitend geschehen. Werke von Künstlern aus der Dritten Welt einzubeziehen kann eine andere – nicht auf Not und Hilfsbedürftigkeit bezogene – Sichtweise mit den Bewohnern und Kulturen dieser Länder ermöglichen.

Kunstausstellungen organisieren

Eine „Galerie in der Schule" einrichten. Für Sparkassen, Sozialämter oder Betriebe ist es nichts Neues mehr, Kunstausstellungen in den eigenen Räumen zu organisieren. Für den Bildungsbereich kann Kunst hier eine neue Bedeutung gewinnen.

Kontakte mit Künstlern

Kunst lebt mit den Künstlern. Wann immer möglich sollten Künstler eingeladen werden, um ihr Werk vorzustellen oder noch besser, gemeinsam mit den Teilnehmerinnen und Teilnehmern neue Werke zu gestalten.

Literaturhinweise

Klant, Michael / Walch, Josef: Bildende Kunst 1. Sehen, verstehen, gestalten. Hannover 1998.
Partsch, Susanna: Haus der Kunst. München 1997.

Was ist Kunst?

Es gibt keine für alle Zeiten verbindliche Definition von Kunst. Es gibt lediglich einige Voraussetzungen, die ein Kunstwerk erfüllen muss:

▲ Identität
  Unverwechselbarkeit der künstlerischen Persönlichkeit, Wiedererkennbarkeit des persönlichen Stils;
▲ gestalterische Qualität
  z. B. Beherrschung des Bildraumes, Klarheit der Komposition, Reichhaltigkeit der Bilderfindung usw.;
▲ Originalität
  der künstlerischen Idee und des künstlerischen Ausdrucks;
▲ handwerkliche Qualität

Entartete Kunst

Der Präsident der „Reichskammer der bildenden Künste", Adolf Ziegler, wurde vom Reichsminister für Volksaufklärung und Propaganda, Joseph Goebbels, am 30. Juni 1937 beauftragt, die Ausstellung „Entartete Kunst" in München zu organisieren.

Die Ausstellung „Entartete Kunst" im alten Galeriegebäude in den Hofgartenarkaden der Münchner Residenz im Juli 1937 war zusammen mit der anschließenden Beschlagnahme weiterer Kunstwerke der Höhepunkt einer kulturpolitischen Entwicklung, die 1933 nach der Machtübernahme durch die Nationalsozialisten begonnen hatte. Immer schärfer werdend, verbannte sie die moderne deutsche Kunst nach 1910 aus deutschen Museen, um sie schließlich ins Ausland abzuschieben oder zu zerstören. Über 17.000 Werke von 1.400 Künstlern in deutschen Museen wurden beschlagnahmt. Dominantes Kriterium für die Beschlagnahmung war die Rassenlehre Hitlers und Rosenbergs.
Die Darstellung von Menschen und Dingen entsprach nicht dem Idealbild eines deutschen Menschen und seiner Umgebung.
Bereits 1934 hatte Hitler auf dem Reichsparteitag in Nürnberg vom unerbittlichen Säuberungskrieg gegen letzte Elemente einer überwundenen Vergangenheit gesprochen. Und schon 1933 waren Kollwitz, Baumeister, Beckmann, Dix, Hofer, Pechstein, Schlemmer und Klee aus ihren Ämtern verdrängt oder entlassen worden.
Die Ausstellung „Entartete Kunst" wurde auch als Gegenstück zur „Ersten Großen Deutschen Kunstausstellung" gesehen, die ebenfalls im Juli 1937 im soeben eröffneten Münchner „Haus der Deutschen Kunst" gezeigt wurde.

Vgl. Norbert Berhof (Red.): Kunst in der Verfolgung. „Entartete Kunst" – Ausstellung 1937 in München. Villingen Schwenningen 1987.

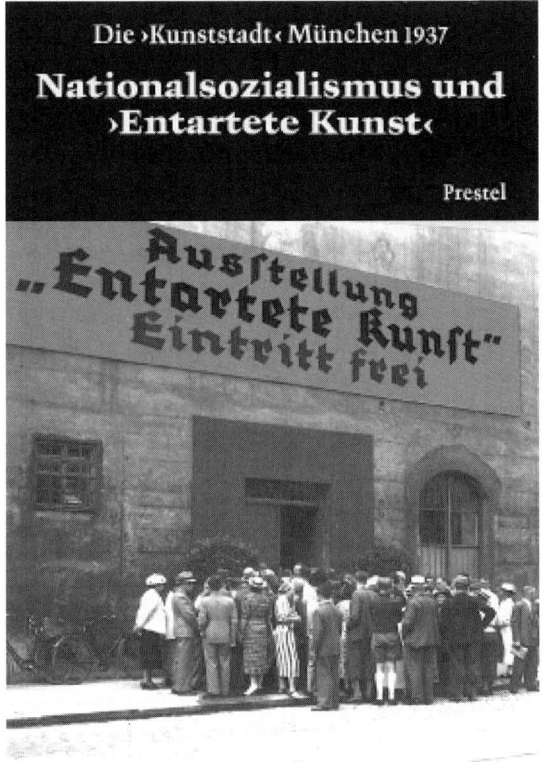

Was will die Ausstellung „Entartete Kunst"?

„Sie will am Beginn eines neuen Zeitalters für das Deutsche Volk anhand von Originaldokumenten allgemeinen Einblick geben in das grauenhafte Schlusskapitel des Kulturzerfalls der letzten Jahrzehnte vor der großen Wende.
Sie will, indem sie das Volk mit seinem gesunden Urteil aufruft, dem Geschwätz und Phrasendrusch jener Literaten- und Zunft-Cliquen ein Ende bereiten, die manchmal auch heute noch gerne bestreiten möchten, dass wir eine Kunstentartung gehabt haben.
Sie will klarmachen, dass diese Entartung der Kunst mehr war als etwa nur das flüchtige Vorüberrauschen von ein paar Narrheiten, Torheiten und allzu kühnen Experimenten, die sich auch ohne die nationalsozialistische Revolution totgelaufen hätten. (...)
Sie will die gemeinsame Wurzel der politischen Anarchie und der kulturellen Anarchie aufzeigen, die Kunstentartung als Kunstbolschewismus im ganzen Sinn des Wortes entlarven."

Entartete „Kunst". Ausstellungsführer. Berlin o.J., S. 2. Faksimile Nachdruck in: Peter-Klaus Schuster: Nationalsozialismus und „Entartete Kunst". München 1987.

Land-Art

Eingreifen, ohne zu zerstören

Am Nachmittag klettern wir hinaus zu einem Steinfeld. Mächtige Felsen, Mondlandschaft. Ich finde inmitten des Graus eine leuchtend grüne, bemooste Fläche und einen morschen Baumstamm. Nur wenig muss verändert, neu arrangiert werden und das Kunstwerk ist fertig: grauer, harter Stein zu weichem Moos und organischem Holz. Neue Verbindungen schaffen, „Schöpfer spielen" – und um die Vergänglichkeit dieser Neuschöpfung wissen. Eingreifen in die Natur, ohne zu zerstören. Ihr das aus ihr geschaffene Werk überlassen, es wieder einbinden in den natürlichen Kreislauf. Meine Hände sind aufgerissen, die Füße schmerzen im ungewohnten Schuhwerk, ich bin todmüde nach so vielen Stunden im Freien und doch fühle ich mich so gut wie lange nicht mehr. (…)

Christian versucht aus den herumliegenden Steinen einen Turm zu bauen, der immer wieder krachend in sich zusammenfällt. Monika überbrückt eine Felsspalte mit streng parallel laufenden, dünnen Stöckchen. So karg die Natur hier ist, so wenig Möglichkeiten sich hier auf den ersten Blick bieten, setzt doch jeder von uns das Vorgefundene in ganz persönlicher Weise um. Die Befürchtung, keine Ideen zu haben, erweist sich als vollkommen unbegründet, es entstehen Werke von überraschender Vielfalt.

Gaby Smekal: Über allem ein Hauch von Vergänglichkeit. In: Jugend am Berg 6/1996, S. 64 ff.

„Land-Art"

Was ist denn Land-Art? Die Kunstform Land-Art bietet einen alternativen Zugang zur Thematik von Naturerfahrung und -sensibilisierung. Land-Art dient als kreative und erlebnisintensive Möglichkeit der Auseinandersetzung mit Elementen und Aspekten der Natur. Hierbei reicht das Spektrum von Naturerfahrungsspielen bis zur Herstellung abstrakter, phantastischer oder gegenständlicher Kunstwerke aus natürlichen Materialien. (…)

Das Spektrum der Stoffe reicht von Erde und Ton über Stein, Holz, Gräser, Rinde, Sand und Blumen bis zu Schnee und Eis. Der Fantasie sind keine Grenzen gesetzt, und in spielerischer Tätigkeit erfolgt die Verschmelzung von Physik, Chemie, Biologie, Mathematik, Statik und Architektur. Durch die Verwendung vergänglicher Materialien wird die Aufmerksamkeit auf den Schaffensprozess an Stelle des Sammelns und Besitzens gelenkt. (…)

Einen nicht unwesentlichen Bestandteil von Land-Art-Aktivitäten stellt die Dokumentation durch Fotos dar. Mag sein, dass das Loslösen von soeben geschaffenen Werken nicht ganz unserem Naturell entspricht, dass wir versuchen, mittels Fotografie diesen Augenblick festzuhalten, um ihn bei Bedarf daheim im Wohnzimmer nachzuerleben. Die Fotografie bietet aber auch die beste Möglichkeit, die Wechselwirkung zwischen Werk und Umgebung in aller Ruhe zu ergründen bzw. Veränderungen im Lauf der Zeit zu erfassen und so mit dem Prozess der ständigen Wandlung unserer Umwelt wahrzunehmen.

Christian Mauracher: „Ich bin Wind und Wasser". Ein möglicher Zugang zu größerem Verständnis für unsere Umwelt. In: Jugend am Berg, Ausgabe 6/1996, S. 64.

Mail-Art – I

Briefmarken sind nicht nur ein Nachweis über die entrichtete Postgebühr, sondern sie spiegeln auch die gesellschaftliche und politische Wirklichkeit wider. Sie werden als nationales Aushängeschild verstanden und informieren darüber hinaus auch über kulturelle und politische Ereignisse. Dies ist immer auch mit Deutungsabsichten über die aufgegriffenen Themen verbunden.

Was man machen könnte …

Anhand von Briefmarken Zeitgeschichte nachvollziehen

Die erste Briefmarke der Bundesrepublik, vom 7.9.1949 war der Eröffnung des Bundestages gewidmet, die erste Marke der DDR vom 9.10.1949 hatte „75 Jahre Weltpostverein" zum Motiv. Briefmarken bieten Material über nahezu alle politischen Entwicklungen an:

▲ Deutsche Auslandspostämter und Kolonien, z. B. Deutsche Post in China oder Deutsche Post in Marokko, geben Auskunft, dass um die Jahrhundertwende deutsche Interessen in Übersee vertreten wurden.

▲ Deutsche Besetzungsausgaben (z. B. Albanien 1943 oder Zara 1943) spiegeln ein Stück des Zweiten Weltkrieges wider.

▲ Die Geschichte der Besatzungszonen und der Bundesländer lässt sich z. B. anhand eigener Marken (u. a. Saargebiet/Saarland) nachverfolgen.

▲ Anhand von Motiven und Gestaltung läßt sich z. B. ein Vergleich zwischen der BRD und der DDR anstellen.

▲ Die Entwicklung der Europamarken geben auch Auskunft über die Etappen hin zur Europäischen Union.

▲ Anhand der Neuerscheinungen des laufenden Jahres kann festgestellt werden, welche gesellschaftlichen und politischen Themen vom Programmbeirat der Bundespost für so relevant gehalten werden, dass sie auf Briefmarken erscheinen. *(Vgl. Arbeitsmaterial)*

Das eigentlich Interessante ist jedoch, wie Zeitgeschichte dargestellt (interpretiert wird), welche Aussagen dabei im Vordergrund stehen, und natürlich auch, welche Ereignisse nicht beachtet werden.

Selbst Motive entwerfen

Die Teilnehmerinnen und Teilnehmer entwerfen in Kleingruppen zum Seminarthema (oder einer speziellen Fragestellung des Themas) eigenständige Motive für Briefmarken. Dies kann in Collagentechnik oder durch Malen und Zeichnen geschehen. Zu

beachten ist, dass die Motive möglichst groß (DIN A4) angelegt werden sollten. Neben einzelnen Marken kann auch eine Briefmarkenblock gestaltet werden. Es empfiehlt sich, konkrete Themen vorzugeben z. B. „Schützt den Regenwald".

Wird das Thema offen formuliert („Entwerfen Sie ein Briefmarke zum Themenbereich „Umwelt und Entwicklung") so müssen in der Entwurfsarbeit Schüsselbegriffe und Kernaussagen des Themas herausgearbeitet und in bildhafter Form umgesetzt werden.

Was man sonst noch machen könnte

▲ Briefmarken verfremden.
Vorhandene Briefmarken umgestalten, in ihrer Aussage zuspitzten, verändern.

▲ Eine Briefmarkencollage zum Thema,
indem Briefmarken zum Thema recherchiert, als Kopie vergrößert und als Collage gestaltet werden (Hilfreich sind hierzu die einschlägigen Sammlerkataloge).

▲ Eine Briefmarkenausstellung zum Thema zusammenstellen.

Hans-Jürgen Wischnewski als Briefmarkensammler

Sammeln Sie auch bestimmte Themen oder Motive?
H.-J. Wischnewski: Ja, mein Thema heißt „Bedeutende Persönlichkeiten". Speziell Winston Churchill, Charles de Gaulle und Konrad Adenauer.

Was fasziniert Sie am Briefmarkensammeln am meisten?
H.-J. Wischnewski: Meine Sammlung ist für mich das interessanteste und beste deutsche Geschichtsbuch. Auf Briefmarken kann ich alles, was in Deutschland seit 1849 passiert ist, ablesen. Positives und natürlich auch Tragisches wie Kriege, Inflationen oder die deutsche Teilung.

unser hobby, 1/92, S. 11.

Mail-Art – 2

Briefmarkenentwürfe für die Deutsche Vereinigung

Im Rahmen einer Seminararbeit entwarfen Studierende des Fachbereichs Design Briefmarkenentwürfe unter dem Titel „Deutsche Vereinigung 1990 bis 1994". Die Aufgabe bestand darin, dass jeder Student außer dem angegebenen Titel das Wort „... land" verwenden und selbst ergänzen musste. So sollte ein neuer Titel entstehen wie z. B. „Honigland, Asylland, Steuerland" usw. Im nächsten Schritt erfolgte eine Umsetzung dieser Titel in eine grafische Form.

Außer den grafischen Werten, die in diese Arbeiten einfließen, spiegeln sie auch die Meinungen der Studentinnen und Studenten über die Vereinigung Deutschlands wider. Sie enthalten ihre Erwartungen und Träume, die mit diesem Ereignis verbunden sind, aber auch die Beobachtungen von positiven und negativen Aspekten der Wiedervereinigung. In fast allen eingereichten Arbeiten sind Kritik zur Wiedervereinigung zu finden, wenn auch inhaltlich diese sehr kontrovers erfolgte, z. B: „Spekuland", „Monetenland", „Rausland", „Feuerland".

Obwohl mit kritischen Entwürfen gerechnet wurde, überraschte das Ergebnis, dass nicht eines der Plakate thematisch „die Sonnenseite der Wiedervereinigung" widerspiegelte.

Lex Drewinski: Briefmarkenentwürfe für die Deutsche Vereinigung. In: Christiane Ludwig-Kröner / Rolf Geitmann / Frieder Burkhard (Hrsg.): Frieden gestalten. Zur Theorie und Praxis der Friedensarbeit an Fachhochschulen. Münster 1995, S. 121, Auszüge.

▲ Das Motiv des Jahres wählen. Welche drei Themen und Motive würde die Seminargruppe für das laufende Jahr wählen? Nach welchen Kriterien findet die Entscheidung statt.

Was ist Mail-Art?

Mail-Art ist mehr als die einfache Beschäftigung mit Briefmarken. Bei Mail-Art geht es um den Austausch von Kunst über zehn, hunderte und tausende Kilometer hinweg. Mail-Art ist Kunst jeder Art, sofern sie mailbar ist. Mail-Artistinnen und -Artisten betonen, dass ihre Kunst von Grund auf demokratisch ist, niemanden ausschließt, Koproduktionen und Multiproduktionen zum Programm macht.

Mail-Art wurde 1962 von Ray Johnson mit seiner „School of Correspondance" in New York ins Leben gerufen. Die Versandart war die Post. Mail-Art beruht auf dem Austausch, der Kommunikation, dem gemeinsamen Objekt.

Die „political mail art" war in staatsdirigistischen und diktatorischen Regimen eine besonders wichtige Variante der postalischen Kunst. Die verfremdete Briefmarke, der vielfach gestempelte Umschlag, visuelle Gedichte oder das zur Briefkunst erhobene todernst ausgeführte Deviseneinführungsformular der DDR übermittelten Botschaften, für die es offiziell keine Ausdrucksmöglichkeiten gab.

Im Zeitalter der Elektronik werden Mail-Art-Projekte zunehmend auch zu E-Mail-Projekten.

Vgl. Gaby Küppers: Mailart. Kunst trotz dem Zeitalter der technischen Reproduzierbarkeit. In: ila, Nr. 204, 4/1997, S. 38 ff.

Informationen über die jährlichen Neuerscheinungen erhält man bei:
Deutsche Post AG, Niederlassung Philatelie, 60281 Frankfurt.
http://philatelie.deutschepost.de

Informationen über Philatelistische Bibliotheken:
www.philatelistische-bibliothek.de

Mail-Art

Arbeitsmaterial

Welche Motive, welche Themen

In den USA wird auch künftig keine Briefmarke an die beiden Atombombenabwürfe auf Hiroshima und Nagasaki erinnern: Nach scharfem Protest aus Japan und Kritik von Präsident Clinton zog Postminister Runyon gestern einen entsprechenden Entwurf zurück.

Auf der Marke, die zum 50. Jahrestag des Endes des Zweiten Weltkriegs entworfen worden war und diese Woche vorgestellt wurde, sollte unter dem Bild eines Atompilzes zu lesen sein: „Atombomben beschleunigten das Ende des Krieges, August 1945".

Es hagelte massive Proteste von japanischer Seite. „Eine Geschichtsinterpretation, die den Einsatz von Atombomben rechtfertigt, können wir niemals akzeptieren", sagte Hiroshi Harada, Leiter des Friedensmuseums von Hiroshima, wo am 6. August 1945 erstmals eine Nuklearbombe auf Menschen abgeworfen wurde. Wenige Tage später folgte eine zweite in Nagasaki. Mehr als 200000 Japaner kamen bei diesen beiden Angriffen ums Leben. „Diese Briefmarke berührt den Nerv aller Japaner", sagte Primierminister Murayama.

Rheinische Post, 9. 12. 1994.

What ist Peace?

Briefe, die im Rahmen einer „Mail-Art"-Aktion Anfang der 80er-Jahre mit dem Aufdruck „What is peace?" versehen waren, wurden von der Deutschen Bundespost nicht befördert.

Sie wurden „wegen politischer Propaganda auf der Aufschriftseite des Umschlages" (§ 13 Postordnung) ausgesondert. Desgleichen geschah mit Briefen auf denen „Dem Frieden Einlass gewähren" aufgestempelt war.

Keine Sondermarke für die Toleranz

Wie die Toleranz in der Post-modernen Bilderflut der Sondermarken 1995 auf der Strecke blieb.

Eine Glosse

Alle Jahre wieder erfreut die Deutsche Bundespost jung und alt mit einem bunten Reigen Sonderbriefmarken. So auch 1995. Manchem Knirps im Jäger-und-Sammler-Alter haben die gezahnten Bildchen schon die Weiten der Welt und die Tiefen unserer Geschichte eröffnet. (...)
Dann aber endet die Ausgewogenheit. Die Blockausgabe „50. Jahrestag der Beendigung des zweiten Weltkrieges" widmet sich der „Zerstörung der Städte" und dem „Verlust der Heimat". War das alles, fragt sich der geschichtsbewusste Philatelist. Nein, das hätte nicht alles sein müssen. Aus der israelischen Botschaft kam immerhin die Anregung, eine Briefmarke herauszugeben, die „als Motiv einen aussagekräftigen Aufruf gegen rechte Gewalt darstellen soll". Die Deutsche UNESCO-Kommission hat diesen Vorschlag dem Postministerium vorgelegt. Auch das Auswärtige Amt gab grünes Licht, könne man doch hier „eine Lanze für die Toleranz brechen". Immerhin hatten die Vereinten Nationen daselbst den Anlaß geliefert, als sie das Jahr 1995 auf Antrag der UNESCO zum „Internationalen Jahr der Toleranz" erklärten. Doch das von CSU-Mann Bötsch geleitete Ministerium meinte entgegen deutscher UN-Ambitionen: „Nach sorgfältiger Abwägung aller wesentlichen Kriterien konnte eine Sondermarke zum Thema ‚Internationales Jahr der Toleranz' leider nicht für das Jahresprogramm 1995 berücksichtigt werden ... Die vom Programmbeirat vorgeschlagene Auswahl ist in sich ausgewogen."
Und: „Eine Zusammenstellung, die den Wünschen der Antragsteller und Befürworter von Ausgabevorschlägen gerecht wird, ist letztlich nicht möglich." (Aktenzeichen 4330-1 B 2230)
Stimmt! Hunderasse, Conrad Schlaun und das verpasste Primzahljubiläum. Eines darf sich der Sammler und Briefmarkenschlecker hinters Ohr schreiben: Der 80. Geburtstag von Franz Josef Strauß (Sondermarke am 10. August 1995) ist allemal wichtiger als das UNO-Jahr der Toleranz, von Hunderassen und deutschen Bauernhäusern ganz zu schweigen.

Dieter Offenhäußer, Pressesprecher der Deutschen UNESCO-Kommission. In: UNESCO heute IV, 1994, S. 430 f.

Geo-Puzzle

Anders als Karten machen Länder-Puzzles geografische Größenverhältnisse, Nachbarschaften, Nähe und Distanz unmittelbar anschaulich und handhabbar.

Der besondere Reiz von Geo-Puzzles für die Bildungsarbeit liegt zum einen im „Begreifen" (in die Hand nehmen von Teilen) zum andern in den Gestaltungsmöglichkeiten für das Plenum und für Arbeitsgruppen. Die Herausforderungen des privaten Puzzlespiels werden dabei durch soziales Lernen erweitert. Puzzles können dabei in Einzelstunden ebenso eingesetzt werden wie bei länger dauernden Seminaren.

Seine pädagogische Wirkung entfaltet ein Puzzle vor allem als Impulsmedium, indem es zur kreativen Weiterbeschäftigung mit vielerlei Fragen anregt und motiviert.

Mögliche Vorgehensweisen

▲ Es werden Gruppen von ca. 8–10 Teilnehmerinnen und Teilnehmern gebildet.
▲ Die Puzzleteile werden auf den Boden (oder auf mehrere zusammengestellte Tische) verteilt.
▲ Die Aufgabe besteht nun darin, dass die gesamte Gruppe das Puzzle zusammensetzt.
▲ Es empfiehlt sich, eine Karte (je nach Puzzle eine Weltkarte, Europakarte oder Deutschlandkarte) an die Wand zu heften.

Möglichkeiten der Weiterarbeit

Ländern mit bestimmten Merkmalen werden herausgehoben, z. B.
▲ Länder der Dritten Welt (Vierten Welt);
▲ Länder in denen der Regenwald stark geschädigt ist;
▲ Militärdiktaturen;
▲ die wichtigsten Handelspartner der BRD;
▲ die Hauptempfängerländer deutscher Rüstungsexporte;
▲ Regionen und Länder in denen im letzten Jahr Kriege stattgefunden haben;
▲ Länder, die die meisten Flüchtlinge aufnehmen;
▲ politische Bündnisse, Wirtschaftszusammenschlüsse (EU), Militärbündnisse (NATO, SEATO …).
▲ Veränderungen in der Aufteilung der Welt nach dem Ende des Ost-West-Konfliktes.

Sortieren (untereinander legen) von Ländern entsprechend besonderen Merkmalen, z. B.:
▲ nach der Größe ihrer Fläche;
▲ nach Einwohnerzahl;
▲ nach dem Grad des wirtschaftlichen (bzw. politischen Einflusses) in einer Region, in der Welt usw.
▲ nach der Größe der Wasservorräte;
▲ nach der Größe der Wüsten.

Herkunftsländer von Alltagsprodukten, z. B.:
▲ Aus welchen Ländern kommen die Kleidungsstücke, die ich trage?
▲ Aus welchen Ländern kommen die Lebensmittel, die ich zum Frühstück verzehrt habe?

Variationen

Stummes Puzzle
Es werden Gruppen gebildet. Jede Gruppe erhält ein vollständiges Puzzle. Das Puzzle soll möglichst schnell zusammengesetzt werden, ohne dass die Gruppenmitglieder miteinander reden.

Ketten-Puzzle
Alle Gruppenmitglieder erhalten gleich viele Puzzleteile. Ein Land wird in die Mitte gelegt. Nun dürfen die jeweils angrenzenden Länder dazugelegt werden.

Beziehungs-Puzzle
Jeder nimmt sich ein Land und berichtet über seine persönliche Beziehung zu diesem Land. Dies können kulturelle Besonderheiten, Reiseerlebnisse o. Ä. sein.

Puzzle-Quiz
Nachdem das Puzzle ausgelegt ist, sucht sich jeder ein Land aus. Wie beim Teekesselspiel soll das Land nun anhand von kurzen Hinweisen erraten werden (z. B.: Mein Land hat eine rote Farbe in der Flagge. Mein Land grenzt an China usw.).

Puzzle-Aktuell
Ein Weltpuzzle wird zum Begleitmedium des aktuellen Zeitgeschehens, indem die Länder, die in aktuellen Meldungen der Tagespolitik erwähnt werden, herausgesucht und mit den anderen erwähnten Ländern in Beziehung gesetzt werden.

Vgl.: Landeszentrale für politische Bildung Baden-Württemberg (Hrsg.): Weltpuzzle 2000. Stuttgart 1995.

30–40

Geo-Puzzle – 2

▲ Geografische Puzzles

können selbst erstellt werden. Hierzu wird eine Weltkarte (Europakarte, Deutschlandkarte) auf einen leichten Karton geklebt und ausgeschnitten. Eine andere Möglichkeit besteht darin, die Umrisse über einen Tageslichtprojektor auf einen Karton zu projizieren, nachzufahren und auszuschneiden.

▲ Überdimensionale Lernpuzzles

(Weltpuzzle, Europapuzzle, Deutschlandpuzzle) können auch gegen eine Schutzgebühr bei der Landeszentrale für politische Bildung Baden-Württemberg erworben werden.

Die Lernpuzzle der Landeszentrale für politische Bildung Baden-Württemberg

Deutschland-Puzzle

Zum Puzzle gehören 46 Teile, dazu 110 Impuls- und Info-Karten sowie 13 weitere Teile (Wappen und Flaggen). Ausgelegt hat es die Maße 90 x 116 cm.

Europa-Puzzle

Es besteht aus 71 Legeteile und über 50 Spielkarten. Größe 90 x 110 cm.

Welt-Puzzle

Umfasst 139 Staaten der Erde, Lageplan, Staatenkartei, Flaggenbilder). Größe: 196 x 137 cm.

Bezug: Landeszentrale für politische Bildung Baden-Württemberg.
www.lpb.bwue.de/shop/shop.htm

Erfahrungsbericht

Ein Puzzle selbst erstellen

„Die Projektwoche ‚Afrika' bot nun einen willkommenen Anlass, Kartenarbeit zu betreiben, wenn diesmal vielleicht auch ‚etwas anders': Die Schüler sollten – über die Zwischenstufe eines Puzzles – eine politische Karte Afrikas herstellen. (…)

Ausgangspunkt bei der Herstellung der Karte war eine Folie, die auf einen Karton (70 x 140 cm) projiziert wurde. Die daraus resultierende Umrissskizze Afrikas diente als Grundlage für die spätere Arbeit an der Karte. In einem zweiten Arbeitsgang wurden nun auf Zeichenkarton desselben Formats die politischen Grenzen ebenfalls mit Hilfe einer Folie übertragen und danach die Länder ausgeschnitten. Anhand des Atlas galt es nun, die Ländernamen in eine stumme Karte einzutragen. Gleichzeitig wurden die Ländernamen (inkl. Hauptstädte) u. a. auch zur Absicherung der Schreibweise an die Tafel übernommen. Nun wurden in einem weiteren Arbeitsschritt die ausgeschnittenen Länder mit Wasserfarben bemalt. Das somit entstandene farbige Puzzle von Afrika konnte nun im letzten Arbeitsgang in die ursprüngliche Umrissskizze eingefügt und festgeklebt werden. Die Namen der einzelnen Länder wurden vom Arbeitsblatt übernommen."

Interkulturelles Lernen in der Schule. Praxisberichte. Projektwoche Afrika, Sophienschule Frankfurt 1989. Frankfurt/M., o. J., S. 13.

Fotodokumentation – I

Fotos und Texte haben den Sinn, Bekanntes und Unbekanntes in den Bereich der bewussten Wahrnehmung und somit auch der Auseinandersetzung und Reflexion zu rücken.

Fotos bilden nicht vorfindbare Wirklichkeit ab, sondern schaffen durch ihre Perspektive und Auswahl eine neue Wirklichkeit. Sie bieten die Möglichkeit, die darauf dargestellten Personen und Dinge genau zu betrachten, wirken zu lassen und auch auszuwerten.

Bei der Auswahl der Motive und der Bilder geht es letztlich immer um einen dokumentarischen Realismus, um das Festhalten von Realität. Die Fotos wirken i. d. R. durch ihre alltäglichen Motive. Reißerische Fotos sind fehl am Platz.

Im Rahmen der Bildungsarbeit kann die Erstellung einer Fotodokumentation als Arbeitsauftrag an Kleingruppen vergeben werden.

Zu fast allen Themen der Bildungsarbeit lassen sich Fotodokumentationen erstellen. Dabei ist es wichtig, den Arbeitsauftrag für die Fotogruppe genau zu formulieren: z. B. Erstellen einer Fotodokumentation aus 10 Bildern mit kurzen Begleittexten z. B. zu dem Thema:

▲ Asylbewerber in unserer Stadt
▲ Behindert sein
▲ In einer Wohngemeinschaft leben
▲ Alte Menschen
▲ Spielplätze für Kinder
▲ Die Medienwelt der Jugendlichen
▲ Arbeitsplätze
▲ Gewalt gegen Frauen
▲ Unsere Schule

Wichtig ist zu beachten, dass genügend Fotoapparate und Filme zur Verfügung stehen. Diese können u. U. auch in einem Fotoladen ausgeliehen werden.

Bitte beachten

Soll innerhalb von Institutionen, Einrichtungen, Heimen usw. fotografiert werden, so muss zuvor eine Genehmigung eingeholt werden. Auch Personen, die fotografiert werden sollen (z. B. Bewohner eines Seniorenheimes), sollten zuvor um ihr Einverständnis gebeten werden. (Dabei muss damit gerechnet werden, dass manche nicht bereit sind, sich fotografieren zu lassen.)

Vorgehensweise

▲ Einführung in die Fotodokumentation mit Bildbeispielen aus Bildbänden.
▲ Erklären der Kamerahandhabung.
▲ Erklären von Prinzipien der Bildgestaltung.
▲ Festlegen der genauen Aufgabenstellung (Thema) und der Anzahl der Bilder.
▲ Bilden von Kleingruppen (3–4 Personen).
▲ Die Kleingruppen diskutieren mögliche Motive und Orte zum Fotografieren.
▲ Die Fotos werden aufgenommen.
▲ Die Filme werden entwickelt.
▲ Das Bildmaterial wird in der Kleingruppe gesichtet, sortiert und ausgewählt.
▲ Alle ausgewählten Bilder werden mit kurzen Texten (3–5 Zeilen) und technischen Angaben versehen (von wem wann aufgenommen, was/wer ist abgebildet).
▲ Die Bilder werden zu einer Ausstellung arrangiert.

Filmmaterial

Entschieden werden muss, ob mit Farb- oder Schwarzweißfilmen gearbeitet wird. Für eine Fotodokumentation von 10 Bildern benötigt man zwei bis drei Filme oder mehr.

Zeitrahmen

Im Rahmen eines Seminars müssen für die Erstellung einer Fotodokumentation mindestens zwei Tage eingerechnet werden.

Hat man wenig Zeit zur Verfügung, empfiehlt es sich, Sofortbildkameras zu benützen. Ansonsten können Schnellentwicklungsstudios in Anspruch genommen werden, die innerhalb einer Stunde bzw. über Nacht Filme entwickeln und Bilder vergrößern.

Ein eigenes Fotolabor für eigene Entwicklungsarbeiten und Vergrößerungen muss also nicht unbedingt zur Verfügung stehen.

Fotodokumentationen lassen sich leicht (durch die Vergrößerung der Fotos) als kleine Ausstellungen konzipieren oder auch einfach in einer Broschüre, auf Plakaten, Postkarten usw. abdrucken.

Fotodokumentation – 2

Wir weisen die Seminarteilnehmerinnen und Teilnehmer auf die klassischen Mittel der fotografischen Sozialdokumentation hin: kurze Brennweiten, Augenhöhe als überwiegende Perspektive, Montage. Lange Brennweiten oder extreme Perspektiven werden ausnahmsweise zur Charakterisierung von „Oben" und „Unten" benutzt.

Während des Fotografierens soll mit den Menschen gesprochen werden. Kurze Brennweiten zwingen zur Auseinandersetzung mit den Menschen, setzen ihr Einverständnis voraus und vermeiden die Indiskretion und den Voyeurismus des Teleobjekts.

Politisch-pädagogisch auf den Begriff gebracht heißt das: Die Teilnehmerinnen und Teilnehmer sind auf Handeln orientiert. Sie machen Erfahrungen mit einem sozialen oder politischen Problem. In der anschließenden Reflexionsphase werden diese neuen Erkenntnisse über den Gegenstand wie über das Medium bearbeitet, die dann wiederum ihren Niederschlag im Handeln, also in der weiteren Arbeit am Bild finden.

In den an die Aufnahmepraxis anschließenden Phasen von Materialsichtung und -auswahl, konzeptioneller Auseinandersetzung und Entscheidung über die weitere Bearbeitung entsteht umgekehrt kritische Distanz, die es möglich macht, die unmittelbaren Eindrücke zu reflektieren, um dann mit neuen Erkenntnissen die Bilder weiter zu bearbeiten, also die aktive Auseinandersetzung mit Gegenstand und Medium aufzunehmen.

Jürgen Fiege: Das Licht der Erkenntnis. Zur Theorie und Praxis der Sozialfotografie in der Bildungsarbeit. In: vhs Kurs- und Lehrgangsdienst, 36. Lieferung (1992) II – 6, Blatt 96 ff., Auszüge.

TAFOS

Tafos ist die Abkürzung für Talleres de Fotografia Social (Werkstätten der Sozialfotografie), die 1989 in Peru gegründet wurde. Bauern und Arbeitern wurde durch eine materielle Grundausstattung mit Kameras und Filmmaterial ermöglicht, eigene Bilder zu produzieren und ihre Sichtweisen des Lebens zu verdeutlichen.

Die Bilder sind über das Internet zugänglich:
www.desco.org.pe/qh/qh1 13ta.htm

Literaturhinweise

Busch, Bernd: Belichtete Welt. Eine Wahrnehmungsgeschichte der Fotografie. Frankfurt/M. 1995.
Mandelbaum, Erling: Begegnungen, Recontres. Porträts aus 35 Jahren Fotojournalismus. Benteli 2000.
Blecher, Helmut: Fotojournalismus. Hamburg 2001.
Yapp, Nick/Amanda Hopkinson: Hundertfünfzig Jahre Fotojournalismus, 2 Bde. Köln 1995.

www.sozialfotografie.de
www.arbeiterfotografie.com
www.reporter-ohne-grenzen.de

„Es gibt Fotografinnen, die versuchen, den Glauben an ihre Neutralität bzw. die Objektivität ihrer Fotos aufrechtzuerhalten, indem sie behaupten, sie fotografierten ja nur das, was sie sähen. Natürlich sehe ich, was ich fotografieren. Aber umgekehrt gilt das nicht unbedingt. Wir fotografieren ja nur in wenigen Momenten. Da wird aber von der Sichtweise unserer Kultur geprägt sind, bleiben viele Momente unzugänglich. Manche „Wahrheiten" sehen wir gar nicht. Wir machen uns dann ein falsches Bild.

Cornelia Ding: Ich hätte zu gerne die Wahrheit gefunden. Selbstbefragung zur Fotografie. In: epd-Entwicklungspolitik, 19/20/1996, S. 41.

Fotodokumentation

Arbeitsmaterial

Manipulation mit Fotos

Fotos manipulieren. Durch ihre Motivwahl, durch ihren Bildausschnitt, durch ihre Farbgebung usw.
Fotos werden bewusst eingesetzt um Ideologien zu verbreiten oder Tatsachen vorzugaukeln.

Die Manipulationstechniken

1. Suggestive Gestaltung des Text-Bild-Verhältnisses. Bild und Text haben nichts miteinander zu tun. Das Bild wird in einen anderen Kontext gestellt.
2. Verfälschung durch Beschneiden oder retuschieren. Ungewollte Bildteile werden (mit der Schere) herausgeschnitten und (mit dem Pinsel) retuschiert.
3. Elektronische Bildbearbeitung. Durch die digitale Technik ist es möglich, Bilder in beliebiger Art neu zu komponieren, ohne dass diese Veränderungen für den Betrachter noch feststellbar sind. Herkömmliche Bilder sind nur noch Ausgangsmaterial für neue Zusammenstellungen.

Deshalb:
▲ Wahre und richtige Bilder gibt es nicht mehr.
▲ Bilder gewinnen an Aussagekraft, wenn sie mit Aufnahmeort und Aufnahmedatum versehen sind.
▲ Bilder gewinnen an Glaubwürdigkeit, wenn der Fotograf oder Autor glaubwürdig ist.

Kriterien für den Umgang mit Bildern

▲ Skepsis gegenüber dem Umgang mit Fotodokumenten entwickeln.
▲ Fotodokumente nicht in einen falschen Kontext stellen.
▲ Den Informationsgehalt der Bildunterschriften berücksichtigen.
▲ Nicht einfach Bilder aus anderen Publikationen übernehmen.
▲ Im Zweifel den Fotografen nach dem Kontext des Bildes fragen.
▲ Die Glaubwürdigkeit der Bilder an ihren Autoren festmachen.
▲ Wenn Unklarheiten nicht ausgeräumt werden können, auf das Bild verzichten.
▲ Elektronisch erzeugte Bilder als solche kennzeichnen.

Vgl. Cornelia Dilg: Fotografie als Dokument und Fälschung. In: epd-Entwicklungspolitik, 19/20 1996, S. d1 ff.

Deutscher Presserat

Publizistische Grundsätze für Journalisten

Richtlinie 2.2 – Symbolfoto

Kann eine Illustration, insbesondere eine Fotografie, beim flüchtigen Lesen als dokumentarische Abbildung aufgefasst werden, obwohl es sich um ein Symbolfoto handelt, so ist eine entsprechende Klarstellung geboten. So sind

▲ Ersatz- oder Behelfsillustrationen (gleiches Motiv bei anderer Gelegenheit, anderes Motiv bei gleicher Gelegenheit etc.);
▲ symbolische Illustrationen (nachgestellte Szene, künstlich visualisierter Vorgang zum Text etc.);
▲ Fotomontagen oder sonstige Veränderungen

deutlich wahrnehmbar in Bildlegende bzw. Bezugstext als solche erkennbar zu machen.

Deutscher Presserat: Richtlinien über die publizistische Arbeit. In: Ders.: Jahrbuch 1997, Bonn 1998, S. 365.

Kodex „Entwicklungsbezogene Öffentlichkeitsarbeit"

des Verbandes Entwicklungspolitik deutscher Nicht-Regierungsorganisationen e. V. (VENRO)
Auszüge

2. Verpflichtung gegenüber der Menschenwürde
Entwicklungsbezogene Öffentlichkeitsarbeit (EVÖ) achtet die Würde des Menschen in besonderer Weise: Sie geht davon aus, dass Menschen auf allen Kontinenten Subjekte ihres Handelns und nicht Objekte von Hilfe sind. Sie zeigt dies in allen Äußerungsformen wie Wort, Bild und Ton.
3. Verpflichtung auf Offenheit und Wahrheit
EBÖ achtet auf wahrheitsgemäße, sachgerechte Darstellung, macht ihre eigenen Werthintergründe, Motive und ihr Handeln transparent.
4. Verpflichtung zur Toleranz
EBÖ trägt dazu bei, die Sensibilität für die Probleme, Interessen und Hoffnungen im Süden zu wecken. Sie fördert daher einen Perspektivwechsel, der es erlaubt, den Blickwinkel anderer einzunehmen und den eigenen Standpunkt selbstkritisch zu reflektieren.

www.venro.org

Fotomontagen – I

John Heartfield und Klaus Staeck sind vielleicht die bekanntesten Vertreter der politischen Fotomontagen in Deutschland. John Heartfield, der mit seiner „Bildsprache" die Fotomontage entwickelte, übte mit seinen Werken eine beißende Kritik an den Zuständen der Weimarer Republik und des „Dritten Reiches". Klaus Staecks Fotomontagen sind als Plakate und Postkarten überall zu finden und provozieren immer wieder politische Auseinandersetzungen.

Genau dies ist das Anliegen von politischen Fotomontagen: mit anderen Sichtweisen von Zuständen und Ereignissen zum Nachdenken und zur Auseinandersetzung zu provozieren.

In der Bildungsarbeit können Fotomontagen auf mehrfache Weise verwendet werden:

Auseinandersetzung mit bestehenden Montagen

Anhand der Werke von Heartfield, Staeck u. a. können sowohl zu historischen Themen als auch zu aktuellen Problemen Situationsanalysen durchgeführt werden. Die Analyse der verschiedenen Inhaltselemente und Symbole solcher historischer Collagen können viel über politisch-oppositionelle Sichtweisen vermitteln.

Produktion eigener Fotomontagen

Die Produktion eigener Fotomontagen ist heute denkbar einfach. Schere, Klebstoff und Kopierer stellen die gesamten technischen Voraussetzungen dar. Ein Bildarchiv oder noch einfacher einige Jahrgänge Zeitschriften wie „Der Spiegel" oder „Stern" beinhalten das visuelle Ausgangsmaterial. Neben der thematischen Einstimmung (Thema konkret formulieren) ist es wichtig, genügend Zeit zu lassen und zum Experimentieren zu ermuntern (zur Vorgehensweise und Technik siehe „Collagen").

Die in Gruppenarbeit selbst produzierte Fotomontagen können in einer Ausstellung zugänglich gemacht werden. Besonders gelungene Objekte können sogar als Plakat gedruckt werden.

Bilder verfremden

Fotomontagen leben von der Verfremdung. Sehgewohnheiten werden aufgebrochen. Scheinbar Nichtzusammengehörendes erscheint nebeneinander. Politische Zustände und Zusammenhänge werden visuell so dargestellt, wie sie „empfunden" werden.

Deshalb können erste Erfahrungen mit Fotomontagen durch die Verfremdung bestehender Bilder und Plakate erreicht werden: Verfremdung der Warenwerbung, Verfremdung der Werbung politischer Parteien, Verfremdung der Selbstdarstellung von Ministerien, Behörden und Ämtern usw. Ein erster Schritt einer Verfremdung kann die Umkehrung der Aussage sein.

Neue Möglichkeiten duch PCs

Die Computertechnologie eröffnet mit ihren elektronischen Bildbearbeitungsprogrammen neue Möglichkeiten der Fotomontage. Bilder müssen hierzu eingescannt werden oder können direkt von einer Foto-CD oder etwa aus dem Internet geladen werden. Für die Bildbearbeitung an einem PC sind jedoch relativ gute Programmkenntnisse notwendig.

Fotomontagen – 2

Mit Bildern widerlegen

„Viele der uns umgebenden Bildlügen sind am einfachsten immer wieder mit Bildern zu widerlegen. Ich stelle vorwiegend Text-Bild-Montagen her, die fast immer aus einem dialektischen Widerspruch leben, eine Spannung erzeugen, neugierig machen.

Als Stilmittel dient in erster Linie die nicht ganz einfach zu handhabende, oft schwer zu vermittelnde Ironie. Beim Betrachter wird durch satirische Verfremdung und Überzeichnung eine Neugierde geweckt, die zur Beschäftigung anregt. (…) Als besonders erfolgreich hat sich die Verwendung fiktiver Amtsbezeichnungen, Wappen und Siegel erwiesen. (…) Schwerpunkte der Arbeit sind die Themen Meinungsfreiheit, Friedenssicherung, Schutz der Umwelt, soziale Probleme, Kampf gegen Heuchelei und Reaktion. (…)

Die Plakate sollen in erster Linie die Kommunikation, das Gespräch, das gemeinsame Nachdenken fördern. So fühlen sich die ähnlich Denkenden angeregt oder bestätigt und benutzen deren Aussagen als Argumente. Die Andersdenkenden fühlen sich herausgefordert und versuchen, diese zu widerlegen.

Die Ziele dabei sind: Denkanstöße zu geben, Unbequemes zur Sprache zu bringen, Vorurteile zu erschüttern, die Kritikfähigkeit möglichst vieler Menschen zu schärfen. Alles Doktrinäre liegt mir fern. Es geht hauptsächlich um Fragen, gestellt in der Absicht, mit anderen Menschen zusammen nach Antworten, nach Lösungen zu suchen. "

Klaus Staeck: Plakate. Göttingen 1988, S. 12 ff.

Montieren wirkt befreiend

„Es hat etwas zutiefst Befreiendes an sich, wenn man Köpfe, Arme, Beine, Requisiten, Symbole und Kulissen aus dem gewohnten Zusammenhang der herrschenden Präsentation herausschneidet; wenn man sie dann auf einem Blatt vor sich herumschiebt bis es einem passt, bis es so aussieht, wie man selbst die Zusammenhänge sieht (…)

Es ist die beliebige Variierbarkeit von Proportion und Perspektive, von Raum und Zeit – und trotzdem bleibt eine fotorealistische Wirkung und damit beim Betrachter ein gewisses Gefühl von Authentizität, dass es vielleicht doch so sein könnte, auch wenn die Darstellung sehr unwirklich erscheint."

Kurt Jotter: Das Lachen im Halse. In: Reiner Diederich / Richard Grübling: „Unter die Schere mit den Geiern". Politische Fotomontage in der Bundesrepublik und Westberlin. Materialien und Dokumente. Berlin/ Hamburg 1977, S. 77.

Literaturhinweise

Holtfreter, Jürgen: Politische Fotomontagen. Berlin 1992.
Merte, Angela: DADA total. Manifeste, Aktionen, Texte, Bilder. Ditzingen 1994.
Staeck, Klaus: Plakate. Göttingen 2000.
Tötberg, Michael: John Heartfield. Mit Selbstzeugnissen und Bilddokumenten. Reinbek 2000.

Internet
www.staeck.com
www.towson.edu/heartfield/

Collagen – I

Die Collagentechnik ist weithin bekannt und verbreitet. Mit wenig Aufwand führt sie immer wieder zu erstaunlichen Ergebnissen.

Aus alten Zeitschriften, Zeitungen, Büchern, Bildern usw. soll ein neues Werk entstehen, indem Teile entnommen und neu geordnet, gruppiert und bebildert und/oder beschriftet werden. Das typische an Collagen ist, dass Bild- und Textfragmente zu einem neuen Ganzen gestaltet werden. Dieses Zerlegen und neu Zusammenfügen gehört zu den klassischen methodischen Gestaltungsmitteln.

Die Collagentechnik ermöglicht es, dass alle Teilnehmerinnen und Teilnehmer einbezogen werden. Bilder und Textteile müssen gesucht und ausgewählt, das vorhandene/gefundene Material gruppiert werden. Das Vorgehen lässt sich dabei vor allem von Assoziationen leiten, zumal bis zum Schluss Variationen und Veränderungen leicht möglich sind. Die Schülerinnen und Schüler lernen so, Stimmungen und Gefühle, aber auch bewusste politische Meinungen und Aussagen auszudrücken und darzustellen. Dabei wird oft auch auf Elemente der Werbung zurückgegriffen.

Die Technik von Fotomontage und Collage ist weitgehend dieselbe. Während jedoch politische Fotomontage bewusste (politische) Aussagen mit gezielt eingesetzten Stilmitteln gestaltet, ist der Zugang zur Collage i. d. R. ein mehr assoziativer und oft interpretierender. Dennoch lassen sich beide Bereiche nicht exakt trennen.

Vorgehensweise

▲ Bildung von Kleingruppen
(max. 5 Teilnehmerinnen und Teilnehmer).
▲ Formulierung der Aufgabe:
„Suchen Sie Bilder und Überschriften aus den Zeitschriften zum Thema ... und gestalten Sie daraus eine Collage".
▲ Arbeitsgruppenphase.
▲ Präsentation der Ergebnisse im Plenum in Form einer kleinen Ausstellung. Die jeweiligen Künstlerinnen und Künstler erläutern ihre Werke.
▲ Besprechung der einzelnen Collagen
unter dem Aspekt ihrer Aussage und dem der bewusst oder unbewusst eingesetzten Mittel, diese Aussage hervorzubringen.

Collagen können ...

▲ momentane Sichtweisen und Befindlichkeiten ausdrücken;
▲ Ereignisse kommentieren;
▲ Begriffe erklären;
▲ Aussagen durch andere, neue, entgegengesetzte kontrastieren;
▲ Aussagen ergänzen und korrigieren;
▲ Fragen stellen;
▲ Antworten geben.

In dieser Technik sind der Fantasie keine Grenzen gesetzt. Collagen können gestaltet werden aus:
▲ Überschriften von Zeitungen;
▲ Porträts von Politikern;
▲ Werbeanzeigen usw.

Collagen – 2

Objektcollagen, Toncollagen

Collagen können nicht nur mit Printmedien (Bildern und Texten) angefertigt werden, sondern auch unter Einbeziehung von Objekten, Musik, Sprache, Tönen usw.
So können

▲ aus einer Rede einzelne Sätze oder Satzteile herausgeschnitten und zu einer neuen Rede montiert werden;

▲ verschiedene Musikstücke collagenhaft gemischt werden;

▲ Parteiprogramme mit jeweils nur ihrem ersten und letzten Satz collagenhaft zusammengestellt werden;

▲ Aus dem Internet werden Grafiken, Töne und Videos auf den eigenen PC geladen. Diese werden dann zu einer Multimediacollage zusammengestellt.

Themencollage

Alle Teilnehmerinnen und Teilnehmer bringen zum Thema Dias, Bilder, Schallplatten, Kassetten, Gegenstände usw. Diese Medien werden zusammengetragen und gesichtet. Danach stellt jede/r die mitgebrachten Bilder, Musikstücke usw. vor. Daraus ergibt sich ein collagenartiger Ablauf.

Beispiele für die Aufgabenstellung

▲ Kleingruppen sollen eine Textcollage zum Begriff „Sicherheit" erstellen. Als Material stehen Tageszeitungen zur Verfügung. (Zeit: 40 Minuten)

▲ Im Rahmen einer Unterrichtsreihe sollen Arbeitsgruppen eine Collage zum Grundgesetz Art. 1,1 „Die Würde des Menschen ist unantastbar" produzieren. Die Collagen sollen so gestaltet sein, dass sie in städtischen Ämtern ausgehängt werden könnten. (Zeit: 2 Stunden)

▲ Jede Schülerin / jeder Schüler soll im Rahmen eines Projektes eine Collage zum Thema „Meine Hoffnungen, meine Träume, meine Befürchtungen" erstellen. (Zeit: 30 Minuten)

Materialien

▲ Papierbogen, DIN-A2
▲ Scheren
▲ Klebstoff
▲ Bild- und Textvorlagen (Zeitschriften, Illustrierte usw.)

75–90

Zeitbedarf:
Ca. 45–60 Minuten für die Produktion.
Ca. 30 Minuten für die Auswertung.

Literaturhinweis

Endler, Adolf: Die Exzesse Bubi Blazezaks im Fokus des Kalten Krieges. Satirische Collagen und Capriccios 1976–1994. Leipzig 1995.
Lusk, Irene-Charlotte / Laszlo Moholy-Nagy: Montagen ins Blaue. Fotomontagen und Collagen (1922–1943). Frankfurt 1991.
Norton, Chrysta: Die verlorenen Träume. Selbstfindung durch Collagen. Zürich 1995.
Vowinckel, Antje: Collagen im Hörspiel. Die Entwicklung einer radiophonen Kunst. Würzburg 1995.

Bildvergleiche

Fotos können einen Ist-Zustand dokumentieren. Sie halten Personen, Gebäude, Gelände usw. in einer bestimmten Situation zu einem bestimmten Zeitpunkt fest. Fotos können insofern Beweis- und Belegcharakter haben, dass Personen oder Orte von denen berichtet wird, so auch existiert haben.

Macht man aus der gleichen Perspektive und vom gleichen Aufnahmeort nach einiger Zeit (heute) erneut Fotos, so ergeben sich spannende und aufschlussreiche Vergleichsmöglichkeiten. Fotovergleiche erklären, wie z. B. ein Platz sich verändert hat, an ihnen kann man den Prozess des Wandels rekonstruieren. Sucht man die auf den Fotos abgebildeten Orte real auf, ist oft feststellen, dass Spuren der Vergangenheit zurückgeblieben sind.

Bildvergleiche eignen sich besonders, um Spuren aus der Zeit des Nationalsozialismus aufzuzeigen, aber auch um Veränderungen der natürlichen und künstlichen Umwelt (bereits innerhalb kurzer Zeiträume) anschaulich zu dokumentieren.

Dabei darf man allerdings nicht vergessen, dass Fotos, so realistisch sie auch sein mögen, immer auch eine Interpretation der Realität sind: Bildausschnitt, Hervorhebung von Details, Farben, Licht, Perspektive usw. vermitteln **eine** Sichtweise der Wirklichkeit.

Bei einer längeren Unterrichtsreihe können die aktuellen Vergleichsbilder von den Teilnehmerinnen und Teilnehmern selbst angefertigt werden. Dabei ist zunächst zu beachten, dass der genaue Standpunkt für die jeweilige Perspektive gefunden wird.

Neben historischen Vergleichen (früher – heute), biografischen Vergleichen (Kinder, Jugendliche, Erwachsene, Alte) können auch interkulturelle Vergleiche (z. B. Arbeit und Wohnen in Deutschland, der Türkei, Indien) angestellt werden.

Das historische Bildmaterial kann in Archiven oder in persönlichen Fotoalben gefunden werden.

Was verglichen werden kann:
▲ historische Aufnahmen von Arbeitslagern, KZs etc. mit aktuellen Aufnahmen aus der gleichen Perspektive heute;
▲ Aufnahmen von Wohnsiedlungen 1950–1998;
▲ Veränderungen durch Eingriffe
in die Landschaft (Straßenbau, Gewässerbegradigungen, Abholzungen usw.);

▲ Rituale von Politikern
(Ankunft auf dem Flughafen, Händeschütteln, Pressetermine usw.);
▲ Landkarten, Straßenkarten, Stadtpläne usw.;
▲ Körperhaltungen, Körpersprache
von Männern und Frauen;
▲ Länderbilder aus Reiseprospekten
und von Hilfsorganisationen.

Die zusammengestellten Fotos können leicht zu einer kleinen Ausstellung arrangiert werden.

Fotovergleiche zur Illustration

Werden Fotovergleiche zur Illustration eines Themas herangezogen, so muss die Seminarleitung das entsprechende Bildmaterial bereits vor dem Seminar besorgen und parat haben. Es geht dann um die Veranschaulichung und Auswertung des Bildmaterials.

Fotovergleiche als Aktivmethode

Sollen die Teilnehmerinnen und Teilnehmer das Vergleichsmaterial selbst recherchieren bzw. erstellen (fotografieren), liegt der Schwerpunkt der Arbeit in der Informationsbeschaffung und Dokumentation. Der Lernprozess vollzieht sich hier über die Konstruktion des Vergleichs. Um die Arbeit zu erleichtern, sollten Informationsquellen (Bildbände, Bildarchive usw.) bekannt bzw. zugänglich sein, Fotoapparate und Filmmaterial zur Verfügung stehen sowie eine schnelle Entwicklungsmöglichkeit für die Filme vorhanden sein.

Literaturhinweise

Boettger, Connie: Greenpeace – Changing the World. Die Fotodokumentation. Steinf. 2001.
Gaede, Peter-Matthias (Hrsg.): So lebt der Mensch. Familien aus aller Welt zeigen, was sie haben. Hamburg 2002.
Hamberger, Sylvia u. a.: Kein schöner Wald. Eine vergleichende Fotodokumentation. München 1993.
Koelbl, Herlinde: Spuren der Macht. München 2002.

Bildvergleiche

Arbeit mit Fotovergleichen im Rahmen eines Workcamps im ehemaligen Konzentrationslager Neuengamme.

„Das Prinzip war Folgendes: Wir nahmen historische Aufnahmen, bestimmten mit den Jugendlichen, welche Einrichtung des KZs abgelichtet war, suchten dann Dokumente und Häftlingsberichte, die Funktion und Ereignisse schilderten, und versuchten im Gelände den Ort zu finden, an dem die Fotos aufgenommen wurden.

Das Ziel war die Herstellung von Parallel-Fotografien, an denen die Veränderung des Lagergeländes zwischen 1945 und heute erkennbar war. In manchen Fällen war dieses Vorgehen einfach, weil ein markantes, heute noch vorhandenes Gebäude im Bild zu sehen war. In den meisten Fällen bereitete es aber doch enorme Mühe, den Ort der Aufnahme genau zu bestimmen, weil sich zu viele Details nicht wieder finden ließen oder auch, weil die Perspektive nicht zu orten war, da das Foto z. B. von einem Wachturm aufgenommen wurde.

Mit der Zeit bekamen wir aber doch einen guten Blick für die Einzelheiten auf den historischen Fotos und im heutigen Lagergelände. Es wurden Einrichtungen entdeckt, die ihren ursprünglichen Zweck verloren hatten, aber auch welche, die ihn noch in der Justizvollzugsanstalt (die später auf dem KZ-Gelände eingerichtet wurde, d. V.) bewahrt

Das Kommandantenhaus des Konzentrationslagers Neuengamme. Foto der SS.

hatten. Und noch etwas fiel auf, dass auf Schwarzweißfotografien das Gelände heute noch eine ähnliche Anmutung ausstrahlt wie auf den historischen Abbildungen.
(…)
Wir wollten uns eine Vorstellung machen, wie die Gebäude im Gelände gestanden haben, was heute der Sportplatz der Strafvollzugsanstalt ist. Markante Hintergrundgebäude, die es auch heute noch gibt – Walther-Werke, Steinblocks – waren auf den historischen Fotos zu erkennen, Parallel-Fotografien also möglich. Mit Hilfe alter Karten maßen wir die Ecken von Küche, Arrestbunker und Häftlingsbad ein und markierten sie im Gelände durch Stangen. Die Fotografien von heute im Vergleich zu den historischen zeigten, dass Baracken und Stangen in Deckung waren. Und um zu beweisen, dass immer Spuren zurückblieben, wurde an einer Ecke der Küchen-Baracke gegraben, und wir fanden das Fundament."

Museumspädagogischer Dienst Hamburg (Hrsg.): Spurensicherung – Katalog zur Ausstellung des Museumspädagogischen Dienstes und des Museums für Hamburgische Geschichte. Hamburg 1988, S. 24 ff.

Das Kommandantenhaus 1982.

Titelbilder

Titelbilder von Zeitschriften dokumentieren bedeutende gesellschaftliche und politische Ereignisse. Werden Titelbilder über einen längeren Zeitraum gesammelt, so können politische Entwicklungen und sich verändernde Einschätzungen deutlich gemacht werden.

Anwendungsmöglichkeiten

Titelbilder zur Assoziation

Die Lehrerin / der Lehrer zeigt ein Titelbild, das einen Aspekt des Themas beleuchtet, und bittet die Schülerinnen und Schüler, ihre Assoziationen zu diesem Bild zu nennen. Titelbilder lenken so die Aufmerksamkeit und können in ein Thema einführen. Interessant ist es, wenn Titelbilder verschiedener Zeitschriften zum gleichen Thema verfügbar sind.

Titelbilder als Wegmarken von Entwicklungen

Verfolgt man Titelbilder über einen längeren Zeitraum, so zeigen sie Wegmarken politischer Entwicklungen an. Die zum Thema ausgewählten Titelbilder können so als kleine Ausstellung im Klassenzimmer aufgehängt werden oder zur Illustration von Entwicklungen verwendet werden. Es empfiehlt sich dabei, die Titel auf Folie zu kopieren.

Titelbilder als Anreize zu eigenem Gestalten

Die Titelbilder für aktuelle politische Ereignisse zeigen oft unterschiedliche Einschätzungen verschiedener Zeitschriften zum gleichen Thema. Welches Titelbild würden die Schülerinnen und Schüler entwerfen?

In Kleingruppen können Titelbilder skizziert oder in Collagenform gestaltet werden. Es empfiehlt sich, den verschiedenen Kleingruppen unterschiedliche Vorgaben zu machen, z. B. ein Titelbild für das Nachrichtenmagazin „Der Spiegel" oder für „Stern" usw. Hierfür kann die Titelzeile des entsprechenden Magazins als Vorlage kopiert werden.

Variation

Anstelle eines Titelbildes für eine Zeitschrift können auch Plattenhüllen für einen politischen Song oder Titel für (Zeitgeist-)Bücher gestaltet werden.

60

Literaturhinweise

Aust, Stefan u.a.: Die Spiegel-Titelbilder 1947–1999. Berlin 2000.

Gruner + Jahr AG & Co: STAAR. Stern Titel- und Anzeigen-Archiv 2000. (CD-ROM, erscheint jährlich) www.stern.de/staar

Spiegel-Verlag (Hrsg.): Die Unveröffentlichten. 271 Spiegel-Titel aus 1993. Hamburg 1994.

Spiegel DVD. Mehrere Jahrgänge mit sämtlichen Titelbildern (erscheint jährlich).

Time Magazine: The Face of History. TIME Magazine Covers 1923–1994. New York 1995.

Titelbilder

Arbeitsmaterial

Grundregeln für die Titelgestaltung

▲ Das Titelbild muss Interesse und Emotionen wecken, aber nicht um jeden Preis. Abstoßende Bilder verkaufen sich in der Regel schlechter als sympathische, mit denen der Leser sich identifizieren kann.

▲ Interesse und Emotionen sollen auch die Texte auf der Titelseite wecken. Das gilt vor allem für Titel und Legende zum Titelbild. Sie müssen den Kern der Bildaussage treffen.

▲ Das Titelbild sollte den journalistischen Schwerpunkt des Blattes signalisieren, auf jeden Fall aber eine klare Beziehung zu einem gewichtigen Thema im Blattinnern haben.

▲ Jedes Blatt sollte versuchen, einen eigenen, dem Produkt angepassten Titel- und Titelbild-Stil zu entwickeln.

Jens Pürer (Hrsg.): Praktischer Journalismus in Zeitung, Radio und Fernsehen. München 1991, S. 341.

Der gemalte Leitartikel

Zwei oder auch mehr Motive unterschiedlicher Herkunft werden zu einem neuen Bild kombiniert; die Schlagzeile ermöglicht die rasche Interpretation. Die Gefahr „tödlicher Eier" wird z. B. durch Eier in einem schwarzen Sarg verbildlicht.

Neben dieser Verknüpfung zweier Motive finden sich andere Formen weit seltener. Da ist vor allem das Porträtfoto zu nennen oder die traditionelle, gezeichnete Karikatur, die bis zum Zweiten Weltkrieg eine der meistverbreiteten Formen der politischen Grafik war.

Die traditionelle Ikonographie, mit einer aus antiker Mythologie, biblischer Geschichte und barocker Allegorie gespeisten Bildsprache dient nur noch selten als Motivlieferant. Die überwiegende Zahl der Bildmotive ist unserer heutigen Welt entlehnt. Der Ansatzpunkt der Bildsprache liegt zumeist im verbalen Bereich, in Metaphern und Redewendungen, die mehr oder minder wörtlich umgesetzt werden: „Kassenfüller Autobahn", „Gen-Fraß", „Ozon-Smog", „Kinder-Arbeit".

Vgl. Spiegel-Verlag (Hrsg.): Die Unveröffentlichten 271 SPIEGEL-Titel aus 1993. Hamburg 1994, S. 6 f.

Umgang mit Symbolen – I

Das „Absingen" der Nationalhymne kommt in der (politischen) Bildungsarbeit mit Recht wohl ebenso wenig vor wie das Hissen der deutschen Flagge. Dennoch: Nationale, kulturelle oder gruppenspezifische Symbole prägen unsere Emotionen, unser Denken und Handeln mit.

Symbole werden insbesondere aufgrund ihrer missbräuchlichen Verwendung im Nationalsozialismus und bei heutigen rechtsextremistischen Gruppen im Bildungsbereich weitgehend tabuisiert, obwohl sie gerade von den neuen Jugendkulturen permanent verwendet werden.

Symbole als Anschauungsmaterial und Aufhänger

Ein Stein aus der Berliner Mauer oder die Mütze eines Sowjetsoldaten, die in Berlin zum Kauf angeboten werden, sind Symbole des Kalten Krieges, die, in einer Schulklasse präsentiert, vielfältige Assoziationen und Emotionen auslösen. Sie können als Aufhänger genommen werden, um z. B. die Geschichte des Mauerstückes zu erzählen (oder von Schülerinnen und Schülern erzählen zu lassen).

Nationale Symbole analysieren

Welche Symbole verwenden Staaten in ihren Wappen, Flaggen usw.? Welche Nationalhymnen (Musik und Text) wurden ausgewählt? Wie sind diese Symbole entstanden, was sagen sie (heute) aus? Mit welchen Symbolen (Stereotypen) werden andere Länder von außen belegt?

Bestandsaufnahme nationaler Symbolik in der eigenen Kommune

In jeder Kommune gibt es zahlreiche Kriegerdenkmäler, Gedenktafeln, Ehrenzeichen usw. Ein erster Schritt für eine Bestandsaufnahme wäre, eine Lagekarte dieser Symbole anzufertigen. Des Weiteren können diese Symbole fotografiert und die Textteile abgeschrieben werden.

Symbole verschiedener Gruppen sammeln

Welche Symbole verwendet die Friedensbewegung, welche die Bundeswehr? Welche Symbole werden von den Jugendkulturen (Skinheads, Punks usw.) getragen? Was sollen diese Symbole aussagen, warum werden sie benützt und zur Schau gestellt?

Das Kreuz als Militärsymbol

Die Kreuze auf den Gräbern und Gedenksteinen stellen nicht nur christliche Symbolik dar, sondern dienten zumindest in der Vergangenheit auch als „Siegesbanner" und als Erkennungszeichen für das vaterländische Gemeinschaftsgefühl aller Deutschen. Ursprünglich als Auszeichnung in den Befreiungskriegen gedacht, hat sich z. B. das „Eiserne Kreuz", das nach einer Ideenskizze des Königs von Preussen von Schinkel entworfen wurde und sich an die Symbolik der Deutsch-Ordensritter anlehnt, als Tapferkeitsauszeichnung in allen weiteren deutschen Kriegen eingebürgert. Bereits 1819 erschien das Kreuz auf der preussischen Kriegs- und Dienstflagge.

Die Kreuzform lenkte die Sterbebereitschaft des Soldaten auf das Erlösungsversprechen des preussischen Protestantismus, es erinnert an das überwundene Leid, an den dornenvollen, aber sieghaften Kreuzgang des Abendlandes.

Im Hitler-Faschismus wurde die traditionelle Kreuzform durch das Hakenkreuz ersetzt, mit dessen Symbolik die Inszenierung einer Volksgemeinschaft ihren Höhepunkt erreichte. Heute findet die Kreuzform als Staatssymbol Verwendung bei allen drei Waffengattungen und Fahnen der Bundeswehr.

Vgl. K. Hoffmann-Curtius: Das Kreuz als Nationaldenkmal: Deutschland 1814 und 1931. Zeitschrift für Kunstgeschichte. 48. Band 1985, Heft 1, S. 77–100.

Symbole verfremden

Gerade in Karikaturen oder aber auch auf Titelblättern von Zeitschriften werden häufig nationale Symbole verfremdet. Was sollen solche verfremdeten Symbole darstellen, vor welchem Hintergrund sind sie entstanden?

Symbole selbst entwerfen und gestalten

Symbole für ein Land oder auch für eine bestimmte Gruppe können in Gemeinschaftsarbeit selbst entworfen werden und dann in unterschiedlicher handwerklicher Technik (als Bild, als Tonplastik, als Ehrenzeichen usw.) gestaltet werden.

Umgang mit Symbolen – 2

Symbole sprechen lassen

Der Stein aus der Berliner Mauer hat viele Gespräche von Grenzsoldaten und Besuchern belauscht. Was kann er berichten?

Die Mütze des russischen Offiziers hat viele Gedanken aufgeschnappt. Welche Gedanken, Sorgen, Nöte gingen ihm durch den Kopf?

Symbole sprechen lassen heißt, Schülerinnen und Schüler unter einem bestimmten Blickwinkel in „Ich-Form" erzählen zu lassen.

Reaktionen auf nationale Symbole testen

Wie reagieren Menschen auf bestimmte Symbole? Um dieser Frage nachzugehen, können im Rahmen einer Unterrichtsreihe verschiedene „Experimente" mit Symbolen durchgeführt werden:

▲ Wie reagieren die Schülerinnen
und Schüler, wenn die deutsche Nationalhymne vorgespielt wird (wie, wenn die englische oder amerikanische)?

▲ Wie reagieren Passanten in einer
Fußgängerzone, wenn Jugendliche mit einer Deutschlandfahne, mit der Fahne der ehemaligen Sowjetunion oder mit der der USA stehen?

Literaturhinweise

Bauer, Wolfgang: Lexikon der Symbole. Wiesbaden 2000.
Dörner, Andreas: Politischer Mythos und symbolische Politik. Reinbek 1996.
Endres, Carl Franz / Annemarie Schimmel: Das Mysterium der Zahl. Zahlensymbolik im Kulturvergleich. München 1995.
Heller, Adolf: Biblische Zahlensymbolik. Heilbronn 1997.
Jung, Carl Gustav: Der Mensch und seine Symbole. Düsseldorf 1995.
Jung, Carl Gustav: Archetypen. München. 2001.
Link, Jürgen / Wülfing, Wulf: Nationale Mythen und Symbole in der zweiten Hälfte des 19. Jahrhunderts. Strukturen und Funktionen von Konzepten nationaler Identität. Stuttgart 1995.
Politik und Unterricht, Heft 3/95: Politische Symbole. Neckar-Verlag, Villingen-Schwenningen.
Stein, Hans-Peter / Hans-Martin Ottmer (Hrsg.): Symbole und Zeremoniell in deutschen Streitkräften vom 18. bis zum 20. Jahrhundert. München 1993.

Hakenkreuz,
Symbol der NSDAP
öffentliche Verwendung strafbar

Hakenkreuz,
Swastika-Kreuz
öffentliche Verwendung strafbar

Keltenkreuz, Symbol der verbotenen volkssozialistischen Bewegung
öffentliche Verwendung strafbar (strittig)

Parteizeichen der FAP
öffentliche Verwendung strafbar

Zivilabzeichen der SA
öffentliche Verwendung strafbar

Sonnensymbol Triskele (wird vom Ku-Klux-Klan verwendet)
öffentliche Verwendung nicht strafbar

Wird vom Ku-Klux-Klan verwendet
öffentliche Verwendung nicht strafbar

Umgang mit Symbolen
Arbeitsmaterial

Nationale Symbole

 Staufischer Adler zur Zeit Heinrich VI. 1190–1197

 Deutscher Königsadler 1871–1918

 Adler der Weimarer Republik 1919–1927

 Adler im Nationalsozialismus 1935–1945

 Bundesadler seit 1950

Heimliche Verführer

„Mit Staatssymbolen haben die Führer der Völker noch stets Missbrauch betrieben. Natürliche menschliche Regungen wie Mitleid, Fairness, Hilfsbereitschaft sind häufig mit nationalen, vaterländischen Appellen erstickt worden. Der Rausch, die Weigerung, der Vernunft zu folgen, wird auch durch das Hissen der Nationalflagge oder das gemeinsame Absingen der Hymne erzeugt. Staatsmänner oder Parteiführer, die suggerieren wollen, daß Selbstbewusstsein und historische Identität von der Nutzung und Darstellung staatlicher Symbole abhängt, haben – gelinde ausgedrückt – nichts aus der Geschichte gelernt.

Das Misstrauen vieler Deutscher gegenüber der Demonstration staatlicher Macht beweist erheblich höhere Lernfähigkeit der Bürger der zweiten deutschen Republik, als es vielleicht manchem lieb sein mag. Gustav Heinemann fand einst auf die Frage, ob er den Staat liebe, die schlichte tiefsinnige Antwort: ,Ich liebe meine Frau.'

Wir sollten im Übrigen vielleicht auch darüber nachdenken, dass die Selbstdarstellung der Staatsmacht in Form von Fahnen, Gesängen, öffentlichen Feiern, Uniformen oder Orden vor allem in Diktaturen ihre Übersteigerung erfährt. Der Unterdrücker muss Macht demonstrieren, um Autoritätsbereitschaft und Angst zu bewirken. Demokratie aber lebt aus dem politischen Grundkonsens seiner Bürger, dass der Staat und sein Apparat Diener der Gesellschaft sind und nicht umgekehrt."

Wilhelm von Sternburg: Staatssymbole gehören immer zu den heimlichen Verführern. In: Frankfurter Rundschau, 19. 3. 1987.

Fragen:

▲ Wozu benötigt ein Staat Symbole?
▲ Wie entstehen Staatssymbole?
▲ Wann werden sie gezeigt und angewendet?
▲ Welche Funktionen erfüllen sie?
▲ Von wem werden sie akzeptiert und angewendet, von wem ignoriert, von wem bekämpft?

Was sind Nationalsymbole

„Einen fest umrissenen Begriff des Nationalsymbols gibt es nicht. Man rechnet hierzu insbesondere Farben, Hymnen und Wappen. Hinzu treten Feiertage, Denkmäler und Ehrungen, während man andere, das Gemeinschaftsgefühl stärkende Ereignisse (wie zum Beispiel Sportwettkämpfe und kulturelle Veranstaltungen, Ausstellungen, Festspiele usw.) trotz derer oft zunehmenden politischen Bedeutung noch nicht als Nationalsymbol ansieht."

H. Hattenbauer: Nationalsymbole. In: W. Weidenfeld / K.-R. Korte (Hrsg.): Handwörterbuch zur deutschen Einheit. Frankfurt/M. 1992, S. 500.

Umgang mit Symbolen
Arbeitsmaterial

Symbole der Jugendkultur

Symbole drücken ein Lebensgefühl aus. Die Symbole, Zeichen und Sticker der Jugendkultur sagen radikaler und lauter, was sie denken und fühlen. Die Stile der Jugendkultur greifen bestimmte Symboliken aus der Sprache, der Musik und den Konzertauftritten von Rockmusikern, Filmstars und Filmen auf.

Das übergeordnete Ziel aller dieser verschiedenen Arten von Ausdrucksmitteln und Symbolen ist die Entwicklung und Entfaltung von Ausdruckskraft und Gefühl. Viele Jugendliche kennen Gefühle des „Sich-nicht-verstanden-Fühlens", des „Überflüssig-Seins", des „Nichts-machen-Könnens": Sie bewältigen diese Probleme symbolisch. Jugendkulturelle Stile reflektieren die Erfahrungen und Gefühle in Sprache und Sprüchen, in Zeichen und Graffiti. Gleichzeitig sollen die Stile die Zugehörigkeit zu den existierenden jugendkulturellen Gruppierungen und Szenen herstellen. Alltagsgegenstände und Bestandteile der herkömmlichen Mode werden umgeformt und in einen anderen Gesamtzusammenhang des Stils gestellt.

Anhand der verschiedenen Symboliken und Accessoires lassen sich die heute sehr verbreiteten Mischformen gut analysieren. Denn Jugendkulturen können nur eine kurze Zeit als reine Jugendkultur existieren. Die Aufmerksamkeit der Medien für jede neue auftauchende Mode, das Bedürfnis, diesen Stil nachzuahmen oder sie auf bestimmte Äußerlichkeiten wie die Haarfarbe und die Frisur zu reduzieren, tragen oft zur Auflösung von Jugendkulturen bei.

Skinheads

Die Skinheads entwickelten sich Ende der 60er Jahre aus der Gruppe der sogenannten Mods der Unterschichtsszene. Sie entstanden vor allem in den Randbereichen der englischen Großstädte wie London und Birmingham.

Die Skinheads betonten den proletarischen Stil, der sich in kurz geschorenen Haaren, Arbeitsstiefeln, kurzen Jeans oder neuerdings Uniformhosen und Hosenträgern zeigte. Sie kehrten ein extrem männliches Image heraus, waren fanatische Fußballfans und verhielten sich gewalttätig gegen Schwule, Softies und Ausländer – wie heute wieder. Es ist die Beschwörung einer magischen Gemeinschaft der Arbeiterklasse, die Suche nach nationaler Heimat – die einen sind die „Guten", die anderen die „Bösen" – bedrohliche Fremde.

Punks

Auch der Punkstil entstand in London Ende der 70er-Jahre. Er kehrt sozusagen das Verdrängte, Hässliche, Brutale der Gesellschaft nach außen. Jugendliche, die arbeitslos waren, dreckig auf den Straßen herumhingen, Bier tranken und von den Passanten als Abschaum bezeichnet wurden, stellten sich symbolisch selbst als Müll dar. Dazu gehörten zerrissene Kleider, alte Lederjacken, kaputte Schuhe, Fahrradketten und Halsbänder als Symbole der Unterdrückung, Verletzungen, denen sie sich seelisch ausgesetzt fühlten, wurden mit Accessoires symbolisiert: Rasierklingen, durchstochene Ohrläppchen und Backen zum Beispiel. Auch hier werden Gebrauchsgegenstände aus dem Alltag zu Symbolen der Unterdrückung und des Schmerzes.

Ekkehard Sander: Der Körper – ein Spiegel radikaler Gefühle. In: Süddeutsche Zeitung, 5./6.10.1991, S. 16, Auszüge.

Grufties

Wie kommt es, dass all' deine Freundinnen und Freunde auch Schwarz tragen? Das ist doch kein Zufall, dass die Leute euch Grufties nennen.

Ich find' den Begriff unheimlich blöd, ich würde mich nie so einstufen, weil ich diese Eingruppierungen absolut nicht mag. Bei Otto Normalverbraucher sind wir immer die Grufties und werden komisch angegafft, als ob wir was ganz Besonderes wären. Das ist einfach so, dass wir furchtbar gern schwarz gekleidet gehen und ein bisschen andere Musik hören als die breite Masse. Ich diskutiere auch gern mit anderen Leuten, um mal deren Meinung zu hören, aber am liebsten sind mir doch die Leute, die dieselbe Einstellung haben wie ich.

Und die lautet wie?

Ganz grob gesagt: Die Welt ist schlecht. Ich bin der Meinung, das geht nicht mehr lange weiter so. Das ist bald zu Ende.

Das Outfit ist also der Weltuntergangsstimmung angepasst?

„Christiane" in: Die Zeit, 20.11.1992, S. 91.

Rollenspiele Theater etc.

Lieder und Musik

Warming-up – Cooling-down

Rollenspiele

Zeitungstheater

Forumstheater

Standbilder

Straßentheater

Verdecktes Theater

Begriffspantomimen

Bewegung und Tanz

Brechtsche Lehrstücke

Rollenspiele und Methoden, die szenische Ausdrucksformen beinhalten, sollen dazu beitragen, eine Situation durch ihre spielerische Darstellung zu klären, stereotype Verhaltensweisen zu erkennen und alternative Handlungsmöglichkeiten für ein Problem zu finden.

Mit Hilfe des darstellenden Spiels kann ein Problem oder ein Konflikt deutlich gemacht und evtl. sogar bearbeitet werden. Die aufgegriffenen Themen können die Teilnehmerinnen und Teilnehmer selbst betreffen oder aus anderen gesellschaftlichen Bereichen stammen. Die Verbindung von gesellschaftlichen und politischen Problemlagen mit persönlicher Betroffenheit bzw. persönlichem Engagement führt zu intensiven Lernprozessen.

Lieder und Musik – I

Lieder und Musik können eine wichtige Bereicherung und Ergänzung der Bildungsarbeit sein. Sie sind zum einen Ausdruck von Stimmungen und Zeitgefühlen. Zum andern können sie jedoch – durch die Verbindung mit Informationen über ihre Entstehung, das gesellschaftliche Umfeld, Textanalysen etc. – zu einer eigenständigen Informationsquelle werden.

Die Beschäftigung mit Liedern und Musik lässt sehr unterschiedliche Schwerpunkte zu:

Funktionen

Lieder und Musik können nach ihren Funktionen gegliedert werden, z. B. in Arbeiterlieder, Kampflieder, Kriegs- und Friedenslieder, von der politischen Wirklichkeit ablenkende Lieder (z. B. Schlager), den Staat verherrlichende oder angreifende Lieder usw. Dabei sind die (vermuteten) Absichten des Liedermachers, der Gebrauch durch Veranstalter, die beobachtete Wirkung auf Zuhörerinnen und Zuhörer usw. einzubeziehen.

Aktuelle und tagespolitische Themen

Lieder können nach aktuellen Themen, wie sie z. B. in Zeitungsüberschriften zum Ausdruck kommen, gegliedert werden. Zu bestimmten Ereignissen können Lieder ausgesucht werden, die sich damit in Verbindung bringen lassen. Lieder und Musik können auch als Kommentar zu gesellschaftlichen Ereignissen verstanden werden. Etwa zu einer Demonstration gegen Sozialabbau, zu eine Kontroverse zwischen zwei Parteien, zu einem Gedenktag oder zu einem Jubiläum oder auch zu einer Rangelei auf dem Schulhof zwischen verschiedenen Schülergruppen.

Die nationale Herkunft

Die Beschäftigung mit politischen Liedern nach ihren Herkunftsländern macht oft mit bisher unbekannten landesspezifischen Problemen bekannt. So lassen sich z. B. mit Hilfe von Liedern aus Israel bzw. Palästina die Schwierigkeiten deutlich machen, die dort entstehen, wenn verschiedene Namen ein und dasselbe Land bezeichnen, das von zwei Völkern beansprucht wird. Andererseits lassen viele ausländische Lieder erkennen, dass z. B. die Einhaltung der Menschenrechte ein Grundbedürfnis aller Völker ist. Dabei ist zu beachten, dass die folkloristisch-unterhaltsamen Elemente ausländischer Lieder – besonders, wenn die Sprache nicht verstanden wird – häufig deren politische

Palästinensisches Heimatlied

1. Meine Heimat, meine Heimat, meine Heimat.
Fath ist eine Revolution gegen die Feinde.
Palästina, das Land meiner Väter,
zu dir muss ich zurückkehren.
Fath ist eine siegreiche Revolution,
Assifa ist die Hoffnung meiner Heimat.

2. Meine Heimat, meine Heimat, meine Heimat.
Fath ist eine Revolution gegen die Feinde.
Palästina, meine große Liebe,
du bist mein Ziel und mein Schicksal,
zu dir werde ich kommen.
Meine Entschlossenheit trifft die Ungerechtigkeit.

Israelisches Heimatlied

Wir kommen in unser gelobtes Land. Wir haben gepflügt und gepflanzt, aber wir haben bis jetzt unser Getreide noch nicht geerntet.

Aussage überlagern. Ein treffendes Beispiel dafür ist das südamerikanische Volkslied „Guantanamera", das in seinem Ursprungsland ein politisches Lied, ein Freiheitslied der Unterdrückten ist. In Deutschland hat das gleiche Lied durch seinen beschwingten tänzerischen Charakter vorwiegend unterhaltende Funktion.

Aber auch umgekehrt erhalten politisch völlig harmlose Lieder dann eine erhebliche politische Bedeutung, wenn z. B. eine Minderheiten-Volksgruppe sie zur Erhaltung ihres eigenen Brauchtums in fremder Umgebung benutzt. So wurden die deutschen Lieder der Donauschwaben im ungarischen Banat zu politischen Liedern.

Die Gegenüberstellung von Gesellschaftssystemen

In unterschiedlichen Gesellschaftssystemen werden unterschiedliche politische Lieder gefördert oder bekämpft. (So wurde z. B. das Singen der „Internationale" in der ehemaligen DDR stark gefördert, in der Bundesrepublik hingegen weithin als Provokation verstanden.)
Bemerkenswert ist auch, dass es Lieder gibt, die trotz verschiedener Staats- und Gesellschaftssysteme in gleicher Weise beurteilt werden (z. B. die Lieder des Nationalsozialismus). Eine Betrachtung politischer Lieder im Zusammenhang mit Gesellschaftssystemen kann zu einer intensiven gesellschaftspolitischen Auseinandersetzung füh-

Lieder und Musik – 2

Wir sind die Grenadiere der Bundeswehr

1. Wir sind die Grenadiere
der deutschen Bundeswehr.
Wir führen unsere Waffen
für Freiheit und für Ehr.
Ja, wir marschieren stolz
und sind im ganzen Land bekannt,
wir stehen tapfer und entschlossen
ein für Volk und Vaterland.

Marschlied der Nationalen Volksarmee

Wer rückt aus Fabriken, aus Dörfern und
Schmieden,
wer stellt sich auf Posten, wer hält für euch
Wacht?
Wer schützt mit Geschützen dem Volke den
Frieden,
wer hält eure Henker und Mörder in Schach?
Das sind wir, die bereit und entschlossen
auf Wacht sind zu Land und zur See,
das sind wir, das sind eure Genossen
in der Arbeiter-, Bauernarmee.

ren und Unterschiede, aber auch Gemeinsamkeiten in den Gesellschaftsideologien deutlich machen (z. B. beim Vergleich der Lieder der Bundeswehr mit denen der ehemaligen NVA).

Die Gruppen in der Gesellschaft

Anhand von Liedern, die sich mit gesellschaftlichen Gruppen auseinander setzen, lassen sich bestimmte Merkmale einer Gesellschaft entdecken. Es gibt Lieder über verschiedene Gruppen, die sich ethnisch, ideologisch, sozial, durch ihre Religion, ihr Geschlecht, ihr Alter, ihren Beruf, ihr Aussehen oder ihre Herkunft unterscheiden. Manchmal rückt die Existenz einer Gruppe erst durch ihre Musik und Lieder ins Bewusstsein. Die Betrachtung von Liedern über solche Gruppen kann erheblich dazu beitragen, Vorurteile abzubauen und Problemen mit Verständnis zu begegnen.

Das persönliche Erlebnis

Lieder, in denen gesellschaftliche oder politische Ereignisse aus eigener Anschauung beschrieben werden und die die innere Beteiligung und das äußere Engagement eines Liedermachers ausdrücken, sind oft besonders ergreifende Zeugnisse politischen Geschehens. In diesem Zusammenhang können Schülerinnen und Schüler auch eigene Lieder schreiben, in denen sie persönliche Erfahrungen mit ihrer Umwelt ausdrücken.

Die historische Betrachtung

Die historische Betrachtung des politischen Liedes kann Erkenntnisse über die Geschichte und die Befreiung des Menschen von Herrscherwillkür sowie über die Demokratisierung der Gesellschaft vermitteln. Aus Liedern, die historische politische Ereignisse zum Inhalt haben, lässt sich, zumindest von der Zeit der Bauernkriege im 16. Jahrhundert bis heute, eine fast lückenlose Geschichtsschreibung erstellen. Die Liedersänger hatten in früheren Zeiten, als es noch keine Massenmedien gab, für die Verbreitung von Informationen und Meinungen eine größere Bedeutung als heute. Ihre Lieder stellen sogar eine Quelle dar, die die historischen Ereignisse aus der Sicht des Volkes beschreiben. Die Obrigkeit reagierte deshalb auf die unbequemen Liedermacher in früheren Zeiten mit drastischen Strafen, mit Folterung und Hinrichtung.

Die Moorsoldaten

Das Lied „Die Moorsoldaten" entstand 1933 im Konzentrationslager Börgermoor, einem von sechs Lagern des KZ Papenburg. Für die KZ-Insassen hatte es die Funktion eines Ventils, mit dem sie sich innerlich gegen ihre Peiniger wehren und einen Rest ihrer Menschenwürde wahren konnten. Es festigte die Gedanken an die moralische Überlegenheit der Gefangenen gegenüber ihren Bewachern.
Bereits während der NS-Zeit verbreitete sich das Lied rasch und wurde zu einem der bekanntesten antifaschistischen Widerstandslieder in Deutschland und im Ausland.

Von dem KZ-Häftling Jean Kralik gezeichnet: Moorarbeiten im Herbst. In: Wolfgang Langhoff: Die Moorsoldaten. 13 Monate Konzentrationslager. Zürich 1935.

Lieder und Musik – 3

cher Umgangssprache oder in poetischer Umschreibung, im musikalischen Volkston oder in komplizierter Komposition, in aggressiver Schärfe oder untertriebener Kühle, mit mitreißendem Engagement oder distanziert dargestellt werden; die Liedermacherin oder der Liedermacher kann ihren bzw. seinen Text realistisch oder bildhaft, allgemein oder detailliert, gefühlvoll oder scheinbar teilnahmslos vortragen.

Liedarten

Es gibt jedoch zahlreiche Liedarten, die ausschließlich dem Transport politischer Ideen dienen (z. B. Protestsongs, Arbeiterlieder, Agitationslieder, Nationalhymnen), andere, in denen häufig gesellschaftskritische Aussagen gemacht werden (z. B. Chansons, Kabarett-Lieder), und solche, die nur selten direkte politische Inhalte besitzen (z. B. volkstümliche Lieder, Schlager). Es ist daher möglich, Lieder anhand einer stilkundlichen Untersuchung zu behandeln. Im Einzelnen könnten Lieder einer bestimmten Liedart bezüglich ihrer textlichen Aussage verglichen werden, oder es könnten Lieder verschiedener Liedarten gegenübergestellt werden und anhand ihrer musikalischen und textlichen Beschaffenheit sowie anhand der Vortragsweisen verglichen werden.

Gestaltungselemente

Die Gestaltung politischer Lieder ist so uneinheitlich wie der Kreis der Liedermacherinnen und Liedermacher selbst. Sie ist abhängig vom Stil der Komponisten, Dichter und Interpreten. Ein in sich gekehrter Künstler wird andere Ausdrucksformen für den Transport politischer Ideen wählen als eine zornige Kämpfernatur. Auch Zeitgeist, Umwelt, Bildung und Ausbildung der LiedermacherInnen sowie Hörgewohnheiten der Zielgruppen beeinflussen Formen und Vortragsstile. Ein politisches Thema kann in allgemein verständli-

Literaturhinweise

Jantzer, Hans-Peter / Wolfgang Krieger: Rockmusik in der sozialpädagogischen Gruppenarbeit. Ziele – Methoden – Konzepte. Berlin 1995.
Kunze, Reiner u. a.: … ich bin des Regenbogens angeklagt. CD. Texte gegen Rechts. Freiburg 2002.
Politik & Unterricht, Heft 2–3/2001: Das schönste Land … Historische Lieder aus dem deutschen Südwesten. Mit CD.
Port le roi, Andre: Schlager lügen nicht. Deutscher Schlager und Politik in ihrer Zeit. Essen 1998.
Rockmusik und Politik: Analysen, Interviews und Dokumente. Berlin 1996.
Senghaas, Dieter: Klänge des Friedens. Frankfurt/M. 2001.
Sievritts, Manfred: „Politisch Lied, ein garstig Lied? Materialien für den Unterricht in der Sek. II und I. Materialband für den Lehrer. Schüler-Materialienheft sowie 6 Musik-Kassetten. Wiesbaden 1986.
Songbuch, Bd. 2: 150 poetische Balladen und Songs, Friedenslieder und Volkslieder aus den 70er und 80er Jahren. Bonn 1997.
„White Noise". Rechts-Rock, Skinhead-Musik, Blood & Honour: Einblicke in die internationale Neonazi-Musik-Szene. Hamburg/München 2001.

Internet
Die Firma WHC Musiksoftware stellt über 6.000 Noten und Partituren zum kostenlosen Download im Internet zur Verfügung:
www.whc.de/dpb.htm

Was man mit Liedern alles machen könnte

Hitparade

Jede bzw. jeder bringt seine Lieblings-CD (Kassette) mit und erzählt den andern, warum sie oder ihn gerade dieser Titel anspricht.

Unter dem Motto „was ich nicht ausstehen kann" können auch die Titel, die auf keinen Fall angehört werden sollen, besprochen werden.

Illustration

Einzelne Titel können als Hörbeispiele zur Illustration zeitgeschichtlicher oder aktueller Themen benutzt werden. Sie werden dann von der Leitung ausgesucht und eingespielt.

Analyse

Zur Analyse von Liedern und Musiktiteln ist es wichtig, neben dem Hörbeispiel auch den vollständigen Text und weitere Informationen über die Entstehung und den Hintergrund zur Verfügung zu haben.

Unterhaltungsindustrie analysieren

Kommerzielle Musik und Lieder sind häufig mit Musikzeitungen, Konzerten, T-Shirts etc. gekoppelt. Die Interessen der dahinter stehenden Un-

Was politische Lieder sein können ...

▲ Lieder im Dienst von Staaten und Institutionen
▲ Lieder als Waffe im Kampf von Interessen
▲ Verbotene Lieder
▲ Lieder als Erziehungs- und Propagandamittel
▲ Solidaritätslieder
▲ Lieder als (Über-)Lebenshilfe
▲ Kritik an Obrigkeit und Staatsmacht
▲ Lieder von Gruppen und Parteien
▲ Arbeiterlieder
▲ Frauen- und Emanzipationslieder
▲ Religiöse Lieder
▲ Lieder von Minderheiten
▲ Heimatlieder
▲ Vaterlandslieder
▲ Nationalhymnen
▲ Kriegslieder
▲ Friedenslieder
▲ Kinderlieder

„Du kannst einen Sänger in Ketten legen, aber niemals sein Lied"

Udo Jürgens

terhaltungsindustrie können anhand solcher Gegenstände deutlich gemacht werden.

Singen

Bestimmte Lieder zu singen kann ein starkes emotionales Erlebnis sein und ein tieferes Verstehen bestimmter Stimmungen und Wirkungen ermöglichen. Um Lieder singen zu können, ist jedoch eine gewisse Atmosphäre notwendig. In einem sterilen Tagungsraum, an Tischen sitzend, kann das Singen von Liedern allenfalls eine peinliche Erfahrung werden.

Bestimmte politische Lieder, z. B. die Lieder der „Rechten", sollten nicht gesungen, sondern allenfalls analysiert werden.

Dichten und Komponieren

Ein eigenes Lied auf eine bekannte Melodie zu dichten ist eine kreative Auseinandersetzung mit einem Thema oder einer Situation, die sehr viel Spaß machen kann. In einer Gruppe ein Thema so zu bearbeiten, dass am Schluss das Gruppenergebnis in Liedform vorgetragen wird, stellt eine sinnvolle Abwechslung zu traditionellen Gruppenberichten dar.

Besonders spannend wird es, wenn Lieder aus der Sichtweise von Problemgruppen oder besonders Betroffenen geschrieben werden (z. B. der „Rollstuhl-Blues" oder der „Asylanten-Tango").

Moritaten

Ein weiterer Schritt über das Anfertigen eines Textes hinaus ist, diesen mit Bildern zu unterlegen. Eine solche Lied-Bild-Kombination ist sehr anschaulich und kann nicht nur für den Abschlussabend eines Seminars verwandt werden.

Liedermacher einladen

Eine andere Qualität der Auseinandersetzung mit politischen Liedern ist es, wenn eine Liedermacherin oder ein Liedermacher eingeladen wird und aus seiner Werkstatt erzählt und natürlich auch Kostproben gibt.

Vgl. Manfred Sievritts: „Politisch Lied, ein garstig Lied?", Wiesbaden 1984.

Lieder und Musik

Erfahrungsbericht

HIP-HOP-Events

Zunächst mussten wir Mitarbeiter uns über die neue Musikrichtung informieren. Was, bitte schön, sollte denn wohl ein „Battle" oder ein „Jam" sein? Wir wurden überschüttet mit Begriffen, die uns vielleicht noch in der direkten Übersetzung etwas sagten, aber im Zusammenhang mit dieser Musik?

Wir haben vor einiger Zeit ein so genanntes „Freestyle-Battle" organisiert. Bei so einer Meisterschaft versammeln sich viele Rapper, um zu Melodien und Rhythmen der DJs auf Stichworte des Publikums, wie z. B. „Kartoffelsalat" oder „Gipsbein", spontan Liedtexte zu improvisieren.

Die Veranstaltung war ein voller Erfolg, die witzigen und manchmal auch hitzigen verbalen Auseinandersetzungen zu Hip-Hop-Rhythmen brachten die fachkompetente Jury ganz schön ins Schwitzen. Beim Freestyle können die Sänger nicht lange überlegen. Sie müssen schnell sprechen können. In dieser Form des Hip-Hops zeigt sich eine enorme Kreativität und Energie, die uns Mitarbeiter auch total begeistert. Sprachwitz, Formulierungskünste, Ideenreichtum und Schlagfertigkeit der Kids sind einfach beeindruckend.

Gerade weil mit Hip-Hop Geist, Körper und Seele angesprochen werden, erscheint es uns für die Umsetzung in der Jugendarbeit geradezu prädestiniert. Die anfänglichen Bedenken sowohl in den eigenen Reihen als auch bei unseren Besuchern haben sich verflüchtigt. Unsere Veranstaltungen sind mittlerweile zu gut besuchten Happenings geworden.

Medien Concret 1/97: Jugendkulturen in den 90er Jahren. Köln 1997, S. 40, Auszug.

„Im Hip-Hop thematisieren Jugendliche ihre Gefühle und (politischen) Einstellungen. Mit ihren Songs wollen sie gesellschaftliche Veränderungen vorantreiben. Ihre Themen werden auf kreative und innovative Art bearbeitet. Hass und Wut werden im Hip-Hop artikuliert und Alltagserfahrungen geschildert."

Medien Concret 1/97: Jugendkulturen in den 90er Jahren. Köln 1997, S. 41.

Lieder der Arbeitswelt

„Im Vordergrund des Seminars sollte die eigene Liedproduktion der Teilnehmerinnen und Teilnehmer stehen. Mit den Teilnehmerinnen und Teilnehmern wurd in Abklärung ihrer Interessen die Schwerpunkte Jugend, Frauen, ältere Menschen und Umweltschutz erarbeitet.

In der ersten Seminarphase spielten Liederbücher eine wichtige Rolle. Das gemeinsame Singen politischer Lieder hatte einmal motivierenden Charakter (Freude am Gesang), zum anderen didaktische Aspekte. Letztere bestanden darin, bekannte Liedtexte, die dem Repertoire des Liedermachers entstammten, mit bekannten Melodien in Verbindung zu bringen.

In der zweiten Seminarphase wurden zu den Schwerpunkten jeweils Arbeitsgruppen gegründet, Texte für die ausgewählten Schwerpunkte gemacht, die in den Gruppen geäußerten Ideen gesammelt, auf Wandzeitungen allen Seminarteilnehmerinnen und -teilnehmern zugänglich gemacht und zu Liedtexten verarbeitet. Die endgültige Auswahl erfolgte in den Arbeitsgruppen und im Plenum, ebenso die Vertonung der Texte. Das Ergebnis, die erste Fassung des Liedes, wurde abends im Plenum vorgetragen und am zweiten Seminartag von den Gruppen nochmals inhaltlich und technisch verfeinert. Den Abschluss des Seminars bildete eine Gesamtauswertung unter Berücksichtigung folgender Punkte:

1. Diskussion der angefertigten Liedtexte auf ihre Bedeutung für die politische Praxis.
2. Beurteilung technischer Probleme, die im Zusammenhang von Text, Gestaltung und Musik auftauchen.
3. Einschätzung dieser spezifischen Form politischer Bildung.

Während die Teilnehmerinnen und Teilnehmer zu Beginn des Seminars recht wenig Zutrauen zur eigenen Fantasie hatten, war ihnen am Ende deutlich, dass sowohl diese Problematik als auch die technische Seite zu bewältigen waren. Damit konnten sie die Palette der Ausdrucksmöglichkeiten zur Artikulation ihrer Interessen erweitern. Es dürfte auch einleuchten, dass die politische Diskussion durch den Versuch, Probleme in einem Liedtext einzufangen, ungemein fruchtbar sein kann. Verstärkt wurde dieser positive Effekt noch dadurch, dass die Texte dem Plenum vorgestellt, also begründet und damit gewissermaßen verteidigt werden mussten."

Peter Berkesse: Eine Chance den weniger Begünstigten. In: Materialien zur politischen Bildung 6/1982, S. 83.

Lieder und Musik

Erfahrungsbericht

Erfahrungen mit Oi-Oi-Musik

So genannte Oi-Oi-Bands, die in der Skin-Szene angesiedelt sind, wie z. B. die Gruppe „Störkraft", „Kahlschlag" oder „Wehrwolf", spielen Musik mit gewaltverherrlichenden nationalistischen Texten. Was tun, wenn Jugendliche solche Musik hören?

Wie weit darf ein Sozialarbeiter sich auf rechte Fans einlassen, ohne in den Verdacht der Verbrüderung zu geraten? Ein Beispiel für einen Konflikt, der wenig Raum für reine Lehre lässt: Da hat U. R. vor einiger Zeit einen Bildungsurlaub für sechs Ostberliner Skins in Bayern organisiert. Eine Psychologin war zusätzlich zur Betreuung engagiert. Als die Jugendlichen beim gemeinsamen Kochen die Kassette mit Neonazi-Hardcore reinschoben, wurde es der Therapeutin zu viel. Vor ihre Alternative „entweder ich oder diese unsägliche Musik" gestellt, erwiderten die Jungs mit unbewegter Miene, „na dann geh doch". Die Konsequenz der Psychologin, den Raum umgehend zu verlassen, hatte vor allem unerwünschte Folgen. „Die bekam die ganze Woche über kein Bein mehr auf den Boden", berichtet die Sozialarbeiterin.
(…)

Mit Oi-Oi-Musik und Zeilen wie „Ich bin Bomberpilot, ich bringe euch den Tod" stimmten sich die jugendlichen Attentäter im niederrheinischen Hünxe ein, bevor sie die selbst gebastelten, verheerend wirkenden Brandsätze in das örtliche Asylheim warfen. Auch im brandenburgischen Eberswalde heizten sich die Skins und Heavy Metals im „Rockbahnhof" mit der jeweiligen Lieblingsmusik auf, um anschließend gemeinsam zum „Negeraufklatschen" loszuziehen.

Da mag der „Störkraft"-Sänger Jürg Petrich, wie neulich in der SAT-1-Sendung „Einspruch" geschehen, alle Verantwortung nach dem Motto „Was die Leute aus unseren Texten machen, ist allein deren Sache" von sich schieben. Einer, der es aus eigener Erfahrung wissen muss, widerspricht diesem Rückzugsversuch in den Bereich des Harmlosen aufs Entschiedenste: Rio Reiser, in dern 70er-Jahren linkes Idol und Leadsänger der legendären Gruppe „Ton Steine Scherben", ist überzeugt, daß „jedes Konzert Sachen möglich macht, die sonst nicht möglich sind". Sicher, nach dem Anhören einer „Scherben"-Platte seien die Leute früher „nicht rausgerast, um Polizisten zu verprügeln", aber nach manchem Auftritt der linken Kultgruppe „wurde durchaus schon mal ein Haus besetzt". Rockmusik bedeutet Emotionen, und die Band auf der Bühne besitzt die Macht, diese zu produzieren.

Inge Günther: Bei Oi-Oi geht der Haß auf alles Fremde ab. In: Frankfurter Rundschau, 27. 11. 1992, S. 3, Auszüge.

„Er ist ein Skinhead und Faschist
Er hat 'ne Glatze und ist Rassist
Moral und Herz besitzt er nicht
Hass und Gewalt zeichnet sein Gesicht
Söldner, er ist ein Söldner
Er liebt den Krieg und die Gewalt
Und bist du sein Feind, dann macht er dich kalt."

„Söldner", Lied der Gruppe „Störkraft".

Dass OI-Musik nicht immer automatisch „rechts" ist, macht folgende Webseite deutlich: www.hyperlinks-gegen-rechts.de/oi.html

OI = Abkürzung für „Strength through Joy", „Kraft durch Freude"

Warming-up – Cooling-down

Körperorientierte Methoden können nicht ohne langsame Anbahnung durchgeführt werden. Ebenso, wie sich Sportler für die Ausübung ihrer speziellen Disziplin langsam durch bestimmte Übungen warm machen, sollten sich auch die Teilnehmerinnen und Teilnehmer, aber auch die Seminarleitung für den Einsatz körperorientierter Methoden aufwärmen.

Die Möglichkeiten hierzu sind vielfältig und reichen, je nach Vorerfahrung, von einem freien „eintanzen" bis zu einem streng angeleiteten Programm.

Aufwärmen hat dabei mehrere Funktionen:

▲ Die Gruppe miteinander vertraut(er) machen;
▲ Spaß und Neugier an Bewegung und Körperausdruck bekommen;
▲ die Vielfältigkeit von Ausdrucksformen kennen lernen;
▲ Abstand vom Alltagsgeschehen erhalten;
▲ langsam eine Konzentration auf das Kommende erreichen;
▲ Muskeln und Gelenke geschmeidiger machen.

Die einzelnen Übungen und Formen einer Aufwärmphase werden dabei nicht jedes Mal alle Funktionen gleich intensiv abdecken können. Es sollte jedoch Wert darauf gelegt werden, dass bei verschiedenen Aufwärmphasen auch verschiedene Schwerpunkte gesetzt werden.

Musik kann eine Aufwärmphase unterstützen. Ob sie jedoch tatsächlich verwendet wird, hängt neben den speziellen Übungen auch von den jeweiligen örtlichen Möglichkeiten ab.

Die Rolle der Seminarleitung

Die Seminarleitung leitet die Übungen an, bestimmt den Anfang und das Ende, kontrolliert die Zeit und registriert auch, wer sich wie beteiligt (ohne diese Beobachtungen sofort der Gruppe mitzuteilen).

Die Seminarleitung führt in Übungen ein und macht sie vor. Inwieweit sie sich selbst beteiligt, hängt von der jeweiligen Situation und Gruppe ab.

Da es beim Aufwärmen vor allem um Lockerung, Motivation und Spaß geht, sollten Darstellungsweisen nicht korrigiert oder kommentiert werden. Alles ist hier richtig.

Da jedoch bereits beim Warming-up der spätere Arbeitsstil vorbereitet wird, ist darauf zu achten, daß langsam eine Atmosphäre der Konzentration entsteht, dass nicht gesprochen wird und nichts ins Lächerliche gezogen wird. Die Teilnehmerinnen und Teilnehmer sollen sich zunächst auf sich selbst konzentrieren.

Cooling-down

Um nach einer Arbeitseinheit oder zum Tagesende die konzentrierte Atmosphäre wieder zu verlassen und wieder auf ein normales Aktivitätsniveau zu kommen, oder auch einfach um eine Arbeitseinheit zu beenden, empfehlen sich vor allem Entspannungstechniken, die alleine oder auch paarweise durchgeführt werden können.

20–30

Warming-up – Cooling-down
Arbeitsmaterial

Beispiele für Übungen

Gehen und Stehen

▲ Freies Bewegen im Raum.
▲ Ausprobieren, auf verschiedene Arten zu stehen.
▲ Wippen auf den Zehen bzw. Fersen.
▲ Der erste Schritt.
▲ Ausprobieren, auf verschiedene Arten zu gehen.
▲ Situationen des Gehens vorgeben, z. B.:
  – Gehen als Kleinkind mit der Mutter;
  – Gehen als Schulkind;
  – Gehen als verliebtes Paar;
  – Gehen als gebrechlicher Mensch.
▲ Situationen des Stehens vorgeben, z. B.:
  – an einer Bushaltestelle;
  – an einer Felsklippe.
▲ Einbeziehen der anderen (gehen zu zweit, zu dritt).
▲ Gehen und Stehen als Gruppe, z. B.:
  – als Schlange vor der Kasse eines Supermarktes;
  – als Touristen bei einer Stadtführung;
  – als Zuschauer bei einem Fußballspiel;
  – als Musikkapelle bei einem Straßenumzug.

Redensarten darstellen:

▲ Jemanden an der Nase herumführen.
▲ Etwas auf die leichte Schulter nehmen.
▲ Jemanden übers Ohr hauen.
▲ Die Zähne zeigen.
▲ Auf Händen tragen.
▲ Den Mund stopfen.
▲ Sich ins Fäustchen lachen.
▲ Mit offenen Armen empfangen.
▲ Ein Auge auf jemanden werfen.

Partnerübungen

▲ Spiegeln:
  Eine Partnerin bzw. ein Partner führt, der oder die andere imitiert spiegelbildlich alle Bewegungen.
▲ Verkehrter Spiegel:
  Die Bewegungen werden nun von der imitierenden Person genau umgekehrt dargestellt.

Ankommen, Begrüßen

▲ Alle gehen im Raum durcheinander.
  Jede und jeder ist bei sich, nimmt die anderen noch nicht bewusst wahr.
▲ Gehen im Raum, Blick auf den Boden.
▲ Gehen im Raum, die anderen werden wahrgenommen.
▲ Gehen mit geschlossenen Augen.
  Berührungen durch die anderen werden registriert. Es wird aber kein weiterer Körperkontakt aufgenommen.
▲ Gehen mit offenen Augen, Suchen und Aufnehmen von Blickkontakt.
▲ Bei Begegnung nonverbale Begrüßung, aber ohne Körperkontakt.
▲ Gehen, begegnen, begrüßen. Ausprobieren verschiedener Arten von Begrüßungen (Begrüßung bei einer Party, Begrüßung auf dem Wochenmarkt usw.).

Entspannungsübungen

▲ Die einfachste Möglichkeit besteht darin, über die vergangene Arbeitseinheit nachzusinnen: Am Boden auf einer Decke liegen. Entspannungsmusik hören. Jede und jeder lässt den Tag bzw. die Arbeitseinheit nochmals vor dem inneren Auge Revue passieren oder hängt einfach seiner augenblicklichen Stimmung nach (ca. 10 Min.).
▲ Hand auflegen: Die Teilnehmerinnen und Teilnehmer gehen paarweise zusammen. Eine Teilnehmerin bzw. Teilnehmer liegt (auf einer Decke) auf dem Bauch. Der andere kniet daneben und legt vorsichtig seine Hände auf den Rücken der Partnerin, des Partners (legen, nicht drücken!). Jeweils nach 40–50 Sek. wird die Lage der Hände verändert, sodass während der Übung (ca. 8–10 Min.) der gesammte Rücken einmal abgedeckt war. Nach dieser Übung, wechseln die Partnerinnen und Partner.
▲ Es wird nicht gesprochen. Es empfiehlt sich, Entspannungsmusik laufen zu lassen.

Du bist Dein Körper

Die Bioenergetik beruht auf der einfachen Annahme, dass jeder Mensch *sein Körper ist.* Kein Mensch kann losgelöst von dem Körper existieren, in dem seine Existenz sich vollzieht, durch den er sich ausdrückt und mit seiner Umwelt in Beziehung tritt. Es wäre lächerlich, diese Annahme widerlegen zu wollen, weil man keinen Bestandteil des Menschen nennen kann, der nicht auch Bestandteil seines Körpers wäre. Geist, Lebensgeist und Seele sind Teile und Manifestationen jedes lebenden Körpers. Ein toter Körper hat keinen Geist mehr, er hat seinen Lebensgeist verloren und seine Seele.

Wenn Sie Ihr Körper sind und wenn Ihr Körper Sie ist – dann drückt er aus, was Sie sind. Er stellt Ihr Verhältnis zur Welt dar. Je lebendiger Ihr Körper ist, desto mehr sind Sie auf der Welt. Falls Ihr Körper einen Teil seiner Lebhaftigkeit einbüßt, wie es beispielsweise geschieht, wenn Sie erschöpft sind, neigen Sie automatisch dazu, sich aus der Welt zurückzuziehen. Vielleicht haben Sie sogar den Eindruck, die Welt sei von Ihnen abgerückt, oder Sie sehen sie wie durch einen Schleier.

Es gibt aber auch Tage, an denen Ihr Lebensgefühl so gesteigert ist, dass Sie förmlich Leben ausströmen – dann wirkt die Welt ringsum strahlender, näher, wirklicher. Wir alle würden gern lebendiger sein und uns lebendiger fühlen. Die Bioenergetik kann uns helfen, dieses Ziel zu erreichen. (…)

Da Ihr Körper ausdrückt, wer Sie sind, zeigt er uns auch, wie sehr Sie auf der Welt sind. Es ist kein Zufall, dass wir von einem „Niemand" (nobody, d. V.) sprechen, um einen Menschen zu bezeichnen, dessen Sein uns nicht beeindruckt; wir sagen aber, „er ist jemand" (somebody, d. V.), wenn sein Selbst-Ausdruck auf uns wirkt. Das ist fundamentale Körpersprache.

Es bleibt unseren Mitmenschen auch nicht verborgen, wenn wir uns innerlich zurückziehen; sie spüren es genauso, wie sie spüren, ob man müde oder krank ist. Müdigkeit drückt sich in vielen optischen oder akustischen Botschaften aus – die Schultern sinken zusammen, das Gesicht fällt ein, der Blick wird stumpf, man bewegt sich langsamer und schwerfälliger als gewöhnlich, und die Stimme verliert an Resonanz. Man verrät dieses Gefühl sogar, wenn man es kaschieren will, denn dabei signalisiert man unbewusst krampfhafte Anstrengung.

Was ein Mensch fühlt, lässt sich also vom Ausdruck seines Körpers ablesen. Emotionen sind körperliche Ereignisse; sie sind – ganz wörtlich – „Motionen", also Bewegungen innerhalb des Körpers, die sich im Allgemeinen an der Oberfläche des Körpers äußern. Zorn erzeugt Spannung und lädt, wie wir gesehen haben, die obere Hälfte des Körpers auf, wo sich die wichtigsten Angriffsorgane, die Zähne und die Arme befinden. Einen zornigen Menschen erkennt man an seinem geröteten Gesicht, seinen geballten Fäusten und seinem verkniffenen Mund. (…) Wenn ein Mensch Zuneigung oder Liebe empfindet, wirken seine Gesichtszüge weicher, und Haut und Augen werden von Wärme durchflutet. (…)

Der Körper offenbart aber noch weit mehr. Die Lebenseinstellung oder der persönliche Stil eines Menschen widerspiegelt sich in seiner Haltung, seinem Gang und in der Art seiner Gesten und Bewegungen. Ein Mensch mit aufrechtem Gang und einer souveränen Haltung unterscheidet sich auf den ersten Blick von einem Menschen, der den Rücken gebeugt hält, die Schultern hängen lässt und den Kopf ständig nach vorn neigt – man meint förmlich zu sehen, dass er sich mit der Bürde abgefunden hat, die auf ihm lastet. (…)

Ein Mensch kann das Leben nicht erfolgreich meistern, indem er sich selbst bekämpft. Niemand kann seinen Körper überwinden. Man muss sich über die Übereinstimmung und den Unterschied von psychischen und physischen Prozessen im Klaren sein. (…)

Der Geist sollte auf den Körper achten. Das ist eine der wichtigsten Regeln der Bioenergetik, denn nur, wenn man seinen Körper geistig erfasst, weiß man, wer man ist, und nur dann lernt man auch seinen Geist kennen. (…)

Ein Mensch, der seinen Geist nicht auf seinen Körper konzentriert, also seinem Körper gegenüber gleichgültig ist, fürchtet sich davor, Gefühle zu empfinden. Wenn Gefühle bedrohlich sind, werden sie meist unterdrückt. Das geschieht, indem man chronische Muskelspannung entwickelt, die verhindert, dass es an der betreffenden Körperpartie zu Erregungsflüssen oder spontanen Bewegungen kommt. (…) Die Unterdrückung von Gefühlen schwächt den Erregungszustand des Körpers und mindert die Konzentrationsfähigkeit des Geistes.

Alexander Owen: Bioenergetik. Auszüge. © alle deutschsprachigen Rechte by Scherz Verlag, Bonn und München.

Rollenspiele – I

Rollenspiele verbinden Lebenswirklichkeit mit spielerischem Agieren. Im Rollenspiel werden reale Situationen, Probleme oder Konflikte nachempfunden oder vorausschauend bearbeitet.

Dabei zielt das Rollenspiel auf soziales Lernen, das Einstellungen und Verhaltensweisen deutlich werden lässt und Ansatzpunkte für Veränderungen aufzeigt, indem spielerisch Realität simuliert wird und ein Probehandeln (das in der Realität ohne Folgen bleibt) stattfindet.

Rollenspiele können dazu beitragen,
▲ eigene Verhaltensweisen bewusst zu erleben,
▲ Beobachtungsfähigkeit und die Fähigkeit zur sozialen Wahrnehmung zu entwickeln,
▲ Konflikte in der Gruppe und in anderen Lebensbereichen darzustellen und zu analysieren,
▲ neue Verhaltensweisen einzuüben,
▲ den gesellschaftspolitischen Zusammenhang individuell erlebter Probleme bewusst zu machen.

Zur Durchführung von Rollenspielen

Aufwärmphase

1. Spielsituation. Neugier wecken, Problem stellen, Erfahrungen ansprechen, betroffen machen, Rahmen vorgeben, Stellungnahme provozieren, Spontanreaktionen erzielen.
2. Rollenanalyse. Rollen beschreiben, Rollen markieren, Rollen üben: Gestik, Mimik, Sprache usw., Kernsätze erarbeiten, Verlauf fixieren.

Rollenkarten

Auf Rollenkarten sind einzelne Personen (Spielrollen) beschrieben. Rollenkarten können selbst hergestellt oder in standardisierter Form von verschiedenen Verlagen bezogen werden. Auf Karteikarten (DIN A6) können Rollenkarten Informationen beinhalten über:
▲ Name und Beruf
▲ Bild einer Person zur persönlichen Interpretation
▲ wichtige formale Angaben zur Rolle (Alter, Familienstand, Kinder, Geburtsland usw.)
▲ ausführliche biografische Angaben (kurzer Lebenslauf) zur jeweiligen Rolle
▲ Informationen zum Kontext der Rolle
▲ Informationen über Ansichten und Meinungen

Spielphase

3. Rollenzuteilung. Spielrollen, Beobachterrollen, Publikum.
4. Spiel. Die Spielerinnen und Spieler nehmen ihre Rollen an, erleben die Situation und reagieren auf die Reden und Handlungen der anderen so, wie sich ihrer Ansicht nach Menschen in diesen Rollen verhalten würden.

Reflexionsphase

5. Spielkritik. Beobachterinnen und Beobachter berichten. Bewertung der gespielten Rollen. Befragung der Akteure.
6. Rollendistanz. Das Rollenspiel wird in anderer Besetzung wiederholt, der Verlauf des Spiels wird verändert oder die Rahmenbedingungen werden verändert (in einem anderen Land, in einer anderen Zeit …).
7. Transfer. Bewusstwerdung, Reflexion und Infragestellung der im Rollenspiel getroffenen Entscheidungen und Handlungsweisen.

Vgl. Xaver Fiederle: Grundkurs Politik. Methoden I. Rollenspiel. Landeszentrale für Politische Bildung Baden-Württemberg. Stuttgart o. J.

Zur Auswertung

Auf der Rollenebene:
▲ Wie haben sich die Einzelpersonen in ihren Rollen verhalten (Gestik, Mimik, Sprache)?
▲ Wie wurde die Rolle gespielt (engagiert, lässig, gar nicht)?
▲ Wie fühlten sich die einzelnen Spielerinnen und Spieler in ihren Rollen?

Auf der Gruppenebene:
▲ Was bedeutet dieses Spiel für die Gruppe?
▲ Welche Konsequenzen ergeben sich daraus für die weitere Arbeit der Gruppe?

Auf der Situationsebene:
▲ Welche Ziele will (welche wird) die Einzelne bzw. der Einzelne erreichen, wenn sie bzw. er sich in der gespielten Weise verhält?
▲ Wie müsste das Verhalten aussehen, um zu einem besseren Ziel zu kommen?
▲ Welche Alternativen wären denkbar?

Auf der gesellschaftspolitischen Ebene:
▲ Welche Vorurteile und Einstellungen gegenüber Personengruppen oder bestimmten Situationen zeigten sich im Spiel?
▲ Welche sozialen Mechanismen erkennen Sie?

Vgl. Chr. Arbogast: Rollenspiel. In: R. Feldmann u. a. : Theaterspiel als Methode der Jugendarbeit. Gautinger Protokolle Nr. 5. Gauting 1975, S. 16–19.

Rollenspiele – 2

Spontanrollenspiel

Beim Spontanrollenspiel gibt es nur wenige Vorgaben und einen möglichst großen Gestaltungsraum für die Spielerinnen und Spieler.

Impulsrollenspiel

Die Spielleitung strukturiert die Spielhandlung durch besonders originelle Hinweise, die die eigene Kreativität herausfordern. Der Impuls erfolgt vor dem eigentlichen Spiel.
Beispiele:

▲ „Das lasse ich mir nicht gefallen!"
(Impuls: Strafzettel).

▲ „Ich bin für den Frieden!"
(Impuls: Musterungsbescheid).

▲ „Baby oder Wohnwagen?"
(Impuls: Autoschlüssel, Schnuller).

Überaschungsrollenspiel

Der Impuls erfolgt hier nicht vor, sondern während des Spiels. Der Impuls kann von der Spielleitung oder von einem (instruierten) Mitspieler kommen. Der Impuls sollte so eingebracht werden, dass keine Störung, sondern ein erhöhter Anreiz zu spontanem Spiel gegeben ist.

Beispiel:
Aufregung in einer kleinen Firma: Der Chef will einen Vorbestraften einstellen. Mehrere Betriebsangehörige (ca. 5–8) diskutieren die neue Situation und überlegen, wie sie sich verhalten sollen.
Variante A: Der Chef kommt plötzlich dazu.
Variante B: Der „Neue" kommt plötzlich herein.
Varainte C: Einer der Betriebsangehörigen sagt plötzlich: „Was wollt ihr denn, ich habe auch schon einmal gesessen."

Strukturrollenspiel

Beim Strukturrollenspiel sind eine möglichst klare Rollenvorgabe und eine eindeutige Spielsituation nötig, die aber dennoch genügend Gestaltungsraum lassen.

Situationsanalyse:
Als Einstieg in das Rollenspiel wird die betreffende Problem- und Entscheidungssituation so markiert, dass allen Beteiligten der gesellschaftliche Hintergrund deutlich werden kann.

Rollenanalyse:
Die für das Spiel notwendigen Rollen werden nicht der individuellen Interpretation überlassen wie beim Spontanrollenspiel. Sie werden vielmehr im sozialen Kontext beschrieben: Welche Erwartungen von welcher Seite, welche Reaktionen und

Sanktionen, welche eigenen Erfahrungen der Teilnehmerinnen und Teilnehmer usw. sind mit der jeweiligen Rolle verbunden? Die Rolleninterpretation kann von einer Kleingruppe ausgearbeitet werden oder auch durch vorgefertigte „Rollenkarten" (auf denen die Rolle detailliert beschrieben ist) erfolgen.
Als weitere Strukturelemente können verschiedene Rollenstrukturen gesehen werden:

Partnerrollenspiele:
Rollenspiel in klassischen Partnerbeziehungen (Ehemann–Ehefrau, Lehrer–Schüler, Chef–Arbeiter usw.).

Gruppenrollenspiele:
Rollenkonflikte in und zwischen Gruppen.

Beispiel:
Eine Gruppe von 8 Preisrichterinnen und Preisrichtern soll den Fernsehpreis des Jahres vergeben. Es sind jeweils die Vertreterinnen und Vertreter von CDU/CSU, SPD, FDP, GRÜNE, Gewerkschaften, Kirchen und ein unabhängiger Künstler. Eine größere Arbeitsgruppe hat eine Vorauswahl getroffen und bietet folgende Vorschläge für die Preisverleihung an:

▲ Das aktuelle Sportstudio;
▲ Volkstümliche Hitparade;
▲ Wetten, dass ...?
▲ Frontal, ein politisches Magazin;
▲ Die Sendung mit der Maus.
Jedes Jury-Mitglied kann diese Liste noch durch einen eigenen Vorschlag ergänzen.

Plenarrollenspiele:
Das Rollenspiel findet mit allen Teilnehmerinnen und Teilnehmern statt. Zuschauer gibt es nicht. Merkmale des Plenarrollenspieles sind:
Direkteinstieg:
Ohne Überleitung beginnt die Spielleitung sofort mit der Spielsituation.
Rahmenhandlung:
Die Spielleitung hat seine Spielidee nur grob vorstrukturiert, sodass alle sofort in der Lage sind, ohne zusätzliche Erklärungen mitzuspielen.
Rollenimprovisation:
Außer der notwendigen Vorsitzendenrolle (Spielleitung) sind alle anderen Rollen dem Spielverlauf überlassen und können von der Spielleitung oder den Teilnehmerinnen und Teilnehmern erfunden werden.
Kollektivrolle:
Alle spielen mit, es gibt keine Zuschauerinnen und Zuschauer oder Beobachterinnen und Beobachter. Die Spielleitung kann Rollen zuteilen oder jede bzw. jeder kann sich eine Rolle nehmen.

Rollenspiele – 3

Leitregie:
Die Spielleitung bleibt in diesem Rollenspiel der Hauptakteur und muss über Einfühlungsvermögen und schnelle Improvisationsfähigkeit verfügen.

Beispiele
für solche Plenarrollenspiele können z. B. sein: „Mieterversammlung", in der konkrete Anliegen aller Mieter (z. B. Gemeinschaftsanlagen) beraten werden oder: „Betriebsversammlung", bei der z. B. das Thema „Vorsorge vor betriebsbedingten Entlassungen" diskutiert werden soll.

Nach: Xaver Fiederle: Grundkurs Politik. Methoden 1. Rollenspiel. Landeszentrale für Politische Bildung Baden-Württemberg. Stuttgart o. J.

Mögliche Schwierigkeiten bei Rollenspielen

▲ Hemmungen von Teilnehmerinnen und Teilnehmern; Angst sich zu produzieren.

▲ Angst, den Anforderungen der anderen nicht gewachsen zu sein.

▲ Angst, sich bloßzustellen bzw. lächerlich zu machen.

▲ Mangelnde Hinführung der Teilnehmerinnen und Teilnehmer durch zu abrupten Beginn oder fehlende Aufwärmübungen.

▲ Zu starres Konzept der Rollenvorgaben lässt zu wenig Spielraum für die spielerische Ausgestaltung.

▲ Rollenspiel knüpft nicht an Problemen und Lebenssituationen der Teilnehmerinnen und Teilnehmer an. Das Rollenspiel wirkt dann leicht gezwungen.

▲ Zu enger Zeitrahmen. Gruppe hat den Eindruck, unter Zeitdruck zu arbeiten.

▲ Spielleitung greift zu stark steuernd ein.

Spielszenen

▲ Zwei Skinheads schlagen einen jungen Mann an einer S-Bahn-Haltestelle zusammen. Sie stehen in der Nähe.
Wie reagieren Sie?

▲ Drei Skinheads steigen in die S-Bahn und schlagen jedem Mann ins Gesicht. Sie sitzen in der vorletzten Reihe. Gleich sind Sie dran.
Werden Sie sich wehren?

▲ Alkoholisierte Jugendliche kippen einen Rollstuhlfahrer aus seinem Rollstuhl.
Sie hören seine Hilferufe.

▲ Jugendliche hetzen Ausländer durch die Stadt.
Sie beobachten sie von Ihren Wohnungsfenstern aus.

▲ Jugendliche werfen Molotowcocktails gegen ein Ausländerwohnheim. Sie erfahren über eine Telefonkette davon.
Wie sehen Ihre nächsten Schritte aus?

Wie würden Sie reagieren?

„Sie sitzen in einem Zug und bekommen mit, wie ein Vietnamese zusammengeschlagen wird."

48 % Ich versuche, Helfer unter den Mitfahrenden zu finden
17 % Ich ziehe die Notbremse
14 % Ich rede auf den Schläger ein
11 % Ich steige aus
 8 % Ich stürze mich auf den Angreifer

Ergebnisse einer Repräsentativbefragung unter 14- bis 29-jährigen Deutschen im Sommer 1994. Spiegel special, 11/1994, S. 67.

„Man dürfte eigentlich nicht so unbeteiligt sein, denn ich finde es schlecht, dass bei uns Ausländer angepöbelt werden. Doch da ich nicht ganz gesund bin, mische ich mich aus Angst nicht ein, wenn Skinheads und andere Gröhler loslegen."

B. D., Sekretärin, jwz, Nr. 28/1994, S. 2.

Medientipp

CD-ROM „Konflikte XXL". Konstruktive Konfliktbearbeitung als Gewaltprävention. Tübingen 2002.
kontakt@friedenspaedagogik.de

Rollenspiele
Arbeitsmaterial

Das ABC-Rollenspiel

Alle Spielerinnen und Spieler werden in Dreier-Gruppen aufgeteilt. In jeder Kleingruppe erhält eine bzw. einer einen Zettel mit einem „A" darauf, eine bzw. einer einen „B"-Zettel und die bzw. der Dritte einen „C"-Zettel. Die Gruppen sollen sich im Abstand von 2–3 m zueinander im Raum verteilt hinsetzen. Die folgende Matrix ist auf einer Tafel, Folie o. A. für alle sichtbar:

	A	B	C
1. Spiel	Sabine	Sabines Vater	Beobachter
2. Spiel	Thomas' Mutter	Beobachter	Thomas
3. Spiel	Beobachter	Thomas' Mutter	Sabines Vater

Im ersten Spiel sprechen also Sabine (gespielt von Teilnehmerin mit „A"-Zettel) und Sabines Vater („B") miteinander. Die Teilnehmerin oder der Teilnehmer mit dem „C"-Zettel ist Beobachter. Wie die Rollen im 2. und 3. Spiel verteilt werden, ist aus der Matrix zu ersehen.

Die Geschichte

Thomas (17 Jahre alt) und Sabine (15 $^1/_2$ Jahre alt) sind seit drei Monaten fest befreundet. Thomas wohnt in der Großstadt und Sabine in einem kleinen Ort, 20 km entfernt. Am kommenden Wochenende wollen die Eltern von Thomas zu Tante Anna fahren. Thomas will eine kleine Fete am Samstagabend geben, lädt selbstverständlich Sabine dazu ein. Der letzte Bus für Sabines Heimfahrt geht um 21 Uhr. Die beiden kommen auf die Idee, dass Sabine bei Thomas übernachten könnte, weil ja die Eltern weg sind.
Im **1. Spiel** spricht abends (Dienstag) Sabine mit ihrem Vater, um sein Einverständnis für diesen Plan einzuholen. Der Spielleiter lässt nun den Dialog einige Minuten spielen und bricht dann alle Gruppen ab.
Im **2. Spiel** will Thomas die Einwilligung am Mittwochabend von seiner Mutter, die gerade beim Abwaschen ist. Nach ca. 5 Minuten bricht die Spielleitung ab und erklärt den Einstieg in das **3. Spiel:**
Die beiden Elternteile kannten sich mal von früher und treffen sich zufällig in einem „Bau- und Hobby-Markt" in der Großstadt am Freitagabend. Sie kommen schnell auf den Plan der Kinder zu sprechen. Das Spiel ist beendet, wenn eine Lösung gefunden wurde.

Reflexion

Alle Spielerinnen und Spieler aller Gruppen kommen zusammen und diejenigen, die im letzten Spiel Beobachterin oder Beobachter waren, (die „A"-Teilnehmerinnen und Teilnehmer) berichten, wie es in ihrer Gruppe ausgegangen ist.

Jetzt soll die Gesamtgruppe über folgende Fragen sprechen:
1. Welche Art von Eltern sind in den Gruppen gespielt worden? Wie war der Erziehungsstil der Eltern? Gab es Schicht-Unterschiede? Wie weit wurden die eigenen Eltern oder die Erfahrungen mit ihnen nachgespielt?
2. Welche Durchsetzungstaktiken haben die Kinder angewendet? Welche waren erfolgreich? Warum? Wie sollte man sich als Kind in einem solchen Fall gegenüber den Eltern verhalten?
3. Wurde das Thema „Risiko Kindkriegen" in den Spielen angesprochen? Welche Meinungen wurden dazu vertreten?
4. Wenn man selbst Vater oder Mutter wäre, wie würde man sich verhalten? Wovon hängt dieses Verhalten ab?

Spieldauer
Einführung und drei Spieldurchgänge ca. 30 bis 45 Minuten.

Wolfgang Baer: Das ABC-Rollenspiel. In: Remscheider Diskussionsspiele. Remscheid 1990, S. 29 ff.

Andere Themenbereiche

Fälle für Rollenspiele lassen sich für alle Themenbereiche selbst konstruieren. Zu beachten ist, dass die Rollen für die Spielerinnen und Spieler von Spiel zu Spiel möglichst deutlich wechseln sollten, damit jede Spielerin bzw. jeder Spieler den Fall aus verschiedenen Perspektiven spielen kann.

Eine Lösung sollte in der Geschichte nicht vorgegeben werden. Die Situation sollten für die Spielerinnen und Spieler großen Interpretationsspielraum lassen. Die zu spielenden Rollen sollten aus dem Erfahrungsraum der Teilnehmerinnen und Teilnehmer stammen, damit eine Rollenidentifikation beim Spieleinstieg leichter fällt.

Vgl. Wolfgang Baer, a. a. O.

Zeitungstheater

Das Zeitungstheater ist eine Technik aus dem von Augusto Boal entwickelten Theater der Unterdrückten. Grundlage für das Zeitungstheater sind Zeitungsartikel, Überschriften, aber auch Bücher, Reden usw.

Auf dem Hintergrund dieser Meldungen und Berichte wird das Zeitungstheater gespielt.

Ziel ist dabei, richtig lesen zu lernen, die Hintergründe von Meldungen zu erfassen, durch Assoziationen Meldungen zu verfremden, ihren wirklichen Aussagen nachzuspüren.

Die Wirkung des Zeitungstheaters wird durch die Verknüpfung von Meldungen mit anderen Aussagen oder mit darstellerischen Formen erreicht.

Im Rahmen eines Seminars können so z. B.

▲ die Schlagzeilen der Tagespresse,
▲ die Meldungen eines Fernsehsenders,
▲ die Rede eines Politikers,
▲ das Wahlprogramm einer Partei

als Grundlage gewählt werden.

Vorgehensweise

▲ Die Leitung (oder die gesamte Gruppe) wählt aus, welche Art von Meldungen bearbeitet werden sollen (Zeitungsmeldungen, Rundfunkmeldungen usw.).
▲ Es werden Kleingruppen gebildet, in denen nach den Regeln von A. Boal geübt wird. *(Siehe Arbeitsmaterial)*
▲ Es empfiehlt sich, nicht alle Arten des Zeitungstheaters nacheinander durchzüüben, sondern längere Zeit bei einer Art zu bleiben und diese ausführlich auszuprobieren.
▲ Nach den Probephasen entwickelt jede Gruppe eine Szene, die im Plenum vorgestellt werden soll.
▲ Die Szenen werden im Plenum vorgestellt und besprochen.
▲ Bei der Auswertung müssen das Erleben und die Wirkung auf die Spielerinnen und Spieler sowie auf die Zuschauerinnen und Zuschauer unterschieden werden.

60–120

Was ist das Theater der Unterdrückten?

Das Theater der Unterdrückten entstand als Werk von Augusto Boal, Direktor des Teatro Arena in São Paulo in den 60er-Jahren in Brasilien. Es stützt sich auf eine eindeutige Parteinahme für die „Unterdrückten" und gleichzeitig auf Paulo Freire und seine Arbeit der Bewusstseinsbildung.

Um diese Ziele zu erreichen, erarbeitete Boal verschiedene Techniken wie Zeitungstheater, Forumstheater, Bildertheater, Unsichtbares Theater, die auch zum Ziel haben, die Kultur der Bauern aufzuwerten.

Alle Techniken versuchen – auf verschiedenen Stufen – das Theater zu „deprofessionalisieren", indem sie die Barriere Schauspieler–Zuschauer niederreißen. Als mäeutisches Instrument (Kunst, durch Fragen und Antworten zur Erkenntnis zu führen, d. V.) verwendet, und nicht als Instrument der Läuterung, macht dieses Theater die großen sozialen und kollektiven Probleme sichtbar. Einer seiner besonderen Aspekte bleibt jedoch die Arbeit am Körper, um die muskularen Masken („Ein General spaziert wie ein General") und die Aktivierung eines Gedankens „durch Bilder" zu lösen.

Nach dem militärischen Staatsstreich im Jahre 1964 suchte Boal Asyl in Europa, wo er in Paris ein Zentrum gründete, das seine Techniken weiterentwickelte und verbreitete. Dabei wurden die Techniken auch jenen Verhältnissen angepasst, in denen die Unterscheidung Unterdrücker/Unterdrückter nicht so deutlich ist.

Roberto Mazzini: Das Theater der Unterdrückten in der Friedenserziehung. In: Zeitschrift für befreiende Pädagogik, Nr. 10, Juni 1996, S. 37.

Zeitungstheater
Arbeitsmaterial

Die Techniken des Zeitungstheaters

1. Einfaches Lesen

Die einzelne Meldung wird ohne Kommentar vorgelesen.

2. Vervollständigendes Lesen

Hier wird der Meldung eine zusätzliche Aussage hinzugefügt, die zuvor von der Presse unterschlagen wurde. Beispiel: „Wer die Freiheit liebt, wählt Stroessner" (Präsidentschaftskandidat von Brasilien) mit dem Zusatz „... andernfalls holt dich die Polizei!"

3. Gekoppeltes Lesen

Hierunter wird das Vorlesen von Meldungen aus mehreren Artikeln verstanden, die sich widersprechen, dementieren oder aufheben.

4. Rhythmisches Lesen

Durch das rhythmische Vortragen eines Textes werden bestimmte Assoziationen geweckt. Beispiel: Rede einer Politikerin bzw. eines Politikers im Marsch-, Tango- oder Walzerrhythmus.

5. Untermaltes Lesen

Ähnlich wie bei dem vervollständigenden Lesen werden hier zu den Aussagen Zusätze angebracht. Diesmal jedoch durch Werbeaussagen (Wahlkampfphrasen) der Politiker.

6. Pantomimisches Lesen

Durch einen gewollt großen Gegensatz zwischen Text und Präsentation soll die Aussage karikiert werden. Beispiel: Rede des Wirtschaftsministers über den Ernst der Lage. Die vortragende Schauspielerin bzw. der Schauspieler sitzt dabei an einem reichlich gedeckten Tisch.

7. Improvisierendes Lesen

Als Variante zum pantomimischen Lesen wird hier die Meldung szenisch nachgezeichnet.

8. Historisches Lesen

Hier wird eine Meldung mit anderen (ähnlichen) geschichtlichen Ereignissen in Beziehung gesetzt. Es geht darum, sich die historischen Alternativen zu vergegenwärtigen, um aus der Geschichte zu lernen.

9. Konkretisierendes Lesen

Das abgenutzte Vokabular der Nachrichten, das die einzelne Information unter Umständen verdeckt, verringert die Aussagekraft der Meldung. Diese wird szenisch dargestellt, um zu zeigen, was wirklich berichtet wird.

10. Pointiertes Lesen

Eine Meldung wird durch eine andere denkbare (aber nicht abgedruckte) Meldung kommentiert. Beispiel: Bericht vom Staatsbegräbnis eines ermordeten Admirals mit ausführlicher Beschreibung der von den Gästen getragenen Trauerkleidung. Bericht von einem Kinderbegräbnis in einem Elendsviertel und davon, wie Eltern sich ihre Trauerkleidung beim Trödler erstehen.

11. Kontext-Lesen

In manchen hochstilisierten Berichterstattungen werden nur die Einzelheiten vermarktet (verschlagzeilt), jedoch wird über die wahren Sachverhalte nicht berichtet. Durch eine szenarische Darstellung nach dem Vorlesen der Meldung wird dies nachgeholt. Beispiel: Im Fernsehen wird ein mißliebiger Arzt als Mörder hingestellt, weil wegen angeblicher Fehldiagnose ein Kind in den Elendsvierteln starb. Die ergänzende Szene handelt von den Lebensbedingungen in den Slums (ärztliche Unterversorgung), den vielen Kindern, der Arbeitsbelastung der wenigen engagierten Ärzte, die zumeist die Armen kostenlos behandeln.

Augusto Boal: Theater der Unterdrückten. Frankfurt/M. 1979, S. 29 ff.

Zeitungstheater
Erfahrungsbericht

Beim Forum „Kirche und Theater" auf dem Evangelischen Kirchentag in Hannover wurde ein 3-Stunden-Workshop mit Zeitungs-Theater angeboten. Aus dem Erfahrungsbericht:

„Und wir konkretisieren die Aufgabe und stellen die Schritte vor, mit denen die Gruppen sich an die ‚Arbeit' machen: (…)

1. Jede Gruppe erhält wieder einen Zettel. Darauf steht als Satz oder als Stichwort ein Grundthema, das eure Szene bestimmen soll (…).
2. Nehmt eure Zeitungen, die ihr vorhin im Café ‚Journal' gelesen habt, euren Artikel des ersten Spiels. Diese Nachrichten zum Thema Rüstung, Kriegsvorbereitung, Friedensbewegung etc. sind euer inhaltliches Material. Wählt einen oder (je nach Aufgabe) mehrere davon aus, die in euer Spiel reinpassen können. (…)
3. Die Zeitung soll als Spielrequisit eine zentrale Rolle spielen. (…)

Die Zettel werden verteilt:
▲ Eine Nachricht geht unter.
   Nehmt eine Zeitung/Meldung und lasst sie untergehen!
▲ Eine Nachricht wird dargestellt.
   Spielt den Inhalt einer Meldung und das, was eure Fantasie und Meinung dazu ist!
▲ Schlag-Zeilen.
   Benutzt dazu alle eure Zeitungen und Nachrichten!
▲ BILD−Frankfurter Rundschau,
   oder TAZ−FAZ. Nehmt eine Meldung, überlegt, wie zwei politisch konträre Zeitungen darüber berichten könnten, und stellt es dar!
▲ Werbung.
   Einigt euch auf einen Artikel und seht, was für Elemente, Dinge drin vorkommen, die ihr zu einer gespielten Werbeanzeige (Werbespot) gestalten könnt!

Wir begrenzen die Vorbereitungszeit auf etwa 30 Minuten. In den Ecken des Spielraums, draußen auf den Fluren bereden sich die Gruppen, üben ein, probieren aus. (…)

Die Szenen

Nacheinander stellen die Gruppen ihre Szenen vor. Wir sehen, wie eine Nachricht untergeht. Ein Darsteller steht vorn auf der Bühne und liest aus der Zeitung vor, dass ein Ärztekongress festgestellt hat, dass es bei einem künftigen Atomkrieg keine medizinische Versorgung geben kann. Als er angefangen hat, beginnen die Mitspielerinnen und Mitspieler, die unterm Publikum sitzen, leise und immer lauter werdend, ebenfalls Zeitungsmeldungen vorzulesen. Sportberichte, Mordberichte, Wetterberichte, Unfallberichte, Sensationsberichte. Stehen auf, gehen umher, reden auf die Zuschauerinnen und Zuschauer ein. Was die Mediziner noch zu sagen hatten, ist untergegangen. Die Szene bricht abrupt ab.

In der nächsten Szene anfangs ein Gespräch am Tisch: Jemand liest aus der Zeitung kurz eine Meldung über Frauen in der Armee vor. Was würde frau machen, wenn sie auch eingezogen würde?

Die Szene wird zur Fiktion: Der Postbote bringt den Einberufungsbescheid. Wechsel. Wir sehen jetzt, wie drei Frauen als Soldatinnen ihrem Offizier, einem Mann, das Kriegsspielen vermiesen. Gezielte Missverständnisse, Slapstick, Sabotage, Anmache verhindern, dass die Truppe gefechtsklar wird. Der Offizier flieht entnervt, die Frauen verschwinden nach der anderen Seite.

Dann die Schlagzeilen: Zeitungsverkäufer treten nacheinander auf, rufen Pro- und Kontra-Schlagzeilen zur beabsichtigten Raketenstationierung. Sie treffen auf einen interessierten Kunden, der sich aber nicht orientieren kann bei dem widersprüchlichen Angebot. Sie dringen auf ihn ein: zunächst mit Worten, dann mit der zusammengerollten Zeitung als Schlagstock. Die Verkäufer gehen wieder auseinander, der Kunde liegt erschlagen am Boden.

Ausgehend von der Meldung, dass ein Mitglied der Friedensbewegung der DDR aus seinem Land abgeschoben worden ist, zeigt die Gruppe jetzt, wie in den Medien der DDR und der BRD unterschiedlich darüber berichtet wird. Rechts und links auf der Bühne jeweils eine Person, die aus der Zeitung vorliest, und zwei andere, die das Vorgelesene im szenischen Spiel kommentieren. Sie wechseln sich immer wieder ab."

Beratungsstelle für Gestaltung (Hrsg.): Versuche, Heft 9: Friedenstheater − Friedensspiele. Frankfurt o. J., S. 70–72, Auszüge.

Forumstheater

Die Spannung zwischen alltäglicher erlebter Unterdrückung und dem Bedürfnis nach einer Gesellschaft mit menschlichem Antlitz trug wesentlich mit zur Entwicklung des „Theater der Unterdrückten" durch Augusto Boal bei.

Im Forumstheater, einer Methode aus dem Spektrum des Theater der Unterdrückten werden Gewalterfahrung und Diskriminierung aufgegriffen und in Szenen dargestellt, um gemeinsam nach befreienden Handlungsalternativen zu suchen. Dabei wird das Verhältnis von Spielern und Zuschauern aufgehoben. Die Zuschauerinnen und Zuschauer sind nicht länger auf ihre Plätze verbannt, sondern können als „Zu-Schauspieler" in die jeweils dargestellte Szene eingreifen.

Ausgangspunkt des Forumstheaters sind konkrete Erlebnisse aus dem Alltag. Diese Erlebnisse provozieren die Frage nach den eigenen Handlungsweisen sowie nach Alternativen hierzu. Als Spielszenen eigenen sich jedoch auch Ängste vor bestimmten Situationen oder Personen oder auch einfache Geschichten, die hier in ihrer Aussage verändert und demaskiert werden können.

Die Bühne wird dabei zu einem Ort, wo das ansonsten unausgesprochene und unsichtbare deutlich wird, wo experimentiert und für den Alltag geprobt werden kann.

Vorgehensweise

▲ Nachdem Thema und Spielszene ausgewählt wurden, wird eine Szene so gespielt, wie sie real erlebt wurde.
▲ Die Szene wird erneut gespielt, das Ende ist jedoch offen für Veränderungen.
▲ Jede Zuschauerin und jeder Zuschauer kann während des Spiels „stopp" rufen. Die Szene wird dann sofort eingefroren, und die Zuschauerin bzw. der Zuschauer spielt nun die Szene zu Ende. Dabei darf nicht jede beliebige Person der Szene ausgetauscht werden, sondern nur die „Unterdrückte".
▲ Die Szene wird mit dem neuen Ende wieder gespielt, und eine andere Person kann wiederum „stopp" rufen und die Rolle weiterspielen, bis die Spielleitung die Szene beendet.
▲ Auf diese Weise werden verschiedene Lösungen erprobt, um herauszufinden, welche die angemessenste ist.
▲ Die verschiedenen Lösungen werden besprochen und auf ihre Anwendbarkeit in der Realität überprüft.

Die Rolle der Spielleitung

Die Spielleiterin bzw. der Spielleiter
▲ begrüßt die Zuschauer und stellt die Spielregeln vor;
▲ koordiniert die Szenen- (Themen-)Auswahl;
▲ stellt die Schauspielerinnen und Schauspieler und ihre Szene vor und entlässt die Mitspielerinnen bzw. Mitspieler wieder aus ihrer Rolle;
▲ greift die „Stopp"-Rufe aus dem Publikum auf und ermuntert zum Mitspielen;
▲ startet die Szene und bricht sie ab, wenn sie undeutlich wird;
▲ entlässt die Zuschauer-Mitspieler wieder aus ihrer Rolle;
▲ leitet die Auswertung, fasst zusammen, beendet das Forumstheater.

Vgl. Augusto Boal: Theater der Unterdrückten. Frankfurt/M. 1979.
Ruping, Bernd (Hrsg.): Gebraucht das Theater. Die Vorschläge des Augusto Boals. Erfahrungen. Varianten. Kritik. Remscheid 1991.
Zeitschrift für befreiende Pädagogik, Nr. 10/1996. Anwendungen des Theater der Unterdrückten.

60–90

Der Unterschied zur Therapie

Der ganze Prozess des „Theater der Unterdrückten" (…) ist ein kaleidoskopartiger Spiegel, gebildet aus den Augen der Mitspieler. Das heißt, es gibt nicht die Ausdeutung eines Individuums wie im Psychodrama, besonders im analytischen Psychodrama, das dann auf eine Therapie hinausläuft. Ich gehe zwar im „Theater der Unterdrückten" auch aus von individuellen, besonderen Situationen, aber meine Geschichte zielt hier nicht auf das Besondere, Einzigartige, sondern auf das, was daran generalisierbar ist, aufs Allgemeine. Du hast etwas von mir, und ich erkenne einiges in deiner Geschichte. Sicher habe ich Besonderheiten, aber für uns gewinnen sie allgemein an Bedeutung. Dies Allgemeine hilft uns, Gesellschaft besser zu verstehen. Das ist der Unterschied zwischen der Therapie, die sich um die individuellen Anteile kümmert, und dem Prozess, den das „Theater der Unterdrückten" darstellt. Es ist möglicherweise therapeutisch, aber niemals Therapie.

Augusto Boal in einem Interview mit Bernd Ruping. In: Animation II/12-89.

Vom Kaffeekönig und dem Campesino Pedro

So begab es sich, dass im Land ein schaurig finsterer König herrschte, es war der Kaffeekönig, er hatte viele Gesichter und wundersame Namen, wie Tchibos Bester, Jakobs Krönung, Eduscho oder Aldi-Röstfrisch. Auch war er listig und schlau und dachte ständig nach, wie er denn seinen Reichtum vergrößern könne.

So schickte er eines Tages seine Knechte in das Land jenseits der großen Wasser, das Guatemala hieß. Dort nämlich lebte der Kleinbauer Campesino Pedro, der einen Maisacker und einen Kartoffelacker besaß und sein Auskommen hatte.

Die Knechte sagten zu ihm, wenn er statt Mais Kaffee pflanze, könne er viel Geld verdienen. Campesino Pedro glaubte ihnen und pflanzte den Kaffeestrauch, hegte und pflegte ihn sorgfältig, pflückte jede Bohne einzeln von Hand ab. Nach vielen Tagen voller Arbeit konnte er, als das Jahr zu Ende war, 5 Säcke Kaffee abfüllen. Da kamen die Knechte des Kaffeekönigs und gaben ihm dafür 5 Goldstücke. Für 1 Goldstück musste er sich Brot kaufen, da er ja keinen Mais zum Essen hatte, die restlichen sparte er.

Im zweiten Jahr kamen die Knechte wieder und fragten ihn, warum er nicht auf einem ganzen Land Kaffee anpflanze, da könne er doch viel mehr Goldstücke verdienen. Campesino Pedro glaubte ihnen erneut, schuftete doppelt so viel, sodass ihm abends das Kreuz wehtat, doch als das Jahr vorüber war, konnte er 10 Säcke füllen, und die Knechte gaben ihm 10 Goldstücke. Nur das Brot war jetzt teurer, er musste jetzt 3 Goldstücke bezahlen.

Im dritten Jahr allerdings brach ein großes Unglück über das Land herein. Es herrschte ein bitterer Frost im Land, der alle Kaffeebohnen erfrieren ließ, und Campesino Pedro konnte keinen Kaffee verkaufen. So musste er schwermütig seine gesparten Goldstücke nehmen, um sich Brot zu kaufen. Doch erschrak er, als er sah, dass das Brot schon 4 Goldstücke kostete. Im vierten Jahr schließlich arbeitete er wie besessen, hegte und pflegte, düngte und wässerte Tag für Tag, bis er abends todmüde ins Bett fiel. Wie das Jahr herum war, war er stolz, denn er konnte sogar 11 Säcke Kaffee abfüllen. Aber wehe, wehe. Da kamen die Knechte des Kaffeekönigs und sagten, sie könnten ihm nur 4 Goldstücke geben, es gebe jetzt so viel Kaffee zu kaufen, dass sie nicht wüssten, wohin damit.

Campesino Pedro wurde kreidebleich und konnte es nicht glauben. So stiegen sie auf den Berg, Pedro traute seinen Augen nicht. Wohin sie auch blickten, war das Land voller Kaffeesträucher. Er nahm also die 4 Goldstücke, wurde aber noch viel blasser, als er sah, dass das Brot 5 Goldstücke kostete, er aber doch nur 4 besaß. Er bettelte und flehte, doch es hatte keinen Sinn, er musste hungern.

Als die Knechte des Kaffeekönigs mit dem vielen Kaffee zu Hause angekommen waren, gab es ein großes Fest. Der schaurig finstere Kaffeekönig freute sich, weil er seinen Reichtum um so viele Goldstücke vergrößert hatte duch den Verkauf des Kaffees. Das Volk freute sich, weil es für ein kleines Säckchen Kaffee statt 10 nur 9 Taler zahlen musste.

Alle freuten sich, nur Campesino Pedro weinte bitterlich. Und wenn er nicht gestorben ist, schuftet er noch heute.

Brot für die Welt (Hrsg.): Den Armen Gerechtigkeit –
Einladung zum Dialog. Arbeitsheft. Stuttgart 1990, S. 33.

Arbeitshinweise

▲ Entwickeln Sie aus dem Stück drei Schlüsselszenen (z. B. erster Kontakt von Pedro mit den Knechten, der Kontakt im zweiten Jahr, der Kontakt im vierten Jahr) und spielen Sie diese als Rollenspiel. Wenden Sie hierfür die Regeln des Forumtheaters an.

▲ Wie entwickeln sich die Szenen, wenn Pedro anders als in der Geschichte reagiert? Welche Reaktionsweisen wären für ihn möglich gewesen. Erarbeiten Sie in Kleingruppen verschiedene Reaktionsweisen und spielen Sie diese.

▲ Zeichnen Sie die Geschichte als Bilderfolge mit knappen Untertiteln.

▲ Welche Entsprechung hat die Geschichte in der Wirklichkeit? Kann sie als Abbild des Welthandels verstanden werden? An welchen Punkten trifft sie zu, an welchen wird sie ungenau?

Standbilder

Standbilder visualisieren ein Thema und ermöglichen ein Einfühlen in verschiedene Aspekte des Themas.

Eine „Regisseurin" bzw. ein „Regisseur" versucht, ein „stehendes Bild" aus „lebenden Personen" aufzubauen. Dabei können sowohl als problematisch empfundene Situationen aus dem persönlichen, gesellschaftlichen oder politischen Bereich nachgebaut werden als auch Wunschbilder oder Übergangsbilder, die das Zwischenstadium vom Istzustand zum Wunschzustand verkörpern.
Eine weitere Möglichkeit besteht darin, Begriffe darzustellen, z. B. „Schule", „Freizeit" …

Diese Methode, die häufig auch als „Denkmalbau" bezeichnet wird, eignet sich, um Gesprächsprozesse oder langwierige Diskussionen aufzubrechen und ihnen eine neue Dynamik zu verleihen.

Vorgehensweise

Die Leiterin oder der Leiter schlägt vor, ein bestimmtes Thema, eine Stituation, ein Problem (an dem die Gruppe gerade arbeitet) durch ein Standbild zu visualisieren.

▲ Es wird eine Regisseurin oder ein Regisseur bestimmt und abgesprochen, dass alle nicht direkt Mitspielenden genau beobachten.
▲ Die Regisseurin oder der Regisseur sucht sich die Mitspielerinnen und Mitspieler aus, die zum Bauplan „passen".
▲ Das Bild wird langsam und schrittweise gebaut.
▲ Mit Ausnahme der Regisseurin bzw. des Regisseurs verhalten sich alle Mitspielerinnen und Mitspieler passiv.
▲ Die Erbauerin bzw. der Erbauer bestimmt das Arrangement (wo stehen die Personen, wie stehen, sitzen, liegen … sie zueinander), er formt Körperhaltung und Gesichtsausdruck.
▲ Während der Bauphase wird nicht gesprochen.
▲ Ist das Standbild fertig, erstarren alle 30 Sekunden lang (wenn möglich, sollte von dem Bild ein Foto gemacht werden).
▲ Die Erbauerin bzw. der Erbauer erklärt ihr bzw. sein Bild, ihre bzw. seine Absichten und inwieweit es ihr bzw. ihm gelungen ist, diese zu verwirklichen.
▲ Die Mitspielerinnen und Mitspieler berichten über ihre Erfahrungen.
▲ Die Beobachterinnen und Beobachter beschreiben genau, was sie gesehen haben und welche Assoziationen das Standbild bei ihnen ausgelöst hat.

Variationen

▲ Nachdem das Bild fertiggestellt ist, kann die Baumeisterin bzw. der Baumeister wechseln, d. h., jemand anders verändert entsprechend ihren bzw. seinen Vorstellungen.
▲ Eine weitere Möglichkeit besteht darin, dass die Mitspielerinnen und Mitspieler selbstständig die ihnen genehme Positionen innerhalb des Bildes einnehmen können.
▲ Als Vorlage für das Standbild können Fotos, Kunstwerke oder Werbeanzeigen verwendet werden, die nun nachgestellt werden.
▲ Die einzelnen Elemente (Personen) des Bildes können über ihre Befindlichkeiten (Sichtweisen, Beziehungen zu den anderen Teilen usw.) sprechen.

40–60

Anmerkung

Im gruppendynamischen und therapeutischen Bereich wird diese Methode oft zur Verdeutlichung von Familienbeziehungen angewendet. Damit sollte im Bildungsbereich sehr vorsichtig umgegangen werden.

Standbilder

Arbeitsmaterial

Vorübungen

Zum Bau einer „fertigen" Statue gehört es, dass diese durch Vorübungen vorbereitet wird. Einige Vorübungen können z. B. sein:

Gemeinsame Statue in der Mitte des Raumes

Die Teilnehmerinnen und Teilnehmer kommen aus verschiedenen Ecken des Raumes und ordnen sich – nachdem eine Person in der Mitte des Raumes begonnen hat – einer gemeinsamen Statue zu. Von der Gruppenleitung werden Begriffe vorgegeben, nach denen die „Gemeinschaftsstatue" gebaut werden soll: z. B. Lehrerkonferenz, Sexismus, Umweltzerstörung, neue Armut.

„Linie – Stopp"

Die Teilnehmerinnen und Teilnehmer werden aufgefordert, sich eine Linie im Raum zu denken. Auf dieser Linie geht zunächst jede bzw. jeder für sich hin und wieder zurück. Der Gang auf dieser Linie wird durch drei Stopps unterbrochen.

Vorgegeben wird z. B. die Frage:
- Was mag ich besonders im Bereich Arbeit? (Stopp 1)
- Im Bereich Freizeit? (Stopp 2)
- Im Bereich Beziehung, Freundschaften? (Stopp 3).

Diese Reihenfolge muss von jeder bzw. jedem beachtet werden. Zu diesen Vorlieben in den unterschiedlichen Bereichen müssen entsprechende Körperhaltungen, Ausdrucksweisen, Gesichtszüge usw. entwickelt werden.

Nachdem jede bzw. jeder allein einige Übungsstrecken gegangen ist, wird die gesamte Gruppe in zwei Teilgruppen aufgeteilt, sodass die Spielhandlungen (z. B. Ausdruck von Stimmungslagen) immer von einer Gruppe beobachtet werden können. Wichtig ist, dass alle nacheinander ihren Weg mit den Stopp-Phasen vorstellen.

Kleindenkmale

In Partnerarbeit moduliert jeweils eine Partnerin oder ein Partner den Ausdruck der bzw. des anderen zu vorgegebenen Begriffen, wie z. B. traurig, aggressiv, skeptisch usw. Die Aufgabenstellung ist für alle Paare gleich. Wenn alle fertig sind, schauen sich die Bildhauerinnen und Bildhauer die fertigen Statuen an. Danach wird gewechselt und ein neuer Begriff wird vorgegeben.

Diese Vorübungen sollen bereits auf das Thema hinführen bzw. Aspekte des Themas beinhalten.

Nach den Vorübungen kann dann die eigentliche Statue gebaut werden. Wichtig ist dabei, dass eine Handlung bzw. ein Thema zunächst in der Gruppe erarbeitet und dieses Bild dann durch entsprechende Ausdrucksformen (Standbilder, bewegte Bilder, Musikuntermalung usw.) dargestellt wird.

Anke Stille

Beispiel

Die Europäische Union als Standbild

Stellen Sie das Verhältnis der Länder der EU zueinander als Standbild dar!
Fragen zur Gestaltung:
▲ Von welchen Teilnehmerinnen und Teilnehmern werden die einzelnen Länder symbolisiert?
▲ Welche Länder werden zuerst platziert?
▲ Wo werden diese im Raum platziert (auf einem Stuhl stehend? Auf dem Boden liegend? An der Tür? Vor der Tür? In der Mitte des Raumes?)
▲ Wie ist die Komposition des Gesamtbildes?
▲ Welche Gesten, Mimik, Körperhaltung haben die einzelnen Personen? Was soll damit ausgedrückt werden?
▲ Wo ist das Zentrum des Standbildes? Welche Distanz haben die einzelnen Personen zu diesem Zentrum?

Straßentheater

In plakativer Weise werden beim Straßentheater Themen dargestellt, um Anstöße zum Nachdenken und zur Auseinandersetzung zu geben. Die Szenen können dabei durchaus „überzogen" sein, das provoziert und fördert die Diskussion.

Straßentheater findet auf Straßen und Plätzen statt und muss sich in seiner Form mit den dort eigenen Kommunikations- und Gesellungsformen auseinander setzen. Die Verhältnisse auf der Straße erfordern kurze und prägnante Stücke und weithin typisierte Figuren. Die Spielerinnen und Spieler müssen, wenn sie überhaupt sprechen, laut und deutlich und vor allem langsam sprechen. Die Ausstattung muss leicht transportierbar und schnell aufbaubar sein. Eine Spielfläche kann allenfalls symbolisch abgesteckt werden.

Was soll wie dargestellt werden?

▲ Soll ein bereits bestehendes Stück „auf der Straße" aufgeführt werden?

▲ Soll ein neues Stück für die Straße entwickelt werden?

▲ Was soll mit dem Straßentheater erreicht werden?

▲ Sollen die Leute zu den Spielerinnen und Spieler kommen oder gehen die Spielerinnen und Spieler dorthin, wo bereits viele Leute anzutreffen sind?

▲ Sollen spezielle Zielgruppen erreicht werden (Schülerinnen bzw. Schüler nach Schulende oder in der Pause, Arbeiter vor Arbeitsbeginn, Hausfrauen beim Einkaufen, Passanten beim Bummeln, Kinder auf dem Spielplatz, Besucherinnen und Besucher eines Kongresses oder einer Aktionärsversammlung usw.)?

▲ Erfordert das Stück einen speziellen Rahmen bzw. Spielort (z. B. eine Freitreppe, ein Gerichtsgebäude oder das Rathaus als Hintergrundkulisse)?

▲ Welche speziellen Bevölkerungsgruppen kommen an den ausgewählten Ort?

▲ Wie lange bleiben die Zuschauerinnen und Zuschauer maximal stehen, um dem Stück zuzusehen?

▲ Soll das Spiel als stumme Szene oder als Sprechstück aufgeführt werden?

▲ Muss das gesamte Stück gesehen werden, um es zu verstehen, oder genügt ein kurzer Ausschnitt?

▲ Wie soll (kann) auf das Stück aufmerksam gemacht werden (Ausrufer, Trommler, Plakate usw.)?

Ablauf

▲ Kommen und Spielort aufsuchen

▲ Aufmerksamkeit erzeugen und Leute anlocken

▲ Interesse und Neugier wecken

▲ Spielen und Interesse halten

▲ Höhepunkt und Abschluss setzen

▲ Spielort räumen und abgehen

▲ Eventuell weiterziehen und wiederholen

Einige Tipps

▲ Der Anfang des Stückes muss Aufsehen erregen, die Passanten zum Stehenbleiben anregen.

▲ Die Sprechtexte müssen laut und sehr deutlich artikuliert eingeübt werden, niemals in Richtung Boden sprechen, sondern immer zum Publikum; dasselbe gilt verstärkt für die Einübung von Liedern.

▲ Wenn möglich, Kulissen aus Mobilitätsgründen vermeiden.

▲ Nicht mit dem Stück beginnen, bevor sich ein halbwegs geschlossener Halbkreis gebildet hat.

▲ Wenn möglich, mit dem Rücken zu einer Wand, Blumenkübel etc. spielen.

▲ Während des Stückes evtl. Flugblätter ans Publikum verteilen.

Vgl. Batz, Michael / Horst Schroth: Theater zwischen Tür und Angel. Handbuch für Freies Theater. Reinbek 1984.

Baumgärtel, Werner: Ich will ein Stein des Anstoßes sein! Theater in der Gewaltfreien Aktion. Nürnberg o. J.

Straßentheater in der Bildungsarbeit

Im Rahmen von Seminaren kann die Produktion und Aufführung eines Straßentheaterstückes zur vertieften Auseinandersetzung mit einem Thema beitragen. Die Teilnehmerinnen und Teilnehmer sind gezwungen, die Problembereiche klar herauszuarbeiten, Zusammenhänge zu begreifen und diese in einfache Szenen umzusetzen. Zu dieser thematischen Arbeit kommt die eigentliche spielerische Vorbereitung für die Aufführung.

Die Entwicklung und Aufführung solcher Stücke kosten zwar viel Zeit (mindestens einen Tag), ermöglichen jedoch ein ganzheitliches Lernen, verbunden mit der Erfahrung von Reaktionen anderer auf die Darstellung der eigenen Sichtweise der Dinge.

Straßentheater
Beispiele

Der „Deutsche Michel" verteilt Entwicklungshilfe

Spielidee

Das Spiel soll zeichenhaft deutlich machen, wie „Entwicklungshilfe" funktioniert. Was scheinbar großzügig an andere verteilt wird, landet in Wirklichkeit unversehrt in der eigenen Tasche des „Gebers".

Durchführung

Eine Mitspielerin bzw. ein Mitspieler wird als „Deutscher Michel" ausstaffiert und auf eine Tragbare gesetzt. Er wird von vier Mitspielerinnen bzw. Mitspielern durch die Menge getragen und wirft seine goldene Kugel mit großzügiger Spendergeste zu den Leuten. Da die Kugel am Gummiband hängt, kommt sie freilich immer unversehrt zu ihm zurück. (Das Werfen und Wiedereinfangen der Kugel muss vorher gut geübt werden!)

Vor der Trägergruppe läuft eine Mitspielerin bzw. ein Mitspieler mit dem Schild „Der Deutsche Michel beim Verteilen von Entwicklungshilfe", hinter der Gruppe eine Mitspielerin bzw. ein Mitspieler mit dem Schild, das zu weiterführenden Gesprächen einlädt. Die übrigen Spielerinnen und Spieler verteilen Flugblätter.

Das Spiel eignet sich besonders für Kongresse, Parteitage, Kirchentage usw.

Benötigtes Material

▲ Eine Tragbahre (vom DRK ausleihbar).
▲ Eine in Goldpapier eingewickelte Styroporkugel, tennisballgroß, an einem langen Gummiband.
▲ Eine Zipfelmütze und andere Insignien des „Deutschen Michels".
▲ Ein tragbares Schild mit der Aufschrift „Der Deutsche Michel beim Verteilen von Entwicklungshilfe".
▲ Ein zweites tragbares Schild mit einem Hinweis auf das Angebot zu weiterführenden Gesprächen.
▲ Ein Informationsblatt zum Thema „Entwicklungshilfe – Hilfe oder Ausbeutung?"

Das Aktionsstück wurde von der Aktion Selbstbesteuerung für die Eröffnungsveranstaltung der 21. Aktion „Brot für die Welt", 1979 in Mainz entwickelt.

Vgl. Aktion Selbstbesteuerung (Hrsg.): Materialien 5. Texte für Entwicklungspolitisches Straßentheater. Stuttgart o. J., S. 16.

Waffenexport schafft Arbeitsplätze

Auf der Straße. Plötzlich hörst du hinter dir zwei Menschen streiten: „Das ist mein Brot!" „Ich brauche es unbedingt, meine Familie hungert!" Erschrocken drehst du dich wie viele andere Leute um und siehst, wie zwei versuchen, sich ein Brot aus den Händen zu reißen. Glücklicherweise greifen jetzt zwei seriöse Herren ein und trennen die beiden Streitenden. Aber was ist denn das? Die sauberen Geschäftsleute versuchen, den beiden Messer zu verkaufen. Jeder hat einen auf die Seite genommen und verkauft ihm ein Messer, gegen das halbe Brot, das er hat. Schon gehen die beiden wieder aufeinander los. Diesmal mit Messern.

Die Runde geht unentschieden aus und jeder der beiden Waffenhändler verkauft seinem Klienten ein Gewehr, als Zahlung nimmt er das Hemd. Die Runde bringt einen Leichtverletzten. Gegen die Hose können Bomben erworben werden und mit denen bringen sich die beiden frierenden, halb nackten Gestalten um. Über den beiden Leichen vereinbaren die Waffenhändler weiterhin zusammenzuarbeiten, der Markt ist ja noch sehr erweiterungsfähig. Die beiden Leichen werden mit einem Tuch zugedeckt, darauf kann man lesen: Waffenexport schafft Arbeitsplätze – auf den Friedhöfen.

Walter Keller: Blitztheaterbuch. Herford 1978, S. 5.

Grundfunktionen der Straße

Gehen, passieren, verkaufen, transportieren, fahren, reden, ausstellen, anschauen usw.

Straßen und Plätze

Einkaufszonen
Hinterhöfe
Liegewiesen
Kirchplätze
Parks
Parkplätze
Promenaden
Einfahrten
Spielplätze
Märkte
Zebrastreifen
Unterführungen

Verdecktes Theater

Verdecktes Theater kann überall da stattfinden, wo Menschen versammelt sind, d. h. im Supermarkt, in der Bank an der Bushaltestelle, im Café usw. Das Ganze ist ein wohl einstudiertes Stück einer kleinen Gruppe. Die Passanten spielen dabei mehr oder minder direkt mit, ohne dies allerdings zu bemerken.

„Verdeckt" heißt die Theaterform deshalb, weil die Beteiligten zunächst nicht wissen, dass es sich um eine gespielte Szene handelt.

Das verdeckte Theater möchte zum Nachdenken anregen, möchte andere Standpunkte in der Öffentlichkeit zur Diskussion stellen, möchte mit Leuten ins Gespräch kommen. Das verdeckte bzw. unsichtbare Theater wurde in seinen Grundzügen von Augusto Boal als Technik des Theaters der Unterdrückten entwickelt.

Die Relevanz für die Bildungsarbeit liegt in der Einübung solcher Stücke sowie in der Möglichkeit, unverblümte Reaktionen von Passantinnen und Passanten zu erleben. Die Auswertung und Aufarbeitung entscheidet dann über den Ertrag für die Teilnehmerinnen und Teilnehmer.

Vorgehensweise

▲ Die Gruppe wählt ein bestimmtes Verhalten (oder bestimmte Meinungen und Überzeugungen) der Bevölkerung aus, die aufgegriffen werden sollen.

▲ Auf diesem Hintergrund wird ein Rollenspiel eingeübt, das darauf abzielt, viele Unbeteiligte mit dem Spielgeschehen anzusprechen, einzubeziehen oder sie zu bestimmten Reaktionen zu veranlassen. Das Spiel soll zwar provokativ sein, aber dennoch die Angstschwelle zur Beteiligung niedrig halten.

▲ Es wird festgelegt, wo und wann die Szene in der Öffentlichkeit gespielt werden soll. Neben den direkt am Spiel Beteiligten werden Beobachtungsaufgaben vergeben.

▲ Die Gruppe sucht ihren Spielort auf und spielt.

▲ Im Rahmen des Seminars findet dann die Auswertung statt.

Das „versteckte Theater" bedarf eines geübten, sicheren Auftretens. Das Rollenspiel muss mehrfach geübt werden. Die Fähigkeit, Konflikte auszuhalten, gehört ebenso zum notwendigen Repertoire der Mitspielerinnen und Mitspieler, wie die Kunst, auf fremde Leute positiv einzuwirken. Je nach Zielgruppe ist es wünschenswert, dass Leute unterschiedlichen Alters (nicht nur Jugendliche) mitwirken. Die Tarnung bleibt bis zuletzt, sodass niemand erkennen kann, dass dies nur ein Spiel ist.

Verdecktes Theater

Beispiele

Den Konflikt inszeniert

„Während sich der Feierabendverkehr langsam über den Gießener Innenstadtring quält, bauen zwei Leute, von den meisten kaum beachtet, unter dem weihnachtlichen Tannengrün der Promenade einen Stand zum Thema „Aids" auf. Plakate werden ausgerollt, Prospekte auf dem Tisch verteilt. Der Mann klimpert mit einer Büchse, spricht Passanten an, bittet um eine Geldspende. Ein Pfarrer kommt hinzu und schimpft. Über Moral und die gottlose Gesellschaft. Seine Stimme ist laut, fast aggressiv.

Die ersten mit Einkaufstüten bepackten Menschen bleiben stehen, schauen zu. Abwartend und eher amüsiert. Dann springt Thomas, der den Schurken mimt, aufgebracht aus der Menge vor zu dem Tisch. Schreiend, fluchend, polternd schmeißt er den Tisch um, brabbelt faschistische Parolen. Sekunden später liegt das Material der Aids-Hilfe neben den Geldmünzen verstreut auf dem Boden. 30, vielleicht 40 Menschen stehen staunend rum. Niemand greift ein.

‚Vielleicht sollte man die Polizei holen', sagt jemand. Nichts passiert. Nur als der randalierende Skin von der Fußgängerbrücke aus ein gellendes ‚Ins Lager müssten die Schwulen, alle' den Menschen zubrüllt, geht ein Raunen durch die Menschen. Irritierte Blicke. Beklommenheit und Sprachlosigkeit. (...)

Thomas, der ‚Skin', erzählt Stunden später im Jugendzentrum Jokus, das die Schauspieler im Rahmen der Aids-Projektwoche engagierte, von einem Ehepaar, Mitte 40. Die hatten die Szene im Seltersweg beobachtet. Als die beiden ihm anschließend begegneten, sagte der Mann zu Thomas: ‚Gut so, Junge, weiter so.' Dann fuhr das Paar im dicken Wagen davon."

Volker Trunk: „Theater von Menschen für Menschen". In: Frankfurter Rundschau, 27. 11. 1992.

Erfahrungsbericht

„... Zwischendurch hatte sich ein Teamer unauffällig entfernt und tauchte mitten in der Diskussion wieder auf, geschminkt und als Punker verkleidet, sodass er von einigen Teilnehmerinnen bzw. Teilnehmern bis zum Schluss des nun folgenden Gesprächs nicht wieder erkannt wurde.

Durch provozierendes Auftreten und Fragestellungen versuchte er allen gängigen Vorurteilen und negativen Erscheinungsformen gerecht zu werden, die in der Öffentlichkeit verbreitet sind. Durch offene Anwerbungsversuche von Jungen als ‚roadies' für eine Punk-Rock-Tournee und Mädchen als Verkäuferinnen für eine Punk-Mode-Boutique, sowie durch abschätzige Bemerkungen über Ziele und Inhalte des Wochenendseminars versuchte er, in zugespitzter Weise die kommerziellen Interessen am Punk-Rock zu verdeutlichen. Er stellte sich zugleich als Talentsucher für eine Plattenfirma vor und versprach mögliche Aufstiegschancen und das ‚große Geld' für Jugendliche, die selber Musik machen würden und talentiert wären.

Nach anfänglicher Fassungslosigkeit erkannten die Jugendlichen zunehmend den provozierenden Charakter der vorgestellten Interessen parallel zu der Erkenntnis, dass der ‚Punker' ein Teamer war und sie die Teilnehmer eines Situationstheaters; sie reagierten durch eine ähnlich aggressive Veröffentlichung ihrer Interessen, z. B., dass sie eine Musik haben wollten, die ‚ihre' ist und ihrem Lebensgefühl entspricht, und sie sich verhalten und anziehen wollen, wie es ‚ihnen' passt, und nicht, wie es Eltern oder Modeindustrie vorschreiben."

Robert Krieg: Kulturelle Bildung als Chance politischer Bildung. In: Materialien zur politischen Bildung.

Begriffspantomimen

Bei diesem Pantomimenspiel (das auch als Scharade bezeichnet wird) schicken abwechselnd zwei Mannschaften ihre Darstellerinnen und Darsteller auf die Spielfläche. Das bedeutet, dass immer eine Gruppe raten muss, während die andere pantomimt.

Die gespielten Begriffe können von der Spielleitung vorgegeben oder aber auch von den Gruppen selbst ausgesucht werden.

Die Ratezeit sowie die Vorführzeit sollte begrenzt sein und genau gestoppt werden (z. B. 1 Minute). Für jeden innerhalb der Spielzeit erratenen Begriff erhält die Mannschaft einen Punkt.

Je nach dem thematischen Umfeld gibt es unzählige Begriffe, die sich zur Darstellung eignen. (Abstrakte Begriffe oder zusammengesetzte Worte sind besonders schwer zu raten.) Begriffspantomimen lassen sich auch auf bestimmte Personengruppen oder Nationen eingrenzen.

Begriffsbeispiele

Abfallberg
Autorität
Polizei
Bundeskanzler
Ossi
Wessi
Steueroase
Fußballtrainer
Deutscher
Mann
Frau
Bürgermeister
Bundestagsabgeordneter
multikulturell

Was man pantomisch darstellen kann:

Tiere (Mäuse, Schmetterlinge …)
Pflanzen
Technik (Autos, Eisenbahn …)
Sich selbst
Andere Menschen
Fantasiegestalten (Hexen, Zauberer …)
Tätigkeiten (Seilspringen, Schwimmen …)
Situationen (Boot fahren, Orden verleihen …)
Sprichwörter (Wer andern eine Grube gräbt …)
Redensarten (Jemanden übers Ohr hauen …)
Geschichten, Parabeln, Märchen
Probleme und Konflikte

Pantomime

„Wenn man auf die Ursprünge dramatischer Kunst bei den primitiven Völkern zurückgeht, so findet man, dass sie sich in Gruppen-Pantomime oder mimischem Tanz ausdrückt, d. h. in rhythmischen Bewegungen mit erkennbarer pantomimisch dargestellter Handlung. Von dieser lebendigen Ausdrucksform her entwickelte sich die ganze Skala dramatischer und theatralischer Versuche.

▲ Es gab den Wunsch, Eindrücke aus der Natur nachzuahmen, etwa die Bewegungen von Wind oder Meer. Die Menschen fürchteten die unbekannten Kräfte der Natur. Indem sie ihre Erscheinungsformen nachahmten, glaubten sie, sie bändigen oder beruhigen zu können.

▲ Es gab mimische Darstellungen einer erfolgreichen Jagd (oder Schlacht), bevor man sie unternahm; man wollte den guten Ausgang ‚herbeispielen‘.

▲ Es gab mimische Darstellungen erfolgreicher Aktionen als eine Form des Festes nach der Jagd oder der Schlacht oder nach einer guten Ernte – entsprechend auch nach Trauer- oder Unglücksfällen.

▲ Es gab immer die Notwendigkeit, den Körper als Mittel zwischenmenschlicher Kommunikation sowie auch zum Ausdruck von Anbetung und Verehrung übermenschlicher Mächte zu gebrauchen.

▲ Es gab vor allem die Notwendigkeit, Erfahrungen und Erlebnisse im Leben zu verstehen und ihnen durch Nach-Schöpfung einen Sinn zu verleihen. Ursprünglich geschah diese Nach-Schöpfung in Form der Pantomime.“

Pat Keysell: Pantomime für Kinder. Über Ausdruck und Körpersprache zum Theaterspiel. Ravensburg 1977, S. 18 f.

30–40

Bewegung und Tanz

Tanzen ist Fühlen und Darstellen. Durch Bewegung und Tanz können Musikstücke und Lieder interpretiert, veranschaulicht und in ihrer Aussage körperlich nachvollzogen werden. Dies kann zu einem vertieften Erleben und einer intensiven Auseinandersetzung mit den Inhalten führen.

Durch Bewegung und Tanz werden Emotionen, Fantasien und Wünsche spielerisch und symbolhaft dargestellt und ausgedrückt. Die Palette der Umsetzungsmöglichkeiten von Musik und Text in Bewegungsformen sind nahezu unerschöpflich. Dennoch ist die Art der Darstellung von verschiedenen Faktoren abhängig:

▲ Wie sind die motorischen Fertigkeiten der Teilnehmerinnen bzw. Teilnehmer einzuschätzen?

▲ Sind bestimmte Basiserfahrungen mit Schritt und Bewegungsfolgen nach Musik vorhanden?

▲ Wie ist der Zugang der Teilnehmerinnen und Teilnehmer zu den Inhalten des Themas?

▲ Wie ist der Seminarrahmen, in dem die Bewegungsgestaltung stattfinden soll?

▲ Wie sind die Räumlichkeiten?

▲ Wie sind die Anleitungs- und Umsetzungsfähigkeiten der Seminarleitung?

▲ Wie ist das Verhältnis der Seminarleitung zu den Teilnehmerinnen und Teilnehmern?

Vorgehensweise

▲ Aufwärmen:
Wie bei allen körperorientierten Arbeitsformen muss auch hier ein langsames Warmwerden („warming up") am Anfang stehen. Dies kann ein lockeres „Eintanzen" oder auch eine körperorientierte Entspannung sein.

▲ Einfühlen:
Alle sitzen im Kreis (am besten am Boden). Das Stück wird vorgespielt und gemeinsam angehört. Die Teilnehmerinnen und Teilnehmer sollen die Musik (Melodie, Rhythmus, Text) konzentriert aufnehmen. Bei schwierigen Texten empfiehlt es sich, diesen zu kopieren oder als Plakat an die Wand zu hängen.

▲ Die Musik spontan umsetzen:
Das Stück wird erneut gespielt, und alle probieren nun Bewegungen aus, die zum Stück (zur Musik, zum Text) passen oder auch nicht passen. Dabei sollte mit vielfältigen Bewegungsformen experimentiert werden.

▲ Interpretieren:
Das Stück übertrieben interpretieren oder gar konterkarieren. Dabei wird deutlich, welche Bewegungsformen nicht angemessen sind.

Vorsicht

Manche Teilnehmerinnen und Teilnehmer haben Angst, sich frei im Raum zu bewegen. Sie befürchten keine fließenden oder harmonischen Bewegungen zustande zu bringen und sich dadurch bloßzustellen. Wichtig ist deshalb eine Atmosphäre, in der jede/r mit seiner besonderen Art akzeptiert wird.

▲ Zwischenbilanz:
Nach dieser Phase kann eine Gesprächsrunde stattfinden, in der die bisherigen Erfahrungen ausgetauscht und nach gemeinsamen Interpretationsmustern gesucht wird.

▲ Gemeinsame Erarbeitung:
Nach der Einigung über die Grundaussagen des Stückes und die Art der gemeinsamen Darstellung können in Kleingruppen einzelne Aspekte erarbeitet werden.

▲ Gemeinsames Stück:
Diese werden der Gesamtgruppe vorgestellt und zu einem gemeinsamen Stück zusammengebaut.

Materialien:

▲ Großer Raum (evtl. Turnhalle)
▲ Leistungsfähiger Kassettenrekorder

Tanz ist Mitteilung

„Wir tanzen in unserer zeitlichen und räumlichen Begrenztheit, mit der uns jetzt zur Verfügung stehenden Energie. Wir fühlen die Festigkeit des Bodens, der unseren Füßen sicheren Halt gibt. Wir fühlen, wie sich unsere Muskeln dehnen und zusammenziehen, wie unser Herz schlägt und das Blut durch unsere Adern fließen lässt. Wir erleben unseren begrenzten Raum in allen uns gegebenen Möglichkeiten, wenn wir atmen, wenn der Mensch springt, sich duckt, dreht, sich öffnet und schließt. (…)

In unserem Tanz liegen die Gebärden und Bewegungen aller Wesen, die wir in unserer Entwicklungsgeschichte durchlebt haben. So hat der tanzende Mensch in seinem zeit-, raum- und energiebegrenzten Tun auch Anteil an unendlicher Zeit, unendlichem Raum und unendlicher Energie.

(…) Indem ich meine Gefühle ausdrücke, rhythmisch – räumlich – wenn ich ihnen Linie und Melodie und Spannung gebe, in einem Wort, wenn ich meine Gefühle verkörpere – wenn ich sie realisiere in einer klaren Form, erkenne ich mich bewust, und was ebenso wichtig ist, ich kann mich mitteilen. Wir sagen, dass jedes Kunstwerk eine kleine Schöpfung ist und der Mensch selbst ein schöpferisches Wesen."

Trudi Schoop: „… Glückliche Phantasie und herrliche Träume" – Vom „Fridolin" zur Tanztherapeutin. In: Resonanzen '78. Bewegung und Musik in der Therapie. Remscheid 1978, S. 11 ff.

Bewegung und Tanz

Erfahrungsbericht

Bewegungsgestaltung nach einem Anti-Kriegs-Song

Der Rhythmus wird erfasst

Wir sitzen auf dem Boden der Turnhalle, ich spiele den Song „WAR" vom Kassettenrekorder ab. Aufgabenstellung: „Achtet beim Zuhören auf den Rhythmus! Versucht, im Rhythmus der Musik leise auf den Boden zu klopfen!"

Bei zweiten Vorspielen: „Versucht, im Rhythmus der Musik zu gehen, zu laufen, zu springen, andere Bewegungen auszuführen! Erprobt, welche Bewegungen besonders gut zum Rhythmus passen. Klatscht zusätzlich zu eurer Bewegung den Rhythmus mit den Händen."

Als erste „passende" Bewegung wird von fast allen Schülerinnen das Marschieren, teilweise im Stechschritt karikiert, während des „one, two, three, four …" gefunden. Vermutungen über das Thema des Liedes werden laut: „Das ist ja wie bei den Soldaten … ". Dies nehme ich zum Anlass, um den Text (in deutscher Übersetzung) zu verteilen.

Text und Aussage werden bearbeitet

Da es keine Verständnisschwierigkeiten gibt, steigen wir über meine Frage, ob dies denn nun ein Soldatenlied sei, in eine kurze Diskussion über die Textintention ein. (…)

Bei der Diskussion wird auch deutlich, dass der Widerspruch im Textinhalt (Anklage gegen den Krieg versus militärische Übungen) seine Entsprechung auf der formalen Ebene findet (gleichförmiges Zählen versus melodiöser Gang im Teil A).

Wir einigen uns darauf, daß dieser Gegensatz auch bei unserer Darstellung sichtbar bleiben muss.

Gestaltungsversuche

Auf dieser Grundlage werden – zunächst nur für Teil A – erste Gestaltungsvorschläge gesammelt und sofort erprobt:

Bei der Aufteilung in Kleingruppen bekommt eine Gruppe die Aufgabe, die militärischen Übungen darzustellen, die drei anderen sollen versuchen, den Gesangstext durch Bewegungen darzustellen. Da diese zweite Aufgabe wesentlich schwieriger ist, helfe ich diesen Gruppen reihum ein bisschen mit Ideen und Vorschlägen aus, indem ich pantomimische Darstellungen andeute:

a) Kriegshandlungen wie schießen, kämpfen, etwas mit Händen und Füßen zerstören usw.
b) emotionale Zustände wie Trauer, Leid, Verzweiflung, Abwehr.

Bei einem ersten Vergleich der Zwischenergebnisse fällt uns auf, dass die Lösung mit den wenigsten und sparsamsten Bewegungen am eindrucksvollsten ist: Zwei Menschen nehmen weinend Abschied voneinander. Durch die Gleichzeitigkeit dieser Handlung (es ist schon beinah ein Bild) mit dem Exerzieren der Soldaten wird sofort deutlich, daß es sich um einen scheidenden Soldaten handelt. Daraus entsteht die Idee, diesen Soldaten in der nächsten Strophe (Teil A2) zu zeigen, wie er um sich schießt und wie er in der dritten Strophe (A3) selbst fällt. So war aus den einzelnen Darstellungsversuchen plötzlich eine zusammenhängende Geschichte geworden. (…)

Das Ergebnis unserer Arbeit stellten wir den anderen drei parallelen Sportgruppen vor, mit dem Erfolg, dass sogar die Jungen sich ihrer Betroffenheit nicht erwehren konnten.

Constanze Thurm: Tanzen gegen den Krieg. In: Frieden. Anregungen für den Ernstfall. Gemeinsames Sonderheft 1983 der pädagogischen Zeitschriften des Friedrich Verlages. Seelze 1983, S. 107, Auszüge.

The Temptations: War

B1 Krieg – wozu ist er gut? Zu nichts, absolut nichts!

A1 Ich verachte den Krieg, denn er bedeutet Zerstörung von unschuldigem Leben, Krieg bedeutet Tränen in den Augen von Tausenden von Müttern!
Und ihre Söhne gehen fort, um zu kämpfen.
Und verlieren ihr Leben.

B2 Ich sagte: Krieg – Wozu ist er gut?
Zu nichts, absolut nichts!
Sag es noch einmal! Krieg, wozu …
Er ist nichts als ein „Herzzerbrecher",
Nur der Freund des Leichenbestatters!

Schallplatte: Motown Special: The Temptations 038 EVC 98338 crystal Motown Record Corp. 1970, Auszug

Bewegung und Tanz

Arbeitsmaterial

Hinweise zur Wahrnehmung und Analyse des Tanzgeschehens

▲ Wie ist die Bewegungsrichtung?

▲ Wie sind die Richtungswechsel?

▲ Wie oft und intensiv findet ein Richtungswechsel statt?

▲ Wird der Richtungswechsel aktiv oder passiv (von jemandem anderen provoziert) vorgenommen?

▲ Sind die Bewegungen stärker am Körper oder mehr im Raum orientiert?

▲ Wird die Weite des Raumes ausgenützt oder nur ein Teil?

▲ Ist die Darstellung nach innen orientiert oder raumgreifend?

▲ Welche Rolle spielen Arm- und Oberkörperbewegungen, welche Beinbewegungen?

▲ Dominieren Arm- und Oberkörper gegenüber Beinbewegungen?

▲ Wie ist die Höhe der Armbewegungen: Oben – Mitte – etwas unterhalb der Mitte?

▲ Gehen die Bewegungen nach vorne oder auch seitwärts und nach hinten?

▲ Wo und wie wird die Raumsphäre der anderen Teilnehmerinnen und Teilnehmern durchbrochen?

▲ Wie werden gemeinsame Bewegungsmuster hergestellt?

▲ Wie finden männliche, wie weibliche Bewegungsprinzipien ihren Ausdruck?

▲ Gibt es Unterschiede zwischen dem Agieren von Männern und dem von Frauen?

Vgl. Renate Bräuninger: Ein Prozeß der Wahrnehmung. In: tanzdrama, Magazin, Heft 31, 4/1995, S. 14 ff.

Welches Bewegungsverhalten wird wird verwendet?

Mangelnde Integration einzelner Körperaktivitäten

▲ Bewegungen der Körperteile mit separaten und nicht zusammenhängenden Rhythmen.

▲ Bewegen der Körperteile in separaten räumlichen Konfigurationen.

▲ Ein oder mehrere Körperteile verharren, während der restliche Körper in Bewegung ist.

▲ Beibehalten von Spannung in speziellen Körperpartien, wie z. B. Mund, Schultern, Gesäß.

Mangelnde Stabilität

▲ Sich in eine bedenkliche Position begeben.

▲ Einbeinstand; auf schmalem Untergrund stehen; kaum Bodenberührung.

Mangelnde Spontaneität

▲ Sich äußerst formal bewegen.

▲ Sich in Übereinstimmung mit einem persönlichen Symbolsystem bewegen.

▲ Eingeschränkte Bewegung, im Extremfall Katatonie.

▲ Konstante motorische Aktion.

Vgl. Claire Schmais / Angela Klopstech: Tanztherapie. Bewegungsmuster als Abwehrmechanismen. In: tanzdrama, Magazin, Heft 31, 4/1995, S. 32 f.

Brechtsche Lehrstücke

Das Experimentieren mit Brechtschen Lehrstücken eignet sich besonders als Medium, um Erfahrungen mit Gewalt, Macht und Ohnmacht zu bearbeiten und produktive Haltungen in Konfliktsituationen zu erproben.

Dieser Arbeit zu Grunde liegt die von Bertold Brecht Anfang der 30er Jahre entwickelte „Lehrstück-Theorie". Speziell für diesen Zweck (und nicht für die Bühne) schrieb er entsprechende kleine Theaterstücke.

Der Umgang mit Brechtschen Lehrstücken erfordert eine gewisse Sicherheit im theaterpädagogischen Bereich sowie gute Kenntnisse der Lehrstücke.

Vorgehensweise

▲ Als Ausgangsmaterial dient jeweils eine Szene aus einem der von Brecht hinterlassenen sieben „Lehrstücke".

▲ Zu Beginn sollten Aufwärm- und Interaktionsübungen stehen, damit der Zugang zum eigenen Körper intensiviert, die anderen bewusst wahrgenommen werden und die erforderliche Konzentration hergestellt wird.

▲ Danach kann der Text in verschiedenen Variationen und Stimmungslagen (laut) gelesen und gespielt werden.

▲ Erst jetzt kommen ernsthafte Szenenentwürfe und Proben.

▲ Die jeweiligen Szenen werden mit ständig wechselnder Rollenbesetzung und aufgeladen durch ständig neue Assoziationen aus der Lebenswelt der Teilnehmerinnen und Teilnehmer im Verlauf des Seminars immer wieder gespielt.

▲ Wer in einem Durchgang gespielt hat, wird im nächsten zum Zuschauer und Beobachter.

▲ Zu Beginn wird oft versucht, den Text entsprechend den Intentionen zu spielen, die die Teilnehmerinnen und Teilnehmern in unterschiedlicher Weise Brecht unterstellen.

▲ Im Verlaufe des Spiels werden zunehmend eigene Erlebnisse und bedrängende Konfliktkonstellationen den Szenen unterlegt. Dabei geht es nicht nur um solche, in denen die Teilnehmer die Opfer waren, sondern im gleichen Maße um die eigene Beteiligung an tendenziell gewaltförmigen Vorgängen.

▲ Nach jedem Spiel teilen diejenigen, die gerade nicht gespielt haben, ihre Wahrnehmungen und Assozisationen zu der Darstellung mit.

▲ Erst am Ende eines solchen „Feedbacks" der „Beobachtenden" sprechen auch die Spielerinnen und Spieler über das, was sie sich vorgenommen, und das, was sie im Spiel selbst erlebt haben.

Vgl.: Reiner Steinweg u. a.: Weil wir ohne Waffen sind. Frankfurt/M. 1986.

Die Regeln des Lehrstückspiels

1. Alle Seminarteilnehmerinnen und -teilnehmer sind abwechselnd Spieler (Darsteller) und Beobachter. Die Rollen werden von Spiel zu Spiel getauscht.
2. Es kommt nicht auf künstlerische Perfektion an. Jede Darstellung ist gut im Hinblick auf die besonderen Zwecke des Lehrstücks. Das Spiel wird gegenseitig nicht ästhetisch bewertet, weder negativ noch positiv.
3. Nach jeder Spielszene, manchmal auch erst nach zwei oder drei Szenen, beschreiben alle Teilnehmerinnen und Teilnehmer ihre Wahrnehmungen inklusive der sozialen und politischen Assoziationen, ohne die eine differenzierte Beschreibung kaum möglich ist.
4. Bei diesen verbalen, manchmal auch nonverbalen Rückmeldungen auf eine gespielte Szene beziehen wir uns ausschließlich auf die dargestellte Figur, nicht auf die darstellende Person. (…)
5. Während des Kurses wird der ausgewählte Lehrstücktext nicht literarisch interpretiert. (…)
6. Körperübungen und Spiele zwischen den einzelnen Arbeitseinheiten oder zu ihrer Einleitung haben vorbereitenden oder kontrapunktischen, auflockernden Charakter.
7. Der Spielleiter (Regisseur, Schauspieler, Sozialpädagoge) spielt selbst mit und unterwirft sich den gleichen Regeln wie alle anderen. (…) Er achtet in erster Linie darauf, dass die vereinbarten Regeln eingehalten werden und beschreibt jeweils den nächsten Schritt.

Reiner Steinweg: Gewaltphantasien ausagieren. Was Theaterleute für den Frieden tun können. In: Wolfgang R. Vogt / Eckhard Jung (Hrsg.): Kultur des Friedens. Darmstadt 1997, S. 200.

Brechtsche Lehrstücke

Arbeitsmaterial

Das Brechtsche Lehrstückmodell

Zu den Brechtschen Lehrstücken zählen: „Der Flug der Lindberghs", „Das Badener Lehrstück vom Einverständnis", „Der Jasager", „Der Neinsager", „Die Maßnahme", „Die Ausnahme und die Regel" und „Die Horatier und die Kuriatier". Das Lehrstückmodell setzt sich aus der Textvorlage und der Spieltechnik zusammen. Vorgängige Erfahrungen kommen als notwendiges drittes Element hinzu.

Dem Lehrstückmodell unterliegt gegenüber den herkömmlichen Didaktiken politischer Bildung von vornherein ein anderes Erkenntnisprinzip. Nicht die Darstellung, Vermittlung einer Lehre oder Moral ist das Ziel, sondern eine kollektive, systematisierte Untersuchung eines Ausschnittes der Lebenswirklichkeit der Beteiligten. Ein Lehrstückversuch ist also gleichbedeutend mit einem Forschungsprozess den die Spielenden für sich selbst unternehmen.

Brecht: „Das Lehrstück lehrt dadurch, dass es gespielt, nicht dadurch, dass es gesehen wird." Textvorlage und verfremdende Spieltechnik (…) sind das entsprechende didaktische Instrumentarium, wenn wir Didaktik jetzt in einem neuen Sinne nicht als eine systematische Vermittlung, sondern als eine systematische Erforschung verstehen. Betrachten wir auf diese Weise eine Lehrstückübung als einen kollektiven Forschungsprozess, so stellen sich die Fragen: Wie wird dieser Prozess eingeleitet, worauf richtet er sich und wie wird er strukturiert? (…)

Die Logik der Fabeln ist in allen Lehrstücken mit einer dramatischen Zuspitzung verbunden: Da wird ein Knabe getötet und in eine Schlucht geworfen („Der Jasager"); ein bereitwilliger, treu ergebener Kuli von seinem Herrn erschossen („Die Ausnahme und die Regel") oder ein junger Revolutionär von seinen Kameraden erschossen und in eine Kalkgrube geworfen („Die Maßnahme"). Als künstlich konstruierte sind die Zuspitzungen von vornherein als vermeidbar ausgewiesen. Die tragische Zwangsläufigkeit der klassischen Tragödie ist ihnen genommen. Dieser Aufbau zielt darauf, unter den Spielenden einen Untersuchungsprozess auszulösen. Von der „Krise" aus wird rückschauend in den sozialen Mustern und typischen Charakteren nach jenem Fehler gesucht, der Ursache für die fatale Entwicklung war.

Reiner Steinweg / Wolfgang Heidefuß / Peter Petsch: Weil wir ohne Waffen sind. Ein theaterpädagogisches Forschungsprojekt zur Politischen Bildung. Frankfurt/M. 1986, S. 45 f., Auszüge.

Baal und der Knabe

Straße in der Vorstadt

Vor den Reklameplakaten eines obskuren Kinos trifft Baal, begleitet von Lupu, einen kleinen Knaben, der schluchzt.

Baal: Warum heulst du?
Der Knabe: Ich hatte 2 Groschen für das Kino beisammen, da kam ein Junge und riss mir einen aus der Hand, der da drüben! *Er zeigt*
Baal zu Lupu: Das ist Raub. Da der Raub nicht stattfand aus Fressgier, ist es nicht Mundraub. Da er anscheinend stattfand für ein Kinobillet, ist es Augenraub. Nichts desto weniger: Raub.
Baal: Hast du denn nicht um Hilfe gerufen?
Der Knabe: Doch.
Baal zu Lupu: Der Schrei nach Hilfe, Ausdruck menschlichen Solidaritätgefühls, am bekanntesten als so genannter Todesschrei.
Baal streichelt ihn: Hat dich niemand gehört?
Der Knabe: Nein.
Baal: Kannst du denn nicht lauter schreien?
Der Knab: Nein.
Baal zu Lupu: Dann nimm ihm auch den anderen Groschen! *Lupu nimmt ihm auch den anderen Groschen und beide gehen unbekümmert weiter.*
Baal zu Lupu: Der gewöhnliche Ausgang aller Appelle der Schwachen.

Bert Brecht: Der böse Baal der Asoziale. Texte, Varianten und Materialien. Hrsg. von Dieter Schmit. Frankfurt/M. 1968.

Literaturhinweise

Brecht, Bertold: Gesammelte Werke. 1992. Frankfurt/M.
Brecht, Bertold: Geschichten vom Herrn Keuner. Frankfurt/M. 1996.
Die Stücke von Bertold Brecht in einem Band. 6. Aufl., Frankfurt/M. 1987.
Steinweg, Reiner: Das Lehrstück. Brechts Theorie einer politisch-ästhetischen Erziehung. Stuttgart 1972.
Steinweg, Reiner / Wolfgang Heidefuß / Peter Petsch: Weil wir ohne Waffen sind. Ein theaterpädagogisches Forschungsprojekt zur Politischen Bildung. Frankfurt/M. 1986.
Steinweg, Reiner: Lehrstück und episches Theater. Brechts Theorie und die theaterpädagogische Praxis. Mit einem Nachwort „Brecht in Brasilien". Frankfurt/M. 1995.

Brechtsche Lehrstücke

Beispiel

Spielformen und Arbeitsschritte

Die Seminare sind in vier Hauptphasen unterteilt:

1. Textaneignung

Es beginnt mit Spielen und Übungen zur Sinnes- und Körperaktivierung, die in eine lockere Annäherung an den ausgewählten Lehrstücktext übergehen. Es wird den Teilnehmerinnen und Teilnehmern nicht erlaubt, den Text still für sich zu studieren: Alle lesen laut, indem sie im Raum durcheinander gehen; eine asynchrone Wortmusik entsteht. Nicht-Zusammengehöriges gerät nebeneinander und öffnet Assoziationsfelder. Danach folgen eine bewusste Verknüpfung von Text und subjektivem Erleben, eine persönliche Akzentsetzung und ihre Veröffentlichung in der Gruppe: Jeder sucht sich den Satz, Satzteil oder das Wort aus dem Text heraus, das ihn im Moment am stärksten persönlich berührt, unabhängig vom vermuteten Sinn des Gesamttextes. Diese ausgewählten Satzteile werden mit abgewandtem Gesicht, ganz auf das Hören der Stimmen konzentriert wiederholt gesprochen, „eindringlich" gemacht und schließlich als Ausgangspunkt der einzelnen Teilnehmer auf einem Plakat mit Namensnennung schriftlich festgehalten.

2. Unabgesprochene Versionen

Nun wird weitgehend spontan die ausgewählte Szene dargestellt: Die Spielerinnen und Spieler der verschiedenen Rollen dürfen sich untereinander mit keinem Wort absprechen. Sie müssen sich strikt an den Text, nicht aber an die Regieanweisungen halten. In der anschließenden Feedbackrunde geht es um die Bedeutung, die mit den beobachteten „Äußerlichkeiten" – Körperhaltungen, Bewegungen im Raum, Gesten, Blicke, Tonfälle – verbunden werden. Die jeweiligen Darstellerinnen und Darsteller hören sich zunächst schweigend, ohne Kommentar, Erklärung oder Diskussion an, was die Beobachterinnen und Beobachter wahrgenommen haben. (…) Das „allmähliche Verfertigen der Gedanken beim Sprechen" (Kleist) braucht vor allem am Anfang viel Zeit (pro Spielszene je nach Gruppengröße 30 bis 60 Minuten). (…)

3. Abgesprochene Versionen

Wurden bis dahin Assoziationen an das wirkliche Leben meist eher in den Beobachtern als bei den Spielern wach, so wird dieses Verhältnis jetzt bewusst umgekehrt. Nach einer Meditation von etwa zehn Minuten darüber, woran die Szene in besonders beunruhigender Weise erinnert, erzählen sich die Teilnehmerinnen und Teilnehmer in kleinen Gruppen Episoden (Konflikte) aus ihrem eigenen Leben, in denen sie sich selbst oder andere in der einen oder anderen Rolle erlebt haben – im übertragenen Sinne. Dann entwickelt jede Kleingruppe aus diesen Geschichten eine Spielszene, wobei

aber wiederum ausschließlich die Worte des Textes von Brecht verwendet werden: Eine erlebte Alltagsszene wird dem Text „unterlegt". Die Rollen können dazu verdoppelt oder verdreifacht (also mehrfach besetzt) werden, je nach Struktur der zu Grunde gelegten Alltagsszene. (…)

4. Fixierte Version

Nun wird eine der bis dahin gespielten Szenen ausgewählt, auf der Basis folgender Fragen: Mit welcher Figur, die die bisherigen Spielszenen (also nicht nur den Text!) anbieten, sind die Teilnehmerinnen und Teilnehmer in ihrem Alltag am häufigsten konfrontiert, gegenüber welcher Figur (welchen Haltungen) bestehen die meisten Fragen, Unsicherheiten, Ohnmachtsgefühle? Diese Figur sollte „fixiert" werden. Und umgekehrt: In welcher Rolle sehen die Teilnehmerinnen und Teilnehmer mehrheitlich für sich die größte Aufgabe (und Chance), auf ungute, in der einen oder anderen Weise gewaltfördernde Strukturen, Verhältnisse und Verhaltensweisen verändernd einzuwirken? Diese Figur sollte variabel gehalten werden.

„Fixieren" heißt: Die dafür ausgewählte Figur wird (möglichst von demselben Darsteller) wiederholt, genau in der ursprünglichen Anlage, mit den gleichen Haltungen und Tonfällen, in den gleichen oder sehr ähnlichen Positionen gespielt. (…) Das Spiel wird in dieser Form so oft wiederholt, dass alle übrigen Teilnehmerinnen und Teilnehmer mindestens einmal Gelegenheit haben, die variable Rolle zu spielen. Da die Darstellerinnen und Darsteller der variabel gehaltenen Rolle das Verhalten ihres Konfliktpartners nun also vorher kennen, können sie sich darauf einstellen und unterschiedliche Handlungsstrategien überleben. Bis hierher ist immer wortwörtlich der gleiche Text gespielt worden. (…) Jetzt ist Textänderung erlaubt: Wenn und nur wenn der Spieler der „fixierten" Figur subjektiv, d. h. mit seinem ganzen Gefühl und Verstand überzeugt ist, dass das Verhalten des Spielpartners in der variablen Rolle einen anderen Ausgang als im Text erzwingt (…) dann darf er den Schluss der Szene ändern oder das Spiel abbrechen. (…)

Die fixierten Versionen werden mit hohem Tempo hintereinander und ohne Kommentar gespielt.

Erst wenn alle Teilnehmerinnen und Teilnehmer mindestens eine Handlungsstrategie erprobt haben, findet eine ausgiebige gemeinsame Auswertung im Hinblick auf die Wirkung und den Realitätsgehalt der jeweiligen Szene statt.

Reiner Steinweg: Gewaltphantasien ausagieren. Was Theaterleute für den Frieden tun können. In: Wolfgang R. Vogt / Eckhard Jung (Hrsg.): Kultur des Friedens. Darmstadt 1997, S. 201 f., Auszüge.

Plan- & Entscheidungsspiele

Planspiele

Entscheidungsspiele

Simulationsspiele

Interaktionsspiele

In Plan-, Entscheidungs- und Simulationsspielen werden Konflikte und/oder Problemfelder spielerisch aufgegriffen und in verteilten Rollen im Hinblick auf mögliche Lösungsalternativen oder weitere Entwicklungen durchgespielt.

Ziel ist dabei nicht nur, die Komplexität von Entscheidungen deutlich zu machen, sondern auch, Kreativität für Entscheidungsalternativen freizusetzen.

Die Teilnehmerinnen und Teilnehmer erleben in der Auseinandersetzung mit anderen Spielgruppen, wie soziale und politische Interaktionen ablaufen können, welche Informationen sie für ihr Handeln benötigen und welche Gegebenheiten und Strukturen Lösungen fördern oder behindern. Die pädagogische Relevanz solcher Spiele liegt nicht in ihrer möglichen Übertragbarkeit auf die Wirklichkeit, sondern in einer weit gehenden Beteiligung und selbstständigen Aktion der Teilnehmerinnen und Teilnehmer. Obwohl der Charakter von Spielen zunächst ihre Zweckfreiheit ist, so werden sie in der Bildungsarbeit doch unter dem Aspekt von Eigenerfahrungen eingesetzt. Die Vorgaben zu diesen Spielen sollten deshalb relativ offen und gestaltungsfähig sein. Eine entscheidende Dimension solcher Spiele ist immer ihre Auswertung und Reflexion.

Rollen-, Plan-, Entscheidungs- und Simulationsspiele lassen sich nicht exakt voneinander abgrenzen. In jedem dieser Spielansätze sind Elemente der anderen enthalten.

Planspiele – I

Planspiele sind aus militärischen Sandkastenspielen entstanden und dann zunächst im Bereich der Wirtschaft aufgegriffen worden.

Pädagogische Planspiele simulieren Konfliktfälle aus der Alltagswirklichkeit oder aus gesellschaftlichen und internationalen Problemlagen. An der Konfliktbearbeitung sind verschiedene Gruppen beteiligt, die den Konflikt aus einer jeweils anderen Sicht wahrnehmen. Die Lösungswege sind offen. Entscheidungen sind jedoch auch von rechtlich festgelegten Rahmenbedingungen abhängig. In der Ausgangslage wird der Konflikt so beschrieben, dass er zwischen einzelnen Personen nicht zu lösen ist, sodass Entscheidungen z. B. in Gremien (Elternversammlung, Lehrerkonferenz usw.) notwendig werden. Personen und Gruppen verhandeln und agieren miteinander.

Planspiele bilden die Wirklichkeit modellhaft ab, sie spiegeln sie nicht. Die Erkenntnisse lassen sich darum auch nicht direkt übertragen. Die Erkenntnisse und das Nachdenken über sie öffnen den Blick für Strukturen und Prozesse in Politik und Alltag und erweitern die Verhaltensmöglichkeiten der Spielerinnen und Spieler.

Merkmale von Planspielen

▲ Der zu spielende Konflikt wird in einer „Ausgangslage" formuliert.
▲ Es wird eine überschaubare Zahl von Spielgruppen gebildet , die alle für die zu spielende Situation relevanten (gesellschaftlichen) Kräfte repräsentierten.
▲ Die gegenseitigen Abhängigkeiten, die in der Wirklichkeit zwischen diesen Spielgruppen bestehen, und die Prozesse, die zwischen ihnen ablaufen, werden von den Teilnehmerinnen und Teilnehmern im „Zeitraffer" realitätsgerecht simuliert.
▲ Neben der „allgemeinen Ausgangslage" wird deshalb für jede Spielgruppe noch eine spezielle „Ausgangslage" (bzw. Interessenlage) formuliert.
▲ Die Kontakte zwischen den Gruppen erfolgen schriftlich über eine Spielleitung und nach festgelegten Regeln. Jeder Kontakt oder „Spielzug" stellt eine in der Realität mögliche Maßnahme, Mitteilung, Initiative oder Reaktion dar.
▲ Direkte Verhandlungen oder Aktionen der Spielgruppen können durch die Spielleitung zugelassen werden.

Begegnung auf zwei Ebenen

„Im Planspiel begegnen sich die Spieler in zweifacher Weise. Sie spielen miteinander, und indem sie das Spiel vorbereiten und über ihre Spielerfahrung reflektieren, treffen sie sich auf der Ebene alltäglicher Kommunikation, als Mitschüler (Kommilitonen, Gruppenmitglieder) und in ihren Rollen. Gruppenmitglieder, die im Alltag enge Freunde sind, können sich im Spiel mit allen zur Verfügung stehenden Mitteln bekämpfen, um dann die Erfahrungen darüber auszutauschen."

Dorothea Freudenreich: Freund-Feind-Bilder – Schritte zum Bewußtwerden. In: Ludwig Duncker (Hrsg.): Frieden lehren? Langenau – Ulm 1988, S. 150.

▲ Die Entscheidungen der Spielleitung sind bindend.
▲ Ein Planspiel lässt sich formal gliedern in die Vorbereitung (Ausgangslage, Rollenanweisungen, Gruppenaufteilung usw.), die Durchführung (eigentlicher Spielablauf) und die Auswertung (Reflexion über Inhalt und Struktur des Spiels).
▲ Die Zeitdimension lässt sich durch einen „Zeitraffer" simulieren, indem z. B. eine Stunde Spielzeit als ein Tag (eine Woche, eine Jahr) definiert wird.

Wichtig bei allen Planspielen ist, dass genügend Zeit für den Spielablauf und die Auswertung eingeplant wird. Dies bedeutet, dass für Planspiele i. d. R. mehrere Stunden oder gar Tage zur Verfügung stehen sollten.

Die Ausgangslage

Die Ausgangslage muss
▲ realtitäts- und gruppennah sein, d. h. die Teilnehmerinnen und Teilnehmer müssen einen Bezug zu dem Problem haben.
▲ Das Problem muss in der Ausgangslage so formuliert sein, dass es zu Handlungen herausfordert. Es muß also ein offener Konflikt formuliert werden.
▲ Der Konfliktfall bzw. die Handlungen müssen in schriftliche oder mündliche Spielverläufe (Kommunikation) umsetzbar sein.

Planspiele – 2

Lernprozesse

Planspiele fördern ganzheitliches Lernen und selbst bestimmtes Handeln. Sie wollen zu kreativen Problemlösungen, Konfliktlösungsstrategien oder Entscheidungsalternativen Impulse geben.

Anhand der Interaktion der Rollenträgerinnen bzw. der Rollenträger werden unterschiedliche Kommunikationsstrukturen und -muster sowie die Dialogfähigkeit erfahrbar. Lerneffekte von Teilnehmerinnen und Teilnehmern kommen jedoch nur dann zum Tragen, wenn diese ernsthaft am Spielgeschehen beteiligt sind und wenn das Spielgeschehen gründlich ausgewertet wird.

Planspiele finden in künstlichen Spielsituationen statt. Deshalb ist die Frage der Übertragbarkeit der Spielergebnisse auf die Wirklichkeit vorsichtig zu beantworten.

Vgl. Wolfgang Baer: Gebrauchsanweisung für Planspiele. In: Remscheider Diskussionsspiele. Remscheid o. J.
Dorothea Freudenreich: Freund-Feind-Bilder – Schritte zum Bewußtwerden. In: Ludwig Duncker (Hrsg.): Frieden lehren? Langenau – Ulm 1988, S. 149.
Georg Leifels / Uwe Mölter: Konflikte spielend begreifen. Neue Spiele und Spielvorschläge. Offenbach 1984, S. 22 ff.

Materialien

- ▲ Spielschritt-Formblätter
- ▲ Rolleninformationen für die Gruppe
- ▲ Ausgangslage
- ▲ Auswertungsfragebögen
- ▲ Kohlepapier
  (für die Durchschrift der Nachrichten)
- ▲ Schnellhefter
- ▲ Evtl. Schreibmaschine und Kopierer
- ▲ Für jede Spielgruppe einen eigenen Raum
- ▲ Schilder für die Bezeichnung der
  Gruppenräume

Argumente für das Planspiel

- ▲ Planspiele erleichtern die Vermittlung von Faktenwissen.
- ▲ Planspiele wirken motivationsfördernd, da sie hohe Identifikationsmöglichkeiten bieten.
- ▲ Planspiele bauen die Leiterinnen- und Leiterzentrierung in Seminaren ab, da alle am Geschehen beteiligt sind.

Argumente gegen das Planspiel

- ▲ Die Kenntnisse und die Voraussetzungen der Teilnehmerinnen und Teilnehmer können leicht überschätzt werden.
- ▲ Die schriftliche Formulierung der Spielzüge verhindert spontanes Handeln.
- ▲ Planspiele erfordern einen hohen zeitlichen und materiellen Aufwand.
- ▲ Es besteht die Gefahr, dass Ergebnisse unkritisch auf die Wirklichkeit übertragen werden.

Vgl. Bernd Henning: Planspiel. In: Wolfgang W. Mickel / Dietrich Zitzlaff (Hrsg.): Handbuch der politischen Bildung, Bonn 1989, S. 255–259.

Literaturhinweise

Antons, Klaus / Ute Volmerg: Praxis der Gruppendynamik. Übungen und Techniken. Göttingen 2000.
Blötz, Ulrich (Hrsg.): Planspiele in der beruflichen Bildung. Bielefeld 2001.
Högsdal, Bernt: Planspiele. Einsatz von Planspielen in der Aus- und Weiterbildung. Praxiserfahrungen und bewährte Methoden. Bonn 1996.
Klippert, Heinz: Planspiele. Weinheim und Basel 2002.
Kriz, Willy Christian: Lernziel: Systemkompetenz. Planspiele als Trainingsmethode. Göttingen 2000.
Lehmann, Jürgen (Hrsg.): Simulations- und Planspiele in der Schule. Bad Heilbrunn 1996.
Mandel, Heinz (Hrsg.): Planspiele im Internet. Bielefeld 2001.

Planspiele
Raster für die Erarbeitung – I

Plenum

▲ Auswahl des Themas
(z. B. Konflikt um eine Schülerzeitschrift).
Nähere Bestimmung des sozialen Umfeldes
- z. B. bei einer Gemeinde:
  Größe, Bevölkerungs- und Wirtschaftsstruktur, politische Mehrheitsverhältnisse etc.
- z. B. bei einer Schule: Stufe und Zweig,
  Größe, Anzahl der Schülerinnen und Schüler, der Lehrerinnen und Lehrer, pädagogischer Anspruch etc.

▲ Festlegung der Spielgruppen (Art und Zahl).

▲ Bestimmung der Grundbeziehungen bzw.
des Hauptkonfliktes zwischen den einzelnen
Spielgruppen.

Gruppenarbeit

In den Spielgruppen wird die eigene Ausgangslage
konkretisiert (dies kann jedoch auch von der
Spielleitung vorgegeben werden):

▲ Beschreibung der Gruppe selbst:
Entstehung und Vorgeschichte, personelle Zusammensetzung/Struktur, Ziele, Aufgaben, Tätigkeiten, besondere Vorkommnisse in der
letzten Zeit, die für das Spiel von Bedeutung
sein können.

▲ Konkretisierung der Beziehung zu
den anderen Spielgruppen: Einstellung zu ihnen, Erwartungen an sie, vermutete Einstellungen und Erwartungen der anderen, konkrete Ereignisse der letzten Zeit ...

▲ Auswahl eines konkreten Problems,
das es der Gruppe ermöglicht und nahe legt,
sofort in das Spiel einzutreten, d. h. zu einer
anderen Gruppe Kontakt aufzunehmen.

Spielleitung

▲ Abgleich der verschiedenen Ausgangslagen, insbesondere Beseitigung evtl. Widersprüche.

▲ Endgültige Formulierung der allgemeinen
Ausgangslage.

▲ Einführung in den Themenbereich
(oder: gemeinsame Auswahl der Thematik im
Plenum).

▲ Einführung in die Methodik des Planspiels.

▲ Verlesen der allgemeinen Ausgangslage
(oder: Erarbeitung einer allgemeinen Ausgangslage sowie der beteiligten Spielgruppen
und Rollen mit der Seminargruppe).

▲ Besprechen der Spielregeln.

▲ Einteilung der Spielgruppen und Spielrollen
(diese können durch die Erarbeitung ausführlicher Rollenbeschreibungen in Kleingruppen
plastisch gemacht werden).

▲ Aushändigen der besonderen Ausgangslagen
(oder: Erarbeitung der besonderen Ausgangslagen in den Spielgruppen, dann ist allerdings
eine Abgleichung der besonderen Ausgangslagen durch die Spielleitung erforderlich).

▲ Strategieplanung in der Kleingruppe.

▲ Auswahl der Beobachterinnen bzw.
Beobachter und Teilnehmerinnen und Teilnehmer.

▲ Spielbeginn.

Die Auswertung findet auf der Ebene des Gruppenprozesses, des Planspielthemas und der Methode Planspiel statt.

▲ Verlesung der besonderen Ausgangslagen
der einzelnen Spielgruppen im Plenum.

▲ Auswertung der Interaktion in den jeweiligen
Spielgruppen.

▲ Berichte der Interessen und Absichten
und Handlungen der einzelnen Spielgruppen.

▲ Berichte der Beobachterinnen und
Beobachter.

▲ Welche alternativen Lösungsmöglichkeiten
wären möglich gewesen?

Planspiele
Raster für die Erarbeitung – 2

Spielregeln

1.

Die Spielgruppen verkehren grundsätzlich nur schriftlich miteinander. Die schriftlichen Mitteilungen werden von den Spielgruppen an die Spielleitung geschickt und von dieser an die Empfängergruppe weitergeleitet. Anstelle des Datums ist die Uhrzeit einzutragen. Alle Schriftstücke müssen 4-fach angefertigt werden: ein Exemplar für den Absender, ein Exemplar für den Empfänger, zwei Exemplare für die Spielleitung.

Will eine Gruppe mit einem Spielzug mehrere Gruppen ansprechen, erhöht sich die Anzahl der herzustellenden Exemplare entsprechend.

Die Presse hat eine Sonderrolle: Ssie ist nicht an die allgemeinen Spielregeln gebunden. Sie hat die Aufgabe, stündlich eine „Zeitung" herauszugeben, die allen Mitspielerinnen und Mitspielern als Informationsquelle zur Verfügung steht. In dieser Zeitung wird u. a. auch über die Ereignisse berichtet, die für den Spielverlauf relevant sind. Die Presse kann alle Gruppen mündlich interviewen.

2.

Jeder direkte Kontakt zwischen den Gruppen während des Spiels ist im Interesse eines sinnvollen Ablaufs ausgeschlossen. Mündliche Absprachen zwischen Gruppen oder Gruppenvertretern sind ausnahmsweise möglich und bei der Spielleitung zu beantragen. Über jedes Gespräch ist ein Protokoll zu erstellen.

3.

Die Spielleitung hat folgende Aufgaben:
▲ Sicherstellen der Kommunikation zwischen den Gruppen (Briefträger).
▲ Festhalten der Spielschritte und -phasen.
▲ Erteilung von Auskünften an die Gruppen nach deren Bedarf.
▲ Spielen aller nicht vorgesehenen Rollen, soweit sie in solcher Rolle von einer Gruppe angesprochen wird.
▲ Die Spielleitung kann aber auch von sich aus durch eigene Spielschritte oder Ereigniskarten in den Spielverlauf eingreifen, soweit sie dies für den Spielverlauf für nötig hält.
▲ Vorbereitung und Leitung der Auswertung.

Die Spielleitung kann Pausen vorsehen, in denen eine gemeinsame Reflexion über den bisherigen Spielverlauf stattfindet.

Die Entscheidungen der Spielleitung sind bindend.

4.

Die Presse veröffentlicht ihre Nachrichten, Kommentare und Anzeigen durch öffentliche Anschläge oder Flugblätter an alle Spielgruppen.

Vgl. Ingar Graf / Pedro Graf: Lernen durch Planspiele. Gautinger Protokolle 8. Gauting 1976, S. 52 ff.

Muster für ein Spielschritt-Formular

Spielgruppe:		Uhrzeit:	

Nachricht Nr.

Nachricht an:

Nachricht:

Planspiele

Kopiervorlage

Muster für einen Spielverlaufbogen

Nr.	Uhrzeit	von	an	Stichwort

Planspiele
Arbeitsmaterial

Beobachten von Planspielen

Zur Arbeit innerhalb der Gruppe

Gelingt es der Gruppe, sich mit den zugewiesenen Rollen zu identifizieren? Gibt es Über- oder Unteridentifikation, Abweichungen?

Wird zu Beginn eine gemeinsame Taktik oder Strategie abgesprochen oder herrscht stillschweigend Konsens über die Vorgehensweise?

In welchen Begriffen zeigt sich die Einstellung der Spielgruppe zu der Gruppe, die sie zu spielen hat (Stereotype)?

Sind die Aktivitäten der Gruppenmitglieder eher auf solidarische Handlungsstrategien abgestellt oder überwiegen Konflikte in der Gruppe?

Wird eine Aufgaben- und/oder Rollenverteilung vorgenommen? Wenn ja, wie?

Bilden sich Schlüsselfiguren heraus, Randfiguren, Außenseiter, steigt jemand aus?

Ist die Gruppe eher reaktiv durch das Verhalten der anderen Gruppen bestimmt oder selbst engagiert?

Wie verhielt sich die Gruppe gegenüber der Beobachterin bzw. dem Beobachter? Indifferent, fügsam, aggressiv, frotzelnd?

Zu den Beziehungen zwischen den Gruppen

Wie häufig interagierten die Gruppen untereinander?

Welche Bemerkungen werden bei den Kommunikationen, z. B. beim Überbringen der Briefe (bei der Spielleitung und Empfängergruppe) gemacht? Welche Einschätzung anderer Gruppen spiegelt sich darin?

Ist der Interaktionsstil eher durch Kampf oder Versöhnung geprägt?

Gehen die Gruppen genau auf die Inhalte der an sie gerichteten Kommunikationen ein?

In welchen Begriffen zeigt sich die Einstellung der Spielgruppen zu den anderen Spielgruppen?

Wie wird allgemein die Spannung zwischen Kooperation und Wettbewerb bewältigt?

G. Leuschner. In: Klaus Antons: Praxis der Gruppendynamik. Göttingen 1975, S. 140.

Planspiele

Arbeitsmaterial

Analyse-Schema für die Spielschritte	Beispiele in den Spielschritten
Mittel zum Machtkampf Hinweis auf Verordnungen, Gesetze, Bestimmungen, Spielregeln	
Benutzung von Amtsautorität und hierarchischer Position	
Ausübung von Entscheidungs- und Kontrollgewalt in nicht-demokratischem Sinn; Repressalien	
Massenbewegung (Streik, Boykott, Demonstration, Go-in usw.)	
Informationspolitik zur Verbesserung der Machtposition (Öffentlichkeitsarbeit, Hetze usw.)	
„Diplomatische" Mittel Dem Gegner „Brücken" bauen, Teilzugeständnisse, Berücksichtigung der Lage des Konfliktgegners	
Maximalforderungen stellen, um wenigstens Minimales zu erhalten	
Sympathiegewinnung	
Taktische Rollenverteilung in der Interessengruppe	
Einzelkontakte mit Meinungsführern, Organisieren angenehmer Atmosphäre	
Konfliktabwehr Personalisierung von Sach- und Strukturkonflikten, „Herausgreifen" von Einzelnen	
Ablenkung, Ausflüchte, Harmonisierung	
Spaltung von Bündnispartnerinnen und -partnern	
Überzeugungsversuch Verständlichmachen der eigenen Lage	
Aufzeigen von Widersprüchen, Analyse von Ungerechtigkeiten, Verweis auf demokratische Normen	

Vgl. W. Baer: Gebrauchsanweisung für Planspiele. In: Remscheider Diskussionsspiele. Remscheid 1990.

Deutsche Nationale im Betrieb

Ausgangslage

In einem Betrieb der Elektrobranche mit 400 Mitarbeiterinnen und Mitarbeitern kam es am Donnerstag, den 30. Oktober zu einem Zwischenfall. Nach der Vesperpause fand Sultan Kees an ihrem Arbeitsplatz einen Zettel, auf dem sie beschimpft und aufgefordert wurde, Deutschland zu verlassen. Gleichzeitig haben verschiedene Mitarbeiterinnen und Mitarbeiter in den Toiletten ausländerfeindliche Schmierereien und Parolen festgestellt.

Sultan Kees zeigte anderen ausländischen Mitarbeiterinnen und Mitarbeitern den Drohbrief. Diese informierten den Betriebsrat.

Der Betriebsrat und die Geschäftsleitung, die von den Toilettenschmierereien bereits Kenntnis hatten, sind unsicher, was zu tun ist. Vielleicht war ja alles nur ein Einzelfall.

Geschäftsleitung

Es ist das erste Mal, dass etwas Derartiges im Betrieb passiert. Die Geschäftsleitung ist verunsichert. Vielleicht ist ja alles nur eine Eintagsfliege. Vielleicht waren es Leute von außerhalb. Schließlich finden ja nahezu jeden Tag Betriebsbesichtigungen statt.

Der Betrieb ist auf die 80 ausländischen Arbeitnehmerinnen und Arbeitnehmer dringend angewiesen, auch wenn wegen der Auftragslage Kurzarbeit in absehbarer Zeit unumgänglich sein dürfte. Störungen des Betriebsfriedens werden auf keinen Fall hingenommen.

Auf alle Fälle möchte die Geschäftsleitung gemeinsam mit dem Betriebsrat einen Aushang machen.

Betriebsrat

Der Betriebsrat hat schon seit längerem Informationen, dass einige „national gesinnte" Mitarbeiterinnen und Mitarbeiter sich auch im Betrieb abfällig über ausländische Kolleginnen und Kollegen geäußert haben. Der Betriebsrat weiß auch, dass die Geschäftsleitung beabsichtigt, für den nächsten Monat Kurzarbeit anzumelden, und dass deshalb bei der Belegschaft Unsicherheiten über die Sicherheit der Arbeitsplätze vorhanden sind. Verschiedentlich hat er von Mitarbeiterinnen und Mitarbeitern auch schon Äußerungen gehört, dass doch die Ausländerinnen und Ausländer zuerst entlassen werden sollen, um den Betrieb zu sanieren.

Du alte Türkensau!

Vor 50 Jahren hätte dich unser Adolf mit dem restlichen Pack vergast!

Für dein zukünftiges Dasein wäre es bestimmt besser, wenn du aufhörst, unser schönes Vaterland zu verschmutzen, indem du es einfach verlässt! Sonst wirst du am Nationalfeiertag, dem 9. November eine zweite Kristallnacht erleben!

Beim Anblick deines Gesichtes (falls man es so nennen kann) bekommt jeder nationalbewusste, stolze Deutsche das kalte Kotzen.

Ab nächste Woche hast du im Betrieb Schleier und Kopftuch zu tragen, damit du wenigstens als Türkenschwein gekennzeichnet bist. Andernfalls ...

Verachtungsvoll

Deutsche Betriebsliga

Der Betriebsrat möchte die ausländischen Arbeiterinnen und Kollegen schützen und „rechten" Umtrieben im Betrieb scharf begegnen. Er möchte die Täterinnen und Täter ausfindig machen und entlassen.

Ausländische Kolleginnen und Kollegen

Die ausländischen Mitarbeiterinnen und Mitarbeiter haben Angst. Sie möchten von der Geschäftsleitung einen wirksamen Schutz gegen Diskriminierungen. Sie glauben, dass zu diesem Zweck auch die Polizei eingeschaltet werden sollte. Sollten ähnliche Drohungen wieder vorkommen, so überlegen sie, was sie selbst in der Angelegenheit unternehmen können.

Deutsche Betriebsliga

Um ihre politischen Anliegen auch in den Betrieb hineinzutragen, ist die Deutsche Betriebsliga zum ersten Mal in der Öffentlichkeit erschienen. Weitere Aktionen sind geplant. So sollen z. B. die ausländischen Mitarbeiterinnen und Mitarbeiter durch Druck zur Kündigung gezwungen werden. Um ihre Aktionsbasis zu vergrößern, möchte die DBL neue Mitglieder im Betrieb werben. Sie haben bereits ein Flugblatt an alle Betriebsangehörigen vorbereitet.

Planspiele
Beispiel

„Hilfsprogramm Winter" in Gutleutingen – I

Ausgangslage

Gutleutingen ist eine typische deutsche Großstadt mit einer florierenden Industrie und einem regen Kulturleben. Unter den deutschen Berbern gilt Gutleutingen als „Mekka der Benachteiligten".

Die allgemeine Verschlechterung der wirtschaftlichen Lage aber auch die zunehmende finanzielle Belastung der Kommune fordern drastische Sparmaßnahmen. Die Einrichtung „Ambulante Hilfe" soll aus der Hauptgeschäftsstraße verschwinden. Dort haben die Berber übernachten und sich ambulant versorgen lassen können.

Die engagierte Religionsgemeinschaft „St. Martin" im angesehensten Wohnviertel Gutleutingens, der Parksiedlung, will die Arbeit für die Berber fortsetzen.

Der Freundeskreis „Berber-Initiative" lädt zu einem Begegnungstag ein. Alle Konfliktgruppen der Stadt Gutleutingen sollen dort ihre Positionen darstellen und offen diskutieren.

Ein gemeinsames Modell „Hilfsprogramm Winter" soll entwickelt werden, weil ein Berber im letzten Jahr in der Hauptgeschäftsstraße erfroren ist.

Bei der nächsten Gemeinderatssitzung soll dann dieses Programm vorgelegt werden.

Der Spielverlauf

▲ Die Spielleitung stellt die Spielregeln, die Ausgangslage und den Spielverlauf vor. Die Spielgruppen werden besetzt.
→ *ca. 30 Minuten*

▲ Die Gruppen formulieren einen kurzen Leserbrief gemäß ihrer Rollenbeschreibung. Die Briefe gehen über die Spielleitung an die Presse.
→ *ca. 15 Minuten*

▲ Auf der Basis der Leserbriefe erarbeiten sich die Spielgruppen eine Strategie und planen einzelne Spielzüge. Gesprächsanträge werden gestellt. Pro Gruppe können zwei bis vier Anträge eingereicht werden.
→ *ca. 45 Minuten*

▲ Die Spielleitung koordiniert die Anträge und Aktionen der Gruppen.
→ *ca. 15 Minuten*

▲ Nun finden Gespräche und Aktionen statt.
→ *ca. 120 Minuten*

▲ Die Berber-Initiative lädt zum Begegnungstag ein.
→ *ca. 15 Minuten*

▲ Aussprache und Entscheidung zum „Hilfsprogramm Winter".
→ *ca. 45 Minuten*

▲ Auswertung des Planspiels.
→ *ca. 45 Minuten*

Landeszentrale für politische Bildung Baden-Württemberg (Hrsg.): Komm Heraus – Mach Mit. Schülerwettbewerb des Landtages von Baden-Württemberg. Stuttgart o. J., Redaktion: Reinhard Gaßmann / Monika Greiner.

Planspiele
Beispiel

„Hilfsprogramm Winter" in Gutleutingen – 2
Die Spielgruppen

Die Vereinigung der Geschäftsleute Pro-Gutleutingen

Die Hauptgeschäftsstraße in Gutleutingen ist eine Fußgängerzone. Im Volksmund wird sie als „teure Meile" bezeichnet. Dort ist exklusives Shopping möglich. Es gibt keine Kundenparkplätze direkt bei den Geschäften wegen der Fußgängerzone.
Alle Geschäftsinhaber haben sich nun zu einer Initiative „Pro-Gutleutingen" zusammengeschlossen. Sie wollen die Innenstadt für Kunden attraktiver gestalten. Die „Ambulante Hilfe" ist ihnen ein Dorn im Auge. Zu viele Kunden haben sich über die Schnorrerei der Berber beschwert. Auf der anderen Seite war das Entsetzen groß, dass im letzten Winter ein Berber in der Hauptgeschäftsstraße erfroren ist.

Die Religionsgemeinschaft St. Martin

Die Martiner sind eine christlich soziale Religionsgemeinschaft. Sie setzen sich für Benachteiligte und Randgruppen ein. Ihre Kirche und das Gemeindehaus liegen in der vornehmen Parksiedlung. Die Gemeindeglieder jedoch kommen überwiegend aus den umliegenden Gemeinden und nicht aus der Parksiedlung. Sie wollen die Arbeit der „Ambulanten Hilfe" fortsetzen.
Freiwillige Helfer würden sich finden, aber es fehlt an regelmäßigen finanziellen Mitteln. Seit es kälter geworden ist, schlafen die Berber im Gemeindehaus auf einem Matratzenlager, gleich bei der Orgel. Viele Anwohner sind entsetzt darüber.

Die Berber-Initiative

Theres Mutter, Mitarbeiterin des Jugendamtes und Autorin des „Gutleutinger Armutsberichts", gründete mit Nichtsesshaften die „Berber-Initiative". Die Initiative bringt eine Zeitung heraus, das „Berber-Blatt", worin auf die Situation der Nichtsesshaften hingewiesen und um Verständnis geworben wird.
Das Berber-Blatt wird an die Nichtsesshaften für 0,50 DM verkauft und diese können das Blatt an Interessenten für 1,50 DM weiterverkaufen. Diese Aktion findet in der Öffentlichkeit Beifall.
Konkret zum Winter plant die Initiative ein „Hilfsprogramm Winter" für die Berber, damit sich die letztjährige Tragödie nicht wiederholt.

Die Mütter und Väter der Parksiedlung

In der Parksiedlung wohnt auch der Bürgermeister der Stadt Gutleutingen. St. Martin, deren Gemeindeglieder überwiegend außerhalb der Parksiedlung wohnen, kümmert sich besonders um Minderheiten und Randgruppen. Über das soziale Engagement der Kirchengemeinde sind besonders die Eltern der Parksiedlung nicht erfreut.
Die Väter und Mütter befürchten Belästigungen durch herumstreichende Berber. Ein Vater meinte: „In einer Wohngegend haben Nichtsesshafte nichts zu suchen. Die können ihren Alkoholrausch woanders auspennen."

Der Haushaltsausschuss der Stadt Gutleutingen

Die Sozialhilfe der Tippelbrüder wurde in Gutleutingen mit der Begründung gekürzt, dass Nichtsesshafte keinen Haushalt führen, ergo hätten sie geringere Aufwendungen als andere Sozialhilfeempfänger.
Es muss jedoch noch mehr gespart werden. So sind die monatlichen Ausgaben für die „Ambulante Hilfe" von 6.000 DM nur zur Hälfte finanzierbar. „Gutleutingen dürfe nicht zum Mekka der Schnorrer werden", so ein Ausschussmitglied.
Der Haushaltsausschuss sucht nach Möglichkeiten, mit den verringerten Mitteln ein gewisses Maß an Hilfe anzustoßen. Dazu hält man Ausschau nach engagierten Privatleuten.

Die örtliche Presse „Gutleutinger Bote"

Die Presse berichtet über die Situation in Gutleutingen. Sie erhält Material von der Spielleitung und stellt Vergleiche mit der Situation in anderen Städten an.
Sie nimmt in einem Kommentar Stellung.

Landeszentrale für politische Bildung Baden-Württemberg (Hrsg.): Komm Heraus – Mach Mit. Schülerwettbewerb des Landtages von Baden-Württemberg. Stuttgart o. J., Redaktion: Reinhard Gaßmann / Monika Greiner.

Entscheidungsspiele

Eine Geschichte oder eine Situation wird bis zu einem Punkt geschildert, an dem eine Entscheidung unumgänglich ist. Hier setzt das Spiel ein.

Die Spielerinnen und Spieler müssen also nicht eine vorgegebene Handlung übernehmen, sondern sie versetzen sich in ein Spannungsfeld, in dem sie frei agieren können. Gebunden sind sie nur an ihre Rollencharakteristik und an die Vergangenheit, die ihnen mitgeteilt wurde. Die Zukunft ist offen. Die Möglichkeiten des Entscheidungsspiels reichen von der Drei-Minuten-Szene bis zu mehrtägigen Gruppen-Entscheidungen.

Bei Entscheidungsspielen werden die Spielerinnen und Spieler schnell in das Spielgeschehen hineingezogen, indem sie sich als Personen und nicht nur in ihrer Rolle agieren. Das Entscheidungsspiel ist deshalb für Lernprozesse besonders gut geeignet. Die Lösung des Problems vollzieht sich im Spiel, nicht erst durch anschließende Reflexionen – Nachbesprechungen sind dennoch wichtig. Die Problematik wird oft so lebendig, dass sich die Spielauseinandersetzung fast nahtlos in einer Diskussion fortsetzt.

Die Vorbereitung

Bei der Vorbereitung eines Spiels ist zu prüfen,
▲ ob der Spielkonflikt von den Spielerinnen und Spielern erfasst und nachvollzogen werden kann;
▲ ob die Bewältigung des Konflikts in einer Zeit ablaufen kann, die dem Spannungsbogen der Teilnehmerinnen und Teilnehmer entspricht.

Entscheidend für den Spielverlauf ist die Ausgangssituation. Sie muss so beschaffen sein, dass mehrere Entscheidungsmöglichkeiten mit etwa gleich großem Anspruch verfochten werden können. Wenn nur eine einzige richtige Entscheidung auf der Hand liegt, kommt kein Spiel zu Stande.

Die Rollen müssen so definiert sein, dass darin verschiedene Interessen und Motive deutlich werden. Denn wenn von vornherein alle gleiche oder ähnliche Interessen verfolgen, wird das Spiel langweilig und außerdem wirklichkeitsfremd.

Die Informationen, die den Spielerinnen und Spielern mitgeteilt werden, sind unterschiedlich. Nicht jede bzw. jeder verfügt über alle oder die gleiche Information. Auch Gerüchte und Vermutungen lassen sich einbauen; sie sollten aber dann als solche gekennzeichnet sein.

Die Spielerinnen und Spieler sollten vor dem Spiel nicht miteinander über ihre Rollen sprechen. Die ganze Auseinandersetzung soll im Spiel geschehen. Niemand soll vorher wissen, was die bzw. der andere vorhat und wie das Spiel enden wird.

Vgl. Hans Frör: Spielend bei der Sache. München 1972, S. 24 ff.

Bei Entscheidungsspielen geht es nicht um die Entscheidungsalternativen von richtig oder falsch (gut oder schlecht), sondern eher von „gut" und „auch gut" oder „schlecht" und „auch schlecht". Es ist immer ein Abwägen von Prioritäten, und nicht selten befinden sich die Teilnehmerinnen und Teilnehmer in einem moralischen Dilemma.

Der Spielablauf

▲ Das Spiel wird vorgestellt, die Spielrollen werden verteilt.
▲ Die Ausgangslage wird für alle (also Spielerinnen und Spieler, Beobachterinnen und Beobachter, Zuschauerinnen und Zuschauer) vorgelesen.
▲ Das Spiel läuft über die vereinbarte Zeit (bzw. bis eine Lösung für das Problem gefunden wurde).
▲ Abbruch des Spiels und Verlesen aller Rollenanweisungen.
▲ Mitteilung der Beobachtungsergebnisse.
▲ Besprechung des Spielverlaufs.

Bei manchen Spielen ist es sinnvoll, den Gruppen Regeln für die Entscheidungsfindung an die Hand zu geben. Besonders dann, wenn die Entscheidung nach dem Konsensprinzip gefällt werden soll *(siehe „Arbeitsmaterial", nächste Seite)*.

Die Ausgangssituation kann auch in Form eines Kurzfilms oder Filmausschnitts, einer Szene aus einem Roman usw. präsentiert werden.

Entscheidungsspiele

Arbeitsmaterial

Auswertungshilfe

Wer ergriff die Initiative, wer hatte Führungsrollen?	
Wer griff überwiegend andere an, wer verteidigte sich überwiegend nur? Wie hat es sich ausgewirkt, wenn Druck ausgeübt wurde?	
Wer hat vermittelt, zusammengefasst, geordnet?	
Welche Koalitionen gab es, wer hielt zu wem, wer suchte, wer fand Verbündete?	
Wie war das Verhältnis von Emotionalität und eher sachlichen Begründungsversuchen?	
Welche Gründe und Kriterien wurden entwickelt und anerkannt? Von wem?	
Gab es Versuche, der Entscheidung auszuweichen, Kompromisse zu finden?	
Wie war die Qualität der Entscheidung: überzeugend für alle oder aus Zeitgründen (oder Machtgründen) einseitig?	
Welche anderen Alternativen für die Entscheidung wären denkbar gewesen?	
Wie eng oder weit wurden die Rollen ausgelegt? Wer hat viel oder wenig dazu erfunden?	
Wie haben sich die einzelnen Teilnehmerinnen und Teilnehmer in Mimik, Gestik und nicht-verbalen Äußerungen dargestellt?	
Haben die hier gezeigten Verhaltensweisen etwas zu tun mit dem sonstigen Verhalten der Teilnehmerinnen und Teilnehmer?	

Vgl. Herbert Gudjons: Spielbuch Interaktionserziehung. 180 Spiele und Übungen zum Gruppentraining in Schule, Jugendarbeit und Erwachsenenbildung. Bad Heilbrunn 1983, S. 196 f.

Regeln für die Entscheidungsfindung nach dem Konsensprinzip

Die Gruppe soll mit Einstimmigkeit beschließen. Das bedeutet, dass die Entscheidung für jede einzelne Position einstimmig festgelegt werden muss. Einstimmigkeit ist schwer zu erzielen. Deshalb wird das jeweilige Ergebnis nicht jede und jeden voll befriedigen. Versuchen Sie aber trotzdem, die Entscheidung so zu treffen, dass alle einigermaßen damit einverstanden sein können. Hier einige Richtlinien.

▲ Vermeiden Sie, Ihre persönlichen Entscheidungen den anderen aufzuzwingen, argumentieren Sie mit Logik.

▲ Vermeiden Sie nachzugeben, bloß um Einstimmigkeit zu erzielen oder Konflikten auszuweichen. Unterstützen Sie nur dann andere Ansichten, wenn sie mit Ihren wenigstens teilweise übereinstimmen.

▲ Vermeiden Sie Konfliktlösungstechniken wie Mehrheitswahl, Mittelwertberechnungen oder Kuhhandel (wenn du mir, dann ich dir).

▲ Betrachten Sie abweichende Meinungen eher als einen nützlichen Beitrag, statt sie als störend zu empfinden.

▲ Nehmen Sie sich so viel Zeit, wie Sie benötigen, um eine echte Gruppenmeinung zu finden.

(Diese Regeln entsprechen denen des „NASA-Spiels".)

Entscheidungsspiele
Beispiel

Die Wundermedizin

Ein Entscheidungsspiel in Gruppen zum Thema Aids

Aids steht für „Acquired Immune Deficiency Syndrome", auf deutsch: „Erworbenes Immunschwäche-Syndrom".

Das Phänomen Aids ist nicht nur ein medizinisches Problem, sondern ganz wesentlich auch ein Problem gesellschaftlicher Vorurteile und Ausgrenzungen. Vor allem auf diesen Zusammenhang möchte das Entscheidungsspiel aufmerksam machen.

Vorgehensweise

▲ Die Teilnehmerinnen und Teilnehmer werden in Gruppen zu je 6–8 Personen aufgeteilt.

▲ Die Ausgangslage des Spiels wird vorgelesen.

▲ Gespielt wird in drei Runden von jeweils 10 Minuten. In der ersten Runde werden die Spalten 2 und 3 der Matrix abgedeckt. In der zweiten Runde bleibt die Spalte 3 abgedeckt.

▲ Auswertung des Entscheidungsspiels.

▲ Klären von grundlegenden Verständnisfragen zu Aids.

▲ Schlussdiskussion: Anwenden der Funktionen von Vorurteilen auf die Aids-Problematik.

Ausgangslage:

In einem Forschungslabor wurde erstmals ein Medikament entwickelt, das das HIV-Virus bekämpft. Das Medikament existiert nur in einer sehr geringen Menge, sodass damit nur eine Person behandelt werden kann. Sie haben die Möglichkeit, einer der folgenden 7 HIV-infizierten Personen das Medikament zu verabreichen. Wem würden Sie das Medikament geben?

Vgl. „Brot für die Welt" (Hrsg.): Medienpaket AIDS. Arbeitsheft. Stuttgart 1994.

Fragen zur Auswertung des Spiels

▲ Haben sich Sympathien bzw. Vorurteile gegenüber den möglichen Empfängerinnen bzw. Empfängern der Wundermedizin im Verlauf des Spieles verändert?

▲ Welche Bilder werden mit den Kurzbezeichnungen „Familienvater", „Arzt" oder „Homosexueller" verbunden?

▲ Wie entstehen diese Bilder?

▲ Auf welche Beschreibungsmerkmale beziehen sich Sympathie bzw. Ablehnung?

▲ Welche Kriterien werden zur Beurteilung eines Menschen herangezogen; im Spiel und in der Wirklichkeit?

Mögliche Empfängerinnen bzw. Empfänger der Wundermedizin

1	2	3
Geschäftsmann	Verheiratet, drei Kinder	Hatte auf einer Dienstreise Geschlechtsverkehr mit einer Prostituierten
Homosexueller	Bluter	Bekam infizierte Blutprodukte
Alleinstehender Mann	Arbeitslos	Drogenkonsument
Alleinstehende Frau	Infektionsweg unbekannt	Forscht nach Impfstoffen gegen das HIV
Baby	AIDS-Waise	Lebt in einem afrikanischen Dürregebiet, hat wenig Überlebenschancen
15-jähriges Mädchen	Thailändische Prostituierte	Wurde von ihren Eltern an Zuhälter verkauft
Arzt	Alkoholiker	Zog sich Infektion bei der Arbeit zu

Entscheidungsspiele

Beispiel

Gewinnt, so hoch ihr könnt – I
Ein Entscheidungsspiel zwischen Gruppen

Es geht in diesem Entscheidungsspiel darum, zu beobachten, wie sich Gruppen in Entscheidungssituationen verhalten, wenn sie im Wettbewerb mit anderen Gruppen stehen und zudem mit diesen nicht direkt in Kontakt treten können. Das Spiel kann eher kooperativ oder eher konfrontativ gespielt werden.

Die „klassische Form" dieses Spiels ist als „Prisoner's Dilemma Game" (Gefangenen-Spiel) beschrieben:

Zwei Verdächtige werden verhaftet und voneinander getrennt. Der Staatsanwalt ist sicher, daß sie eines bestimmten Verbrechens schuldig sind, aber er hat keine genügenden Beweise, um sie im Prozess zu überführen. Er teilt jedem Gefangenen mit, dass jeder von ihnen zwei Alternativen habe: das Verbrechen, von dem die Polizei sicher ist, dass sie es begangen haben, zu gestehen oder nicht zu gestehen. Im Falle, dass sie beide nicht gestehen, würde er sie einiger geringerer Vergehen überführen, wie z. B. Diebstahl und illegalen Waffenbesitz, und sie würden beide eine kürzere Strafe erhalten; wenn sie beide gestehen, würde ihnen beiden der Prozess gemacht, aber er würde dann nicht die höchstmögliche Strafe vorschlagen; wenn einer gesteht und der andere nicht, würde derjenige, der gesteht, eine leichtere Bestrafung erhalten, weil er das Verfahren erleichtert. Derjenige, der dann nicht gesteht, wird die Höchststrafe erhalten.

Vgl. Klaus Antons: Praxis der Gruppendynamik. Göttingen u. a. 1975, S. 128.

Die Grundidee dieses Spiels lässt sich als Entscheidungsspiel nachspielen.

Spielablauf

▲ Die Gesamtgruppe wird in vier Teilgruppen aufgeteilt, die sich in je eine Ecke des Raumes setzen.
▲ Die Auswertungsmatrix (siehe nächste Seite) wird auf eine Wandzeitung übertragen oder auf Folie kopiert und an die Wand projiziert.
▲ Jede Teilgruppe wählt eine Sprecherin bzw. einen Sprecher.
▲ Gespielt werden 7 Runden.

Defizite in Gewissensfragen ...

zeigten die Wirtschaftler auch beim „Prisoner's Dilemma Game", einem klassischen Kooperationstest, der die Probanden in die Lage zweier Untersuchungshäftlinge versetzt, die zusammen einen bewaffneten Überfall begangen haben.

Ihr Dilemma dabei, vereinfacht:
▲ Die für beide sinnvollste Strategie wäre, die Straftat zu leugnen und dafür (wegen unerlaubten Waffenbesitzes) ein Jahr ins Gefängnis zu gehen – 61 Prozent der Nicht-Ökonomen wählten diesen Weg.
▲ Die für den einzelnen günstigste Strategie hingegen ist, sich unkooperativ zu verhalten und das Verbrechen zu gestehen; dann nämlich geht er als Kronzeuge frei aus, allerdings wird sein Komplize zu 20 Jahren verknackt – mit souveräner Hemmungslosigkeit entschieden sich 72 Prozent der Wirtschaftler für diese Alternative.

Aktion Gemeinsinn: Sind Wirtschaftswissenschaftler, wie eine US-Studie behauptet, besonders raffgierig und ruchlos? In: Der Spiegel, Nr. 37/1993.

▲ In jeder Runde muss sich jede Gruppe für ein **x** (schuldig) oder ein **y** (unschuldig) entscheiden.
▲ Für die Entscheidung steht nur begrenzte Zeit zur Verfügung (siehe Auswertungsmatrix).
▲ Die Entscheidung wird von allen Gruppensprecherinnen bzw. Gruppensprechern gleichzeitig durch Handzeichen bekannt gegeben. Zuvor muss vereinbart werden, welches Zeichen für **x** und welches für **y** steht.
▲ Das Ergebnis, die erlangten Punkte, hängen von der Entscheidung der anderen Gruppen ab.
▲ Das jeweilige Gruppenergebnis wird in eine Matrix eingetragen (auf Wandzeitung oder Overheadfolie).
▲ Vor der 3., 5. und 7. Runde können sich die Gruppensprecherinnen bzw. Gruppensprecher gemeinsam beraten.
▲ Das Ergebnis der 3. Runde zählt 3fach, das der 5. Runde 5fach, das der 7. Runde 10fach.

Bei der Auswertung sollte sowohl der Frage nachgegangen werden, in welchen Bereichen der Gesellschaft und Politik dieses Spiel seine Entsprechung findet. Ferner sollte der Frage nachgegangen werden, was es bedeutet, kooperativ bzw. konfrontativ zu agieren.

Entscheidungsspiele
Beispiel

Gewinnt, so hoch ihr könnt – 2
Ein Entscheidungsspiel mit vier Gruppen

In 7 aufeinander folgenden Runden sollen Sie sich in Ihrer Gruppe entweder für ein **X** oder für ein **Y** entscheiden.
Das Ergebnis jeder Runde ist abhängig davon, wofür sich die drei anderen Gruppen entscheiden.

4 x **X**	Alle verlieren	10 Einheiten
3 x **X** und 1 x **Y**	**X** gewinnt **Y** gewinnt	10 Einheiten 30 Einheiten
2 x **X** und 2 x **Y**	**X** gewinnt **Y** gewinnt	20 Einheiten 20 Einheiten
1 x **X** und 3 x **Y**	**X** gewinnt **Y** gewinnt	30 Einheiten 10 Einheiten
4 x **Y**	Alle gewinnen	10 Einheiten

Verfahren

Vor jeder Runde sollen sich die Teilnehmerinnen und Teilnehmer jeder Gruppe beraten, sodass eine gemeinsame Entscheidung getroffen wird. Vor der 3., 5. und 7. Runde besteht die Möglichkeit, sich auch mit den drei anderen Gruppen zu beraten. Die Spielregeln sind strengstens einzuhalten!

Runde	Zeit Min.	Beratung	Entscheidung				Einheiten				Gesamtsumme
			A	B	C	D	A	B	C	D	
1	2	in der Gruppe									
2	1	in der Gruppe									
3*	3 1	mit anderen Gruppen									
4	1	in der Gruppe									
5**	3 1	mit anderen Gruppen									
6	1	in der Gruppe									
7***	3	mit anderen Gruppen									

Hinweise zur Ergebnistabelle (* = 3fach- / ** = 5fach- / *** = 10fach-Bonus)

Entscheidungsspiele
Beispiel

Das NASA-Spiel – I

„Angenommen, Sie sind soeben auf dem Mond bruchgelandet und haben nur wenige Ausrüstungsgegenstände aus der Landefähre gerettet. Was könnte Ihnen bei dem Versuch, das Mutterschiff wieder zu erreichen, mehr nützen: ein magnetischer Kompass oder eine Sternkarte?"

Diese Frage ist Bestandteil einer Entscheidungsübung, die den Vorteil von Gruppenentscheidungen gegenüber Einzelentscheidungen deutlich macht. In den allermeisten Fällen kommt jedes Gruppenergebnis der „richtigen" Antwort (die von Experten der NASA stammt) näher als selbst die beste Lösung einer einzelnen Teilnehmerin bzw. eines Teilnehmers.

Ebenso wird deutlich, dass eingespielte Teams bessere Lösungen erzielen als zusammengewürfelte Gruppen. Allerdings sind diese Ergebnisse nur auf dem Hintergrund bestimmter Diskussionsregeln möglich. Wird in den Gruppen lediglich abgestimmt, so gibt es keine oder höchstens zufällige Unterschiede zu den Einzelergebnissen. Dies bedeutet, dass es für die Entscheidungsfindung von Vorteil ist, die Gruppendiskussion zu üben und sich an Regeln zur Entscheidungsfindung zu halten.

Spielmaterial

▲ Ausgangslage
▲ Individuelle Rangfolge
▲ Gruppenrangfolge
▲ Regeln zur Entscheidungsfindung
▲ Lösung der NASA
▲ Auswertungsbogen

Teilnehmerzahl

Die Gesamtgruppe sollte nicht mehr als max. 30–40 Teilnehmerinnen und Teilnehmer umfassen. Die Gesamtgruppe wird später in Kleingruppen mit 6–8 Personen aufgeteilt. Für jede Kleingruppe sollte ein eigener Raum zur Verfügung stehen.

Spielablauf

1. Alle erhalten das Blatt „Individuelle Rangfolge", auf dem auch die Ausgangslage beschrieben ist. Die Aufgabe besteht darin, eine eigene Rangfolge der Gegenstände zu erstellen. Vor und während des Ausfüllens sollte nicht gesprochen werden. Zeitbedarf: ca. 10 Minuten.
2. Einsammeln der individuellen Rangordnung (dieser Punkt kann auch weggelassen werden, sodass alle ihre individuelle Rangfolge behalten).
3. Aufteilung in Kleingruppen mit je 6–8 Personen.
4. Austeilen des Bogens „Gruppenrangordnung" und „Regeln zur Entscheidungsfindung".
5. Die Gruppen erarbeiten ihre Rangordnung.
6. Vorstellung und Begründung der Gruppenrangordnungen im Plenum.
7. Vergleich der individuellen Rangordnungen und der Gruppenrangordnungen.

Errechnet werden dabei die individuellen sowie die Gruppendifferenzwerte zur NASA-Rangfolge. Je kleiner die Differenz, desto besser das Ergebnis. Die Differenz der einzelnen Punkte werden zur individuellen Gesamtdifferenz addiert. Die Summe der Gesamtdifferenzen der Teilnehmerinnen und Teilnehmer einer Gruppe ergeben die Gruppendifferenz.

8. Auswertung. Besprechung des Entscheidungsprozesses.

Das NASA-Spiel – 2

Variation: das Spiel kann auch mit anderen Inhalten gespielt werden, z. B.:

▲ Sie sind Erzieherin in einem Kinderheim. Das Heim hat eine Spende von 500,– DM für die Beschaffung von Spielzeug erhalten. Das Spielzeug muss bis heute Mittag 12.00 Uhr bestellt werden. Eine Befragung von Kindern hat u. a. folgende Wünsche ergeben: Game-Boy (80,– DM), Wachsmalkreide (30,– DM), Tischfußballspiel (240,– DM) usw. Stellen Sie eine Rangfolge der Spielsachen, die sie beschaffen wollen, auf.

▲ Überraschend haben Sie die Möglichkeit, für ein Jahr als Entwicklungshelferin bzw. Entwicklungshelfer nach Brasilien zu fahren. Die Fluggesellschaft erlaubt Ihnen (unabhängig vom Gewicht, und neben ihrer persönlichen Kleidung) 10 Gegenstände mitzunehmen. Dies sollten Gegenstände sein, die sie vermutlich für ihre Tätigkeit gut gebrauchen können. Bitte wählen Sie aus den unten angeführten Gegenständen aus: Armbanduhr, Bibel, Buschmesser, tragbarer Fernseher, Fotoapparat, Gaskocher, Gummistiefel, Hängematte, Moskitonetz, Schwimmweste, Wörterbuch usw.

Das Spiel ist ausführlich beschrieben in: Dritte Welt Haus Bielefeld: Vom Ampelspiel bis Zukunftswerkstatt. Ein Dritte-Welt-Werkbuch. Wuppertal 1990, S. 53 ff.

▲ Ihr Land erhält 50 Millionen. Sie sind eine Ministerrunde eines kleinen Landes im Süden Afrikas. Die Weltbank stellt ihnen einen Geldbetrag als einmaligen Zuschuss in Höhe von 50 Millionen Dollar zur „Entwicklung" ihres Landes zur Verfügung. Die Weltbank erwartet von ihnen einen konkreten Entwicklungsplan für ihr Land, in dem die Prioritäten der Entwicklungsförderung klar zu erkennen sind. Sie müssen nun kurzfristig entscheiden, wie sie dieses Geld verwenden. Sie können den Betrag nicht überschreiten. Das Geld, das nicht verplant wird, fällt an die Weltbank zurück. Einer ihrer Ministerkollegen hat eine Vorschlagsliste erarbeitet, aus der sie auswählen sollen.

Vgl. Landeszentrale für politische Bildung Baden-Württemberg (Hrsg.): Grundkurs Politik, 17: Dritte Welt. Stuttgart o. J., S. 24.

Anmerkungen

Die Quelle des NASA-Spiels ist unklar. Klaus Antons meint, der Autor sei unbekannt und weist als Fundort Pfeiffer, J. W. / J. E. I Jones: seeking consensus (1970) aus. Andere schreiben das Spiel dem amerikanischen Sozialpsychologen Jay Hall zu.

Die einzelnen Fassungen des Spiels, die im Umlauf sind, differieren leicht (z. B. wird bei den Ausrüstungsgegenständen einmal von „Signalflaggen", dann von „Signalfeuer" oder auch von „Signalpatronen" gesprochen). Dies dürfte jedoch für den Spielverlauf unerheblich sein.

Das Spiel ist u. a. nachgewiesen in:
Klaus Antons: Praxis der Gruppendynamik. Übungen und Techniken. Göttingen u. a. 2000.

Entscheidungsspiele

Beispiel

Das NASA-Spiel – 3

Individuelle Rangordnung

Anleitung:

Sie gehören einer Raumfahrergruppe (5 Personen) an. Sie hatten den Auftrag, sich mit dem Mutterschiff auf der beleuchteten Mondoberfläche zu treffen. Wegen technischer Schwierigkeiten musste Ihr Raumschiff 300 km entfernt vom Mutterschiff landen. Während der Landung ist viel von der Bordausrüstung zerstört worden.

Ihr Überleben hängt davon ab, dass Sie das Mutterschiff zu Fuß erreichen. Sie dürfen nur das Allernotwendigste mitnehmen, um diese Strecke bewältigen zu können.

Nachstehend finden Sie eine Liste der 15 unzerstört gebliebenen Gegenständen.

Ihre Aufgabe besteht nun darin, diese je nach Wichtigkeit für die Besatzung zu ordnen.

Ordnen Sie **1** der allerwichtigsten Position zu, **2** der nächstwichtigen usw., bis alle Positionen entsprechend ihrer Wichtigkeit vergeben sind.

Name:

Gruppe:

1 Schachtel Streichhölzer

1 Dose Lebensmittelkonzentrat

15 Meter Nylonseil

30 m² Fallschirmseide

1 tragbarer Kocher

2 Pistolen 7,65 mm

1 Dose Trockenmilch

2 Tanks à 50 l Sauerstoff

1 Sternkarte (Mondkonstellation)

1 Schlauchboot mit CO_2-Flaschen

1 Magnetkompass

20 l Wasser

Signalfeuer (brennt auch im luftleeren Raum)

1 Verbandskasten mit Injektionsspritze

1 FM-Sender und Empfänger, mit Sonnenenergie betrieben

Das NASA-Spiel – 4

Regeln zur Entscheidungsfindung

Dies ist eine Entscheidungsübung für die Herbeiführung von realitätsnahen Beschlüssen. Ihre Gruppe soll mit Einstimmigkeit beschließen. Das bedeutet, dass der Rangplatz für jede einzelne Position einstimmig festgelegt werden muss.

Einstimmigkeit ist schwer zu erzielen. Deshalb wird nicht jeder Rangplatz jeden Einzelnen voll befriedigen. Versuchen Sie trotzdem, die Rangordnung so zu erstellen, dass alle einigermaßen damit einverstanden sein können.

Hier einige Richtlinien.

1. Vermeiden Sie, Ihre persönliche Entscheidung den anderen aufzuzwingen, argumentieren Sie mit Logik.
2. Vermeiden Sie nachzugeben,
   bloß um Einstimmigkeit zu erzielen oder Konflikten auszuweichen. Unterstützen Sie nur dann andere Ansichten, wenn Sie mit Ihren wenigstens teilweise übereinstimmen.
3. Vermeiden Sie Konfliktlösungstechniken
   wie Mehrheitswahl, Mittelwertberechnungen oder Kuhhandel („wenn du mir, dann ich dir").
4. Betrachten Sie abweichende Meinungen
   eher als einen nützlichen Beitrag, statt sie als störend zu empfinden.

Nehmen Sie sich so viel Zeit, wie Sie benötigen, um eine echte Gruppenmeinung zu finden.

Entscheidungsspiele

Beispiel

Das NASA-Spiel – 5 (Gruppenrangfolge)

Gruppe:	Name:	Name:	Name:	Name:	Name:	Name:	Gruppe, Rangordnung Rangordnung: der Gruppe
Streichhölzer							
Lebensmittelkonzentrat							
Nylonseil							
Fallschirmseide							
Kocher							
2 Pistolen							
Trockenmilch							
2 Tanks Sauerstoff							
Sternkarte							
Schlauchboot							
Magnetkompass							
20 l Wasser							
Signalfeuer							
Verbandskasten							
FM-Sender u. Empfänger							

Entscheidungsspiele
Beispiel

Das NASA-Spiel – 6
Entscheidung der NASA

Auswertung	Begründung der NASA	Bewertung der NASA
Streichhölzer	Wertlos, da auf dem Mond kein Sauerstoff die Flamme unterhält	15
Lebensmittelkonzentrat	Wirksames Mittel, den Energiebedarf zu decken	4
Nylonseil	Nützlich zum Überklettern von Felsen, Transport von Verletzten	6
Fallschirmseide	Schutz vor Sonneneinstrahlung	8
Kocher	Unnötig, außer auf der Schattenseite	13
2 Pistolen	Benützbar für Rückstoßantrieb	11
Trockenmilch	Ergänzung des Nahrungskonzentrats, aber relativ voluminös	12
2 Tanks Sauerstoff	Unbedingt nötig zum Überleben	1
Sternkarte	Erstrangiges Hilfsmittel zur eventuellen Navigation	3
Schlauchboot	Kohlendioxidflasche für Rückstoßantrieb nützlich	9
Magnetkompass	Wertlos wegen nicht polarisiertem Magnetfeld des Mondes	14
20 l Wasser	Wichtig zum Ausgleich des ungeheuren Wasserverlustes auf der Sonnenseite	2
Signalfeuer	Nützlich für Notsignale, falls das Mutterschiff in Sicht kommt	10
Verbandskasten	Gut für Injektion von Medikamenten, Vitaminen	7
FM-Sender u. Empfänger	Zur Kommunikation mit dem Mutterschiff, wegen UKW (FM) aber nur auf Sicht	5

Beurteilung:

- 0–25   super
- 26–32 sehr gut
- 33–45 gut
- 46–55 knapp durchschnittlich
- 56–70 mäßig
- 71–112 werden Sie bloß kein Astronaut!

Entscheidungsspiele

Beispiel

Das NASA-Spiel – 7
Auswertungsbogen

	Gruppe 1	Gruppe 2	Gruppe 3	Gruppe 4
Höchste Einzelsumme der Differenzen				
Niederste Einzelsumme der Differenzen				
Mittelwert der Differenzen				
Gruppendifferenz				

Errechnet werden die Differenzen zum NASA-Ergebnis.

Wie steht das beste Einzelergebnis zur Gruppenentscheidung?
Wie steht das schlechteste Einzelergebnis zur Gruppenentscheidung?

Simulationsspiele

Simulationsspiele versuchen, Teilbereiche von Wirklichkeit im Spiel abzubilden, ohne jedoch den Anspruch zu erheben, die gesamte Wirklichkeit zu erfassen.

Simulationsspiele sind also Modelle, die zur Erkenntnisgewinnung und zum Sammeln von eigenen Erfahrungen eingesetzt werden. Sie heben bestimmte Merkmale besonders hervor, während andere nicht oder nur am Rande erscheinen. Dadurch versuchen sie aber gerade, wesentliche Zusammenhänge und Prozesse anschaulich und transparent zu machen. Simulationsspiele sind also Hilfskonstruktionen, um in einem zweiten Schritt Wirklichkeit besser begreifen zu können.

Simulationsspiele haben (wie Plan-und Entscheidungsspiele auch) den Vorteil, dass die Anwesenden aktiv daran beteiligt sind. Sie fällen die Entscheidungen, sie schaffen die Situationen, auf die die anderen reagieren müssen. Sie übernehmen für die Dauer des Spiels andere Rollen und erleben die damit verbundenen Gefühle und Stimmungen.

Anders als Planspiele sind Simulationsspiele weniger stark vorstrukturiert. Ihre Spielweise ist offener. Simulationsspiele können reale Begebenheiten aufgreifen oder aber modellhafte Abläufe für eigene Erfahrungen konstruieren.

(Computersimulationen werden hier nicht behandelt.)

Literaturhinweise

Baccoarini, Renato u. a.: Simulationen von Konflikten und Kriegen; Simulation of Conflicts and Wars; Simulazione di confliti e guerre. CD-ROM. Vdf Hochschulverlag 2002.
Das ultimative Simulationsspiele-Buch: Burglengenfeld 1998.
Hammond, Allen: Projekt Erde. Szenarien für die Zukunft. Gerling Akademie Verlag 1999.
McCorduck, Pamela / Nancy Ramsey: Die Zukunft der Frauen. Szenarien für das 21. Jahrhundert. Frankfurt/M. 2000.
Weitz, Bernd O.: Handlungsorientierte Methoden und ihre Umsetzung. Bad Homburg 2000.
Scheerer, Sebastian: Die Zukunft des Terrorismus. Drei Szenarien. Klampen 2002.

www.spieledatenbank.de

Die Preisverleihung

Jedes Jahr werden für herausragende Aktivitäten eine Reihe von Preisen vergeben.

So werden allein im Themenbereich „Frieden" über 15 verschiedene Preise verliehen (u. a. Friedensnobelpreis, Aachener Friedenspreis, Allgäuer Friedenspreis, Friedenspreis des Deutschen Buchhandels, Gustav-Heinemann-Friedenspreis für Kinder- und Jugendbücher, Pax-Christi-Friedenspreis).

Die Arbeitsgruppe „Ausländerfreundliche Maßnahmen" in Nordrhein-Westfalen verleiht seit 1988 den „Goldenen Hammer" für Ausländerinnen- und Ausländerfreundlichkeit usw.

Die Verleihung eines Preises als Simulationsspiel verbindet die Auseinandersetzung von Inhalten mit der Bewertung und Entscheidung über förderungswürdige Personen und Initiativen.

Im Vorfeld des Spiels muss entschieden werden, um welchen Preis es sich handeln soll.

Verleihung eines fiktiven Preises

▲ Um das Spiel spielen zu können, sind neben dem thematischen Bezug vor allem Kriterien für die Vergabe zu entwickeln und Materialien über Personen oder Initiativen, die für die Preisvergabe in Frage kommen, bereitzustellen.

▲ Die Teilnehmerinnen und Teilnehmer werden in mehrere Spielgruppen aufgeteilt: (drei bis vier) Gruppen, die Anträge an das Preiskomitee ausarbeiten, indem sie nach preiswürdigen Personen oder Initiativen suchen und diese in ihrer Arbeit beschreiben.

▲ Die Beschreibung mündet in einen formellen Antrag an das Preiskomitee.

▲ Das Preiskomitee ist eine eigene Spielgruppe, das dann aus den Anträgen auswählt und den Preis vergibt.

▲ Für seine Entscheidung benötigt das Preiskomitee einen Antrag. Dieser Antrag besteht formal aus der Darstellung der wichtigsten Daten der Initiative, der Person oder des Personenkreises und einer kurzen Begründung.

Bezieht sich der Preis auf lokale und regionale Personen und Initiativen (z. B. gegen Ausländerfeindlichkeit, für gelungenes ökologisches Engagement), so kann vor Ort über deren Aktivitäten recherchiert werden.

Werden überregionale Initiativen einbezogen, so ist vor allem mit schriftlichem Material (aber auch mit Bildern und Videos) zu arbeiten.

Die Arbeit des Komitees

Sie besteht im Wesentlichen darin, die Anträge inhaltlich zu diskutieren, über die Preisvergabe Einigkeit zu erzielen und die Preisverleihung zu begründen.

Für das Spiel empfiehlt es sich, die Mitglieder des Komitees von allen Seminarteilnehmerinnen und Seminarteilnehmern bestimmen zu lassen. Jedes Komiteemitglied kennt alle Anträge und spricht sich (evtl. in einem Podiumsgespräch) für einen der Anträge aus. Das geschieht in einem Plädoyer, das das einzelne Mitglied vorbereitet hat. Nach dem Plädoyer kann eine Plenumsdiskussion stattfinden, die in eine abschließende Debatte der Komitee-Mitglieder einmündet. Am Ende wird die Entscheidung veröffentlicht. Sie enthält eine kurze Würdigung der Preisträgerin bzw. des Preisträgers und eine Begründung der Entscheidung.

Die Preisverleihung

Bei der Preisverleihung wird noch einmal der gestellte Antrag verlesen. Die Entscheidung des Komitees wird vorgetragen, die Preisgekrönte bzw. der Preisgekrönte wird gewürdigt, die Entscheidung wird begründet.

Es ist auch möglich, dass eine Person die Rolle der Preisträgerin bzw. des Preisträgers übernimmt und eine Dankesrede verfasst und vorträgt.

Vgl. Dorothea Hartung und Wolfgang Menzel: Wir verleihen den Friedensnobelpreis. In: Frieden. Anregungen für den Ernstfall. Gemeinsames Sonderheft 1983 der pädagogischen Zeitschriften des Friedrich Verlages. Seelze 1983, S. 149–155.

Das Bleistift-Spiel
Eine Handelssimulation

In der internationalen Politik ist es ebenso wie in der Gesellschaft oder in Gruppen notwendig, sich bei bestimmten Fragen zu einigen. Dieser Verhandlungs- und Einigungsprozess ist oft mühsam und schwierig. Das Bleistiftspiel gibt die Möglichkeit, einige der Probleme von Verhandlungen zu erfahren.

Vorgehensweise

Die Teilnehmerinnen und Teilnehmer werden in Gruppen zu 3–5 Personen aufgeteilt. Jeweils drei Gruppen sind am Spielprozess beteiligt, verhandeln also miteinander. Das Spiel kann jedoch gleichzeitig von zwei- oder dreimal drei Untergruppen gespielt werden.

Die Gruppen geben sich Namen (wenn nichts Besseres einfällt, dann eben A, B und C).

Gruppe A erhält einen Bleistiftspitzer. Gruppe B viele kleine Blätter unbeschriebenes Papier, Gruppe C Bleistifte, deren Spitze abgebrochen ist.

Es geht nun für jede Gruppe darum, möglichst viele Papierblättchen, beschriftet mit ihrem Gruppenbuchstaben, zu erwerben. Dazu müssen die Gruppen miteinander verhandeln.

Benutzt werden dürfen nur die ausgeteilten Materialien. Die Gruppen müssen nach folgendem Verfahren vorgehen:

▲ Jede Gruppe handelt als Gruppe. Wie die Gruppe zu einer Entscheidung kommt, bleibt der Gruppe überlassen (ob durch Mehrheitsentscheidung, Konsens usw.).

▲ Jede Gruppe muss sich intern jeweils auf einen gemeinsamen Vorschlag zur Vorgehensweise einigen, den sie dann einer der anderen Gruppen unterbreitet.

▲ Die Gruppen entscheiden zunächst für sich, danach nehmen sie Kontakt zu einer oder beiden anderen Gruppen auf und unterbreiten diesen ihre Vorschläge.

▲ Diese Gruppen beraten darüber und teilen ihre Entscheidungen wieder mit.

Es ist auch möglich, daß eine gemeinsame Gesprächsrunde von Gruppenvertreterinnen oder -vertretern durchgeführt wird.

Vgl. Bundeszentrale für politische Bildung (Hrsg.): Fahrplan zum Seminar „Europäischer Binnenmarkt 1992". Bonn 1989.

Nachdem die Gruppen zu einem Ergebnis gekommen sind oder die Zeit abgelaufen ist, wird die Zahl der erworbenen und beschrifteten Blätter gezählt.

Auswertungsfragen

▲ Wie wurden in den jeweiligen Gruppen Einigungen erzielt?

▲ Wenn jede Untergruppe einen Staat repräsentieren würde, was symbolisieren dann Bleistift, Spitzer und Papier?

▲ Welche Elemente der Spielsituation weisen Parallelen zur Europäischen Gemeinschaft (internationalen Politik, gesellschaftlichen Interessengruppen etc.) auf?

Simulationsspiele
Beispiel

Das Insel-Spiel
Eine politische Simulation

Dieses Spiel kann mit beliebig vielen Personen gespielt werden, jedoch sollten es nicht weniger als 20 sein. Notwendig ist, dass Räumlichkeiten vorhanden sind, die spontane Gruppenbildungen ermöglichen.

Spielsituation

„Sie sind Passagier eines Überseeschiffes, das in Seenot geraten ist. Ca. 30 (Anzahl der Teilnehmerinnen und Teilnehmer) Passagiere konnten sich in kleinen Booten auf eine unbewohnte Insel retten. Die Insel hat eine Fläche von ca. 5 km². Frischwasser ist vorhanden. Die Hauptaufgabe der Überlebenden ist es, das Zusammenleben aller zu organisieren."

Spielschritte

1. Jede bzw. jeder legt ihre bzw. seine Vorstellungen des Zusammenlebens schriftlich nieder.

2. Jede bzw. jeder versucht, durch Gespräche möglichst viele andere von ihrer bzw. seiner Vorstellung zu überzeugen, um mit ihnen eine gemeinsame Basis (Gruppe, Partei) zu gründen.

3. Wenn sich einige Gruppen/Parteien gebildet haben, beschließt jede ein (Über-)Lebensprogramm, das schriftlich fixiert wird.

4. Die verschiedenen Programme werden allen vorgestellt und begründet (evtl. auch in Form eines „Inselrates" mit Vertreterinnen oder Vertretern der einzelnen Gruppen). Es findet eine Abstimmung über die Programme statt.

Auswertung

Bei der Auswertung wird untersucht, welche Elemente in den einzelnen Programmen enthalten sind, worin sich die Programme gleichen bzw. unterscheiden, wer sich mit seinen Ansichten durchgesetzt hat usw.

Die selbst entworfenen Programme können nun auch mit den Parteiprogrammen der Parteien, die im Landtag oder Bundestag vertreten sind, verglichen werden.

Literaturhinweis

Golding, William: Herr der Fliegen. Frankfurt/M. 1998.

Interaktionsspiele – I

Unter Interaktionsspielen versteht man Techniken und Übungen, die soziale und emotionale Lernbereiche zum Inhalt haben.

Sie sind zwar eng mit Entscheidungs-, Simulations- und Rollenspielen verbunden, zielen jedoch nicht auf einen Zuwachs von kognitiven Erkenntnissen, sondern von sozialer Kompetenz. Dadurch wird ein ganzheitliches Lernen unterstützt und in vielen Fällen erst ermöglicht.

Viele der Interaktionsspiele möchten dazu beitragen sich und andere besser (oder von einer anderen Seite) kennen zu lernen, indem gemeinsam Aufgaben bewältigt oder gemeinsame Erfahrungen gemacht werden. Eine Reihe von Interaktionsspielen durchbrechen auch das sonst in Bildungsveranstaltungen übliche Berührungstabu und stellen Körpererfahrungen in den Vordergrund.

Der Einsatz von Interaktionsspielen in der Lehrerfortbildung ist zum einen für die Erlangung einer guten Arbeitsatmosphäre und zum besseren Kennenlernen sinnvoll und angebracht, zum andern aber kann die Fortbildung auch der Ort sein, in dem Interaktionsspiele erprobt und Erfahrungen damit ausgetauscht werden können, um sie auch im eigenen Unterricht anwenden zu können. Denn solche Übungen sollten nur von denen eingesetzt werden, die sie selbst als Teilnehmerinnen bzw. Teilnehmer erfahren haben.

Was Interaktionsspiele leisten können

Interaktionsspiele können ...

▲ zu besserem gegenseitigen Kennenlernen führen;
▲ mithelfen, mehr über sich selbst zu erfahren;
▲ dazu beitragen, sich über die eigene Stellung in der Gruppe bewusster zu werden;
▲ es erleichtern sich, im Spiegel der Gruppe bewusster wahrzunehmen;
▲ zu einer Verringerung der Hemmungen und Berührungsängste führen;
▲ den Kontakt untereinander erleichtern;
▲ zu mehr Vertrauen und Offenheit beitragen;
▲ zu mehr gegenseitigem Verständnis führen;
▲ das Gemeinschaftsgefühl stärken;
▲ es ermöglichen, vorhandene Konflikte anzugehen.

Vgl. Rudi Heimlich: Soziales und emotionales Lernen in der Schule. Ein Beitrag zum Arbeiten mit Interaktionsspielen. Weinheim und Basel 1988.

Solche „Leistungen" stellen sich jedoch nicht von alleine ein. Sie müssen in einem sensiblen Prozess erarbeitet werden. Bei diesem Prozess geht es vor allem um die Stärkung der gegenseitigen Kommunikations- und Kooperationsfähigkeit, die auch beinhaltet, angemessene Kritik zu äußern bzw. mit dieser umgehen zu können.

Voraussetzungen des Einsatzes

Interaktionsspiele sollten nicht dazu missbraucht werden, „eben mal Stimmung" zu machen. Sie sind sehr wirksame Werkzeuge, um (z. T. sehr schnell) emotionale Prozesse anzustoßen und/oder sichtbar zu machen. Dementsprechend muss verantwortlich mit den Teilnehmerinnen und Teilnehmern umgegangen werden.

Interaktionsspiele bedürfen bestimmter Voraussetzungen, um ihre Wirkung entfalten zu können.

▲ Ihre Anwendung erfordert Kenntnisse der Kommunikationstheorien, Entwicklungspsychologie und Gruppendynamik.
▲ Ihre Anwendung muss gezielt gelernt und geübt werden. Dies sollte zunächst in einer „Co-Leiter"-Situation geschehen und später unter Supervision.
▲ Interaktionsspiele bedürfen häufig eines eigenen Ortes. Sie sind oft nur schwer in den üblichen Schulräumen durchführbar, eignen sich jedoch sehr gut bei Projekten, bei Schullandheimaufenthalten, Begegnungsfahrten usw.
▲ Interaktionsspiele bedürfen häufig einer eigenen Zeitstruktur. Sie können u. U. nicht einfach nach 45 Minuten abgebrochen werden, zumal oft schwer einzuschätzen ist, wie tief ihre Wirkung bei den einzelnen Teilnehmerinnen und Teilnehmern geht und wie viel Zeit zur Aufarbeitung dementsprechend notwendig ist.
▲ Bei der Durchführung von Interaktionsspielen sollten Lärm- und Störungsquellen ausgeschlossen sein.
▲ Die Teilnahme an Interaktionsspielen sollte immer freiwillig sein.

Interaktionsspiele – 2

Fragen zum Einsatz

▲ In welcher Situation befindet sich die Lerngruppe?

▲ Welche fördernden, welche blockierenden Verhaltensweisen und Stimmungen sind feststellbar?

▲ Welche weitere Entwicklung ist für die Gruppe wünschenswert?

▲ Welches Spiel könnte ich mir in dieser Situation vorstellen?

▲ Warum gerade dieses Spiel und kein anderes?

▲ Wie gut kann ich mit diesem Spiel umgehen?

▲ Habe ich alle benötigten Hilfsmittel und Unterlagen verfügbar?

▲ Was soll mit dem Spiel genau erreicht werden?

▲ Beinhaltet das Spiel Dimensionen, die belastend sein könnten?

▲ Wie möchte ich nach dem Spiel weiterarbeiten?

Mögliche Schwierigkeiten

Interaktionsspiele sind häufig mit der Angst verbunden, sich bloßzustellen oder in eine Situation zu kommen, der man sich freiwillig nicht aussetzen möchte. Solche Ängste sind berechtigt und sollten ernst genommen werden.

Für Teilnehmerinnen und Teilnehmer, die sich nicht unmittelbar beteiligen wollen, bietet sich immer auch die Beobachterrolle an.

Zur Vorgehensweise

▲ Das Spiel sollte angekündigt und in seinen Grundzügen vorgestellt werden. Wichtig ist auch, die Dauer des Spieles bekannt zu geben. Bei dieser Einführung sollte bereits auf mögliche Erlebnisse, die als belastend empfunden werden könnten, hingewiesen werden und darauf aufmerksam gemacht werden, dass natürlich jede bzw. jeder selbst entscheidet, wann sie bzw. er abbrechen möchte. Dieser Schritt sollte jedoch nur nach reichlicher Überlegung und nicht leichtfertig ausgeführt werden.

▲ Daraufhin werden die genauen Instruktionen des Spiels gegeben.

▲ Die eigentliche Spielphase beginnt. Eventuell müssen falsch verstandene Anweisungen korrigiert oder nochmals erklärt werden.

▲ Die Auswertung ist die wichtigste Phase des Spiels, da hier neue Erkenntnisse (be)greifbar gemacht werden können. Die Auswertung sollte vom eigenen Erleben ausgehen und erst in einem zweiten Schritt die Beobachtungen bei anderen einbeziehen.

Literaturhinweise

Antons, Klaus / Ute Volmerg: Praxis der Gruppendynamik. Übungen und Techniken. 8. durchges. u. erg. Auflage. Göttingen 2000.

Antons, Klaus / Andreas Amann / Gisela Clausen u. a.: Gruppenprozesse verstehen. Opladen 2001.

Baer, Ulrich: 666 Spiele. München 2001.

Baer, Ulrich: Spielpraxis. München 1999.

Vopel, Klaus W.: Interaktionsspiele. 11. Aufl. Salzhausen 2002.

Vopel, Klaus W.: Handbuch für Gruppenleiter/innen. Zur Theorie und Praxis der Interaktionsspiele. 9. Aufl. Salzhausen 2000.

Vopel, Klaus W.: Interaktionsspiele für Jugendliche. 7. Aufl. Salzhausen 1999.

„Anfassen" in der Bildungsarbeit

Berührung ist ein natürlicher Bestandteil einfacher Spiele, ob wir uns in einem Kreis an den Händen halten und einen freundschaftlichen Gruß durch Handdruck von Mensch zu Mensch kreisen lassen, im Spiel „Bildhauer und Ton" den lebenden Mitspieler zu einer beliebigen Figur gestalten, am Rücken des Mitspielers „einen Brief oder ein Wort schreiben", uns zu einer Gruppenskulptur formieren oder im Gruppen- oder Partnertanz die gleichzeitige Berührung der unterschiedlichsten Körperteile versuchen! Es stimmt schon, dass wir in unserer Berührung einen sehr persönlichen Raum des Mitmenschen betreten, doch wenn wir es als Spielregel akzeptieren, erleichtert uns die Berührung das Gespräch und Einssein mit der Gruppe. Die Öffnung der Grenzen des persönlichen Raumes und die physische Berührung stillen eigentlich ein menschliches „Urbedürfnis" nach Sicherheit und Gefühlswärme. Genau dieses Erlebnis wird in der Regel dem Kind mit dem Schuleintritt und dem Erwachsenen (bis auf die Partnerliebe) entzogen.

Breda Kroflic: Kreative und kooperative Spiele. In: Werner Wintersteiner (Hrsg.): Das neue Europa wächst von unten. Friedenserziehung als Friedenskultur. Klagenfurt 1994, S. 161.

Interaktionsspiele

Beispiele

Der richtige Abstand – Eine Übung

In jeder Kultur gibt es einen „richtigen Abstand", den man einem Fremden gegenüber einzunehmen hat. In Westeuropa und in Nordamerika ist dieser Abstand die sprichwörtliche Armeslänge.

Im Mittelmeerraum und in Lateinamerika ist dieser Abstand wesentlich anders: zwei aufeinander zugehende Personen bleiben auf viel kürzerer Distanz voreinander stehen.

Übung: High Noon

Jede Teilnehmerin und jeder Teilnehmer sucht sich einen Partner / eine Partnerin. Diese stehen sich nun im Raum gegenüber (die Stühle und Tische müssen also zuvor weggeräumt werden). Die Übung hat mehrere Teile:

1. Partnerwahl

▲ Alle Teilnehmerinnen und Teilnehmer bewegen sich im Raum.
▲ Die Teilnehmerinnen und Teilnehmer nehmen Blickkontakt auf.
▲ Die Teilnehmerinnen und Teilnehmer suchen sich eine Partnerin bzw. einen Partner.

2. Den Bick aushalten

▲ Die Teilnehmerinnen und Teilnehmer stehen sich im Raum jeweils paarweise in einem Abstand von ca. 4–5 Meter gegenüber.
▲ Die jeweiligen Paare nehmen Blickkontakt zueinander auf.
▲ Die jeweiligen Paare gehen (sehr) langsam aufeinander zu und aneinander vorbei. Der Blickkontakt wird dabei gehalten. Dies wird mehrmals in unterschiedlichen Geschwindigkeitsstufen bzw. mit verschiedenen Partnerinnen und Partnern wiederholt.

3. Den richtigen Abstand finden

▲ Die Teilnehmerinnen bzw. Teilnehmer und ihre Partner stehen sich wieder paarweise gegenüber.
▲ Die Paare konzentrieren sich, nehmen Blickkontakt auf und bewegen sich langsam aufeinander zu – diesmal aber nicht aneinander vorbei, sondern versuchen die richtige Nähe auszuloten. Sie bleiben also mit einem Abstand, der ihnen angenehm ist, voreinander stehen.

▲ Dieser Abstand sollte nochmals überprüft und ggf. korrigiert werden. Die Armprobe (ausstrecken des rechten Armes) zeigt, ob der Abstand eher geringer oder eher größer als gewöhnlich ist.

Die Übung wird mehrmals mit verschiedenen Partnerinnen bzw. Partnern wiederholt.

4. Auswertung

In der Auswertung werden die einzelnen Teile der Übung besprochen. Z. B.:
▲ Wurde ich gewählt, oder habe ich meine/n Partnerin bzw. meinen Partner ausgewählt?
▲ Was war mir angenehm, was unangenehm?
▲ Konnte ich meinen richtigen (den mir angenehmen) Abstand finden.
▲ Was passiert, wenn dieser Abstand von der Partnerin / dem Partner unterschritten oder als größer definiert wird?

Rückwärts über die Brüstung ...

In einem Reitclub in São Paulo musste der Schreiner kommen und ein Geländer höher machen. Immer wieder waren Leute rücklings über dieses Geländer gestürzt – nie Brasilianer, sondern immer nur Nordamerikaner oder Europäer. Jedes Mal war Folgendes passiert: Ein Brasilianer und einer der Ausländer waren ins Gespräch gekommen. Der Brasilianer rückte immer näher auf, um die für ihn richtige Gesprächsdistanz einzunehmen. Der Ausländer wich zurück, um die für ihn richtige Distanz wieder herzustellen. Das ging so lange weiter, bis der Ausländer rückwärts über die Brüstung fiel.

Paul Watzlawick: Jeder Mensch kommuniziert – auch wenn er gar nichts sagt. In: P. M. Perspektive Kommunikation. 89/112, S. 53 f.

Interaktionsspiele

Beispiele

Turmbau-Übung

Aus bereitgestelltem Material soll jede Gruppe einen möglichst standfesten, hohen und kreativen Turm bauen.

Diese Aufgabe soll die Art der Zusammenarbeit in einer Gruppe deutlich machen sowie durch den Wettbewerbscharakter des Spiels zur Ausbildung einer Gruppenidentität beitragen. Die Gruppen stehen bei der Bewältigung ihrer Aufgabe in gegenseitiger Konkurrenz. Die Türme werden bewertet und der beste wird prämiert.

Benötigtes Material

Für jede Gruppe werden bereitgestellt:
- ▲ 4 Bögen leichter Karton (oder Tonpapier) DIN-A3
- ▲ 1 große Tube Klebstoff
- ▲ 1 Schere
- ▲ 1 Lineal
- ▲ 4 Bögen DIN-A4-Papier (zum Entwerfen)
- ▲ Instruktionen für die Gruppe sowie für die Beobachterinnen und Beobachter

Organisatorisches

- ▲ Der Turm darf nur mit dem zur Verfügung gestellten Material gebaut werden.
- ▲ Er muss selbstständig stehen können und im Stande sein, das beim Bau verwendete Lineal zu tragen.
- ▲ Die Türme werden nach folgenden Kriterien beurteilt: 1. Höhe, 2. Standfestigkeit, 3. Orginalität. Die Jury besteht aus je einem Mitglied jeder Gruppe, das gewählt oder ernannt werden kann.
- ▲ Jede Gruppe benötigt einen eigenen Arbeitsraum.
- ▲ Der Zeitbedarf beträgt ca. 2 Stunden.

Vorgehensweise

- ▲ Das Plenum wird in Gruppen zu je 8 Personen aufgeteilt. Jede Gruppe erhält des Weiteren eine Beobachterin bzw. einen Beobachter.
- ▲ Die Gruppen werden über die Aufgabe informiert, erhalten ihre „Instruktionen" sowie ihr Arbeitsmaterial.
- ▲ Die Gruppen arbeiten selbstständig in ihrem Arbeitsraum. Sie haben 60 Minuten Zeit.
- ▲ Die Türme werden (möglichst anonym) bei der zuvor gebildeten Jury abgegeben.
- ▲ Die Jury bewertet die Türme.
- ▲ Das Ergebnis wird im Plenum vorgestellt und diskutiert.
- ▲ Die Beobachterinnen und Beobachter berichten über ihre Wahrnehmungen.

Variationen:

- ▲ An Stelle eines Turmes kann auch eine Brücke gebaut werden.
- ▲ Die Struktur der jeweiligen Gruppen kann beeinflusst werden ,indem in jeder Gruppe ein Mitglied zum Baumeister ernannt wird, dem dann ein Planungsteam, ein Zuschneide-Team, ein Klebe-Team usw. zur Seite stehen.
- ▲ Die Bewertung der Türme kann vom Plenum vorgenommen werden.
- ▲ Teil der Bewertung kann die Präsentation der Türme durch eine kurze Rede im Plenum sein.

Vgl. Klaus Antons: Praxis der Gruppendynamik. Göttingen 1992, 6. überarbeitete und ergänzte Auflage, S. 131–134.

Instruktionen für die Arbeitsgruppen

Bauen Sie in dem Ihnen zugewiesenen Raum einen Turm, der ausschließlich konstruiert werden soll aus dem Material, das Ihnen zur Verfügung gestellt worden ist.

Der Turm muss auf seinem eigenen Fundament stehen können, d. h. er darf weder gegen die Wand oder irgendeinen Gegenstand im Raum gelehnt sein, noch darf er aufgehängt oder an der Decke angebracht werden. Er muss standfest genug sein, ein Lineal tragen zu können, ohne dabei umzufallen.

Jede Gruppe steht im Wettbewerb mit den anderen Gruppen; eine davon gewinnt, die anderen verlieren. Die Türme werden von einer Jury nach drei Kriterien beurteilt: 1. Höhe, 2. Standfestigkeit, 3. Originalität.

Sie können Ihr Material in jeder beliebigen Art und Weise, wie es Ihre Gruppe möchte, zuschneiden, biegen, kleben, zusammenfügen usw. Jedoch ist zu beachten, dass kein einzelner Streifen länger oder breiter als die Maße des Lineals sein darf.

Der Bau muss in einer Stunde fertig sein. nach 60 Minuten muss der Turm anonym im Zimmer … zur Beurteilung durch die Jury abgegeben werden. Nach weiteren 15 Minuten Treffen aller im Plenum zur Diskussion.

Entsenden Sie als Erstes Ihr Jury-Mitglied, das sich mit seinen Kollegen aus den anderen Gruppen in Zimmer … trifft.

Spurensuche und Erkundungen

Politische Kundschaft

Ortserkundung

Sachverständigenbefragung – Hearing

Oral History – Spurensuche vor Ort

Gedenkstättenarbeit

Kriegerdenkmäler als Geschichtsquellen

Die meisten sichtbaren Spuren vergangener Ereignisse und Lebensformen sind zerstört. Spurensicherung, die an konkreten Lebensformen vor Ort ansetzt, kann hier – wenn auch in begrenztem Maße – entgegenwirken.

Zur Auseinandersetzung mit der Vergangenheit wurden in den letzten Jahren eine Reihe von Methoden entwickelt, die eng mit einer neuen Geschichte-von-unten-Bewegung zusammenhängen und mit dem Slogan „Grabe wo du stehst" populär geworden sind. Es sind Methoden, die eigenes Handeln, Suchen, Forschen nicht nur erlauben, sondern geradezu zum Gegenstand haben. Es geht dabei immer um eine kritische Auseinandersetzung mit der herrschenden Geschichtsschreibung. Deshalb steht auch oft die Rekonstruktion der Alltagsgeschichte im Vordergrund.

Spurensuche und Spurensicherung bedeutet hier, Personen, Orte und Gegenstände zu finden, zu erschließen und zugänglich zu machen, die Aussagen über Lebens- und Verhaltensweisen, über Einstellungen und Denkstrukturen deutlich machen.

Dabei soll und darf die „Strukturgeschichte" mit ihren großen Zusammenhängen und Abfolgen von Ereignissen nicht ausgeklammert bleiben, da diese oft erst eine Einordnung der gefundenen Einzelphänomene zulässt.

Methoden der „Spurensuche" werden hier nicht nur vergangenheitsorientiert verstanden, sondern auch auf aktuelle Ereignisse angewendet.

Politische Kundschaft

Wie können Informationen über aktuelle gesellschaftliche Probleme beschafft werden? Wie erreicht man es, dass sich mehr Leute für diese Probleme interessieren? Auf diese beiden Fragen möchte die „politische Kundschaft" eine Antwort geben.

Im Gegensatz zur historischen Spurensuche versteht sich die „politische Kundschaft" als eine Methode, sich mit aktuellen politischen und gesellschaftlichen Problemen auseinander zu setzen.

Im Mittelpunkt der „politischen Kundschaft" steht das selbstständige Sammeln von Informationen durch die Teilnehmerinnen und Teilnehmer. D. h., dass sich diese direkt an Personen des öffentlichen Lebens oder an Organisationen wenden, um von diesen Informationen aus erster Hand zu erhalten.

In Form einer „aktivierenden Befragung" geht die „politische Kundschaft" über die reine Informationsbeschaffung hinaus und wendet sich direkt an Betroffene.

Vorgehensweise

▲ Die Gesamtgruppe trägt bereits vorhandene Informationen zu dem zu bearbeitenden Thema zusammen.
▲ Auf diesem Hintergrund wird ein Fragenkatalog erstellt und die Personen(gruppen) und/oder Institutionen benannt, die befragt werden sollen.
▲ Die Gruppe wird in Kleingruppen zu je drei bis vier Personen aufgeteilt, die jeweils eine Institution befragen oder einer speziellen Frage nachgehen.
▲ Durchführung der Befragung.
▲ Sichtung der Ergebnisse und Stellungnahmen in den jeweiligen Kleingruppen.
▲ Zusammentragen der Ergebnisse in der Gesamtgruppe.
▲ Festhalten der Ergebnisse.

Wichtig ist, dass die Aussagen der Bevölkerung mit Materialien aus Behörden, mit Statistiken, Planungsunterlagen etc. ergänzt werden.

Einige Hinweise zur Befragung

Die Fragen und Probleme, die während des Gesprächs, der Befragung erörtert werden sollen, müssen vorher geklärt sein.
Die Fragen sollten die Interviewerinnen und Interviewer schriftlich vor sich haben, ohne dass sie abgelesen werden. Die Antworten sollten notiert werden.

Direkt nach dem Gespräch sollte die Interviewgruppe das Gespräch durchsprechen und sich evtl. weitere Notizen machen.

Medieneinsatz

Der Einsatz von Medien (Kassettenrekorder, Video) macht die Befragung interessanter und besser auswertbar. Aus diesem Material kann eine kurze Reportage oder ein kleiner Film zusammengestellt werden.

Eine Recherche

▲ Welche Geschäfte in der Gemeinde/Stadt führen Kaffee mit dem TRANSFAIR-Siegel? (Erstellen Sie eine Liste der möglichen Geschäfte und teilen Sie diese zur Recherche unter den Schülerinnen und Schülern auf).
▲ Die Geschäfte werden in einen Stadtplan eingetragen.
▲ Machen Sie sich klar, woran man fair gehandelten Kaffee erkennt.
▲ Erkunden Sie vor Ort: Welche Marke(n) mit dem TRANSFAIR-Siegel werden angeboten?
▲ Zu welchem Preis wird der Kaffee dort verkauft? Wie ist der Preis im Verhältnis zu anderen Kaffeesorten?
▲ Wie käuferfreundlich ist der TRANSFAIR-Kaffee platziert?
▲ Wie verkauft sich TRANSFAIR-Kaffee? Fragen Sie bei den Verkäuferinnen und Verkäufern bzw. der Geschäftsführung nach.
▲ Fragen Sie die Geschäftsführung, ob ein Schaufenster des Ladens (oder eine Ecke des Geschäftes) mit Informationen zum TRANSFAIR-Kaffee dekoriert werden darf oder ob evtl. sogar einen Tag lang an einem kleinen Tisch fair gehandelter Kaffee ausgeschenkt werden kann.

Die Ergebnisse dieser Recherche können in Form einer Liste zusammengefasst werden, die dann allen Eltern oder auch den Kunden der Geschäfte angeboten werden kann (oder sogar in der örtlichen Presse veröffentlich wird).

Vgl. Landesinstitut für Schule und Weiterbildung (Hrsg.): Die Zukunft denken, die Gegenwart gestalten. Weinheim und Basel 1997, S. 215.

Politische Kundschaft
Arbeitsmaterial

Diskriminierungen von Frauen
Leitfaden zu einer Erkundung

1. Arbeitswelt

▲ In welchen Branchen sind vor allem Frauen, in welchen vor allem Männer tätig?

▲ Auf welchen Arbeitsplätzen innerhalb eines Betriebes sind vor allem Frauen, auf welchen Männer zu finden?

▲ Wie viele Frauen (prozentualer Anteil) sind auf den verschiedenen Entscheidungsebenen der Unternehmen zu finden?

▲ Bekommen Frauen gleichen Lohn für gleiche Arbeit?

▲ Wie werden Ausfallzeiten (Schwangerschaft, Mutterschutz, Kindererziehung) auf die spätere Rente angerechnet?

▲ Wie viele Frauen / wie viele Männer haben eine abgeschlossene Berufsausbildung?

▲ Welche Hilfen erhalten Frauen mit Kindern, um am Berufsleben teilnehmen zu können?

▲ Wie sind Frauen in den Gewerkschaften repräsentiert?

▲ Wie viele Familien sind auf die Berufstätigkeit der Frau angewiesen?

2. Familie

▲ Wie ist die Aufgabenverteilung zwischen Mann und Frau innerhalb der Familie?

▲ Welche Hausarbeiten werden vom Mann, welche von der Frau übernommen?

▲ Wer ist für Erziehungsprobleme zuständig?

▲ Wie wird die Hausarbeit „entlohnt"?

▲ Wie werden Familien mit Kindern durch Staat und Gesellschaft unterstützt?

▲ Verfügen Hausfrauen über eigene finanzielle Mittel für ihren privaten Bedarf?

▲ Wird die häusliche Tätigkeit vom Mann / von der Gesellschaft anerkannt?

3. Erziehung/Bildung

▲ Gibt es Unterschiede zwischen Mädchen und Jungen beim Stillverhalten, bei Hautkontakten, bei Lob und Kritik oder bei Bestrafung?

▲ Welche Rollenerwartungen werden an Jungen, welche an Mädchen gestellt?

▲ Mit welchem Spielzeug spielen Jungen, mit welchem Mädchen?

▲ Welche Aufgaben im Haushalt haben Jungen, welche Mädchen?

▲ Welche Lehrberufe (Studienfächer) werden eher von Jungen, welche eher von Mädchen ergriffen?

▲ Welche Möglichkeiten, sich durchzusetzen, werden Jungen, welche Mädchen nahe gelegt?

4. Medien

▲ In welchen Rollen kommen Frauen im Fernsehen vor?

▲ Welcher Typ von Frau wird in den Medien als anstrebenswert vermittelt?

▲ Werden Frauen eher als Opfer oder als Täter oder als beides dargestellt?

▲ Welche Rolle spielen Frauen in den Medien im Zusammenhang mit Politik, welche im Zusammenhang mit Werbung?

▲ Wie lässt sich die typische „Medienfrau" beschreiben? (Alter, Aussehen, Eigenschaften usw.)

▲ Welche Rollen spielen Sexualität und Sexualsymbole in den Medien. In welchem Zusammenhang tauchen sie auf?

▲ Werden Frauen als eigenständige, gleichberechtigte Menschen dargestellt?

▲ Wie sind Frauen in leitenden Positionen in den Medien vertreten?

5. Gesellschaft und Politik

▲ Wird Politik eher als Männersache, als Frauensache oder für beide als gleich wichtig gesehen?

▲ Wie sind Frauen (prozentual) in den einzelnen Parteien vertreten?

▲ Wie sind Frauen (prozentual) im örtlichen Gemeinderat, im Kreistag, im Landesparlament, im Bundestag vertreten?

▲ Wie sind Frauen auf den verschiedenen Ebenen der Kirchenhierarchie vertreten?

▲ Werden Frauen in der Politik von Öffentlichkeit und Presse mit den gleichen Maßstäben gemessen wie Männer?

▲ Stellen Quotenregelungen bei der Aufstellung von Kandidatinnen eine sinnvolle Möglichkeit dar, Frauen eine stärkere gesellschaftliche und politische Vertretung zu sichern?

▲ Aus welchen Gründen sind Frauen in gesellschaftlichen und politischen Ämtern weniger zu finden als Männer?

Günther Gugel: Vertretungsstunden mit Pfiff. Anregungen für einen handlungsorientierten Unterricht zum Themenbereich „Eine Welt" in den Sekundarstufen. Tübingen 6. Auflage/2003, S. 62 ff.

Ortserkundung – I

Erkundung ist eine Realitätsbegegnung mit der Alltags- oder Umgebungswelt der Lernenden. Es geht dabei darum, Wirklichkeit so, wie sie erscheint (nicht wie sie durch Wort, Schrift und Bild vermittelt wird), in sinnlicher Anschauung und Erfahrung zu erfassen, zu ordnen, zu analysieren.

Prinzipien der Erkundung

▲ Erkundungen sind geplante und methodisch organisierte Wirklichkeitsbegegnungen.

▲ Erkundungen sind interaktionell angelegt, weil es sich um komplexe Sachverhalte handelt, die arbeitsteilig bearbeitet werden. Es findet eine gemeinsame Planung und ein Wahrnehmungsaustausch statt.

▲ Erkundungen verlangen aktives Verhalten der Teilnehmerinnen und Teilnehmer.

▲ Erkundungen unterscheiden sich von Exkursionen, die geführt sind, durch Eigenaktivität der Teilnehmerinnen und Teilnehmer, die selbst entwickelte, selbst gewählte oder angeregte Erkundungsaufträge durchführen.

▲ Erkundungen sollten problemorientiert konzipiert werden.

Erkundungen können auf verschiedene Weise organisiert werden:

▲ Alleinerkundungen bei relativ einfachen Beobachtungsaufgaben;

▲ Gruppenerkundungen bei komplexeren Zusammenhängen, die evtl. eine gegenseitige Hilfe und Stützung notwendig machen;

▲ Großgruppenerkundungen aus Zeit- und/oder Sicherheitsgründen.

Methodische Möglichkeiten

▲ Die Erkundung ist bereits vorstrukturiert. Die Teilnehmerinnen und Teilnehmer führen bereits formulierte Erkundungsaufträge aus.

▲ Erkundungsfeld, Schwerpunkte und Methoden werden von den Teilnehmerinnen und Teilnehmern festgelegt.

Arbeitstechniken

Um Erkundungen sinnvoll durchführen zu können, müssen einige Arbeitstechniken zumindest ansatzweise beherrscht werden. Hierzu gehören u. a. die Möglichkeit gezielter Beobachtung, der Umgang mit Fragebogen und Interviewtechniken, das Anfertigen von Protokollen, das Anfertigen von Skizzen, das Recherchieren von Informationen in Presseveröffentlichungen, Archiven usw.

Vorbereitungen

Erkundungen bedürfen der gezielten Vorbereitung. Dies betrifft zum einen konkrete Absprachen z. B. mit dem Betrieb, Klärung der Beobachtungs- und Erhebungsmethoden usw. Zum andern ist aber auch eine themenbezogene Vorbereitung, also die Qualifizierung der Teilnehmerinnen und Teilnehmer zu sachkundigem Beobachten und Fragen notwendig. Es müssen also zumindest Grundkenntnisse zu dem jeweiligen Themenbereich bei allen Teilnehmerinnen und Teilnehmern vorhanden sein.

Bei Erkundungen in politischen und gesellschaftlichen Bereichen kommen dem Vorwissen, den Voreinstellungen und den persönlichen Wertungen große Bedeutung zu. Diese ins Bewusstsein zu rücken erscheint unerlässlich.

Ablaufschema

▲ Einstieg: Motivation, Erwartungen, Vorwissen, Einstellungen.

▲ Vorklärungen: Erkundungsabsichten, -möglichkeiten, -formen.

▲ Planung: Festlegung und Verteilung der Arbeitsschritte und Verantwortlichkeiten.

▲ Erkundung: Beobachtung, Befragung, Gespräche ...

▲ Erkundungseindrücke: Erlebnisse, Bewertungen, erste Präsentation der Ergebnisse.

▲ Dokumentation: Aufbereitung und Veranschaulichung der Ergebnisse, Zusammenfassung.

▲ Reflexion: Prüfung der Methoden und des Arbeitsverhaltens. Wurden die Absichten erreicht? Welche Konsequenzen ergeben sich?

▲ Schlussüberlegung: Bedeutung der Erkundung für die eigenen Einstellungen und das eigene Verhalten.

Vgl. F. J. E. Becker: Erkundung und Befragung als Methode der politischen Bildung. In: Bundeszentrale für politische Bildung (Hrsg.): Erfahrungsorientierte Methoden der politischen Bildung. Bonn 1988, S. 97–131.

Vorbereitung und Durchführung einer Ortserkundung mit Schülerinnen und Schülern

▲ Rechtliche Aspekte klären:
Aufsichtspflicht, Unfallverhütung, Versicherung.

▲ Schulorganisation einschalten:
Absprache mit der Klassenkonferenz, der Fachkonferenz, der Schulleitung. Die Auswirkungen auf den Stundenplan berücksichtigen.

▲ Erste Kontakte aufnehmen:
Adressen und Ansprechpartner relevanter Institutionen und Verbände vor Ort besorgen. Kontakte zu wichtigen Personen herstellen. Informations- und Hintergrundmaterialien beschaffen.

▲ Unterrichtliche Vorbereitung:
Auswahl des Themas und des Erkundungsortes. Bildung von Arbeitsgruppen. Festlegung der Erkundungsschwerpunkte. Festlegung der Erkundungsmethoden (Interviews, Archivarbeit, Beobachtung usw.) Lernen des Umgangs mit Erkundungshilfen, wie z. B. Fotoapparaten, Rekordern, Stichwortlisten bei Interviews, Leitfäden für Interviews.

▲ Vorerkundung durch die Lehrerin, den Lehrer:
Interviewpartner suchen und Einverständnis für die Interviews erlangen, sich mit den Gegebenheiten vor Ort vertraut machen (z. B. Karten besorgen), Termine abstimmen usw.

▲ Materialien zur Dokumenation besorgen:
Fotoapparate, Videogeräte usw.

▲ Durchführung vor Ort:
Treffpunkte und Termine mit Ansprechpartnern vereinbaren. Transportmittel (z. B. Fahrräder vor Ort) besorgen.

▲ Ergebnisse aufbereiten und präsentieren.

Vgl. Peter Born / Johannes Moos: Kastellaun im Hunsrück. Ortserkundung. Manuskript o. J., S. 38–40.

Literaturhinweise

Bahr, Christian: Geteilte Stadt. Die Berliner Mauer. Fotos und Fakten. Zeitzeugen berichten. Spurensuche heute. Berlin 2002.
Fischer, Kurt / Stephan Klinik: Spurensuche bei Verdun. Ein Führer über die Schlachtfelder. Bonn 2000.
Grieser, Dietmar: Große historische Straßen. Eine kunsthistorische Spurensuche. Von der Via Appia bis zur Avus. Frankfurt/M. 1997.
Knibiehler, Yvonne: Geschichte der Väter. Eine kultur- und sozialhistorische Spurensuche. Freiburg 1996

Erkundung rund ums Auto

Verkehrszählung
Für eine bestimmte Zeit werden die durchfahrenden Fahrzeuge auf einer Durchgangs- oder Wohnstraße gezählt. Weiter kann notiert werden: Wie viele Personen sitzen in den Autos? Sind sie angeschnallt? Gespräche mit Anwohnerinnen und Anwohnern über die Verkehrsbelästigung können sich anschließen.

Befragung von Fahrerinnen und Fahrern
Interviews mit Autofahrerinnen und Autofahrern sollen die Fragen beantworten: Warum wird das Auto benutzt? Von wo nach wo geht die Fahrt? Sind die Fahrerinnen und Fahrer sich über die Umweltfolgen ihrer Fahrt im Klaren? Unter welchen Voraussetzungen würden sie auf Bahn oder Bus umsteigen?

Werkstatt-Erkundung
Die Teilnehmerinnen und Teilnehmer erkundigen sich nach dem Verbleib von Altöl und Altreifen, nach verschrotteten Autos und der Art der Entsorgung (eventuell Fotos machen).

Fahrschul-Gespräche
Interviews mit Fahrschülerinnen und Fahrschülern sollen die Motive deutlich werden lassen, das Umweltbewusstsein erkunden und die Erwartungen für die Auto-Zukunft erfragen.

Unfall-Forschung
Die Teilnehmerinnen und Teilnehmer können Gespräche mit der Polizei führen (z. B. über die Unfallursachen bei verletzten oder getöteten Kindern), einen Arzt aus einer Unfallambulanz interviewen, eventuell mit Elterninitiativen Kontakt aufnehmen, die Verkehrsberuhigungsmaßnahmen fordern, weil ein Kind im Straßenverkehr verletzt oder getötet wurde.

Autowerbung-Analysen
Aus Zeitschriften können Werbeanzeigen für Autos gesammelt werden (oder bei Autohäusern abgeholt werden). In welcher Form, mit welchen Elementen wird für Autos geworben?

Auto-Alternativen
Die verkehrspolitischen Zielvorstellungen der Stadt- und Gemeindeverwaltung können erfragt und überprüft werden (Verkehrsberuhigung, Radwegebau, Vorrang für Bus und Bahn).

Vgl. Leitfaden für das Projekt. Aktionen, Bausteine, Cooperation. „Eine Welt für alle". Köln 1992.

Ortserkundungen

Beispiel

Arbeitsplatzerkundung

Unterschiedliche Arbeitssituationen in einem Betrieb und deren Beurteilung durch die Arbeitnehmer sollen erkundet werden.

1. Beobachtung in der Erkundung

Merkmale, mit denen die jeweilige Arbeitssituation beschrieben werden kann, zum Beispiel:

▲ Was wird hergestellt/getan?
▲ Welche Anlagen, Maschinen etc. sind dazu notwendig?
▲ Wie ist die Arbeit organisiert: Ablauf, Einteilung, Tempo, Zahl der Mitarbeiter ...?
▲ Wer ordnet sie an?
▲ Wer entscheidet über die Organisation?
▲ Welche Anforderungen werden bei der Arbeit gestellt?
▲ Welche Belastungen fallen an?
▲ Welche Kontakte bestehen während der Arbeit unter den Mitarbeitern?

2. Gespräch mit oder Befragung von Arbeitnehmerinnen und Arbeitnehmern in der Erkundung, z. B.:

▲ Wie beschreiben die Arbeitnehmer ihren Arbeitsplatz?
▲ Welche Anforderungen werden an sie gestellt?
▲ Was können sie bei der Arbeit leisten?
▲ Was machen sie gerne? Was gefällt am meisten dabei (Entfaltungsmöglichkeiten)?
▲ Was ist weniger interessant? Was sollte geändert werden (Belastungen)?
▲ Was müsste geschehen, um etwas zu ändern? Wer könnte/sollte dies tun?
▲ Wer hat das Sagen am Arbeitsplatz und im Betrieb?

Betriebserkundung

Die Beteiligung der Arbeitnehmer an Entscheidungen im Betrieb im Rahmen des Betriebsverfassungsgesetzes (die Praxis der Interessenvertretung der Arbeitnehmer im Betrieb ist der Erkundungsgegenstand).

Gesprächspartner: Betriebsleitung und Betriebsrat.
▲ Begrüßung und erste Informationen über den Betrieb.
▲ Erkundung ausgewählter Arbeitssituationen (in Gruppen), die für die betriebliche Interessen-

vertretung relevant sind, etwa zu den Aspekten:
– betrieblicher Arbeitsschutz (Lärmbelästigungen, Raumtemperaturen, Unfallschutz ...);
– Einrichtungen der betrieblichen Sozialleistungen (Kantine, Erholungsräume ...);
– Erholungszeiten bei Akkordarbeit;
– Einführung und Anwendung neuer Technologien und Arbeitsmethoden;
– Leistungsmessung und Leistungskontrolle.
▲ Besprechung und Auswertung der Erkundungsergebnisse mit Vertretern des Betriebsrates und der Betriebsleitung.

Strukturerkundung

Erkundungsgegenstand ist das Angebot an Arbeitsplätzen, die qualitative und quantitative Struktur des lokalen oder regionalen Arbeitsmarktes sowie die Entwicklung der Arbeitslosenquoten.

1. Ermittlung der lokalen bzw. regionalen Struktur der Wirtschaft: Sektorale Verteilung der Arbeitsplätze. Quelle: regionales Arbeitsamt, Arbeitsmarktstatistik.
2. Expertengespräche und schriftliche Befragungen. Erhebung des Ist-Zustandes und möglicher Entwicklungen:

▲ Arbeitsamt: Abteilung für Arbeitsmarktstatistik.
▲ Kreisbehörde, z. B. Amt für regionale Entwicklungsplanung.
▲ Rathaus: Bürgermeister bzw. Referent/ Dezernent für Wirtschafts- und Gewerbeförderung, Vertreter der Fraktionen im Gemeinderat.
▲ Organisation der Wirtschaft „vor Ort", z. B. Vorsitzende von Gewerbevereinen, Handelsverbänden, Arbeitgeber- und Unternehmerorganisationen, Gewerkschaftsvertreter.
▲ Industrie- und Handelskammern, Handwerkskammern.

Vgl. Herbert Uhl: Betriebserkundungen – Arbeitswelt und Arbeitserfahrungen als Elemente politischen Lernens. In: Paul Ackermann (Hrsg.): Politisches Lernen vor Ort. Außerschulische Lernorte im Politikunterricht. Stuttgart 1988, S. 79–81.

Sachverständigenbefragung, Hearing

Bei einer Sachverständigenbefragung werden fachkundige Personen in Interviews oder in Diskussionen, die unter gezielten Fragestellungen stehen, um Informationen zu bestimmten Sachverhalten gebeten.

Das Hearing ist eine spezifische Form der Sachverständigenbefragung, die vor allem im parlamentarisch-politischen Raum genutzt wird, um zu einem bestimmten Thema die notwendigen Informationen, die unterschiedlichen Meinungen, das Für und Wider zu erfahren. Dabei kann man Expertinnen bzw. Experten einzeln befragen oder mehrere gleichzeitig. Die Expertinnen bzw. Experten können zu Beginn des Hearings durch eine kurze Information den eigenen Standpunkt darstellen. Danach sollen diese Äußerungen hinterfragt, vertieft und in Frage gestellt werden. Die Sachverständigenbefragung wird durch die Fragen der Teilnehmerinnen und Teilnehmer strukturiert.

Einige Fragen zur Vorbereitung

- ▲ Zu welchem Problemfeld sollen spezielle Informationen oder Beurteilungen eingeholt werden?
- ▲ Welche Informationen und Einschätzungen besitzen wir bereits?
- ▲ Welche Fragen haben wir zum Problemfeld?
- ▲ Wo liegen unsere Unsicherheiten?
- ▲ Was können wir von einer Expertin bzw. einem Experten erwarten?
- ▲ Wo können wir Expertinnen und Experten zu unserem Themenbereich finden?
- ▲ Wo liegen die Schwerpunkte ihrer bzw. seiner Arbeit bzw. worin besteht ihre bzw. seine spezifische fachliche Kompetenz?
- ▲ Welchem politischen Spektrum ist die Expertin oder der Experte zuzurechnen?
- ▲ Vertritt die Expertin oder der Experte einen speziellen Ansatz? (Sollen auch andere Richtungen gehört werden?)
- ▲ Wie soll die Befragung strukturiert sein?
- ▲ Welche Themenbereiche sollen angesprochen werden?
- ▲ Welche konkreten Fragen sollen gestellt werden?
- ▲ Wer übernimmt die Moderation?
- ▲ Wer stellt die Fragen?
- ▲ Wie soll die Sitzordnung aussehen (Hufeisen, Kreis, Tischgruppen)?
- ▲ Wie wird die Befragung dokumentiert?
- ▲ Wie wird mit den Ergebnissen weitergearbeitet?

Eine Erfahrung aus der Praxis

„Viele Sachverständige sind mit der Befragung in Reinform nicht vertraut. Auch ungeübte Teilnehmerinnen und Teilnehmer sind zuweilen in der gedanklichen Strenge und Gesprächsdisziplin überfordert, oder aber es entwickelt sich eine Eigendynamik, bei der sich die Beteiligten so stark auf Teil- oder Nebenaspekte des Themas konzentrieren, dass dadurch das Hauptanliegen der Veranstaltung verschüttet wird. Räumen Sie in solchen Fällen der Expertin bzw. dem Experten eine (sehr) kurze Zeit zu einer Darstellung im Überblick ein. Dies können Sie medial unterstützen (lassen) durch ein Thesenpapier oder durch ein Schaubild mit den notwendigen Zusammenhängen auf Tafel oder Tageslichtschreiber. Es liegt an der Gesprächsleitung, wie schnell zur echten Befragung zurückgefunden wird."

Josef M. Thees

Anforderungen an eine Sachverständigenbefragung

Die Teilnehmerinnen und Teilnehmer müssen in einer Vorbereitungsphase ihr Vorverständnis vom Problem geklärt und eine Absprache getroffen haben über die Arbeitsform während der Sachverständigenbefragung. Nur so sind sie in der Lage, sachgerechte Fragen zu stellen. Zur weiteren Vorbereitung sollte ein Fragenkatalog bzw. ein Interviewleitfaden erarbeitet werden. Daneben muss jedoch auch Platz für spontane, unvorbereitete Fragen sein.
Sachverständigenbefragungen sind keine Expertenvorträge, sondern erlauben höchstens eine kurze Darstellung eines Standpunktes bzw. eine kurze Information zum Problem. Deshalb sollte die Moderatorin bzw. der Moderator darauf achten, dass die Experten tatsächlich auf die Fragen der Teilnehmerinnen und Teilnehmer eingehen.
In der Auswertung der Sachverständigenbefragung sollten die Eindrücke, die gewonnenen Informationen und Ergebnisse mit den Voreinstellungen und Annahmen der Teilnehmerinnen und Teilnehmer verglichen werden. Unklarheiten sollten durch weitere Recherchen beseitigt werden.

Vgl. Bundeszentrale für politische Bildung (Hrsg.): Die Fähigkeit, zu verstehen und zu lernen ... „Betr.: Information und Kommunikation". Aus der Reihe Schlüsselwörter der politischen Bildung. Bonn 1986, S. 16 f.

	Vorbereitung	Befragung
	30–60	60–90

Oral History
Spurensuche vor Ort – 1

Lebensgeschichtlich angelegte Interviews mit Zeitzeugen über deren lokal- und alltagsgeschichtliche Erfahrungen gelten als die bedeutendste Methode der Geschichtsforschung von unten.

Die Art der geschichtlichen Überlieferung, die die Lebensgeschichte der Beteiligten mit einschließt, wird aufgrund der aus den USA stammenden Tradition auch „oral history" genannt. Eine zentrale Absicht der Oral History ist es, Spuren des Alltags zu sichern, d. h. Aussagen über die Alltagsgeschichte zu gewinnen. Darüber hinaus interessieren sich die Alltagsforscherinnen und -forscher auch für die spezifischen lebensgeschichtlichen Erfahrungen sowie den heutigen Umgang ihrer Interviewpartnerinnen und -partner mit ihrer Vergangenheit. Oral History hat nicht nur neue Quellen für die Alltags-, Sozial- und Kulturgeschichte erschlossen, sondern auch das Forschungsinstrumentarium verschiedener Disziplinen erweitert.

Vorgehensweise

▲ Klärung der Zielsetzung und der Vorgehensweise.
▲ Auswertung bereits vorhandener Quellen und Berichte über das geplante Projektthema.
▲ Zusammentragen von Informationen über das lokale Umfeld, Sammlung von je spezifischen Merkmalen des dortigen Milieus.
▲ Zusammenstellung der Leitfragen des Interviews. Diese sollten offen und neutral formuliert werden, Suggestivfragen sollten vermieden werden. Der Fragenkatalog dient als lockerer „roter Faden", mit dessen Hilfe Erinnerungen angeregt werden sollen.
▲ Suche und Auswahl der Interviewpartnerinnen und -partner, u. a. durch die Mithilfe von Vertrauenspersonen aus dem Umfeld der Zeitzeugen, wie z. B. Nachbarn, Mitglieder von Seniorengruppen oder Vereinen, Parteien und Gewerkschaften zu gewinnen. Ein Bericht oder Aufruf in einer örtlichen Tageszeitung kann ebenfalls hilfreich sein.
▲ Vereinbarung eines Gesprächtermins.
▲ Beim Interview selbst sollten die gegenseitigen Erwartungen ebenso geklärt werden wie die Frage, ob die Interviewpartnerin bzw. der -partner mit einer Tonbandaufzeichnung einverstanden ist. Die Anonymität des Interviews muss zugesichert und gewährleistet sein. Hilfreich ist es, wenn es darüber hinaus autorisiert (d. h. von der interviewten Person nochmals durchgesehen und gebilligt) wird.

Persönliche Aspekte können im Gesprächsverlauf erst angesprochen werden, wenn eine vertrauensvolle Gesprächssituation entstanden ist.
▲ Da Erinnerungsarbeit für die Zeitzeugen sehr anstrengend ist, sollte das Gespräch nicht länger als zwei Stunden dauern. Eventuell kann das Interview zu einem späteren Zeitpunkt fortgesetzt werden.
▲ Zur inhaltlichen Auswertung der Interviewpassagen ist der Vergleich mit anderen Interviews sowie weiterer ergänzender Quellen wie Fotos, Tagebücher, Archivalien usw. hilfreich. Eventuell können auch die Zeitzeugen selbst zur Auswertung der Interviews gewonnen werden. Denn sie sind nicht nur die Expertinnen und Experten ihres Alltags, sondern werden durch die Interviews oft angeregt, sich weiter mit ihren biografischen Erfahrungen und Erlebnissen zu beschäftigen.
▲ Die persönlichen Daten und die Interviewdaten sollten auf einer Karteikarte festgehalten werden (*siehe nächste Seite*).

*Vgl. Martin Ulmer: Historische Spurensuche. In: Günther Gugel / Uli Jäger: Handbuch Kommunale Friedensarbeit. Tübingen 1988, S. 172–179.
L. Niethammer (Hrsg.): Lebenserfahrung und kollektives Gedächtnis. Die Praxis der oral history. Frankfurt/M. 1980.*

Brief eines Schülers

„Es war sehr wichtig für mich und alle anderen zu hören, wie es damals war. Man hört, sieht und liest zwar viel in den Medien und Büchern über diese Zeit, dies wirkt aber auf einen irgendwie anonym, obwohl ich zum Teil sehr grausame Bilder gesehen habe. Bei Ihnen konnte man sich richtig in die Lage damals hineinversetzen, und Sie konnten auch, meiner Meinung nach, sehr offen über die Geschehnisse von damals berichten. Es war außerdem gut, wie Sie uns über die Parallelen zwischen damals und heute aufgeklärt haben ... Was Sie mit Ihren Eltern und Geschwistern durchmachen mussten, tut mir sehr leid, denn Sie hatten eine sehr schwere Zeit im KZ, und dass Ihre Familie Sie dann noch verstoßen hat, geht mir nicht in den Kopf."

Brief eines Schülers an Lieselotte Thumser-Weil nach einem Gespräch mit der Schulklasse. In: Studienkreis: Deutscher Widerstand. Informationen 37/38, Nov. 1993, S. 18.

Oral History
Spurensuche vor Ort – 2

Probleme der Oral History

▲ Zwischen Interviewerinnen bzw. Interviewern und den Zeitzeugen können sich auf Grund unterschiedlicher sozialer Herkunft, Generationen oder auch Sprachformen (Dialekt, Hochsprache) Verständigungsschwierigkeiten ergeben.

▲ Mitunter tauchen Bemühungen der Interviewten auf, ihre Erzählungen den Erwartungen der Gesprächspartnerinnen und -partner anzupassen.

▲ Zu konfrontative Fragen können u. U. zu ungewollten oder unangenehmen Erinnerungen führen und so ein Stocken des Gesprächs oder Ausweichen zur Folge haben.

▲ In der Regel sind die Erzählungen stark von aktuellen Meinungen, Anekdoten aus der Lebensgeschichte sowie von psychologischen Faktoren, wie z. B. der Verdrängung belastender Erlebnisse, eingefärbt. Dies muss bei der Interpretation berücksichtigt werden.

▲ Nicht nur die Interviewten, sondern auch die Interviewerinnen und Interviewer konstruieren sich ihr Geschichtsbild. Beide schaffen bei der Rekonstruktion von Geschichte eine jeweils neue Deutung (und Bedeutung) der Vergangenheit, die wesentlich von den jeweiligen Lebenserfahrungen, von der Lebensgeschichte und den Zukunftserwartungen beeinflusst wird.

Vorteile von Oral History

▲ Arbeit in einem überschaubaren Rahmen.
▲ Die Interessen der Teilnehmerinnen bzw. der Teilnehmer bestimmen den Gegenstand.
▲ Laien versuchen einen (kleinen) Geschichtsausschnitt zu erforschen und erwerben sich dabei eigene Kompetenzen.
▲ Das eigene Entdecken und Erforschen steht im Mittelpunkt.
▲ Vielfältige Erkundungsmethoden können zum Einsatz kommen: Interviews, Befragungen, Sammeln von Bildern, Auswertung der Recherchen.
▲ Die Ergebnisse können für weitere Arbeiten und Präsentationen verwendet werden.

Literaturhinweis

Vorländer, Herwart (Hrsg.): Oral History. Mündlich erfragte Geschichte. Acht Beiträge. Göttingen 1990.

Oral History in der eigenen Familie?

In der eigenen Familie Oral History zu betreiben, also die Eltern oder Großeltern, Tanten und Onkels zu befragen, beinhaltet eine eigene Dynamik. Die ansonsten sehr zurückhaltende Fragetechnik kann hier z. B. an manchen Punkten auch zu Gunsten einer konfrontativen Vorgehensweise aufgegeben werden.

Ein Beispiel aus einem Gespräch:
▲ „Ein Nazi war ich nie!
Ich glaube, da machst du dir was vor!
▲ Wieso, ich werd doch wissen, was ich damals gedacht habe.
Darum geht es nicht allein. Du warst ein hoher Offizier in der Wehrmacht: Major. Du hast ein ganzes Bataillon kommandiert, auf deinen Befehl hin sind russische Menschen getötet worden – Russen, die dir nichts getan hatten.
▲ Das kannst du nicht alles in einen Topf werfen! Ich war in der Wehrmacht, um meinem Vaterland zu dienen. Oder wenn du es weniger feierlich haben willst: Da war der Einberufungsbefehl, dem man sich nicht widersetzen konnte. Und ob ich nun selbst schieße oder ob ich ein Bataillon führe, das bleibt sich letztlich gleich. Ich selbst habe nie einen Russen erschossen.
Aber ihr wart Angreifer; das mußte dir doch klar sein!
▲ Was hatte ich davon, das zu wissen. Im Krieg geht das Gefühl für Angriff und Verteidigung ohnehin verloren. Da wird alles absurd. Ich glaube übrigens auch nicht an Heldentum; Selbstbestätigung brauchte ich jedenfalls nicht.
Aber es war die Wehrmacht, die einen verbrecherischen Angriffskrieg geführt hat!
▲ Aber dafür bin nicht ich verantwortlich. Wir hatten unsere Pflicht zu tun, wie es von uns verlangt wurde, auch wenn es unangenehm war. Pflichten kann man sich nicht aussuchen. Wir haben uns für Deutschland eingesetzt – und wir haben nicht verhindern können, dass am Ende andere über uns das Sagen hatten.
Ihr hättet desertieren sollen!
▲ Genau das sagte die Feindpropaganda, so stand es auf russischen Flugblättern!"

Der Kultusminister Nordrhein-Westfalen (Hrsg.): Unterrichtsmaterial. Wir diskutieren – Rechtsextremismus. Düsseldorf 1990.

Oral History
Kopiervorlage

Interview–Karte

Interviewte bzw. Interviewter

Name, Vorname _____

Adresse, Telefon _____

geboren am – in _____

Beruf, Beschäftigung, Position des Vaters _____

Beruf, Beschäftigung, Position der Mutter _____

Geschwister _____

Schulbildung/Ausbildung _____

Beschäftigungen/Positionen _____

Wohnort(e) _____

Organisationszugehörigkeiten
(Kirche, Partei, Gewerkschaften,
Vereine usw.) _____

Sonstige Interessen und Aktivitäten _____

Familienstand (seit/bis) _____

Beruf, Beschäftigungen, Positionen des
Ehepartners/der Ehepartnerin _____

Kinder (Alter, Schulbildung,
Berufsausbildung usw.) _____

Weitere Bemerkungen
(z. B. Besitz spezieller Dokumente
oder Gegenstände) _____

Gesprächsthemen

_____

Interviewerin oder Interviewer

Interview am _____

von – bis _____

Verwendungseinschränkungen
des Interviews _____

Interview geführt von _____

*Vgl. Jürgen Kiner / Manfred Kock / Dieter Thiele: Spuren
suchen. Leitfaden zur Erkundung der eigenen Geschichte. Hamburg 1985, S. 128.*

Schüler auf den Spuren jüdischer Zwangsarbeiterinnen

Eine Arbeitsgemeinschaft der städtischen Anne-Frank-Gesamtschule in Gütersloh hat unter der Leitung ihres Lehrers Spuren jüdischer Zwangsarbeiterinnen verfolgt. Sie berichten:

Zwei unbekannte Kindergräber auf dem jüdischen Friedhof

Auf dem Friedhof findet man 66 Grabstätten. Die Gräber mit der Nummer 36 und 61 sind Kindergräber. Jede Einfassung ist 1 m lang und 50 cm breit, jede Grabtafel 40 cm hoch und 30 cm breit. Beide Grabtafeln sind in Originalgröße mit Bleistift abgepaust worden.

Erst 1988 erfuhr zum ersten Mal die Öffentlichkeit durch das Buch von Herrn Jehuda Barlev „Juden und jüdische Gemeinde in Gütersloh 1671–1943" von der Existenz des Kindergrabes Nr. 36. (…) Nachdem wir die fremd klingenden Inschriften der beiden Kindergrabtafeln langsam gelesen hatten, verglichen wir sie mit den anderen Namen des Gräberverzeichnisses: Ruthenberg, Daltrop, Löwenbach, Stern, Herzberg, Wolf, Hope, Steinberg.

Diese Namen klingen uns vertraut. Mitschülerinnen und Mitschüler könnten auch solche Familiennamen haben. So vermuteten wir schnell, dass die beiden Kinder nicht zur jüdischen Gemeinde in Gütersloh gehören konnten.

Über das Schicksal dieser Kinder und über die Geschichte der Familien war bisher nichts bekannt. Im Stadtarchiv Gütersloh gibt es hierüber auch heute noch keine Veröffentlichung.

Unsere Fragen an die Grabplatte

▲ Wie hieß das Kind?
▲ Wie alt wurde das Kind?
▲ Woran und wo ist das Kind gestorben?
▲ Unter welchen Umständen wurde das Kind begraben?
▲ Wie hießen die Eltern?
▲ Was erlebten sie in Deutschland?
▲ Leben noch Angehörige?
▲ Wer fertigte die Grabtafel an?

Viele von uns hatten große Zweifel, ob man nach so langer Zeit diese Fragen noch beantworten kann.

Mordchai Ioine …, Grab Nr. 36

Der Landesverband der Jüdischen Kultusgemeinden von Westfalen/Lippe in Dortmund teilte uns mit, dass er unsere Fragen nicht beantworten kann. In diesem Brief erfuhren wir aber, dass im Krieg in Lippstadt ungarische Frauen gearbeitet haben. Sie lebten nach der Befreiung in Kaunitz bei Verl (Kreis Gütersloh). Wie sich später herausstellte, war dies für uns eine sehr wichtige Information.

Oberstudienrat Böning in Hagen hat von uns das Foto der Grabtafel bekommen. Bevor der Text von ihm übersetzt wurde, stellte er fest, dass er zum ersten Mal einen Grabstein in hebräisch mit lateinischen Buchstaben sah. „Die Aussprache des Hebräischen ist wie im polnischen jiddisch, also aschkenasisch in polnischer Aussprache."
Die Hinweise auf Polen und Osteuropa könnten möglicherweise die Vermutung des Landesverbandes der Jüdischen Kultusgemeinden bestätigen.

Wir waren froh, dass dieser Text überhaupt übersetzt werden konnte, aber auch enttäuscht, weil keine Nachnamen zu lesen waren. Herr Böning sagte am Telefon: „Mordchai Ioine und Schelomo Elasar sind Vornamen!"

Wie soll man Fragen beantworten, wenn keine Nachnamen auf der Grabplatte stehen? Mutlosigkeit machte sich bei uns breit.

Nach einiger Zeit kam uns die Idee, mit dem Heimatverein in Kaunitz Kontakt aufzunehmen. Herr Fröhleke gab uns die Anschrift der inzwischen verstorbenen Frau Hörster, Kaunitz, Delbrücker Straße 19 (83 Jahre alt). Sie sagte als Zeitzeugin in ihrer Wohnung am 22. 9. 1990 aus:

Oral History

Beispiel

„Auf dem Hof Erichlandwehr, Fasanenweg 20, 300 m von hier entfernt, verstarb ein kleines jüdisches Kind. Auf dem Hof lebten viele jüdische Frauen, die aus dem Lager in Lippstadt kamen. Ich habe das Kind nie gesehen. Ich weiß auch nicht, ob es ein Junge oder Mädchen war." Frau Hörster zeigte uns ein Foto von der Familie Barr aus Australien. Frau Barr lebte 1945 zusammen mit anderen jüdischen Frauen im Hause der Frau Hörster. Sie gab uns die Adresse von Henry und Sarah Barr in Australien.

Familie Barr hatte Frau Hörster später öfter besucht. Sie hatten zueinander ein herzliches Verhältnis.

In unserem gemeinsam verfassten Brief, dem wir ein Foto der Grabplatte beifügten, fragten wir Herrn Barr, ob er etwas über den Tod des Kindes wüsste. Von ihm erhielten wir den Antwortbrief vom 5. 10. 1990.

Dieser Brief hatte für unsere weitere Forschungsarbeit große Bedeutung."

Stadt Gütersloh (Hrsg.): Die Kindergräber von Gütersloh. Gütersloh 1993, S. 5–9, Auszüge

Ergebnis

Die Schülergruppe hat schließlich durch intensive Nachforschungen in verschiedenen Archiven und durch einen umfangreichen Briefwechsel (u. a. mit jüdischen Bürgerinnen und Bürgern in Israel, USA, Australien und Kanada) die Namen der Eltern und Geschwister ermitteln können. Im Mai 1992 hat ein Bruder eines der verstorbenen Kinder das Grab in Gütersloh auf Einladung der Anne-Frank-Gesamtschule besucht.

Die Mütter der beiden Kinder, deren Grabsteine den Ausgangspunkt für die Forschungsarbeit bildeten, waren auf dem Wege des Zwangstransportes vom KZ-Außenkommando bei den Lippstädter Eisen- und Metallwerken (LEM) nach Bergen Belsen am 1. 4. 1945 in Kaunitz, einer Nachbargemeinde von Gütersloh, befreit worden.

Einschätzung eines Schülers

„Es ist mir bei der Arbeit in unserer Gruppe bewusst geworden, wie grausam und unmenschlich die Nationalsozialisten Menschen, insbesondere aber die Juden, behandelt haben. Und um dieses Leid der Menschen niemals zu vergessen, soll man Gedenksteine und Mahnmale errichten, die uns auch heute noch das Schicksal der jüdischen Menschen vor Augen führen. Ich glaube, es ist heute unsere Pflicht, dem wachsenden Fremdenhass entgegenzutreten oder ihn erst gar nicht aufkommen zu lassen."

Sebastian Kreutz, ebd. S. 78

Gedenkstättenarbeit – I

„Es geht nicht darum, Vergangenheit zu bewältigen. Das kann man gar nicht. Sie lässt sich ja nicht nachträglich ändern oder ungeschehen machen. Wer aber vor der Vergangenheit die Augen verschließt, wird blind für die Gegenwart. Wer sich der Unmenschlichkeit nicht erinnern will, der wird wieder anfällig für neue Ansteckungsgefahren."

Der damalige Bundespräsident Richard von Weizsäcker, 8. Mai 1985.

Was sind Gedenkstätten?

Gedenkstätten sind Orte, Einrichtungen oder Institutionen, in denen Spuren der NS-Verbrechen zugänglich sind und gesichert werden. Häufig werden diese durch zusätzliche Informationen in Form von Ausstellungen und Präsentationen in den historischen Zusammenhang gestellt und interpretiert.

Gedenkstätten sind i. d. R. unmittelbar am Ort des Geschehens, an das sie erinnern, untergebracht. Sie befinden sich auf dem Gelände ehemaliger Konzentrationslager, in ehemaligen Gefängnissen und Folterstätten nationalsozialistischer Gewaltorgane wie Gestapo, SA und SS sowie an anderen ehemaligen Verfolgungs- und Terrorstätten. Neben den „großen" betreuten Gedenkstätten im engeren Sinne gibt es unzählige „kleinere" mit vorwiegend lokaler und regionaler Bedeutung in Städten, Gemeinden und auf Friedhöfen in Form von Mahnmalen, Gedenksteinen und Gedenktafeln bis hin zu kleinsten Gedenkzeichen. Gedenksteine und Mahnmale auf Friedhöfen sind oft die einzigen Spuren ehemaliger Konzentrationslager, KZ-Außenlager, Zwangsarbeiterinnen und -arbeiter und Kriegsgefangenenlager in einem Ort.

Möglichkeiten der Bildungsarbeit

Der lokale Ansatz der Gedenkstättenarbeit eröffnet viele besondere Möglichkeiten der Bildungsarbeit. Durch die konkrete Anschaulichkeit des Ortes können Geschehnisse nicht (oder zumindest schwerer) verleugnet werden. Die Intensität des Erlebens vor Ort kann zu einem intensiven Sich-Einlassen auf die Geschichte führen. Die exemplarische Beschäftigung ermöglicht es, einzelne Schicksale zu verfolgen und in der Masse der Opfer die einzelnen Menschen zu erkennen.

Ausgangspunkt der Beschäftigung ist dabei immer das konkrete Geschehen vor Ort und das Bemühen, dieses in all seinen Dimensionen zu verstehen bzw. verständlich zu machen (u. a. die Lebens- und

Gedenkstättenbesuche

Eine vom Institut „psydata" (Frankfurt/M.) durchgeführte Studie über die „Auswirkungen von Gedenkstättenbesuchen auf Schülerinnen und Schüler" kommt u. a. zu folgenden Ergebnissen:

„Die heutige Schülergeneration hatte kaum Gelegenheit, mit den Großeltern über deren Erfahrungen mit dem Nationalsozialismus zu sprechen. Die Kenntnisse der Schüler verkürzen sich häufig auf wenige Chiffren und Begriffe. Ihre Erwartungen an den Besuch in einer Gedenkstätte werden stark von den Medien geprägt, und die Motivation zum Besuch entsteht häufig durch den ‚Reiz des Grauens'. Die Wünsche der Schüler richten sich vor allem auf authentische Darstellungen und konkrete Aussagen, die der eigenen Meinungsbildung dienen könnten. Die Rezeption wird aber dadurch beeinträchtigt, dass viele Schülergruppen mit den Gedenkstätten völlig unvorbereitet konfrontiert werden, manchmal als einem Besichtigungsort unter vielen anderen während einer Klassenfahrt."

Herbert Rollwage: Gedenkstättenarbeit mit Jugendlichen. In: Das Parlament 17. 7. 1992.

Arbeitsbedingungen der Häftlinge, die Reaktionen und das Verhalten der Wachsoldaten, Kommandanten usw.).

Es geht bei Gedenkstättenbesuchen zwar immer auch um Information (Was war? Wie kam es dazu?), aber darüber hinaus spielen emotionale Komponenten wie Betroffenheit, Trauer und Anteilnahme eine ebenso wichtige Rolle. Doch diese emotionalen Komponenten kann (und sollte) man weder provozieren noch „verordnen", man kann sie nur zulassen und einen Rahmen schaffen, in dem sie möglich werden.

Problembereiche

Mit einem Gedenkstättenbesuch dürfen „das Gedenken", die Erinnerungsarbeit und die Auseinandersetzung nicht abgeschlossen sein. Im Gegenteil: Ein solcher Besuch ist der Anfang einer Beschäftigung, die weitergehen muss.

Wissenschaftler und Pädagogen betonten, dass der Besuch in einer Gedenkstätte für Verbrechen des Nationalsozialismus allein bei Jugendlichen noch nicht zu Lernprozessen führt, die sich auf das Verhalten auswirken. Wegen des zunehmenden geschichtlichen Abstandes ist mit einem „morali-

Gedenkstättenarbeit – 2

schen Impuls" nur dann zu rechnen, wenn der Besuch gut vorbereitet und anschließend aufgearbeitet wird. Gedenkstätten-Besuche vom Charakter eines bloßen Wandertags sind weitgehend wirkungslos.

„Jugendliche von heute können die Distanz zu dem Geschehen der NS-Zeit nur überwinden, wenn sie spüren, dass sie durch die Geschichte der Gedenkstätten, durch die Geschichte der Verdrängungen, die Geschichte der Schlussstrichdiskussionen in ihrem eigenen gegenwärtigen politischen Bewusstsein berührt werden."

Eike Hennig. In: Das Parlament, 17. 7. 1992.

Literaturhinweise

Asmuss, Burkhard / Hans Martin Hinz (Hrsg.): Zum Umgang mit historischen Stätten aus der Zeit des Nationalsozialismus. Berlin 2000.
Behrens-Cobet (Hrsg.): Bilden und Gedenken. Erwachsenenbildung in Gedenkstätten und an Gedächtnisorten. Essen 1998.
Ehrmann, Annegret u. a. (Hrsg.): Praxis der Gedenkstättenpädagogik. Erfahrungen und Perspektiven. Opladen 1995.
Kuhls, Heike: Erinnern lernen? Pädagogische Arbeit in Gedenkstätten. Münster 1998.
Museale und mediale Präsentation in KZ-Gedenkstätten. Bremen 2002.
Neirich, Uwe: Erinnern heißt wachsam bleiben. Pädagogische Arbeit in und mit NS-Gedenkstätten. Mülheim 2000.
Puvogel, Ulrike / Martin Stankowski: Gedenkstätten für die Opfer des Nationalsozialismus. Bonn 1996. (vergriffen: als pdf-Datei abrufbar unter: www.bpb.de)

Nichts ist geblieben

„Hier sind sie gegangen, im langsamen Zug, kommend aus allen Teilen Europas, dies ist der Horizont, den sie noch sahen, dies sind die Pappeln, dies die Wachtürme, mit den Sonnenreflexen im Fensterglas, dies ist die Tür, durch die sie gingen, in die Räume, die in grelles Licht getaucht waren und in denen es keine Duschen gab, sondern nur diese viereckigen Säulen aus Blech, dies sind die Grundmauern, zwischen denen sie verendeten in der plötzlichen Dunkelheit, im Gas, das aus den Löchern strömte.

Und diese Worte, diese Erkenntnisse sagen nichts, erklären nichts. Nur Steinhaufen bleiben, vom Gras überwuchert. Asche bleibt in der Erde, von denen, die für nichts gestorben sind, die herausgerissen wurden aus ihren Wohnungen, ihren Läden, ihren Werkstätten, weg von ihren Kindern, ihren Frauen, Männern, Geliebten, weg von allem Alltäglichen, und hineingeworfen wurden in das Unverständliche. Nichts ist übrig geblieben als die totale Sinnlosigkeit ihres Todes."

Peter Weis: Meine Ortschaft. In: Ders.: Rapporte. Frankfurt 1968.

Gedenkstättenarbeit
Checkliste

Checkliste: Gedenkstättenbesuch

Wie kann der Besuch vorbereitet werden?

▲ Von wem geht der Impuls zu einem Gedenkstättenbesuch aus?

▲ Was ist das Ziel des Besuches?

▲ Um welche Art von Gedenkstätte handelt es sich?

▲ Welche Zeugnisse sind dort konkret vorzufinden?

▲ An welche konkreten Ereignisse erinnert und mahnt die Gedenkstätte?

▲ Wie ist der genaue historische Zusammenhang dieser Ereignisse?

▲ Gibt es noch Zeitzeuginnen und Zeitzeugen, die über die Geschehnisse berichten können? Können diese eingeladen bzw. hinzugezogen werden?

▲ Welche Erwartungen und welche Interessen verbinden die Teilnehmerinnen und Teilnehmer damit?

▲ Welches Vorwissen und welche Kenntnisse über die Gewaltherrschaft des Nationalsozialismus bringen die Teilnehmerinnen und Teilnehmer mit?

▲ Wie können die Teilnehmerinnen und Teilnehmer bereits in die Vorbereitungen einbezogen werden?

▲ Welche schriftlichen Vorbereitungsmaterialien stehen für die Teilnehmerinnen und Teilnehmer zur Verfügung bzw. sollten beschafft werden?

▲ An welchen Punkten lassen sich Bezüge zur Situation der Jugendlichen heute herstellen?

Wie soll der Besuch ablaufen?

▲ Wie viel Zeit steht zur Verfügung?

▲ Soll eine Führung stattfinden?

▲ Stehen kompetente Gesprächspartnerinnen und Gesprächspartner zur Verfügung?

▲ Sollen Zeitzeuginnen und Zeitzeugen hinzugezogen oder anschließend besucht werden?

▲ Soll die Gesamtgruppe in Teilgruppen aufgeteilt werden?

▲ Welche konkreten Recherchemöglichkeiten gibt es direkt in der Gedenkstätte bzw. in den umliegenden Orten (Archive mit Lagerakten, Bildern usw.)?

▲ Wie soll über die Opfer, wie über die Täter informiert werden?

▲ Wie und warum haben die Täterinnen und Täter sowie Mittäterinnen und Mittäter zur Massenvernichtung beigetragen?

▲ Sollen über die Gedenkstätte hinaus andere Zeugnisse nationalsozialistischer Gewaltherrschaft besucht werden (evtl. in Form eines „Suchspiels")?

▲ Sollen mit dem Besuch konkrete handwerkliche Tätigkeiten (evtl. Pflege von Gräbern, Säubern von Wegen usw.) verbunden werden?

▲ Sind Pausen eingeplant für Besinnung, Kleingruppengespräche, Essenszeiten usw.?

▲ Wie lässt sich bei unvorhergesehen Ereignissen Souveränität bewahren (z. B. wenn Jugendliche neben einer Führung ihr Frühstücksbrot verzehren oder ihren Walkman aufsetzen)?

Wie kann der Besuch ausgewertet werden?

▲ Wie wird in der Gedenkstätte versucht, die Erinnerung wach zu halten? Welche Themen und Probleme werden dabei aufgezeigt und angesprochen, welche nicht?

▲ Wie kann Trauer und Gedenken heute aussehen?

▲ Welche Themen müssten weiter vertieft werden? (Z. B.: Welche Abwehrmechanismen tauchen bei den Teilnehmerinnen und Teilnehmern auf und wie wird mit ihnen umgegangen? Welche Abwehrmechanismen hatte/hat die Großväter-/müttergeneration?)

▲ Welche Reaktionsweisen auf den Besuch haben die Teilnehmerinnen und Teilnehmer bei sich und anderen feststellen können?

▲ Wie können die Eindrücke verarbeitet und mit heutigen Ereignissen in Beziehung gesetzt werden (z. B. mit der Frage des Umgangs mit Fremden und Minderheiten heute)?

▲ Wie können unterschiedliche Meinungen für die Gruppe produktiv verarbeitet werden?

▲ In welcher Form kann der Besuch dokumentiert werden (Tagebuchaufzeichnungen, Fotodokumentation usw.)?

▲ Wie können die gewonnenen Erkenntnisse im eigenen Lebensumfeld weiter vertieft werden (z. B. Recherchen im eigenen Heimatort, in der eigenen Familiengeschichte: Wo und wie kam es hier zu Deportationen? Wer wusste davon? usw.)?

Vergangenheit kann man nicht hinter sich lassen

Wie lernt man aus der Geschichte? Wie lernt eine Nation aus der Geschichte? Was immer ansonsten notwendig sein mag – es muss eine zuverlässig dokumentierte und zutreffend interpretierte Geschichte geben. Vor allem bezogen auf die Nationalgeschichte setzt das voraus, dass Geschichtsschreibung bestimmten Versuchungen widersteht, besser noch: ihnen entgegenwirkt. (...)
Da Nationalgeschichte hauptsächlich von Angehörigen der betreffenden Nation entworfen wird, hat sie zumeist etwas Autobiografisches. Bei einer Autobiografie sind Autor und Gegenstand identisch. Auch bei einer Nationalgeschichte teilen Autoren und Gegenstand eine Identität. Autobiografen rücken ihren Gegenstand meist in ein übertrieben vorteilhaftes Licht. Auch Nationalgeschichten beschönigen und verherrlichen normalerweise ihre Inhalte, die Vergangenheit einer Nation. Autobiografien neigen zu narzisstischer Selbstüberhöhung, das heißt Legendenbildung. Ebenso neigen Nationalgeschichten zu kollektiver, narzistischer Verzückung, zur nationalistischen Geschichtsschreibung.

Ein genaues Verständnis erfordert in beiden Fällen eines: die jeweiligen Gegenstände in das Licht einer kritischen Außenwahrnehmung zu rücken. Bei den Persönlichkeitsporträts fällt das in die Zuständigkeit des Biografen. Im Falle der Nationalgeschichte besorgt es das Ausland. (...)

Die Vergangenheit hinter sich zu lassen, ist ausschließlich in einem Sinne möglich: sie auf Abstand zu halten, um sicher zu gehen, dass sie nicht zu einer nach dem Bild dieser Vergangenheit geschaffenen Zukunft wird. Das aber kann nur heißen, die Vergangenheit in den Köpfen lebendig zu erhalten. Wer in der Dunkelheit wandert, weiß nicht, wohin er gerät.

Daniel Jonah Goldhagen: Modell Bundesrepublik. Nationalgeschichte, Demokratie und Internationalisierung in Deutschland. In: Blätter für Deutsche und Internationale Politik, 4/97, S. 424 ff., Auszüge.

Gedenkkultur in der Sackgasse

Oberflächlich betrachtet gibt es eine regelrechte Gedenkflut. Aber bei näherem Zusehen erweist es sich, dass sie deutscherseits von nationalen Deutungsmustern beherrscht wird. Erinnern kann auch verzerren und vergessen heißen. Seine fast zwanghafte Reproduktion zeigt eher ein Problem an als schon dessen Lösung. (...)

Das Gedenken an den Holocaust ist zur arbeitsteiligen Verrichtung in einer Gesellschaft geworden, die von ihm nichts wissen will. Es sind immer die gleichen Leute, die sich für sie versammeln und Erinnerung zelebrieren. Der postfaschistische Staat hat die Abgrenzung vom nazistischen Massenmord zum Bestandteil seiner Identität erklärt. Das Gedenken erfolgt in öffentlichen Ritualen, die das Geschehen eher bannen und beschwichtigen als evozieren. Das Nachleben der kollektiven Tat spaltet sich in surrogative Zeremonien und private Reminiszenzen. Die schier inflationär verwendeten Zeitzeugen sind mit der Schließung dieser Lücke überfordert, doppelt einsam im Erleben und Wiedergeben ihres Leids.

Gerhard Armanski: Gedenkkultur in der Sackgasse. In: Mitteilungen Nr. 3 der Initiative zur Gründung eines „Zentralmuseums gegen Verbrechen wider die Menschlichkeit. Arbeits-, Gedenk- und Forschungsstätte für Frieden und Humanität. Hannover 1996, S. 6 f.

Kriegerdenkmäler als Geschichtsquellen – I

Kriegerdenkmäler gibt es in fast jeder Kommune; sie sind Traditionsquellen, welche insbesondere an die Kriege 1870/1, 1914/18 und 1939/45 erinnern.

Da Kriegerdenkmäler immer ein spezielles Geschichtsbewusstsein einer bestimmten Zeitepoche repräsentieren und da durch sie auch Geschichtsbewusstsein erzeugt und stabilisiert werden soll, bieten sie sich als Grundlage für die Analyse von historisch jeweils vorherrschenden Denkmustern an.

Die regional und lokalgeschichtliche Bearbeitung von Kriegerdenkmälern in der Lehrerfortbildung und im Unterricht ermöglicht es, im eigenen Lebensbereich und im alltäglichen Bewusstsein Geschichte erlebbar und reflektierbar zu machen, ohne sich der Gefahr der „Heimattümelei", der Subjektivität, der Idyllisierung oder emotionalen Überwältigung auszusetzen.

Vorgehensweise

Kenntnisstand klären

Wer kennt konkrete Denkmäler vor Ort. Wo ist ihr Standort? Welche Symbole sind verwendet, welche Inschriften befinden sich darauf? Was wird mit diesen Denkmälern verbunden?

Informations- und Materialbeschaffung

Alle verfügbaren Informationen über Kriegerdenkmäler werden zusammengetragen. Dabei sollte überlegt werden, wie breit das Thema angegangen wird. Ob die Beschäftigung auf einen bestimmten Ort oder Stadtteil konzentriert wird. Solche Informationen können sein: Zeitungsausschnitte, heimatkundliche Literatur, Fotografien, Stadtpläne usw. Wie vollständig bzw. lückenhaft sind die Informationen. Welche Informationen müssen überprüft, welche neu beschafft werden?

Denkmäler dokumentieren

Die Beschäftigung mit einzelnen Denkmälern setzt deren Dokumentation voraus. Diese kann mit der genauen Lagekennung sowie einer genauen Beschreibung beginnen. Die Maße und das verwendete Material, die Symbolik usw. sollten genau festgehalten werden. Eine Zeichnung bzw. ein Foto sind dabei wichtige Hilfsmittel. Die Schriftzüge können mit Papier und Bleistift auch direkt vom Denkmal abgenommen werden.

Hintergründe aufdecken

Besonders interessant ist die Geschichte des Denkmals: Wann wurde es aus welchem Anlass errichtet? Von wem wurde es in Auftrag gegeben, wer hat es angefertigt? Wie wurde die Einweihungsfeierlichkeit gestaltet?

Hierzu findet man in Gemeindearchiven vielfältige Unterlagen:

▲ in Bauunterlagen zur Planungs- und Baugeschichte;

▲ in Gemeinderatsprotokollen zu den Entscheidungsprozessen;

▲ in den Haushalten zu den Kosten.

Des Weiteren können auch Heimatbücher oder Broschüren von Traditionsvereinen ausgewertet werden.

Geschichte nachzeichnen

Denkmäler unterliegen oft einer eigenen Geschichte. An ihnen finden Feierlichkeiten statt, sie werden auch für andere Zwecke umgewidmet. Die Geschichte des konkreten Denkmals kann mit Hilfe von Zeitungs- oder Gemeindearchiven nachgezeichnet werden. Aus welchem Anlass wurde das Denkmal öffentlich erwähnt (Volkstrauertag, Vereinsjubiläen, Restaurationsvorhaben usw.).

Literaturhinweise

Armanski, Gerhard: „... und wenn wir sterben müssen". Die politische Ästhetik von Kriegerdenkmälern. Hamburg 1988.

Asmuss, Burkhard / Hans-Martin Hinz (Hrsg.): Zum Umgang mit historischen Stätten aus der Zeit des Nationalsozialismus. Berlin 2000.

Boll, Friedhelm / Annette Kaminsky: Gedenkstättenarbeit und Oral History. Berlin 1999.

Brumlik, Micha u. a.: Pädagogik der Erinnerung. Didaktische Aspekte der Gedenkstättenarbeit. Frankfurt/M. 1997.

Der politische Totenkult. Kriegerdenkmäler in der Moderne. München 1993.

Politik & Umwelt, Heft 4/2002: Politische Denkmäler.

Rehmann, Klaus: Der Toten Tatenruhm. Kriegerdenkmäler aus zwei Jahrhunderten. Norderstedt 2002.

Volksbund Deutscher Kriegsgräberfürsorge (Hrsg.): Dienst am Menschen / Dienst am Frieden. 75 Jahre Volksbund Deutscher Kriegsgräberfürsorge. Gütersloh 1997.

Kriegerdenkmäler als Geschichtsquellen – 2

Die heutige Bedeutung feststellen

Mit Hilfe einer Befragung (Eltern, Großeltern, Verwandte, Nachbarn, Pfarrer, Gemeinderatsmitglieder usw.) kann die damalige und heutige Bedeutung des Denkmals rekonstruiert werden. Solche Fragen können u. a. sein:

▲ Haben Sie schon einmal an einer Feier am Kriegerdenkmal teilgenommen?

▲ Was verbinden Sie heute mit dem Kriegerdenkmal?

▲ Würde Ihnen etwas fehlen, wenn das Kriegerdenkmal abgetragen würde und an dessen Stelle eine Parkbank aufgestellt würde?

▲ Stört Sie etwas an Kriegerdenkmälern oder finden Sie diese völlig normal?

Lernbereiche

Bei der Auswertung sollten folgende Aspekte berücksichtigt werden

▲ historische Einordnung der Entstehung des Kriegerdenkmals;

▲ Typisierung verschiedener Denkmäler (Mahnmal, Siegesdenkmal, Erinnerungsdenkmal usw.);

▲ Erläuterung der Symbole und Allegorien der Denkmäler;

▲ Arrangement und Wirkung der Symbole im Wandel der Zeit;

▲ beabsichtigte Wirkung der dargestellten Szenen;

▲ die Funktion der Namen bzw. Opfer;

▲ die (Nicht-)Darstellung des Krieges;

▲ Sprachformen und Sprachstile;

▲ Denkmäler als Ausdruck eines herrschenden Nationalbewusstseins;

▲ Vergleich verschiedener Epochen;

▲ Wandel und öffentliche Funktion von Kriegerdenkmälern.

Vgl. Gerhard Schneider: Kriegerdenkmäler als Geschichtsquellen. In: Hans-Jürgen Pandel und Gerhard Schneider (Hrsg.): Medien im Geschichtsunterricht. Düsseldorf 1985, S. 293–330.

Der Begriff Denkmal ...

... taucht im deutschen Sprachraum im 16. Jahrhundert auf und ist eine Lehnübertragung aus dem Griechischen für „Gedächtnishilfe". Die Bedeutung „Erinnerungszeichen" („Mal") stammt aus dem 18. Jahrhundert. Das Wortspiel „Denk-mal" verweist darauf „mal nachzudenken", sich Gedanken zu machen.

Die vorwiegend verwendeten Baumaterialien (Bronze, Granit, Marmor, Findlinge u. a.) drücken bereits den Wunsch nach der Dauerhaftigkeit eines Denkmals aus. Die Inschriften verweisen oft auf die vorgeblichen Tugenden der gefallenen Soldaten: Tapferkeit, Mut, Vaterlandsliebe, Treue, Opferbereitschaft, Kameradschaft und Pflichterfüllung bis in den Tod.

Für die Denkmäler für die Gefallenen der verschiedenen Kriege wurden häufig typische Symbole verwendet:

1870/71: Viktoria, Germania, Adler mit ausgebreiteten Schwingen.

1914/18: Bis 1933 errichtete Denkmäler: Eisernes Kreuz, Eichenlaub, Schwert und Stahlhelm;
Nach 1933 errichtete Denkmäler: Reliefs, die Kampfbereitschaft, Mut und Siegesgewissheit darstellen.

1939/45: Christliches Kreuz, Palmzweige.

Selbst ein Denkmal entwerfen

In verschiedenen Gemeinden sind in den letzten Jahren Initiativen entstanden, die ein Denkmal zur Erinnerung an „unbekannte Deserteure" errichten wollen. In einigen Fällen (z. B. Bonn, Bremen und Kassel) sind solche Denkmäler bereits entstanden.

▲ Entwerfen Sie als Zeichnung oder Skulptur die Grundzüge eines solchen Denkmals!

▲ Wem würden Sie heute ein Denkmal setzen? Wie sollte es gestaltet sein? Wo sollte es stehen?

▲ Lassen sich historische Denkmale umgestalten? Wie könnten sie verändert werden?

Kriegerdenkmäler als Geschichtsquellen

Archivblatt

Kriegerdenkmal (Kurzbezeichnung): _____

Standort (Straße/Platz): _____

Errichtung: _____

Denkmal für: _____

Errichtet von: _____

Inschrift: _____

Maße: _____

Verwendetes Material: _____

Symbole/Allegorien: _____

Skizze

Bearbeitet von: _____

Am: _____

Kriegerdenkmäler als Geschichtsquellen

Checkliste

Untersuchen Sie die Geschichte eines Denkmals

Suchen Sie ...

in Ihrem Ort oder der Umgebung ein Denkmal,
▲ das Sie besonders beeindruckt;
▲ das erinnern oder mahnen soll;
▲ das in Vergessenheit geraten ist;
▲ das Sie nicht verstehen;
▲ das fragwürdig erscheint;
▲ das ärgert oder überflüssig ist;
▲ das versetzt oder beseitigt wurde;
▲ das noch gar nicht als Denkmal anerkannt ist;
▲ das geplant, aber nicht verwirklicht wurde;
▲ das nicht einmal geplant wurde, ihnen aber nötig erscheint.

Beschreiben Sie ...

die Zeit, den Sachverhalt, das Ereignis oder die Person, an die das Denkmal erinnert.

Erläutern Sie ...

die äußere Gestalt des Denkmals, z. B. Symbole, Form, Ausmaß, Standort, Materialien, eventuelle Besonderheiten und die Wirkung auf den Betrachter.

Erforschen Sie,

wann und wie das Denkmal entstand:
▲ Wurde es gleich als Denkmal errichtet oder erst später zum Denkmal erklärt?
▲ Wer war damals beteiligt, wer gab das Geld, welche Ziele und Interessen, Hoffnungen und Befürchtungen spielen eine Rolle? Gab es Kritik oder Gegenvorschläge?
▲ Wie sah das Denkmal damals aus, war es für seine Zeit typisch oder ungewöhnlich und welche Beachtung fand es?

Erforschen Sie ...

die weitere Geschichte des Denkmals:
▲ Wie gingen Bürger mit dem Denkmal um?
▲ Fanden am Denkmal z. B. Feiern oder Demonstrationen statt?
▲ Wurde es verändert, beseitigt, vergessen, beschmiert, restauriert, kritisiert oder mit einem anderen Sinn versehen?

Prüfen Sie ...

die heutige Situation des Denkmals:
▲ Wie sieht das Denkmal heute genau aus?
▲ Gibt es Erhaltungsprobleme oder Veränderungswünsche?
▲ Wie nehmen die Bürger das Denkmal wahr?

Erörtern Sie ...

am Beispiel grundsätzliche Probleme:
▲ Was wir uns als Denkmal anschauen sollen, das ist eine gesellschaftliche Entscheidung – kann und soll man Erinnerung politisch verordnen?
▲ Staat und Bürger geben viel Geld zur Erhaltung von Überresten der Geschichte aus – lohnt sich das?
▲ Helfen Denkmäler uns, Geschichte besser zu verstehen – lügen und verzerren, vertuschen und verfälschen sie nicht auch?
▲ Was machen wir mit Denkmälern, die uns politisch oder historisch „falsch" erscheinen – sollen wir sie beseitigen oder als Denkanstoß stehen lassen?
▲ Sollen wir durch mehr Denkmäler an Vergangenheit erinnern, oder benötigen wir für unsere Zukunft andere Formen der Erinnerung?
▲ Gibt es Denkmäler, die wir heute besonders dringend brauchen?

Körber Stiftung (Hrsg.): Spuren suchen. Schülerwettbewerb Deutsche Geschichte um den Preis des Bundespräsidenten. 6. Jg. 1992, S. 28.

Kriegerdenkmäler als Geschichtsquellen

Arbeitsmaterial

Nie wieder Krieg

Die Arbeiterbewegung der Weimarer Republik versuchte der kriegsverherrlichenden Sprache deutscher Kriegsdenkmäler das Motto „Nie wieder Krieg" entgegenzusetzen. Nur selten waren diese Bemühungen erfolgreich.

In Benningen gelang es dem Arbeiterturnverein 1928 auf dem Vereinsgelände seinen im Ersten Weltkrieg getöteten Mitgliedern ein solches Denkmal zu setzen. Seine Inschrift hebt sich durch das Leitwort „Nie wieder Krieg" im Denkmalssockel und durch die Widmung von vergleichbaren Denkmälern bürgerlicher Turnvereine ab. Ohne das übliche Pathos zu bemühen, lautet die Inschrift:

**Dem Weltkrieg 1914–1918
fielen zum Opfer unsere
Lieben Turngenossen
Ihnen wird allezeit ein ehrendes Andenken bewahrt
Turnverein Benningen
NIE WIEDER KRIEG**

Eichenblätter schmücken das Emblem des Arbeiter-, Turn- und Sportbundes, das für frisch, frei, stark, treu steht. Das Benninger Kriegerdenkmal gehört zu den wenigen Denkmälern in Deutschland bei deren Errichtung keine revanchistisch-antinationalistischen Hintergedanken im Spiel waren. Als Anti-Kriegsdenkmal distanziert es sich von dem Missbrauch der Toten für eine revanchistische Aggressionspolitik.

Bernd Schmid: Kriegsdenkmäler – Ein Ausstellungsprojekt. In: puzzle. Zeitschrift für Friedenspädagogik. 1/1994, S. 12.

„...*leuchtest
mir zum
frühen
Tod!*"

**KRIEGSDENKMÄLER IM
KREIS LUDWIGSBURG**

Streit um ein Kriegerdenkmal

Es muss an einem jener Tage gewesen sein, als der drahtige Mann über anderes als das alte Kriegerdenkmal zu entscheiden gedachte. Über Kinderspielplätze und Flächennutzungspläne zum Beispiel. Da klopfte der aus Birkenwerden stammende Friedrich Freiherr von Senden, ein Brigadegeneral der Bundeswehr in Hannover, bei Bürgermeister Vetter an. Und fragte, ob er sich mit Soldaten der Renovierung des Kriegerdenkmals annehmen könne, das man wie an anderen Orten zu Zeiten der DDR hat verfallen lassen. Vetter sagte ja, „wenn's nichts kostet". Und von Senden machte seine Ankündigung wahr. Ein Steinmetz zog die Linien des Eisernen Kreuzes auf dem Findling nach, renovierte die Losung „Er starb für Dich – Die Gemeinde Birkenwerder", polierte die eingemeißelten Jahreszahlen 1914–1918 (...) „Und dann gab Herr von Senden den Anstoß, ob man nicht auch der Gefallenen des Zweiten Weltkriegs gedenken sollte", sagt Kurt Vetter und fügt hinzu: „Da habe ich zugestimmt." ... Der Steinmetz hämmerte die Zahlen 1939–1945 ein.

Die „Meißel-Affäre" nahm ihren Lauf. Peter Ligner, PDS-Mitglied, stellte Bürgermeister Kurt Vetter in der Gemeindevertretung zur Rede – weil er in der Verbindung der Jahreszahlen „1939–1945" mit der Zeile „Er starb für Dich – Die Gemeinde Birkenwerder" eine „Verherrlichung und Verharmlosung des Zweiten Weltkriegs" sieht. Vetter leugnete zunächst, etwas von der Umgestaltung des Denkmals gewusst zu haben. Später gestand der Bürgermeister.

Jochen Arntz: „Wenn's nichts kostet" Streit um ein Kriegerdenkmal und schwammige Formeln. In: Die Zeit, 22. 4. 1994, Auszug.

Kriegerdenkmäler als Geschichtsquellen

Arbeitsmaterial

Gedenktage

An jedem Volkstrauertag werden Aufmärsche und Gedenkfeiern veranstaltet. Kriegervereine und Stadtväter nehmen wie Teile der Bevölkerung selbstverständlich daran teil. In vielen Landgemeinden sammeln Schulkinder zuvor für den „Volksbund deutscher Kriegsgräberfürsorge".

Die erste Feier des Volkstrauertages fand am 5. März 1922 im Berliner Reichstag statt. 1934 wurde er per Gesetz in einen Staatsfeiertag mit der Bezeichnung „Heldengedenktag" umgewandelt. Anstelle des Volksbundes deutscher Kriegsgräberfürsorge, der ihn bis dahin organisiert hatte, wurden nun die Wehrmacht bzw. NSDAP Träger der Feiern. Die Demonstration der Macht und des Wehrwillens trat in den Vordergrund.

Nach Gründung der Bundesrepublik wurde der Volkstrauertag 1950 wieder als nationaler Feiertag eingeführt. Obwohl er auch heute noch für viele national und militaristisch Gesinnte gerne als Anlass zur Gesinnungsäußerung und Demonstration genutzt wird, sind solche Feiern heute weniger emotionsgeladen.

Kriegerdenkmäler

In den alten Bundesländern gibt es 100.000 Kriegerdenkmäler in unterschiedlichen Formen und aus unterschiedlichen Zeiten. Sie stammen jedoch mehrheitlich aus der Zeit der Weimarer Republik.

Mit und in den Kriegerdenkmälern wird häufig versucht, nachträglich dem sinnlosen Opfer des Lebens einen Sinn zu verleihen. Der Verlust wird mit Werten wie „Vaterland", „Pflicht" und „Heldentum" legitimiert. Die Ursachen und Erklärungen für solche Opfer bleiben jedoch im Dunkeln.

Viele Denkmäler eignen sich zu einer derartigen Demonstration gerade deshalb, da sie nicht nur eine Überhöhung von Kriegstod und Kriegsbild ausdrücken, sondern in der Gestaltung und Darstellung Motive ausgewählt wurden, die sich auch auf Nationalismus und Militarismus beziehen lassen (etwa Eichenlaubgirlanden und Reichsadler mit Schild). Der Totenkult um die Gefallenen der beiden Weltkriege ist seit Anfang der 60er-Jahre merklich zurückgegangen. Kriegerdenkmäler ziehen sich heute durch eine scheinbar „natürliche" Allgegenwärtigkeit in eine unsichtbare Selbstverständlichkeit zurück, die es verhindert oder doch erschwert, sie als Denkanstöße zu reflektieren.

Kriegsgräber

Kriegsgräber sind Zeugen vergangener Kriege und Gewalttaten, sind Zeichen der Sinnlosigkeit solcher Unterfangen und weisen auf die ungeheuren Opfer der Kriege hin. Ob sie als solche gesehen werden oder ob sie eher mit Revanchegedanken und Heldentum verbunden werden, hängt vom Wissen und Umgang damit ab.

In den ca. 8.500 Gemeinden Westdeutschlands gibt es über 14.000 Kriegsgräberstätten der Opfer der beiden Weltkriege und der Gewaltherrschaft des Nazi-Regimes. In Ostdeutschland gibt es nach den Unterlagen des Volksbundes Kriegsgräber in 6.442 Gemeinden. Die Toten in Westdeutschland erhielten durch Erlass des Kriegsgräbergesetzes von 1952 bzw. 1965 dauerndes Ruherecht; die Sorge für die Kriegsgräber wurde 1965 auf die Länder übertragen. Diese gesetzlichen Regelungen haben jedoch nichts zur Klärung und Erklärung über die einzelnen Gräberfelder beigetragen. Wer sind die Toten? Wie sind sie umgekommen? Wer war dafür verantwortlich? Wer hat davon gewusst? In so manchem Gräberfeld liegen nicht nur deutsche Soldaten, sondern auch ausländische Kriegsgefangene, Zwangsarbeiter, KZ-Insassen. Recherchen über solche Grabstätten haben schon Unliebsames zu Tage gefördert. Dass solche Gräberfelder auch heute noch starken politischen Symbolcharakter haben, hat u. a. das „demonstrative Händehalten" von Bundeskanzler Kohl und US-Präsident Reagan auf dem Soldatenfriedhof von Bitburg im Jahr 1985 gezeigt.

Günther Gugel: Rüstungskultur. In: Günther Gugel / Uli Jäger (Hrsg.): Handbuch kommunale Friedensarbeit. Tübingen 1988, S. 50 f., ergänzt.

Aufruf

Volksbund Deutsche Kriegsgräberfürsorge e. V.

An das deutsche Volk ergeht der Ruf:
Vergesst die Toten nicht, die mit dem Opfer ihres Lebens die Heimat vor dem Schrecken des Krieges bewahrten!
Sorgt alle mit, dass die Ehrenstätten der Gefallenen würdig erhalten bleiben!
Helft alle mit, dass die Angehörigen aus der Ungewissheit über den Zustand der fernen Kriegsgräber erlöst werden!
Einigt Euch zur ersten Pflicht der Totenehrung!

Aus dem Gründungsaufruf des Volksbundes Deutsche Kriegsgräberfürsorge e. V., 1920.

Audiovisuelle Medien

Filme

Video

Radiowerkstatt

Tonkassetten

Tonbildschau

Computerspiele

Internet

Kaum eine Bildungsveranstaltung findet heute ohne audiovisuelle Medien statt. Medien haben dabei vielerei Funktionen und sollten dementsprechend auch gezielt ausgewählt und eingesetzt werden. Sie können motivieren, in ein Thema einführen, Erfahrungen wiedergeben, ein Stück Wirklichkeit vermitteln oder Problembewusstsein schaffen.

Medien wirken jedoch nie von alleine und sollten in der Bildungsarbeit auch nicht alleine stehen. Sie müssen in einen Gesamtzusammenhang eingebettet werden. Ihr Einsatz muss i. d. R. vorbereitet und nachgearbeitet werden, um die gewünschten Resultate erzielen zu können.

Die Nutzung von Medien gehört heute zum Alltag. Deshalb ist es notwendig, in der Bildungsarbeit auch Kompetenzen für den kritischen und produktiven Umgang mit Medien zu vermitteln.

Filme – I

Entwicklung des Films

▲ „Die Frühgeschichte des Films umfasst alle Vorläufer des ‚Cinématographen‘, wie auch die Herausbildung gewisser Aspekte in anderen Künsten, die – im Film angewandt – einen wichtigen Einfluss gewannen (zum Beispiel das viktorianische Melodram oder die Porträt-Fotografie).

▲ In den Jahren zwischen 1896 und 1912 entwickelte sich das Kino von einer Jahrmarktsattraktion zu einer selbstständigen Wirtschaftsbranche und Kunstform. Das Ende dieser Periode wird durch das Entstehen des langen Spielfilms markiert.

▲ Die Jahre von 1913 bis 1927 umfassen die Stummfilmzeit.

▲ Zwischen 1928 und 1932 befand sich die Welt-Kinematographie in einer Übergangsperiode. Dieser Abschnitt ist künstlerisch nicht sehr ergiebig, doch ökonomisch wie technisch höchst wichtig.

▲ In die Periode von 1932 bis 1946 fällt Hollywoods ‚goldene Ära‘; in dieser Zeit hatte das Kino seinen größten wirtschaftlichen Erfolg.

▲ Gleich nach dem Ende des Zweiten Weltkriegs begann für den Film die Herausforderung durch das Fernsehen. Die Jahre von 1946 bis 1959 wurden von dieser Konfrontation bestimmt, ebenso von einer wachsenden Internationalisierung. Ästhetisch, wenn auch nicht wirtschaftlich, verlor Hollywood seine Vorherrschaft.

▲ Das Entstehen der ‚Neuen Welle‘ in Frankreich, Anfang der sechziger Jahre, kennzeichnete den Beginn der siebten Periode der Filmgeschichte. Neue technische Mittel, neue wirtschaftliche Wege der Produktion und ein neues Bewusstsein für die politischen und sozialen Werte des Films ließen zwischen 1960 und 1980 zahllose kleine ‚Neue Wellen‘ in Osteuropa, Lateinamerika, Afrika, Asien und schließlich auch in den Vereinigten Staaten und Westeuropa entstehen.

▲ 1980 bietet sich offensichtlich als Schlusspunkt der Periode der Neuen Welle in der Welt-Kinematographie und als Beginn einer neuen Periode an. In dieser gegenwärtigen Ära erscheint der Film am ehesten als Teil des weit gefächerten Angebots der Unterhaltungs- und Kommunikationsmedien, die eindeutig durch das Fernsehen in all seinen Formen dominiert werden. Als Teil jener Gruppe, zu der Schallplatten, Videokassetten und Bildplatten, diverse Druckverfahren, Rundfunk, Satelliten- und Kabel-Fernsehen gehören, hat der Film seinen früheren ökonomischen Einfluss verloren. Zwar dient das Kino noch immer als Prestige-Modell für diese anderen Medien, doch zunehmend muss der Film in diesem weiteren Zusammenhang verstanden werden. Die Herstellung von Kinofilmen ist lediglich eine der zahlreichen Facetten dieses Mediensystems.“

James Monaco: Film verstehen. Kunst, Technik, Sprache, Geschichte und Theorie des Films. Reinbek 1980, S. 215 f.

Was sollen Filme leisten?

Filme sollen in der Bildungsarbeit die Auseinandersetzung mit einem Thema einleiten und/oder unterstützen. Hierzu ist es wichtig, sich zu vergewissern, welche Aufgabe der Film genau übernehmen soll:

▲ ein Thema einleiten oder in ein Thema einführen (Problematisierung, Aufwerfen von Fragen, Motivation zur Auseinandersetzung)?

▲ ein Thema ergänzen und illustrieren (Vertiefung und Bestätigung von bereits Erarbeitetem)?

▲ neue Aspekte eines Themas aufzeigen, neue Sichtweisen vermitteln (zusätzliche Impulse geben)?

▲ ein Thema zusammenfassen und abschließen?

Wie mit dem Film umgehen?

Ein Film muss nicht in jedem Fall – egal mit welchen Methoden – „nachbereitet“ werden. Was spricht bei guten Filmen dagegen, sie einfach als ästhetisches Erlebnis, als beeindruckendes Dokument oder unterhaltsamen Spaß unkommentiert stehen zu lassen?
Trotzdem bleibt unbestritten, dass die inhaltliche Auseinandersetzung mit dem Film oft sehr sinnvoll, notwendig und auch gewünscht ist. Alles, was um den Film herum passiert, kann zum besseren Verständnis beitragen, eine bestimmte Atmosphäre schaffen, zur Weiterarbeit anregen, kritische Distanz fördern.

Vor dem Film

Alternative Eintrittskarten usw.

Alternative Eintrittskarten dienen vor allem dazu, eine andere, fantasieanregende, gemütliche Atmosphäre zu fördern. So wurden z. B. bei einer Veranstaltung Holzperlen als Eintrittskarten verwendet, die bis nach dem Film als Filmbewertung aufgehoben werden sollten (siehe unten).
Unerwartete „Hindernisse“ beim Einlass erhöhen die Spannung. Im Rahmen einer Frauenfilmwoche wurden z. B. alle Teilnehmerinnen und Teilneh-

Filme – 2

mer beim Eintritt unerwartet mit Parfüm besprüht.

Bei der Vorführung eines Filmes zu einem Dritte-Welt-Thema war der Raum so aufgeteilt, dass ein Teil der Zuschauer stehen musste, während einige wenige Logenplätze hatten.

Aktivitäten im Vorfeld

Vor dem Film können Fragebögen mit Bezug zum Thema verteilt werden. Diese können Wissens- und Meinungsfragen beinhalten. Sie können ernsthaft oder lustig sein. Man kann um ihre Beantwortung mit dem Hinweis bitten, dass nach dem Film die Auswertungsergebnisse (oder die Auflösung) bekannt gegeben werden.

Interviews unter den Teilnehmerinnen und Teilnehmern oder aber auch bei Passanten auf der Straße (evtl. mit Kassettenrekorder oder Videoanlage) bringen interessante Aspekte zum Thema und steigern das Interesse an dem Film.

Einführung

Vor dem Film sollte deutlich gesagt werden, um welchen Film es sich handelt, evtl. auch wie er entstanden ist und wie lange er dauert. Im Rahmen von Seminaren können auch spezielle Aufgaben verteilt werden: auf die Rolle der Musik zu achten, bestimmte Personen genau im Auge zu behalten etc.

Vor dem Film kann z. B. auch eine Meinungsabstimmung zu bestimmten Inhalten stattfinden.

Nach dem Film

Methode 66

Nach dem Ansehen des Films werden jeweils Gruppen zu sechs Personen gebildet, die sechs Minuten erste Aussagen, die sie aus dem Film gewonnen haben, und erste Fragen formulieren, die dann im Plenum besprochen werden.

Der stumm-schriftliche Dialog

Nach Vorführung des Films wird gebeten, dass jede bzw. jeder, die bzw. der in der Gruppe zu diesem Film etwas zu sagen hat oder eine Frage stellen möchte, dies auf eine Wandzeitung oder Folie schreibt. Die bzw. der nächste antwortet dann dem, was die bzw. der erste aufgeschrieben hat oder schreibt eine neue Aussage oder ein neues Problem auf. Die übrige Gruppe sitzt schweigend dabei und liest, was geschrieben wird. Das schriftliche gesammelte Material ist Ausgangspunkt des Gesprächs.

Assoziationsmethode

Nach der Vorführung des Films schreibt jede bzw. jeder auf ein Blatt Papier, was ihr bzw. ihm zu diesem Film einfällt. Fünf bis zehn Minuten wird assoziiert und die Einfälle werden niedergeschrieben. Alle lesen ihre Assoziationen vor. Beim Vorlesen der Assoziationen machen sich die anderen Notizen, zu welchen Assoziationen sie Fragen stellen wollen. Das Gespräch verläuft in der Form, dass die Assoziationen der Einzelnen hinterfragt werden.

635-Methode

Es werden Gruppen von vier bis sechs Personen gebildet. Jedes Gruppenmitglied hat einen DIN-A4-Bogen mit drei Spalten für „Frage", „Aussage", „Stellungnahme". Jedes Gruppenmitglied schreibt in jede Spalte eine entsprechende Frage. Nach drei bis fünf Minuten wird der Bogen zur rechten Nachbarin oder dem rechten Nachbarn gereicht, der entweder die Frage der Vorgängerin oder des Vorgängers beantwortet oder aus seiner Sicht eine neue Bemerkung zum Medium schreibt. Die Aussagen auf dem Bogen müssen nicht aufeinander aufbauend sein, sie können auch rein assoziativ erfolgen.

Nach drei bis fünf Minuten wird wieder gewechselt, insgesamt also so lange, bis der Bogen wieder am Ausgangspunkt angelangt ist.
Auf diese Weise kommen viele Fragen, Aussagen und Stellungnahmen zusammen. Jedes Gruppenmitglied liest anschließend die Eintragungen auf dem Blatt vor. Diese Eintragungen sind dann die Grundlage für das folgende Gespräch.

Nacherzählen, weitererzählen

Eine andere Art von Filmgespräch, das sich vor allem bei Jugendlichen eignet, ist das Nacherzählen des Films in der Gruppe. Es hilft, Verständigungsschwierigkeiten zu beseitigen, Distanz zum Filmgeschehen zu entwickeln, eventuell entstandene Ängste aufzuarbeiten etc.

Filme, deren Geschichte ein offenes Ende haben, eignen sich besonders zum Weitererzählen. Dabei kann jede bzw. jeder seine bzw. ihre eigene Fortsetzung erfinden, oder es können mehrere gemeinsam ihre Fantasie spielen lassen.

Etwas Ähnliches ist es, wenn die Gruppe einfach einen neuen Schluss erfindet.

Filme zu unterbrechen und das Publikum zu fragen, wie es wohl weitergeht, ist mit Vorsicht zu genießen und nur unter ganz bestimmten Bedingungen angebracht. Dies bedeutet schon einen sehr massiven Eingriff in den Ablauf.

Filme – 3

Nachspielen, weiterspielen

Statt den Film nach- oder weiterzuerzählen, kann man einzelne Szenen, einzelne Personen, Dekorationen oder auch Requisiten nachstellen bzw. nachspielen oder die selbst gesponnene Fortsetzung in ein szenisches Spiel umsetzen. Das Nachspielen braucht nicht immer eine Art Kopie des Films zu sein. Für die Spielszenen kann es sinnvoll sein (und Spaß machen), sich zu verkleiden und zu schminken.

Man kann Nachspielaktionen auch in Form von Ratespielen machen: Es werden zwei Gruppen gebildet. Jede überlegt Szenen aus dem Film, die eine/r oder mehrere als Pantomime darstellen können. Die jeweils andere Gruppe muss innerhalb einer bestimmten Zeitspanne erraten, um welche Szene (oder Person) es sich handelt.

Rollenspiele, Planspiele

Spiele brauchen sich nicht direkt auf den Film zu beziehen, wie es in Nach- und Weiterspielaktionen der Fall ist. Das Gesehene kann auch Anlass sein, etwa eigene Alltagssituationen der Zuschauerinnen und Zuschauer (z. B. Konflikte in der Arbeitswelt) oder fiktive Ereignisse im Rollen- oder Planspiel aufzugreifen.

Filme bewerten

Auf einen Tisch oder auf die Fensterbank stellt man drei durchsichtige Gläser. Auf dem ersten steht „Ich fand den Film mies“, auf den anderen beiden jeweils „Toll“ bzw. „Na ja“. Dazu kann man noch den entsprechenden Gesichtsausdruck aufmalen. Nach dem Film kann jede Zuschauerin und jeder Zuschauer die „Eintrittskarte“ in eines der Gläser werfen. Alle können so sehen, wie der Gesamteindruck des Filmes ist. Diese ersten Reaktionen können dann im Gespräch begründet werden.

Differenzierte Aussagen erhält man, wenn man einen kleinen Fragebogen entwirft: Der Film war langweilig, weil …; besonders angesprochen hat mich, dass …

Eine weitere Möglichkeit ist, durch ein Polaritätsprofil die Filmwirkung zunächst assoziativ zu erfassen *(siehe Arbeitsblatt)*.

Kritik an den traditionellen Methoden

An traditionellen Methoden des Umgangs mit Filmen wird oft zu recht kritisiert, dass sie sich ausschließlich auf der sprachlichen Ebene bewegen. Sie fordern somit von den Teilnehmerinnen und Teilnehmern auch die Fähigkeit, sich sprachlich auszudrücken und zu vermitteln.

Die meisten Methoden des Filmgesprächs sind autoritär. Die Gesprächsleitung nimmt eine besondere Stellung ein, da es fast ausschließlich an ihr liegt, das Gespräch in Gang zu halten und zu gliedern. Der Spielraum für die Teilnehmerinnen und Teilnehmer, selbst kreativ zu sein, neue Ideen zu entwickeln und auszuprobieren, wird dabei eingeschränkt.

Vielen Methoden des Filmgesprächs wohnt die Tendenz zur moralischen Belehrung inne. Medienpädagogik hat jedoch nicht als wichtigstes Ziel, zum „guten“ Film zu erziehen, sondern zur Auseinandersetzung mit Inhalten beizutragen.

Vgl. Bernd Schorb / Helga Theunert: Der Film in der Gruppenarbeit. In: medienerziehung 4–5/ 1979.

Literaturhinweise

Baacke, Dieter u. a. (Hrsg.): Handbuch Medien: Medienkompetenz. Modelle und Projekte. Bonn 1999.

Beller, Hans (Hrsg.): Handbuch der Filmmontage. Praxis und Prinzipien des Filmschnitts. München 2002.

Dichanz, Horst (Hrsg.): Handbuch Medien: Medienforschung. Bonn 1998.

Dimmler, Klaus (Hrsg.): Die größten Schurken der Filmgeschichte. Von Dr. Mabuse bis Hannibal. Leipzig 2000.

Faulstich, Werner: Grundkurs Filmanalyse. Heidelberg 2002.

Korte, Helmut u. a.: Einführung in die Systematische Filmanalyse. Ein Arbeitsbuch. Berlin 2001.

Riedel, Heide (Hrsg.): Mit uns zieht die neue Zeit … 40 Jahre DDR-Medien. Berlin 1994.

Schell, Kurt: Ich und John Wayne. Lichtspiele. Berlin 1998.

Spielhagen, Edith: So durften wir glauben zu kämpfen … Erfahrungen mit DDR-Medien. Berlin 1993.

Basteln, Malen, Collagen

Die entscheidende Aussage des Films kann auf vielfältige Form auf „Papier" gebracht werden: als Collage, als gemaltes Bild, als Straßenmalerei etc. Der Kern des Filmes kann jedoch auch gestalterisch umgesetzt werden: Figuren aus Ton, Szenarien im Sand, Skulpturen aus Stein ... Dies kann als Einzelarbeit oder als Kleingruppenarbeit angefertigt werden.

Dabei wird deutlich und vergleichbar, was die einzelnen Teilnehmerinnen und Teilnehmer als zentrale Botschaft sehen.

Erkundungs- und Entdeckungsreisen

Filme können in einen Bezug zur Lebens- und Erfahrungswelt der Zuschauerinnen und Zuschauer gesetzt werden und zur Entdeckung und Erkundung der unmittelbaren Umgebung (Umwelt, Geschichte, Arbeits- und Lebensbedingungen usw.) beitragen. So kann z. B. ein Film über den Nationalsozialismus in Deutschland durch eine antifaschistische Stadtrundfahrt oder eine Erkundung über das nationalsozialistische Lagersystem in der Umgebung ergänzt werden. Die Ergebnisse dieser Erkundung lassen sich ihrerseits wiederum mit Fotos, Video etc. dokumentieren.

Vgl. Peter Zander: Medienarbeit konkret. In: Jugendfilmclub Köln / Verein für Friedenspädagogik Tübingen (Hrsg.): Medienhandbuch Friedensarbeit. Köln/Tübingen 1983, S. 41–65.

Mediennachweise

Horst Peter Koll / Hans Messias: Lexikon des Internationalen Films. Filmjahr 2001. Schüren Presseverlag 2002.

Just, Lothar R. u. a. (Hrsg.): Heyne Filmlexikon. 10 000 Filme aus 100 Jahren Filmgeschichte. 2 Bde. München 1999.

Landesfilmdienste: www.landesfilmdienste.de

Bundesverband Jugend und Film e. V.: www. bjev. de

Deutsches Filmzentrum: www.dfz.de

Evangelisches Zentrum für Entwicklungsbezogene Filmarbeit: www.ezef.de

Online Forum Medienpädagogik www.onmerz.de

Medienrezeption www.medienrezeption.de

Dokumentarfilme

Dokumentation und Manipulation

Manipulationen in Film- und Fernsehdokumentationen enstehen durch ...

▲ Unterschlagen von Bildern / Hinzufügen von Bildern.
▲ Zu schnelle Schnittfolge / zu langsame Schnittfolge.
▲ Kommentar und Bild stimmen nicht überein.
▲ Ungenügende Recherche.
▲ Überfrachtung der Information.
▲ Unterschlagung zugänglicher Informationen.
▲ Eingriff in das Bildmaterial.
▲ Tendenziöse Sprechweise.
▲ Falschmeldungen.
▲ Falsche O-Töne zum Bildmaterial.
▲ „Propagandistische" Musik.
▲ Falsche Übersetzung aus der Fremdsprache.
▲ Vorzensur durch Sender/Nachzensur.
▲ Bildmonopol durch Presseoffiziere (Militär).
▲ „Schere im Kopf" des Redakteurs.
▲ Vermittlung von Feindbildern.

Christian Hörburger: Krieg im Fernsehen. Didaktische Materialien und Analysen für die Medienerziehung. Tübingen 1996, S. 47.

Typologie des Dokumentarfilms

Typologisch deskriptiv
Kurzfilm, Reisefilm, Tierfilm, Naturfilm, Porträt, ethnografischer Film, Zeitbild/Chronik, Langzeitstudie.

Typologisch indefinitiv: Mischformen
Dokumentarischer Spielfilm, historisches Porträt, Industriefilm, Lehrfilm, Unterrichtsfilm, Kompilationsfilm (Fremdmaterial wird mit selbst gedrehtem kombiniert; Archivmaterial wird für die Montage des neuen Films verwandt).

Journalistische Variante
Feature, Reportage, Tagesschau, Wochenschau, Interview, Magazinbeitrag.

Politisch motivierte Variante
Propagandafilm, NS-Wochenschau, Kriegsberichterstattung, Parteifilm, Wahlkampffilm, Spot, Undergroundfilm, Amateurfilm.

Christian Hörburger: Vormilitärische Erziehung in der DDR. Begleitheft zu den Videofilmen. Tübingen 1996, S. 48.

Filme

Kopiervorlage

Filmbewertungsprofil

Im Folgenden sind einige gegensätzliche Begriffspaare aufgeführt.
Bitte entscheiden Sie sich rein gefühlsmäßig für jeweils eine der fünf zur Auswahl stehenden Möglichkeiten.

Bitte spontan ohne langes Überlegen ankreuzen!

heiß	☐	☐	☐	☐	☐	**kalt**
frisch	☐	☐	☐	☐	☐	**abgestanden**
stark	☐	☐	☐	☐	☐	**schwach**
farbig	☐	☐	☐	☐	☐	**grau**
gut	☐	☐	☐	☐	☐	**schlecht**
leer	☐	☐	☐	☐	☐	**voll**
verspielt	☐	☐	☐	☐	☐	**ernst**
politisch	☐	☐	☐	☐	☐	**apolitisch**
trüb	☐	☐	☐	☐	☐	**klar**
falsch	☐	☐	☐	☐	☐	**wahr**
aufbauend	☐	☐	☐	☐	☐	**zerstörend**
realistisch	☐	☐	☐	☐	☐	**utopisch**
bequem	☐	☐	☐	☐	☐	**unbequem**
beruhigend	☐	☐	☐	☐	☐	**beunruhigend**
friedlich	☐	☐	☐	☐	☐	**aggressiv**
aussichtslos	☐	☐	☐	☐	☐	**mobilisierend**
zerfahren	☐	☐	☐	☐	☐	**geordnet**
unterwürfig	☐	☐	☐	☐	☐	**herrisch**
traurig	☐	☐	☐	☐	☐	**froh**

Weitere Bemerkungen

_____

_____

_____

_____

Filme

Arbeitsmaterial

Zur Technik und Organisation von Filmveranstaltungen

Auswahl der Medien

▲ Steht die richtige Technik zur Verfügung? 35-mm-Filme kann man nur im Kino spielen! Für Magnettonfilme braucht man entsprechende Projektoren! Im Videobereich hat sich das VHS-System durchgesetzt. DVDs mit Beamer bieten oft die beste Qualität.

▲ Eignet sich das ausgesuchte Medium für die Vorführsituation? Wie ist die Altersbeschränkung nach der Freiwilligen Selbstkontrolle der Filmwirtschaft (FSK)? Für ein größeres Publikum sollte man eher Filme statt Videos vorführen, es sei denn es steht ein Videobeamer zur Verfügung.

▲ Wo hat der Film seinen Platz im Programm? Ist er Teil eines Seminarprogramms oder wird er für einen einzelnen Filmabend oder für die Freizeitgestaltung im Rahmen eines Seminars benötigt?

Bestellung und Rückversand

▲ Filme und Videos müssen rechtzeitig, möglichst 4 bis 6 Wochen vor dem geplanten Einsatz bestellt werden, sonst kann es sein, dass der gewünschte Film schon ausgebucht ist.

▲ Auch beim Verleiher passieren Pannen. Deshalb immer die Terminbestätigung überprüfen. Wenn keine Terminbestätigung kommt, rechtzeitig reklamieren.

▲ Filmschäden müssen dem Verleiher genannt werden. Es empfiehlt sich, Kopienversicherungen (beim Verleiher) abzuschließen.

▲ Vorführberichte (Formulare, die den Filmen beiliegen) müssen ausgefüllt werden. Für fehlende Vorführberichte berechnen einige Verleiher Gebühren.

▲ Bei der Filmabholung (auf der Post) wird i. d. R. eine Vollmacht verlangt, wenn jemand anderes als in den Versandpapieren genannt den Film abholt. Vollmachten werden auch verlangt, wenn in den Versandpapieren eine Organisation als Empfänger genannt wird.

Vorführung

Für den Filmeinsatz benötigt man:

▲ Projektor mit Netzkabel, evtl. Verlängerungskabel;
▲ Ersatzbirnen für Ton und Bild (Lichtton!);
▲ Ersatzsicherungen;
▲ Lautsprecher mit Anschlusskabel;
▲ Leinwand (es reicht auch eine glatte weiße Wand, die Bildqualität ist jedoch entsprechend schlecht);
▲ Projektionstisch oder Provisorium;
▲ Verdunklungsmöglichkeit.

Für Videovorführungen benötigt man:

▲ Videogerät mit Monitor (Fernseher), evtl. Beamer;
▲ Doppelsteckdose, evtl. Verlängerungskabel;
▲ Verbindungskabel zwischen Monitor und Videogerät;
▲ evtl. Fernbedienung;
▲ evtl. Kupplungsstecker (T-Stück) zum Anschluss mehrerer Fernseher.

Die Geräte sollten zu Beginn der Vorführung vorführbereit sein. Der Film sollte eingelegt, die Videokassette an die entsprechende Stelle gespult sein.

Für DVD-Projektionen benötigt man:

▲ DVD-Player oder PC mit DVD-Laufwerk,
▲ Aktiv-Lautsprecher mit Verbindungskabel,
▲ Beamer mit Verbindungskabel,
▲ Mehrfachsteckdose mit Verlängerungskabel.

Kosten

Zu den reinen Ausleihgebüren des Mediums muss man noch Frachtkosten und Kopienversicherung hinzurechnen, evtl. müssen auch Kosten für einen Vorführraum und Werbematerial einkalkuliert werden.

Verschiedene Verleihstellen geben inzwischen Filme (und Videos), die oft nachgefragt werden, auch als Dauerleihgabe an Einrichtungen weiter, sodass der Film stets vor Ort zur Verfügung steht.

Filme
Arbeitsmaterial

Überlegungen zur Auswahl von Filmen

Eignung des Films für das Thema

▲ Wird das Thema zentral oder nur am Rande behandelt?
▲ Ist der Inhalt des Films noch aktuell, treffen die Informationen noch zu?
▲ Geht die „Aussage" des Films in der (spektakulären) Machart unter?

Kann der Film ...

▲ aufklären
▲ informieren
▲ motivieren
▲ betroffen machen
▲ veranschaulichen
▲ in das Thema einführen
▲ vertiefen
▲ zum Handeln anregen
▲ das Thema differenzieren
▲ unterhalten

Eignet sich der Film für den Einsatz?

▲ Eignet sich der Film für die Zielgruppe (Alter, Sehgewohnheiten, Vorwissen, momentane Aufnahmefähigkeit und -bereitschaft ...)?
▲ Ist der Film verständlich, lassen sich eventuelle Verständnisschwierigkeiten durch vorherige oder nachträgliche Erklärungen ausräumen? Ist die Sprache zu kompliziert (Fremdwörter)? Ist der Film zu abstrakt, verlangt er zu viel Interpretation? Setzt der Film Vorkenntnisse zum Verständnis voraus?
▲ Ist der Film für das Publikum interessant und attraktiv?
▲ Kommen die Zuschauerinnen und Zuschauer mit den emotionalen Anforderungen, die der Film an sie stellt, zurecht?
▲ Kommen die Zuschauerinnen und Zuschauer mit den Anforderungen an Konzentration und Aufmerksamkeit zurecht?

Nähe zum Thema

Bei der Auswahl wird man feststellen, dass eine Reihe von Filmen das Thema nur am Rande oder sehr indirekt oder mit wenig konkreten Sachinformationen behandelt. Das kann ein Nachteil sein, muss es aber nicht. Ein Film, der ein Thema erschöpfend darstellt, ist für die Bildungsarbeit oft weniger brauchbar als einer, der ein Thema anreißt, Lücken lässt, Fragen aufwirft.

Wirklichkeit und Utopie

Die Forderung nach einem „realistischen" Film oder der „ungeschminkten Wirklichkeit" ist problematisch. Sciencefiction-Filme können manchmal sehr viel schärfere Kritik an den vorhandenen Verhältnissen üben, weil sie über den Schatten des momentan Denkbaren springen und die Dinge sozusagen aus der Distanz heraus betrachten. Filme beinhalten nicht nur reine Sachinformationen, sondern haben viel mit Fantasie und Kreativität zu tun.

Identifikationsmöglichkeiten

Es wird oft gefordert, vor allem im Bereich der Jugendarbeit, dass Filme Zuschauerinnen und Zuschauern Identifikationsmöglichkeiten anbieten sollen, damit diese z. B. ihre eigenen Probleme wiedererkennen bzw. Probleme anderer besser verstehen lernen. So lässt sich leichter Betroffenheit auslösen, kann die Zuschauerin und der Zuschauer mit den „Helden" des Films lernen. Aus diesen Einsichten sollte man jedoch kein starres Prinzip machen, denn es gibt auch sehr gute Filme, die bewusst ohne diesen Mechanismus arbeiten. Zudem lassen Identifikationsmöglichkeiten der Zuschauerin bzw. dem Zuschauer oft wenig Raum für kritische Distanz.

Dokumentarfilm oder Spielfilm?

Ein weit verbreitetes Vorurteil besagt, dass Dokumentarfilme anstrengender seien als Spielfilme, sie seien weniger attraktiv, weniger unterhaltend usw. Die Konsequenz ist, dass Dokumentarfilme bei der Filmauswahl oft zu Unrecht wenig berücksichtigt werden.

Unerwünschte Nebenwirkungen

Es gibt Filme, die sehr betroffen machen, bei denen es dem Publikum regelrecht die Sprache verschlägt. (Hierzu gehören z. B. eine Reihe von Antikriegsfilmen.) Eine solche Wirkung kann gewollt sein, sie muss dann jedoch entsprechend aufgefangen und aufgearbeitet werden. Steht Zeit hierfür nicht zur Verfügung, ist es sinnvoller, auf solche stark emotional wirkende Filme zu verzichten.

Untertitel

Vor allem Zuschauerinnen und Zuschauer, die keine Fremdsprachenkenntnisse besitzen, empfinden Untertitel als anstrengend. Filme mit Untertitel sollten nur in besonders vorbereiteten und motivierten Gruppen eingesetzt werden.

Vgl. P. Zander, a. a. O.

Filme

Arbeitsmaterial

Kriterienkatalog

Kriterien zur Einschätzung der potenziellen Leistungen von Filmen

Verstehbarkeit

1. **Eindeutigkeit/Mehrdeutigkeit, Einfachheit/Komplexität von**
   - ▲ Geschehen,
   - ▲ Aufbau,
   - ▲ Personen und Beziehungen.

2. **Symbole**
   - ▲ Welche allgemeinen Symbole werden verwendet?
   - ▲ Welche Symbole, die in ihrer Aussage nicht allgemein festgelegt sind, werden verwendet?
   - ▲ Welche Bedeutung haben die Symbole für das Verständnis des Films?

Vermitteltes Weltbild

1. **Was wird über Menschen und deren Lebensverhältnisse ausgesagt?**
   - ▲ durch das dargestellte Geschehen insgesamt,
   - ▲ durch einzelne Szenen,
   - ▲ durch einzelne Personen und Beziehungen,
   - ▲ durch die dargestellte Umwelt,
   - ▲ durch die dargestellte Wertewelt.

2. **Welche Mitteilungen über die Lebens-**
   verhältnisse und die Erfahrungen von Menschen werden explizit formuliert?

3. **Wie sind diese Mitteilungen dargestellt und gewichtet durch**
   - ▲ Dramaturgie (Darstellungsdauer, Wiederholungen usw.),
   - ▲ Form (Kameraeinstellungen, Beleuchtung, Farbgebung, Musik, Geräusche, Bewegungen usw.)?

Emotionale Erlebnisqualität und Erlebnisintensität

1. **Emotionale Anteilnahme/Betroffenheit durch**
   - ▲ Bilder und Sprache,
   - ▲ das gezeigte Geschehen im Einzelnen,
   - ▲ Identifikationsfiguren,
   - ▲ Originalität der Bildinhalte,
   - ▲ Aufbau des Geschehens.

2. **Verstärkung der emotionalen Anteilnahme/ Betroffenheit durch**
   - ▲ Kameraführung (Nah-, Großaufnahme, Fahrten, Schwenks usw.),
   - ▲ Beleuchtung, Beleuchtungseffekte,
   - ▲ Montage (Bildabfolgen),
   - ▲ Farbgebung/Farbeffekte,
   - ▲ Musik (Ergänzung oder Kontrast zum Bild),
   - ▲ Geräusche (Ergänzung oder Kontrast zum Bild),
   - ▲ Bewegungsmanipulationen.

Für eine Filmanalyse sollten ferner Informationen eingezogen werden über:
- ▲ Auftraggeber, Geldgeber und Hersteller (Filmemacher),
- ▲ die gesellschaftliche/politische Situation, in der der Film entstand,
- ▲ den politischen Standort des Herstellers und Regisseurs.

Vgl. Willibald Geueke: Entwicklungspolitisches Lernen mit Spielfilmen. In: Medien praktisch 3/88, S. 6.

Eine Anfrage zum pädagogischen Nutzen von Kriterienkatalogen

Je konsequenter man die Kriterienkataloge dazu benutzt, Filme auf die Einhaltung eines wie auch immer gearteten „Reinheitsgebotes" durchzutesten, desto größer ist oft die Diskrepanz zwischen Urteil und Einsatzerfahrungen. Filme, die eine gute „Punktezahl" erzielen, erweisen sich oftmals als didaktisch „sperrig". Umgekehrt lässt sich sehr gut mit Filmen arbeiten, an die man besser keinen der gängigen Kriterienkataloge anlegt.

Aus pädagogischer Sicht ist die Frage entscheidend, in welcher Phase eines Lernprozesses und mit welcher Absicht ein Film eingesetzt werden soll. Da derartige Fragen in den Kriterienkatalogen nicht auftauchen, kann man mit ihrer Hilfe auch nicht zu einem Urteil über die Eignung von Filmen gelangen.

Wichtig sind derartige Kriterienkataloge jedoch, um die Vorbereitung und Auswertung des Films gezielt angehen zu können. Mit ihrer Hilfe lässt sich genauer sagen, welche Fragen an den Film gestellt werden müssen oder welche Materialien zur Ergänzung herangezogen werden sollten.

Vgl. Asit Datta / Wolf-Rüdiger Wagner: Kriterienkataloge und ihr pädagogischer Nutzen. In: Medien praktisch 3/88, S. 9 f.

Video – I

Videogeräte können vielerlei Funktion erfüllen: sie werden zu Zwecken der Überwachung eingesetzt, sie sind Instrumente der Unterhaltung, sie können aber auch der Informationsvermittlung und der eigenständigen Produktion von Medien dienen.

Obwohl von kritischen Gruppen in den 70er-Jahren vor allem als Medium der selbst bestimmten Gegenöffentlichkeit gesehen, ist Video heute weitgehend (auch in der Bildungsarbeit) zu einem Konsumartikel geworden.

Dabei entspricht (der kreative Umgang mit) Video in hohem Maße den Zielsetzungen einer kritischen Bildungsarbeit: Er ermöglicht über das Erstellen eines Produktes (Videofilm) ein ganzheitliches Lernen, an dem alle Teilnehmerinnen und Teilnehmer mit allen ihren Fähigkeiten und Möglichkeiten teilhaben.

Video als Informationsmittel

Was früher in der Bildungsarbeit der 16mm-Film war, ist heute der Videofilm. Videos können sehr anschaulich und aktuell Informationen zu nahezu allen Themen vermitteln.

▲ Vor allem Fernsehmitschnitte (Magazinsendungen, Fernsehspiele usw.) können als Anschauungs- bzw. aktuelles Informationsmaterial eingesetzt werden. Sehr gut eignen sich z. B. „Pro und Kontra"-Sendungen für einen Diskussionseinstieg.

▲ Viele Initiativen, Gruppen und Verbände haben inzwischen Videofilme über ihre Arbeit oder über ihre Spezialthemen, die bei ihnen angefordert werden können.

▲ Medienzentralen und regionale Videozentren bieten eine Reihe von z. T. selbst produzierten Videos an.

Videos sollten wie alle Medien in der Bildungsarbeit immer auch unter einem medienkritischen Aspekt betrachtet werden: Wie ist die Dramaturgie? Mit welchen Mitteln (Bildschnitt, Musik etc.) werden Stimmungen erzeugt? Welche „Botschaft" soll vermittelt werden?

Der größte Vorteil von Videofilmen besteht neben ihrer Aktualität in der leichten Wiederholbarkeit von Szenen und Sequenzen. Nachteilig wirkt sich u. U. das kleine Bild des Monitors aus, falls kein Beamer zur Verfügung steht.

(Zur Auswertung und zum weiteren Umgang mit solchen Sendungen siehe unter „Film".)

Eigene Videoproduktionen

Der wohl interessanteste Teil der Arbeit mit Videos ist das eigene Produzieren kleiner Filme. Dabei geht es nicht so sehr um das Produkt, sondern um den Entstehungsprozess.

Situationen festhalten

Solche Filme können die Wahrnehmung für die Umwelt schärfen und scheinbar Altbekanntes in neuem Lichte erscheinen lassen:

▲ der Weg zum Tagungshaus, mein täglicher Weg zur Schule, in die Arbeitsstelle usw.,
▲ Fußgänger, Radfahrer, Autofahrer,
▲ Nahrungsmittel,
▲ Hektik und Ruhe,
▲ Bushaltestelle,
▲ Bankschalter,
▲ Häuser,
▲ Menschen (Kinder, Alte, Paare, Politiker),
▲ Arbeitsbeginn,
▲ Dienstschluss,
▲ verkaufen und kaufen,
▲ Spielplätze,
▲ Wohnsituationen.

Filme inszenieren

Bei der Aufnahme eines eigenen Films müssen nicht nur das Drehbuch geschrieben, sondern auch die Rollen des Films gespielt werden. Dies erfordert einen sehr intensiven Arbeitsprozess und viel Zeit. Allerdings sind die gestalterischen Möglichkeiten der Teilnehmerinnen und Teilnehmer sehr groß, und alle Beteiligten können viel Fantasie und Kreativität entwickeln, zumal die unterschiedlichsten Fähigkeiten gebraucht werden: das Ausdenken einer Handlung, das Schreiben von Szenen, das Bauen von Bühnenbildern, Masken und Requisiten, das Aufnehmen, das Schneiden, die Beleuchtung, der Ton etc.

Videos können sich an verschiedene Genre anlehnen:

▲ ein Agententhriller zum Thema Waffenexport;
▲ ein Lustspiel zum Thema Kommunalwahl;
▲ ein Liebesfilm zum Bereich multikulturelle Gesellschaft.

Bei der Erstellung des Drehbuches sollten die eigenen Fähigkeiten und Möglichkeiten berücksichtigt werden.

Video – 2

Wichtig ist es zu klären:

▲ Was passiert in dem Film?
▲ Wo findet die Handlung statt?
▲ Welche Personen sind beteiligt?
▲ In welcher Reihenfolge sollen die Szenen hintereinander kommen?
▲ Wie lässt sich Spannung in der Handlung erzeugen?
▲ Wer übernimmt welche Rolle?
▲ Sollen die Dialoge ausformuliert oder nur als Stichworte vorbereitet werden?
▲ Welches Zubehör wird benötigt? Lässt sich alles beschaffen?
▲ Sind Verkleidungs- und Schminkutensilien vorhanden?
▲ Welche Hilfsmittel benötigen die Geräusche-macher?

Die einzelnen Szenen sollten durchgeprobt und dann aufgenommen werden. Der fertige Film sollte natürlich einem größeren Publikum vorgeführt werden.

Reportage

Die Reportage ist eine Möglichkeit, ein aktuelles Thema zu bearbeiten. Dazu werden Original-bilder und Tonaufnahmen benutzt, die die Reporterin oder der Reporter nach seinen Vorstellungen und Intentionen zusammenstellt und kommentiert.

Führungen/Erkundungen

Mit Hilfe von Videos können kleine Führungen durch die eigene Gemeinde oder Stadt (was ist historisch oder aktuell interessant und wichtig?) oder auch durch die eigene Schule, den Betrieb das Bildungshaus etc. angefertigt werden. Diese dienen dann sowohl der lokalen Erkundung als auch der Information der anderen Seminarteilnehmerinnen und Seminarteilnehmer.

Collagen

Mit Hilfe des Videorekorders lassen sich vielfältige Bildsequenzen zu einer Collage verarbeiten. Das Gestaltungselement ist dabei das Aneinanderreihen oder Überblenden verschiedener Bilder oder kurzer Szenen zu einem bestimmten Thema. Die Collage kann stumm sein, mit Musik unterlegt werden, durch ein Gedicht kommentiert werden usw.

Die Erstellung einer Collage ist ein assoziatives Arbeiten. Collagen stellen keine so hohen Anforderungen an die Teilnehmerinnen und Teilnehmer wie Reportagen oder Filme. Sie sind quasi ein

spielerischer Zugang und Umgang mit der Video-technik und dem Thema.

Als Ausgangsmaterial hierfür können auch Mit-schnitte von Fernsehsendungen dienen.

Videoclips

Videoclips sind kurze, meist actionbetonte Selbst-darstellungen von Showstars. Solche Videoclips können als Sympathiewerbung im Rahmen von Seminaren für die vielfältigsten Anlässe produziert werden, z. B.:
▲ Für die verschiedenen Parteien (die dann z. B. mit der Fernsehwerbung dieser Parteien verglichen werden könnten).

Dokumentation

Video kann eine Hilfe für die Auswertung von Abläu-fen unterschiedlichster Art sein. Dadurch, dass die Aufnahmen sofort wieder zur Verfügung stehen, können Argumentations- und Verhaltensweisen an-schaulich gemacht und besprochen werden. Der Videoeinsatz liefert dabei das Material. Die Auswer-tung und Analyse müssen die Seminarleitung und die Teilnehmerinnen und Teilnehmer vornehmen.
Video kann wie ein elektronisches Notizbuch be-nutzt werden, z. B. zum
▲ Dokumentieren wichtiger Seminarteile;
▲ Festhalten und Auswerten von Gruppen-arbeiten und -prozessen;
▲ Mitschneiden einer Diskussion;
▲ Vermittlung von Arbeitsergebnissen aus Unter-gruppen;
▲ Dokumentation und Auswertung von Rollenspielen usw.

Nachrichten produzieren

In der Schule oder im Rahmen eines Seminars stellt ein Nachrichtenteam, das täglich wechseln kann, jeden Tag die wichtigsten Ereignisse in Nachrichtenform dar. Damit kann z. B. ein Tages- oder Wochenrückblick eingeleitet werden.

Vgl. Manfred Becker u. a.: Video als Medium in der Jugendarbeit. Landesvereinigung Kulturelle Jugendbild-dung, Arbeitshilfen zur kulturellen Jugendbildung 2. Remscheid o. J.

Literaturhinweis

Schell, Fred: Aktive Medienarbeit mit Jugend-lichen. Theorie und Praxis. München 1999.

Video
Arbeitsmaterial

Beurteilungskriterien für Kinder- und Jugendfernsehsendungen

Idee

▲ Ist sie interessant?
▲ Ist sie originell?
▲ Enthält sie einen neuen Ansatz?
▲ Ist sie frisch?
▲ Regt sie zum Nachdenken an?
▲ Motiviert sie den Zuschauer?
▲ Werden Ziel/Zweck erreicht?

Script

▲ Sind Struktur/Ausgewogenheit gut?
▲ Ist das Thema gut recherchiert und entwickelt?
▲ Ist der Dialog qualitativ hochwertig?
▲ Sind die einzelnen Figuren gut entwickelt?
▲ Sind ihre Aktionen gut motiviert?

Realisation

▲ Wurde die Idee gut ins Fernsehen übersetzt (Visualisierung, Kamera, Stil, Schnitt, Musik, schauspielerische Leistung)?
▲ Sind Rhythmus und Tempo ausgewogen?
▲ Ist das Fernsehen das beste Medium für die Idee?

Zielgruppe

▲ Ist die Sendung für die anvisierte Zielgruppe geeignet?
▲ Ist sie durchgehend unterhaltend?
▲ Ist sie informativ?
▲ Werden die Kinder ernst genommen?

Abstimmungsunterlagen beim Prix Jeunesse International 1996. In: FWU Magazin 4/1996, S. 51.

Charta des Kinderfernsehens

1.
Kinder brauchen qualitativ hochwertige Programme, die speziell für sie gemacht werden und durch die sie nicht manipuliert werden. Diese Programme sollen sie nicht nur unterhalten, sondern gleichzeitig ihre körperliche, geistige und soziale Entwicklung in all ihren Entfaltungsmöglichkeiten fördern.

2.
Kinder müssen sich in Fernsehprogrammen hören, sehen und ihre Kultur, ihre Sprache und ihre Lebenserfahrungen ausdrücken. Die Sendungen sollen ihnen helfen, sich selbst, die Gemeinschaft und ihre Umwelt zu erfahren.

3.
Kinderprogramme sollen das Bewusstsein und das Verständnis für andere Kulturen sowie auch für den eigenen kulturellen Hintergrund fördern.

4.
Kindersendungen sollen eine Vielfalt von Formen und Inhalten bieten, jedoch keine unnötigen Szenen von Gewalt und Sex enthalten.

5.
Kindersendungen sollen zu regelmäßigen Sendezeiten ausgestrahlt werden und zu Uhrzeiten, zu denen Kinder tatsächlich fernsehen. Kinderprogramm muss auch über andere Medien und Technologien zugänglich gemacht werden.

6.
Genügend Geld muss zur Verfügung stehen, damit ein möglichst hoher Qualitätsstandard erreicht werden kann.

7.
Regierungen, Produzenten, Vertrieb und Geldgeber sollen die Wichtigkeit und die bedrohte Lage des nationalen Kinderfernsehens anerkennen und Schritte unternehmen, es zu unerstützten und zu fördern.

Die Charta des Kinderfernsehens wurde beim Weltgipfel des Kinderfernsehens, Melbourne 1995 entworfen und beim Prix Jeunesse Round Table, München 1995 verabschiedet.

FWU Magazin, 4/1996, S. 52.

Video
Arbeitsmaterial

Die rechtliche Seite

Mitschnitt von Sendungen durch die Schule

§ 47, Abs. I UrhG gibt den Schulen/Bildstellen ein Mitschnittrecht für Werke, die „innerhalb einer Schulfunksendung" gesendet werden. Entscheidend für das Mitschnittsrecht ist dabei die „Programmbezeichnung" des Senders. Diese Kennzeichnung kann im Abspann, im Programmausdruck oder in einer sonstigen, an diesen speziellen Interessentenkreis gerichteten Broschüre erfolgen. Das Mitschnittsrecht bezieht sich dabei auf alle Sendungen, die von der Schule/Bildstelle empfangen werden können.

Mitschnitt von Sendungen durch Lehrerinnen und Lehrer

Hat eine Lehrerin / ein Lehrer eine Sendung für den privaten Gebrauch aufgezeichnet, so darf er/sie diese im Unterricht vorführen (eine Vorführung im Unterricht ist nach allgemeiner Meinung als nicht-öffentlich anzusehen) oder Kollegen ausleihen. Aus § 53 UrhG ergibt sich jedoch kein Mitschnittsrecht für die Schulen selbst oder für eine Lehrerin/ einen Lehrer, die/der die Aufzeichnung nur beruflich verwenden will.

Öffentliche Reden
Die Vervielfältigung und Verbreitung von Reden, die bei öffentlichen Verhandlungen von staatlichen, kommunalen oder kirchlichen Organen gehalten worden sind (z. B. Übertragung einer Landtags- oder Bundestagsdebatte), ist erlaubt. (§ 48, Abs. I Nr. 2 UrhG)

Nachrichten und Tagesneuigkeiten
Der Mitschnitt und die Verbreitung von vermischten Nachrichten tatsächlichen Inhalts sowie von Tagesneuigkeiten (z. B. Sendungen der Tagesschau) sind erlaubt.

Unterrichtung über Tagesfragen
§ 53 Abs 3, Nr. 3 gestattet nicht nur Personen, sondern auch Einrichtungen den Mitschnitt von Sendungen zur Unterrichtung über Tagesfragen aus den verschiedensten Bereichen.

Kleine Teile eines gesendeten Werkes
Der Mitschnitt kleiner Teile eines gesendeten Werkes, z. B. eine Arie aus der Sendung einer Oper ist erlaubt (§ 53 Abs. 2, Nr. 4a). Diese Teile dürfen auch im Unterricht eingesetzt werden.

Zitatrecht
Auch aus Filme kann und darf zitiert werden, d. h. dürfen Teile des Werken wiedergegeben werden. Zu beachten ist jedoch, dass immer der Zitatzweck gewahrt sein muss, d. h., das Zitat muss als Belegstelle bzw. Erörterungsgrundlage für selbstständige Ausführungen benutzt werden.

Sabine Astheimer, Südwestfunk, Justitiariat. In: Südwestfunk Medienforschung u. a. (Hrsg.): Medienpädagogik. Text- und Materialsammlung 1997. CD-ROM.

Weitere Informationen über: http://www.mpfs.de

Volkshochschulen

Der 1995 geschlossene Rahmenvertrag zwischen dem Deutschen Städtetag und der Verwertungsgesellschaft der Film- und Fernsehproduzenten (VFF) erlaubt es den Volkshochschulen, in ihren Bildungsveranstaltungen aktuelle Fernsehprogramme einzusetzen. Die Beiträge können 12 Monate lang gegen eine Vergütungszahlung je Unterrichtsstunde eingesetzt werden, unabhängig von der tatsächlichen Nutzung der Fernsehaufzeichnungen. Unter die Genehmigung fallen ereignisbezogene, Bericht erstattende und dokumentierende Fernsehsendungen.

Bisher durften nur Schulen Programme des Schulfernsehens im Unterricht nutzen.

Ähnliche Verträge wurden auch mit den kirchlichen Trägern der Weiterbildung abgeschlossen.

Vgl. FUNK-Korrespondenz, Nr. 15-16, 13. 4. 1995, S. 26.

Radiowerkstatt – I

Die Produktion eines Radiomagazinbeitrags kann sowohl für kursinterne Zwecke als auch für einen (Lokal-)Rundfunkbeitrag durchgeführt werden. Im letzteren Fall sollte ein „Aufhänger" durch die Verbindung eines aktuellen Ereignisses mit dem Unterrichtsthema gefunden werden.

Ziel einer Radiowerkstatt ist es in erster Linie, komplexe inhaltliche Zusammenhänge in verständlicher und prägnanter Form auf wenige Kernaussagen zu reduzieren.

Einstieg

Nehmen wir an, die örtliche/regionale Rundfunkanstalt kommt in Ihre Schule wegen eines von Ihnen zu bestimmenden Anlasses (Projektwoche, 25 Jahrfeier o. Ä.). Die Schülerinnen und Schüler sollen die Rolle des Reporters übernehmen. Sie erhalten 20 Minuten Zeit, sich Interviewfragen auszudenken. Anschließend kommen jeweils zwei zusammen, einer als Interviewerin bzw. Interviewer, einer als Befragte bzw. Befragter. Das Interview soll nicht länger als zwei Minuten dauern und auf Band aufgenommen werden. Danach werden die Rollen getauscht. Mit dem Abhören der Beiträge lassen sich erste Aspekte der Radioarbeit besprechen: Fragetechnik, Inhalte, Rollengefühle, Medienwirkung, technische Anforderungen usw.

Für das Hören schreiben

Texte, die für Hörerinnen und Hörer geschrieben werden, müssen anders formuliert werden, als solche für Leserinnen und Leser. Während beim Lesen die Lesegeschwindigkeit individuell bestimmt wird, der Text im Überblick vorliegt und somit Rücksprünge bei Unverständlichkeit (z. B. wegen Fremdwörter oder des Satzbaus) möglich sind, bleibt der Hörerin / dem Hörer keine dieser Möglichkeiten. Folglich muß die Sprechgeschwindigkeit relativ langsam sein. Die Sprache muss einfach abgefasst werden, und der einzelne Satz darf nur wenige Informationen beinhalten. Die Hörerin und der Hörer müssen Schritt für Schritt informiert werden. Es muss also so formuliert werden, dass alles sofort verständlich wird. Deshalb ist es notwendig, immer wieder Wiederholungen einzubauen und akustische Hilfen zu geben.

Arbeitsauftrag:
Formulieren Sie einen kurzen Zeitungsartikel in eine Rundfunkmeldung um.

Einen Rundfunkbeitrag zusammenstellen

Das charakteristische eines zusammengestellten Rundfunkbeitrages liegt im Wechsel zwischen Autorentext und Originaltönen (O-Ton). Der Text des Redakteurs kann u. a. kommentierend (Meinungswiedergabe eines Redakteurs), glossierend (tadelnd, entlarvend, verspottend usw.) oder auch im Nachrichtenstil abgefasst sein. Seine Länge beträgt zwei bis fünf Minuten. Der Standardbeitrag wird mit 3.30 Minuten angesetzt und sollte höchstens 50 Prozent O-Töne enthalten.

Originaltöne können sein
▲ Aussagen einer Person zu einem bestimmten Sachverhalt (Statement);
▲ Interviews mit Experten, Bürgern (im Studio oder per Telefon);
▲ Umfragen (die nie repräsentativ sind, sondern eher verschiedene extreme Stimmen beinhalten);
▲ Korrespondentenberichte;
▲ Diskussionen.

Arbeitsauftrag:
▲ Schneiden Sie Sendebeiträge aus Magazinsendungen mit.
▲ Analysieren Sie diese nach obigen Gesichtspunkten.
▲ Protokollieren Sie die einzelnen Beiträge sekundengenau.
▲ Nehmen Sie zusätzlich An- und Abmoderation und Trailer (Erkennungsmelodie) von verschiedenen Sendungen auf.

Produktion einer Magazinsendung

Im Rundfunk gesendete typische Abendmagazine, bieten jeweils ein Thema als Hintergrundinformation an. Die Sendedauer beträgt ungefähr eine Stunde. Kriterien für die Themenauswahl sind Aktualität, Relevanz für die Zuhörerinnen und Zuhörer und „Human Touch". Die Strukturierung der Sendung ist durch fünf bis acht Blöcke à zirka drei bis fünf Minuten, die sich mit Musik abwechseln gekennzeichnet. Die Beiträge folgen häufig dem Muster: drei bis vier Hauptthemen, ein historisches Stichwort, ein Interview „pro", ein Interview „kontra" und ein offener Bericht/Kommentar. Jeder Beitrag ist eine in sich abgeschlossene Einheit, zu deren internem Verständnis es nicht der vorangegangenen Beiträge bedarf. Die Musik hat keine thematische Anbindung.

Radiowerkstatt – 2

Arbeitsauftrag

Die Gesamtgruppe einigt sich auf ein zu bearbeitendes Thema.

Einzelne Gruppen des Kurses sind für die Produktion jeweils eines Beitrags zu dem Themenbereich zuständig. Die Beiträge sollen die verschiedenen Möglichkeiten widerspiegeln: Interview, Diskussion, Kommentar usw.

Hinweise und Tipps für die Produktion

Für das Anfertigen von Manuskripten

▲ Eine Schreibmaschine oder einen Computer verwenden.

▲ Das Manuskript nur einseitig beschreiben.

▲ Den Zeilenabstand mindestens eineinhalbzeilig, besser zweizeilig wählen.

Elemente einer Radio-Reportage

Die Beschreibung

Sie ist der wichtigste Bestandteil einer Reportage. Sie lebt von der persönlichen Schilderung. Was der Journalist dazu unbedingt braucht, ist die Begabung, das Gesehene spontan in eine bildreiche Sprache umzusetzen.

Das Statement

Es ist eine knappe Aussage (z.B. eines Betroffenen) im Originalton, ohne Zwischenfrage.

Der Bericht

Im Bericht fasst der Reporter Fakten und Ähnliches zusammen, die er weiß oder die er recherchiert hat.

Das Interview

Bei größeren Reportagen ist das Interview nach der Beschreibung der wichtigste Bestandteil. Interviews in Reportagen leben von ihrer Unmittelbarkeit und nicht selten auch von Stimmungen, die darin zum Ausdruck kommen.

Original-Töne

Neben der Sprache sind alle anderen Originaltöne, also Musik, Geräusche und künstliche O-Töne, weitere wichtige Elemente, die eine Reportage „hautnah" werden lassen.

Weitere Elemente ...

einer Reportage können eine historische Rückblende (Chronologie), das Porträt einer Person und ein Gespräch sein.

Heinz Pürer: Praktischer Journalismus in Zeitung, Radio und Fernsehen. Salzburg 1991, S. 153.

▲ Höchstens 30 Zeilen pro Seite schreiben (15 Zeilen à 60 Anschläge entsprechen ungefähr einer Sendeminute).

▲ Mit jedem Satzanfang eine neue Zeile beginnen.

▲ Keine Abkürzungen verwenden.

▲ Zeichen für Pausen und Betonungen einfügen.

▲ Die Zuspielung für Musik und O-Ton an der jeweiligen Stelle markieren.

Für das Sprechen

▲ Den Text mehrmals laut lesen und dabei Sprechart und Sprechgeschwindigkeit üben.

▲ Atmung und Pausen bewusst beachten und trainieren.

▲ Die Sprechproben u. U. auf Tonband aufnehmen und selbst anhören.

▲ Oft ist es hilfreich, sich einen konkreten Hörer vorzustellen, zu dem gesprochen wird.

▲ Bei Versprechern den gesamten Satz wiederholen. (Der Sprechfehler wird von der Technik herausgeschnitten.)

Für die Aufnahme

▲ Störquellen (Nebengeräusche) möglichst ausschalten. (Verschiedene Mikrofone sind von ihrer Rückseite her unempfindlich, sodass sie bei Störquellen entsprechend platziert werden können.)

▲ Eine kürzere Distanz zum Mikrophon bedeutet, dass Störquellen eher ausgeschlossen sind.

▲ Tonimpulse, die senkrecht auf die Membran des Mikros auftreffen, werden am stärksten aufgenommen.

▲ Das Mikrofon möglichst ruhig halten oder ein Stativ verwenden.

▲ Den Abstand zum Mikrofon während der Aufnahme nicht verändern.

Vgl.: Ludwig Heuwinkel / Peter Krämer / Bernd Kühmel: Sozialisation: Wer oder was bin ich? Sozialwissenschaftliche Studien für den Sekundarbereich II, Band 2. Hannover 1993, S. 154–156.

Rundfunk im Internet – Übersichten

http://www.radio-directory.com
http://www.cyberradio.com
http://www.buergermedien.de
http://www.radioweb.de

60–120

Tonkassetten

Tonkassetten sind ein einfaches, billiges, leicht handhabbares und weltweit standardisiertes Medium. Kassettenrekorder sind praktisch überall verfügbar. Die Bedienung macht keinerlei Schwierigkeiten.

Kassetten werden heute weitgehend zum Musikhören verwendet, sie können jedoch auch für Tondokumente, Selbstdarstellungen, Betroffenenberichte etc. eingesetzt werden.

Es ist leichter und mit weniger Hemmungen verbunden, auf Kassette zu sprechen als z. B. auf Video aufgenommen zu werden, zumal wenn man in seinem eigenen Dialekt und eigener Ausdrucksform reden kann.

Einsatzmöglichkeiten

Informationen auf Kassette
Viele Jugendliche lesen heute nur ungern Texte. Gerade in Arbeitsgruppen kann Information jedoch auch über Kassetten vermittelt werden. Ein Interview, ein Gespräch, eine Geschichte oder ein Hörspiel erregen die Aufmerksamkeit.

Gruppenprotokolle auf Kassette
Die wesentlichen Ergebnisse einer Gruppenarbeit können von der Gruppe (oder einigen Mitgliedern) auf Kassette gesprochen und dem gesamten Plenum vorgespielt werden.

Lebensgeschichten festhalten
Kassetten eignen sich besonders gut, um längere Gespräche oder Erzählungen festzuhalten. So können z. B. die Erinnerungen von Zeitzeugen aufgenommen werden.

Interviews
Für den Mitschnitt von Interviews durch die Teilnehmerinnen und Teilnehmer im Rahmen von Erkundungen sind Tonkassetten besonders geeignet.

Mitschnitte bebildern
Interviews, Mitschnitte aus Rundfunk und Fernsehen (Musik und Sprache) können mit Bildmaterial unterlegt werden. Am besten eignen sich hierzu Dias oder Szenen auf dem Tageslichtprojektor.

Seminareinladung als Kassette
An Stelle eines Einladungsbriefes kann das Seminarthema mit allen interessanten Hinweisen auf eine Kassette gesprochen und verschickt werden. Auch zur Vorbereitung auf ein Seminar kann an Stelle von Arbeitspapieren ein Interview oder eine Geschichte auf einer Kassette sehr motivierend wirken.

Hörprotokolle anfertigen
An verschiedenen Stellen einer Stadt werden typische Geräusche aufgenommen (z. B. Straßen-

Einige Hinweise zum Umgang mit Kassetten

▲ Kassetten nie in warmer oder heißer Umgebung lagern.
▲ Kassetten (und Bänder) nie in der Nähe magnetischer Felder lagern (also z. B. nie auf einen Lautsprecher oder Fernsehapparat usw. legen). Dadurch könnte die Aufnahme u. U. gelöscht oder beschädigt werden.
▲ Kassette nie offen, ohne Box, lagern. Der angelagerte Schmutz führt zu einer starken Verschmutzung der Tonköpfe.
▲ Den Kassettenrekorder (alle Teile, die mit der Kassette in Berührung kommen, also Tonköpfe, Tonwelle, Andrucksrolle, Führungsnuten etc.) regelmäßig mit reinem Alkohol bzw. den vom Hersteller empfohlenen Reinigungsmitteln reinigen.
▲ Das Kassettenfach von Zeit zu Zeit reinigen.
▲ Alle Tonköpfe von Zeit zu Zeit entmagnetisieren (mit einer Entmagnetisierungskassette).

Vgl. Network Medien-Magazin. Frankfurt o. J., 0-Nr.

kreuzung, Bahnhof, Imbissstand, verschiedene Arbeitsplätze). Bei der Auswertung wird versucht die Plätze und Geräuschquellen zu identifizieren.

Text vertonen
Ein vorgegebener Text, z. B. Auszug aus einer Biografie, eine Beschreibung einer konkreten Situation (z. B. von Flüchtlingen) wird hörspielartig vertont. Wie verändern sich dadurch das Textverständnis und die Botschaft?

Hörspiel produzieren
Die Entwicklung eines Hörspiels durchläuft verschiedene Stadien: die Idee, eine kurze Geschichte (evtl. als Krimi formuliert), das Dehbuch, das Formulieren von Dialogen und Kommentaren, das Sprechen, das technische Produzieren, das Mischen mit Geräuschen und Musik.

Literaturhinweis

Bloom-Schinnerl, Margarete: Der gebaute Beitrag. Ein Leitfaden für Radiojournalisten. Uvk Medien 2002.
Hillmoth, Dieter u. a.: Radio-Journalismus. Ein Handbuch für Ausbildung und Praxis im Hörfunk. München 2000.

Tonbildschau –I

Die Liste der Vorzüge der Tonbildreihe ist eindrucksvoll: Praktisch jede/r ist heute mit der Funktionsweise eines Fotoapparates, eines Kassettenrekorders oder eines Diaprojekors vertraut. In praktisch jeder Gruppe ist die Herstellung ebenso wie die Vorführung von Tonbildreihen möglich, ohne dass „Fachleute" nötig wären. Zudem können Tonbildreihen billig produziert und zielgruppenspezifisch angelegt werden. Durch den Austausch einzelner Bilder kann das Medium relativ einfach aktuell gehalten werden. Diapositive sind sehr haltbar und transportabel. Und vor allem darf die ästhetische Qualität eines großen projizierten Farbbildes nicht unterschätzt werden.

Als Nachteil wird oft die Unbewegtheit des Bildes bezeichnet. Doch liegt gerade darin auch die didaktische Stärke: Bilder können genau betrachtet werden, die Konzentration auf den Ton wird nicht von einer Bilderflut gestört.

Ein zentrales medienpädagogisches Argument für die Tonbildschau ist jedoch, dass die didaktisch-manipulativen Schritte außerordentlich transparent sind – für die Gruppe und für die Gruppenleitung.

Arten von Tonbildserien

Je nach Themenstellung gibt es eine Vielzahl von Tonbildreihen:
- ▲ Sachinformationsserien, Problemserien und Länderberichte,
- ▲ Sozialporträts,
- ▲ Kurztonbild,
- ▲ Medienbaukasten,
- ▲ Meditationsreihen.

Zum Einsatz

Tonbildserien sind keine selbstständigen Medien, die ohne „Beiprogramm", inhaltliche Einführung und/oder Auswertung eingesetzt werden können. Sie bedürfen eines Rahmens und bekommen ihren Stellenwert in der Beziehung zum Gesamtprogramm (als Aufreißer, als Vertiefung, als Auflockerung …). D. h., die Seminarleitung muss die Tonbildserie kennen und muss sie vorher angeschaut haben.

Vgl. Julien K. Biere: Ton und Dia. Ein Handbuch zur Medienarbeit. Wuppertal 1983.

Was bei der Herstellung einer Tonbildserie beachtet werden sollte

▲ Ein Tonbild ist kein illustriertes Referat. Der Ausgangspunkt sollte also nicht der Text, sondern die Bild-Text-Kombination sein.

▲ Der Kommentar muss ein Sprechtext sein, kein Lesetext.

▲ Die Serie sollte nicht zu lang werden (möglichst nicht länger als 15 Minuten).

▲ Die Serie sollte inhaltlich nicht überfrachtet werden (nicht mehr als 50 Bilder bei ca. 10–15 Minuten Gesamtlänge).

▲ Die Stimmen der Sprecherinnen und Sprecher sollten gezielt eingesetzt werden (z. B. für unterschiedliche Aussagen, Kommentare, Rollen).

▲ Fingerzeig-Kommentare sollten unterlassen werden (z. B. „Hier sehen wir …", „Dieses Bild zeigt …").

▲ Ton-Bild-Scheren (also die grobe Nichtübereinstimmung von Text und Bild) sollten vermieden werden.

▲ Aussagen sollten möglichst grafisch umgesetzt werden (z. B. in Diagramme, Schaubilder, Karten).

▲ Auf Bildqualität sollte großen Wert gelegt werden (Bildschärfe, richtige Belichtung).

▲ Diaduplikate sollten nur in Speziallabors hergestellt werden, um schlechte Qualität zu vermeiden.

▲ Die Dias sollten mit einem einheitlichen Rahmensystem gerahmt werden.

▲ Kennzeichnung und Nummerierung der Dias ist unbedingt erforderlich.

Hinweis

Dias können problemlos und kostengünstig auf eine Foto-CD als digitale Bilder übertragen werden. Somit ist es möglich, bestehende Dia-Archive und Serien auch für die Arbeit mit neuen Medien zu nutzten.

Tonbildschau – 2

Tonbildserien als Diabaukasten

Ein Diabaukasten ist eine Sammlung von Dias zu einem bestimmten Themenbereich (er kann aber auch thematisch offen sein). Diese Sammlung (50, 100 oder mehr Dias) stellt das Basismaterial für die vielfältigsten Zwecke dar:

▲ zur Illustration des gesprochenen Wortes (also z. B. eines Vortrages);
▲ als Grundstock für ein Diaarchiv;
▲ als Arbeitsmaterial für Gruppenarbeit;
▲ als Ausgangsmaterial für die Produktion eigener Tonbildserien.

Im Vordergrund der Arbeit mit dem Diabaukasten steht der kreative Umgang mit Bildmaterial, d. h. die eigene Produktion kleiner Diareihen in Gruppenarbeit.

Fertige Tonbildserien haben trotz ihres hohen didaktischen Wertes doch einige Nachteile, die sie mit anderen audiovisuellen Medien teilen:

▲ Sie sind für bestimmte Zielgruppen produziert, und für andere Gruppen oft nur bedingt einsetzbar;
▲ Ihre Aussage muss zunächst übernommen werden;
▲ Rückfragen, Ergänzungen etc. sind erst im Anschluss an die Vorführung möglich. Eine Unterbrechung der Vorführung ist nicht eingeplant.
▲ Die Zuschauer verbleiben zunächst passiv.

Die Arbeit mit einem Diabaukasten kann einige dieser Mängel überwinden.

Lernerfahrungen

Die Arbeit mit dem Diabaukasten ermöglicht eine Reihe von Lernerfahrungen:
▲ Die Inhalte werden nicht einfach übernommen, sondern im Diskussionsprozess mit anderen erarbeitet.
▲ Es entsteht ein Gruppenprozess, der wichtige Aufschlüsse über das eigene Verhalten in Gruppen geben kann.
▲ Es wird die Erfahrung der gemeinsamen Erarbeitung eines Produktes vermittelt.
▲ Es wird Basiswissen im Umgang mit Medien erworben.

Der Ausgangspunkt „Bildauswahl" zwingt zur Auseinandersetzung mit den Bildern, deren Wirkung und Aussagekraft. Da Bilder zu spontanen Reaktionen animieren und vielfältige Deutungsmöglichkeiten zulassen, kommt so schnell eine Auseinandersetzung in der Gruppe zu Stande. Die Formulierung eines kurzen Textes zwingt zu konkreten Aussagen, zur eigenen Stellungnahme und Meinungsäußerung und macht unterschiedliche Ansichten in der Gruppe deutlich. Durch die Vorgabe, ein gemeinsames Produkt zu erstellen, muss sich die Gruppe einigen und zu gemeinsamen Aussagen kommen.

Zur Vorgehensweise

▲ Die Gruppenarbeit durch eine Einführung in den Themenbereich vorbereiten.
▲ Die Arbeitsgruppen aufteilen (maximal 8 bis 10 Teilnehmer und Teilnehmerinnen).
▲ Für jede Gruppe müssen ein eigener Raum und ein Diaprojektor (möglichst mit Einzelbildvorführung) zur Verfügung stehen.
▲ Evtl. die Funktionsweise des Diaprojektors kurz erklären.
▲ Das vorhandene Diamaterial auf die Gruppen aufteilen.
▲ Die Gruppen müssen einen präzisen Arbeitsauftrag erhalten (z. B.: „Eine kurze Tonbildserie für einen Elternabend im Kindergarten zum Thema ‚Gewalt in der Erziehung' herstellen").
▲ Es empfiehlt sich, eine Beschränkung des Umfangs der Diaserie vorzunehmen, z. B.: „Es sollen 5–10 Bilder verwendet werden, die maximale Länge sollte 3 Minuten nicht überschreiten."
▲ Für die Gruppenarbeit sollte viel Zeit eingeplant werden (ca. 3–4 Stunden!).
▲ Den Gruppen können noch mögliche Arbeitsschritte kurz erläutert werden:
  – Alle Bilder anschauen (evtl. mehrmals);
  – sich eine Konzeption überlegen;
  – gezielte Bildauswahl vornehmen;
  – Bilder in eine Reihenfolge bringen;
  – Text entwerfen und aufschreiben;
  – Text evtl. auf Kassette aufnehmen;
  – Text evtl. mit Musik unterlegen.
▲ Vorführung der Produkte im Plenum. Hierfür sollte ebenfalls viel Zeit gelassen werden (die produzierten Diaserien sollten evtl. mehrmals angeschaut werden).
▲ Die Ergebnisse sollten nicht nach „gut" oder „schlecht" beurteilt werden, sondern nach ihrer Aussagekraft in Bezug auf den Arbeitsauftrag.
▲ Der Entstehungsprozess muss unbedingt in die Auswertung einbezogen werden.

Computerspiele – I

Computer sind aus unserer Gesellschaft nicht mehr wegzudenken. Im Bildungsbereich haben sie bislang nur wenig Einzug gehalten.

Doch Bildung kann sich diesem Bereich nicht verschließen, denn Bildung und Erziehung müssen

▲ einen Zugang zur neuen Medienwelt ermöglichen und diesen Zugang begleiten;

▲ Schwierigkeiten und Rückschläge auf diesem Weg auffangen und bewältigen;

▲ Orientierungshinweise und Orientierungswissen auch in diesem Bereich anbieten;

▲ als Korrektiv da sein, d. h. diese Entwicklungen kritisch begleiten können und alternative Angebote bereithalten.

Für Kinder und Jugendliche ist der Zugang zum und der primäre Umgang mit dem PC durch Spiele gekennzeichnet.

Computer(spiele) sind attraktiv,

denn ...

▲ anders als bei Filmen und Videos kann hier Einfluss auf das Geschehen genommen werden.

▲ die geforderte Geschicklichkeit stellt für viele eine Herausforderung dar, der sie sich stellen möchten.

▲ das Spielverhalten wird durch vielfältige Arten von Belohnungen honoriert.

▲ die mediale Bilderwelt bietet klare Handlungsanweisungen und Regeln zum Verständnis der Wirklichkeit.

▲ die bunten, fantastisch gestalteten Szenerien bilden einen starken Kontrast zum Alltag.

Der Umgang mit dem Computer vermittelt vielen Kindern und Jugendlichen neue Kompetenzen und ermöglicht ihnen einen Bereich, in dem sie eigenständig Wissen erwerben und den Erwachsenen ebenbürtig, wenn nicht gar überlegen sind.

Computerspiele in Schule und Unterricht

Längst ist es selbstverständlich Phänomene der Kinder- und Jugendkultur (seien es Theaterstücke, Filme, Videos, Comics, Kinder- und Jugendliteratur usw.) in das normale Unterrichtsgeschehen einzubeziehen. Computerspielen als neues Kulturphänomen steht dieser Weg noch bevor. Dabei ist es nicht unbedingt erforderlich, dass hierfür in jedem Klassenzimmer zu jeder Zeit ein Rechner zur Verfügung stehen muss.

Bildungsarbeit: mit oder ohne Computer?

Ohne Computer:

▲ „Alles, was man pädagogisch erreichen will, erreicht man besser ohne den Computer.

▲ Alles, was man pädagogisch vermeiden will, vermeidet man besser ohne ihn.

▲ Alle Dummheiten, die die Eltern machen, machen sie mit ihm verstärkt.

▲ Das, was man nur an und mit dem Computer lernen kann, ist herzlich wenig, und Jugendliche können sich dies schnell aneignen."

Vgl. Hartmut von Hentig: Die Schule neu denken. München 1993, S. 60.

Mit Computer:

„Der Computer gibt den Kindern ungeheure Möglichkeiten, kreativ zu sein: Sie können mit ihm Musik machen, schreiben, zeichnen, kommunizieren oder einfach nur spielen. Er fasziniert und motiviert sie mehr, als viele Lehrer es vermögen. (...)
Durch die Arbeit mit der Maschine lernen Kinder zwei ganz wichtige Dinge, um in unserer komplexen Welt besser zurechtzukommen: in Zusammenhängen zu denken und sich Wissen selbst anzueignen. (...)
Die Maschinen werden heute eingesetzt, um Kinder mit stupiden Lernprogrammen zu drillen. Durch richtigen Gebrauch der Technologie können wir Kinder aber für selbstständiges Lernen mehr als je zuvor faszinieren."

Seymour Papert, Vordenker der Computer Pädagogik. In: Der Spiegel 9/94, S. 113.

Spieltypen

Adenventures – Geschicklichkeitsspiele – Flugsimulatoren – Jump and Run – Jump and Fight – Kampfsportspiele – Strategiespiele – Sportspiele – Ballerspiele

Was man mit Computerspielen im Unterricht machen kann

Selbst eine Spielgeschichte entwerfen

Ein Drehbuch für ein Computerspiel in Form einer selbst erfundenen Geschichte, einer Abänderung oder Fortsetzung einer gegebenen Spielgeschichte entwerfen.

Nacherzählung einer Spielgeschichte

Die Schülerinnen und Schüler erstellen eine Inhaltsangabe in Form einer Nacherzählung oder Kurzfassung eines Adventure-Spiels.

Entwicklung von Bewertungskriterien

Um den Inhalt, die Struktur und den Erlebnis- oder Lerncharakter eines Spiels beurteilen zu können, werden Kriterien hierfür entwickelt.

Spieleanalyse

Analyse des Spielkonzeptes, des Aufbaus der Präsentation und der Vermarktung des Spiels *(vgl. Arbeitsmaterial)*. Hierzu können Screenshots (Bildschirmdarstellungen, die dann ausgedruckt werden) eine wichtige Hilfe sein.

Vorstellung eines Spiels

Jede Teilnehmerin / jeder Teilnehmer stellt ein Spiel der eigenen Wahl den anderen vor und begründet die Auswahl (ähnlich wie bei einer Buchvorstellung).

Spielen eines Computerspiels

Die Teilnehmerinnen und Teilnehmer werden in ein PC-Spiel eingeführt und spielen dieses in kleinen Gruppen durch. Anschließend werden die Spielerlebnisse ausgetauscht.

Spiel und Wirklichkeit

Ein Spiel, wie z. B. Colonization, Civilization II, Cäsar II, wird auf die darin enthaltenen (historischen) Fakten und Daten überprüft.

Lernfelder in Computerspielen

Computerspiele erfordern häufig spezifische Arbeitstechniken. Die Beherrschung des Mediums Computer wird so quasi als Nebeneffekt trainiert. Hierzu gehören u. a.:

▲ Kenntnisse über Programminstallation und Programmstart.

▲ Kenntnisse über Veränderungsmöglichkeiten von Programmcodes (etwa wenn Codes verändert werden, um dadurch „mehr Geld im Spiel" zur Verfügung zu haben).

▲ Erfassung von schnell wechselnden Situationen. Interpretation der Situation und Reaktion.

▲ Anwenden verschiedener Problemlösetechniken: Versuch und Irrtum, lineare oder vernetzte Techniken.

▲ Exzerpieren, Memorieren, Kombinieren von für den weiteren Spielverlauf wichtigen Informationen (etwa im Spiel „Myst").

▲ Erkennen der Auswirkungen eigener Entscheidungen (etwa im Spiel „SimCity 2000").

▲ Austausch mit anderen über das Spielgeschehen und dadurch Suche nach Lösungstechniken.

Literatur/Spieleübersichten

Fromme, Johannes / Norbert Meder: Bildung und Computerspiele. Opladen 2000.
Fritz, Jürgen / Fehr, Wolfgang: Handbuch Medien: Computerspiele. Theorie, Forschung, Praxis. Bonn 1997.
Fromm, Rainer: Digital spielen – real morden? Blut und Spiele. Marburg 2001.

Computerspiele Museum
www.computerspielemuseum.de

Datenbank für Unterhaltungssoftware
http://www.zavatar.de/

Kindersoftware Ratgeber
www.feibel.de

Spieledatenbank Search and Play
www.snp.de

Überblick über Computerspiele
www.learn-line.nrw.de/angebote/computerspiele/

Unterhaltungssoftware Selbstkontrolle
www.usk.de

Computerspiele
Arbeitsmaterial

Computerspiele – ein Analyseraster

Werbung und Verkauf

- Wie wird das Spiel vermarktet?
- Wie wird es angekündigt?
- Wie ist die Verpackung gestaltet ?
- Wo ist das Spiel zu erhalten?
- Wer kauft das Spiel (Jugendliche, Eltern, Verwandte ...)?
- Ist das Spiel Freeware oder Shareware?
- Ist das Spiel als Raubkopie erhältlich?

Das Spiel

Formaler Ablauf
- Installation
- Opening
- Möglichkeiten der Konfiguration des Spiels
- Erklärung der Aufgaben
- Spieltechnik
- Ziel

Ausgestaltung
- Grafik
- Sound
- Texte
- Animation

Spielaufbau
- Spielstruktur
- Wodurch wird Spannung erzeugt?
- Was ist beeinflussbar?

Kontext
- Spielinhalte/Thematik
- Kontexte (aktuelle, historische Bezüge)
- Weltbilder
- Darstellung von Personen und Charakteren
- Heimlicher Lehrplan

Begleitmaterial
- Gibt es ein Handbuch? Wie ist es aufgebaut?
- Gibt es einen technischer Support?
- Existiert eine Spiele-Hotline? Welche Kosten fallen bei der Nutzung an?

Das Umfeld

- Wer spielt dieses Spiel vor allem?
- Motivation der Spielerinnen und Spieler?
- Erfahrungen der Spielerinnen und Spieler?
- Gibt des Fanclubs?
- Findet ein Austausch über Mailboxen etc. statt?

Anfragen an Computerspiele

- ▲ Welche Art von Spielverhalten lässt das Spiel zu (alleine, Gruppe, gegen Computer)?
- ▲ Welche Spielhandlungen stehen im Mittelpunkt des Spiels?
- ▲ An welchen Wertvorstellungen orientiert sich das Spiel?
- ▲ Wer sind die Hauptakteure im Spiel?
- ▲ In welchen (Lebens-)Situationen agieren sie?
- ▲ Wo ist das Spielszenario angesiedelt (Geschichte, Fiktion)?
- ▲ Wie werden Personen dargestellt?
- ▲ Welche Typisierungen werden verwendet?
- ▲ Welche Rollen spielen Männer, welche Frauen?
- ▲ Welche Art von Aufgaben werden gestellt?
- ▲ Welche Rolle spielt Gewalt in dem Spiel?
- ▲ Wird Gewalt als Selbstzweck eingesetzt?
- ▲ Von wem wird Gewalt ausgeübt?
- ▲ Gibt es einen Begründungszwang für die Anwendung von Gewalt?
- ▲ Gibt es Alternativen zur Gewaltanwendung oder bleibt diese die einzige Handlungsmöglichkeit?
- ▲ Bietet das Spiel Möglichkeiten, das Ziel durch verschiedene Verhaltensweisen zu erreichen?
- ▲ Gibt es nur die Extreme „Gut" und „Böse" oder auch Abstufungen?
- ▲ Ist der Spielablauf beeinflussbar bzw. veränderbar?
- ▲ Wie sieht die spielinterne Belohnung (Verstärkung) aus? Welche Verstärker werden eingesetzt?
- ▲ Bietet das Spiel Möglichkeiten für partnerschaftliches Handeln am Bildschirm?
- ▲ Welche Emotionen löst das Spiel bei den Spielerinnen und Spielern aus?

Spiele-Klassiker

Was zeichnet Klassiker aus?
- ▲ Über längere Zeit spielbar und über längere Zeit unter den Spielefavoriten.
- ▲ Relativ anspruchsvoller Spielgehalt.
- ▲ Vielfältige Berührungspunkte zu persönlichen und gesellschaftlichen Fragen und Problemen.

Computerspiele
Arbeitsmaterial

Computerspiele aus der Sicht eines Spieleherstellers

Ein Interview mit dem Pressesprecher von Virgin Interactiv GmbH

Wie entsteht ein Computerspiel, wie viele Mitarbeiterinnen und Mitarbeiter mit welchen Qualifikationen sind beteiligt?

Bei der Entwicklung unserer Computerspiele sind zwischen 3 (Amazing, „Heart of Darkness") und 250 (Burst, „Toonstruck") Mitarbeiterinnen und Mitarbeiter beteiligt, wobei so unterschiedliche Berufe zum Einsatz kommen wie Programmierer, Grafik-Designer, Zeichner, 3D-Animations-Designer, Kameramann, Beleuchter, Schauspieler (zum einen real im Spiel auftauchend, zum andern um deren Bewegungen in das Spiel zu integrieren „Motion Capture"), Tonstudio-Ingenieur, Sprecher und natürlich Storyboard-Schreiber.

Wie lange wird daran gearbeitet?

Die Entwicklungsspanne beträgt zwischen einem halben Jahr und drei Jahren. Für ein gutes Spiel einer professionellen Softwareschmiede rechnet man ein Jahr Entwicklung.

Welcher finanzielle Aufwand ist damit verbunden?

Der finanzielle Aufwand variiert extrem und liegt zwischen ca. DM 5.000 (Tetris) und ca. DM 10.000.000 (Toonstruck).

Mit welchen Mitteln wird eine Markteinführung vorgenommen?

Bei der Markteinführung werden inzwischen Anzeigen und Werbespots in allen Medien (Print, Kino, Radio und selten Fernsehen) geschaltet. Bei den Print-Medien liegt die Auswahl ausschließlich bei der Fach- und Handelspresse. Ein weiterer wichtiger Vorgang bei der Markteinführung ist der Dialog mit der Fachpresse bezüglich News-Meldungen, Previews und Testberichten.

Welche Stückzahlen werden in einem Jahr verkauft?

Die verkauften Stückzahlen an Computerspielen in Deutschland betrugen 1995 3,7 Millionen, 1996 7 Millionen und werden für 1997 auf 11,3 Millionen geschätzt (Quelle International Development Group).

Wie wird die „Lebenszeit" eines Spiels bis zu einer neuen Version kalkuliert?

Die Lebenszeit eines Spieles lässt sich nicht pauschal beziffern. Im Schnitt dürfte sie ein Jahr betragen. Flops wesentlich kürzer, Klassiker entsprechend länger. Seit Einführung der Niedrig-Preis-

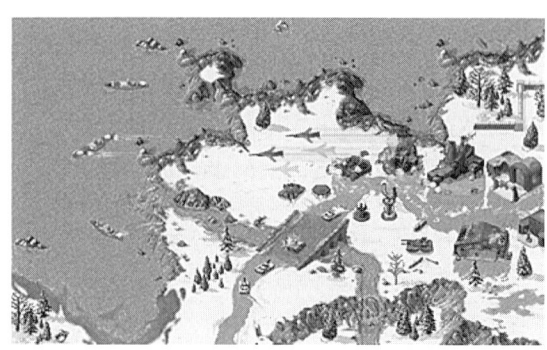

Serien (bei Virgin Interactive als erster Anbieter ist dies die White Label Serie) werden Klassiker nach ca. 1 1/2 Jahren erneut produziert und für maximal DM 34,95 angeboten.

Wie schätzen Sie die Entwicklung des PC-Spielemarktes für die Zukunft ein?

Die Entwicklung des PC-Spielemarktes sehen wir sehr optimistisch. Der Computer wird mehr und mehr zum allgemeinen Gebrauchsgegenstand im Arbeits- wie auch im Freizeitbereich. Der Wunsch, alle Möglichkeiten dieses Gerätes zu nutzen, wächst dementsprechend. Die (hoffentlich baldige) Einigung der Hardware- und Betriebssystem-Produzenten (z. B. Grafikkarten-Hersteller und Microsoft) auf ein einheitliches Datei-Protokoll wird den Umgang mit dem PC auf Seiten der Entwickler wie auch der Benutzer wesentlich vereinfachen.

Wo sehen Sie die größten Entwicklungen und Veränderungen in den nächsten fünf Jahren?

Das Voranschreiten der technischen Performance bei der Hardware gibt den Entwicklerfirmen immer mehr Freiraum bei der Umsetzung ihrer Ideen. Ein gutes Spiel kann immer noch sehr einfach gemacht sein, da das Wichtigste stets der Spielspaß sein wird. Es kann zudem aber auch grafisch, atmosphärisch und von der Komplexität her atemberaubend sein. Bereits jetzt sind die Storyboards hochwertiger Spiele aufwändiger als die eines Kinofilms, da die Geschichte sich je nach Verhalten des Spielers mehrfach verschachteln kann (z. B. „Die Pandora Akte").

Reinhard Nürnberg, PR-Assistenz Virgin Interactiv in einem Interview mit dem Autor im September 1997.

Virgin Interactiv im Internet:
http://www.vie.co.uk

Internet

Das Internet erschließt neue Möglichkeiten der Informationsbeschaffung, der Kommunikation, aber auch der Präsentation für Bildung und Unterricht sowie für die einzelnen Schülerinnen und Schülern.

Dabei sind diese Möglichkeiten bei weitem nicht auf den Informatik-Unterricht begrenzt – ganz im Gegenteil. In praktisch jedem Fach und zu jedem Thema lassen sich mit Gewinn Internetangebote einbeziehen.

Kommunikation

E-Mail-Projekte

E-Mail bedeutet „Elektronische Post". Briefe oder private Nachrichten werden als Texte im ASCII-Format zwischen zwei oder mehreren Teilnehmerinnen bzw. Teilnehmern ausgetauscht. Die Nachrichten werden dabei in das jeweilige private Postfach gestellt.

Per E-Mail können die Schülerinnen und Schüler Nachrichten untereinander oder mit anderen Austauschen. Lehrerinnen und Lehrern eröffnet sich die Möglichkeit neuer Kommunikationsformen; z. B. können sie ihre Unterrichtsvorbreitungen Schülerinnen und Schülern vorab zugänglich machen.

Newsgroups

Der Newsgroup-Bereich ist der Bereich für Informationsangebote und offene Diskussionen im Internet. News sind kurze Texte (Stellungnahmen, Dokumente, Diskussionsbeiträge usw.), die für alle Benutzer lesbar sind. Viele dieser Angebote sind als „Diskussionsbretter" konzipiert, d. h., hier kann jeder eigene Kommentare, Gedanken usw. veröffentlichen.

Weltweit gibt es zurzeit über 20.000 öffentliche Newsgroups, davon ca. 1.500 deutschsprachige mit der Bezeichnung „.de". Viele dieser Angebote sind direkt in www-Angebote integriert.

Hier lassen sich zu jedem Thema Diskussionsforen finden und benützen.

Chat im WWW – Online-Konferenzen

Da Internet-Server per Standleitung verbunden sind, ist auch die Organisation einer Online-Konferenz möglich, bei der alle Teilnehmer zur gleichen Zeit miteinander kommunizieren. Im Web existieren eine Reihe von Chat-Lines, in denen permanent Online-Diskussionen stattfinden. Interessanter ist es jedoch, zu einem Thema oder für eine Personengruppe selbst ein Chat-Projekt zu organisieren.

Internet auf einen Blick

Geschichte
- **1962:** Forschungsarbeiten von Paul Baran von der Rand Corporation über verteilte Kommunikationsnetze und Datenpaketvermittlung.
- **1969:** ARPANET-Projekt (Advanced Research Projekt Agency) des US-amerikanischen Verteidigungsministeriums; Projektbedingung: Schaffung eines Netzwerkes ohne Zentralcomputer; Fähigkeit aller im Netz miteinander verbundenen Computer, auch dann noch miteinander zu kommunizieren, wenn Teile des Netzwerkes nicht funktionieren.
- **1973:** Erste internationale Verbindung von ARPANET in das Ausland (England und Norwegen).
- **1990:** Ende des ARPANET-Projekts.
- **1991:** Gründung der Commercial Internet eXchange (CIX) Association, Inc.
- **1994:** Völliger finanzieller und organisatorischer Rückzug der National Science Foundation aus dem Internet; Ende des öffentlichen Netzes.

Technische Eigenschaften
- Keinerlei Zentralcomputer
- Offene Protokolle
- Dynamische Leitwege (Daten suchen sich selbständig so lange ihre Pfade, bis sie ihr Ziel erreicht haben.)

Wachstum
- Weltweiter Verbund von 170 Millionen Computern
- Weltweit 550 Millionen Nutzer
- Z. Z. Nutzeranstieg von 15 Prozent pro Jahr

Stiftung Entwicklung und Frieden (Hrsg.): Globale Trends 1998. Frankfurt/M. 1997, S. 384 f. Aktualisierte Zahlen 2003.

Information/Recherche

Mailing-Lists

Ähnlich wie bei einem Zeitungsabonnement oder einem Rundbrief können regelmäßig erscheinende elektronische Texte (z. B. Lehrbriefe, Presseveröffentlichungen) auf elektronischen Wege automatisch versandt und abonniert werden. Dies geschieht durch so genannte „Mailing Lists", automatische E-Mail-Verteiler in die man sich aufnehmen lassen kann. (So hat z. B. die Bundestagsverwaltung eine Mailingliste eingerichtet.) Dies ist eine sehr kostengünstige und einfache Möglichkeit der Informationsbeschaffung.

Als Mailings-Lists existieren inzwischen eine Vielzahl von Kurseinheiten zum Eigenstudium mit der Möglichkeit der schnellen Rückkopplung.

Internet – 2

Diskussionsforen

Diskussionsforen spiegen i. d. R. die aktuellen gesellschaftlichen Probleme und Diskussionen wieder und bieten hier eine Möglichkeit, an authentisches und unkonventionelles Material zu gelangen.

WWW-Recherche

Die umfangreichsten Möglichkeiten ergeben sich durch Recherchen im World-Wide-Web (www). Kennt man keine speziellen Adressen (URL's), so ist der Einstieg über eine Suchmaschine zu empfehlen (z. B. www.google.de).
Für den Schulbereich sind gute Referenzseiten auf dem Server des Schulweb verfügbar: http://www.schulweb.de.
In allen Bundsländern sind inzwischen eigene Bildungsserver mit umfangreichen Angeboten installiert worden.

Produktion/Präsentation

Vorstellung der eigenen Schule

Die eigene Schule oder ein durchgeführtes Projekt im Internet zu präsentieren und damit anderen zugänglich zu machen vermittelt vielfältige Lernchancen. Mögliche Schritte sind:

▲ Entwerfen einer Struktur für die eigene Homepage.
▲ Festlegen der einzelnen Bereiche und möglicher Inhalte.
▲ Schreiben und Redaktion der Texte.
▲ Erstellen von Grafiken und Bildern.
▲ Entwerfen einer Programmstruktur.
▲ Programmierung in HTML.
▲ Anmietung von Web-Space bei einem Internet-Service-Provider oder einem Uni-Rechen-Zentrum.
▲ Aufspielen der Homepage.
▲ Regelmäßige Wartung, Aktualisierung und Betreuung.

Das Lehrerinnen-/Lehrer-Tagebuch

Eine Reihe von Lehrerinnen und Lehrern hat damit begonnen, regelmäßig ihr Schultagebuch ins Internet zu stellen. Diese Seiten werden nicht nur von den Schülerinnen und Schülern, sondern auch von den Eltern intensiv gelesen. Dies ermöglicht nicht nur mehr Transparenz im Unterichtsgeschehen, sondern auch neue Formen der Kommunikation und Evaluation.

Projekte

Das Internet bietet die Möglichkeit, relativ einfach schulübergreifende (bzw. länderübergreifende) Projekte zu realisieren. Dabei können Beiträge zu einem Thema oder Produkt aus unterschiedlicher Perspektive erarbeitet werden. Die Möglichkeiten reichen hier von der Erstellung einer gemeinsamen Schülerzeitung bis zur gemeinsamen Aufarbeitung der mittelalterlichen Geschichte.

Reflexion

Die Nutzung von elektronischen Netzwerken sollte immer auch mit Information und Reflexionen über deren Grundlagen, Entwicklungen und Folgen verbunden sein.
Hierzu bieten die Netze selbst wiederum vielfältige Materialien und Diskussionsforen an. Stichworte hierzu sind u. a.: Kommerzialisierung, Verhalten in Netzen, Zensur, Jugendschutz, Sicherheitsaspekte.

Literaturhinweise

Baacke, Eugen / Siegfried Frech (Hrsg.): Virtuelle Lernwelten. Herausforderungen für die politische Bildung. Schwalbach/Ts. 2002.
Geisz, Martin: Internet praktisch im Unterricht. Mühlheim/Ruhr 2001.
Fromm, Rainer / Barbara Kernbach: Rechtsextremismus im Internet. Die neue Gefahr. München 2001.
Hooffacker, Gabriele / Martin Goldmann: Online publizieren. Für Web-Medien texten, konzipieren und gestalten. Reinbek 2001.
Ruprecht, Gisela: Politische Bildung im Internet. Tipps und Tricks. 3. erw. und überarb. Aufl. Schwalbach/Ts. 2002.
Weißeno, Georg (Hrsg.): Politikunterricht im Informationszeitalter. Medien und neue Lernumgebungen. Schwalbach/Ts. 2002.

Internet-Projekte

Eine Liste von Schulprojekten im Internet ist verfügbar beim Zentrum für Unterrichtsmedien: **http://www.zum.de**

Internet
Arbeitsmaterial

Eine Internet-Rallye

… vermittelt spielerisch Informationen im Umgang mit dem Internet, indem verschieden gestaltete Aufgaben nacheinander abgearbeitet werden. Die aufgeführten Aufgaben sind als Themenkatalog zu verstehen, aus dem je nach Seminargruppe einzelne Teile ausgewählt werden können.

Die Teilnehmerinnen und Teilnehmer arbeiten in kleinen Gruppen zu je drei Personen.

Zu Beginn wird nur die erste Frage ausgeteilt. Erst wenn diese gelöst ist, erhalten die Teilnehmerinnen und Teilnehmer die nächste Aufgabe.

Somit können auch die Dauer und Art der Aufgaben genau gesteuert werden. Dauer ca. 2–3 Stunden.

Es sollten kleine Preise für die Gewinner bereitstehen.

120–180

Was Benutzern im Gedächtnis bleibt:

Interaktive Inhalte	80 %
Videos	40 %
Text	10 %

www.politicsonline.com

WebQuests

WebQuests sind frage- und aufgabenorientierte Lern-Arrangements, die mit Hilfe von ausgewählten Internet-Ressourcen beantwortet und bearbeitet werden. Die Lernenden lösen dabei reale Problemstellungen.
Die meisten WebQuests werden im Rahmen von Gruppenarbeiten durchgeführt.

Vgl.
www.webquest.ch
http://edweb.sdsu.edu/courses/edtec596/about_webquests.html
www.svia-ssie.ch/dt/Archiv/Didaktik/webquest/webquest.htm

Löse folgende Aufgaben mit Hilfe des Internets.

1. Addiere die Geburtsjahre des Bundestagspräsidenten und der Bundes-Justizministerin.

2. Wer erhielt den Friedensnobelpreis 2001?

3. Hole dir drei Bilder von Sängerinnen oder Sängern, die z. Z. in den internationalen Charts unter den ersten Zehn vertreten sind. Hole dir die Bilder von drei Staatsoberhäuptern von je einem Land aus Afrika, Asien und Lateinamerika. Fertige aus den Bildern eine Bild-Collage an.

4. Wie viele Suchergebnisse findet die Suchmaschine „google.de" zum Begriff „Tarifvertrag", wie viele die Suchmaschine „altavista.com"?
Wie oft sind unter den ersten 20 Treffern Angebote der DGB-Jugend vertreten?

5. Wie hoch ist laut Tarifvertrag des öffentlichen Dienstes die Vergütung für Auszubildende im zweiten Lehrjahr für den mittleren, für den gehobenen Dienst?

6. Wo findest du Informationen zum Thema Rechtsextremismus? Wähle zwei Informationsangebote aus, die für dich die fundiertesten Informationen bereitstellen.

7. Worüber hat Hans Eichel am 13. 9. 2000 im Bundestag gesprochen? Höre dir die ersten drei Minuten seiner Rede an (oder lese sie nach).

8. Erstelle einen Screenshot deiner Lieblingsseite im Internet.

9. Wieviele Internet-User waren am heutigen Tag für Deutschland registriert?

10. Welches sind heute die Nachrichtenschlagzeilen bei der Süddeutschen Zeitung, der BILD-Zeitung, der Tagesschau?

11. Was besagt die neueste Kriminalstatistik des Bundeskriminalamtes über Kinder- und Jugendkriminalität?

Internet
Arbeitsmaterial

Praktische Tipps für den Umgang

mit Internet-Adressen (URLs)

▲ Ein Uniform Ressource Locator (URL – so die korrekte Bezeichnung für den umgangssprachlichen Ausdruck „Internet-Adresse") muss immer exakt eingegeben werden, Schreibfehler oder fehlende Angaben führen zu Fehlermeldungen.

▲ Überprüfe, ob der URL vollständig ist: er muss mindestens einen Zugriffstyp (z. B. http://..., gopher://..., ftp://... usw.) und eine Rechneradresse (z.B. www.dgb.de, www.tagesschau.de) enthalten. WWW-Server-Adressen beginnen meistens mit „www" es sind aber auch andere Namen für einen WWW-Server möglich.

▲ Zwischen dem Zugriffstyp auf eine Datei und der Rechneradresse müssen immer ein Doppelpunkt und zwei Schrägstriche „ :// " stehen. Verschiedene Browser ergänzen diese inzwischen, wenn sie beim Eingeben weggelassen werden.

▲ Eine einfache Rechneradresse „http://www. dgb-jugend-nrw.de" wird klein geschrieben und enthält keine Umlaute oder Leerzeichen. Ohne weitere Angaben führt diese Eingabe zur Homepage (Startseite) des betreffenden Servers. Eine

Homepage/Titelseite trägt meist standardmäßig den Namen „index.html" oder „index.htm". Es sind aber auch andere Namen möglich.

▲ Der Bereich hinter der Rechneradresse enthält Verzeichnisangaben (z. B. „./Literatur/Methoden/") und Dateinamen (z.B. „Polbil.html"). Groß- und Kleinschreibung sind hier unter Umständen relevant und müssen beachtet werden! Ebenfalls muss auf die Endung „.html" oder „.htm" für WWW-Seiten geachtet werden.

Suchmaschinen

http://www.google.de
http://www.hotbot.com
http://www.altavista.de
http://www.crawler.com
http://www.infoseek.com
http://www.fireball.de
http://www. lycos.com
http://www.yahoo.de
http://www.web.de
http://netguide.de
http://www.sharelook.com
http://www.kolibri.de
http://www.alltheweb.com
http://www.eule.de

URL – Uniform Ressource Locator

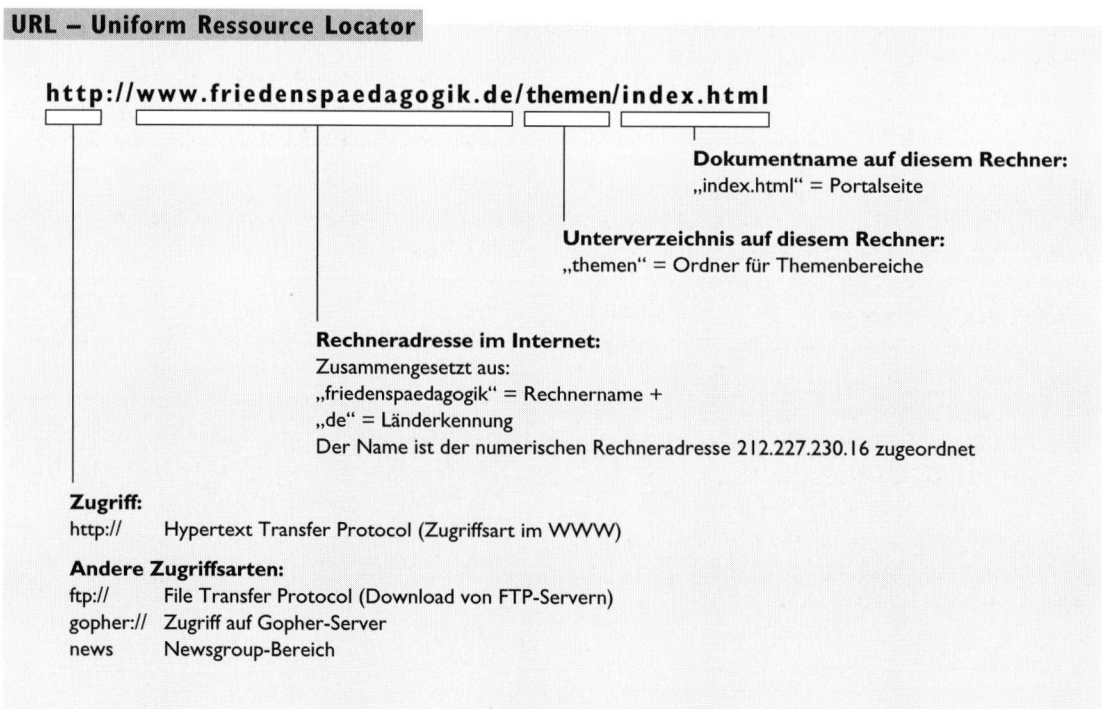

http://www.friedenspaedagogik.de/themen/index.html

Dokumentname auf diesem Rechner:
„index.html" = Portalseite

Unterverzeichnis auf diesem Rechner:
„themen" = Ordner für Themenbereiche

Rechneradresse im Internet:
Zusammengesetzt aus:
„friedenspaedagogik" = Rechnername +
„de" = Länderkennung
Der Name ist der numerischen Rechneradresse 212.227.230.16 zugeordnet

Zugriff:
http://   Hypertext Transfer Protocol (Zugriffsart im WWW)

Andere Zugriffsarten:
ftp://   File Transfer Protocol (Download von FTP-Servern)
gopher:// Zugriff auf Gopher-Server
news   Newsgroup-Bereich

Internet
Arbeitsmaterial

Die Netiquette

für das Verhalten im Netz (Auszüge)

Vergiss niemals,
dass auf der anderen Seite ein Mensch sitzt!
Denke stets daran und lasse dich nicht zu verbalen Ausbrüchen hinreißen. Bedenke: Je ausfallender und unhöflicher du dich gebärdest, desto weniger Leute sind bereit, dir zu helfen, wenn du einmal etwas brauchst.

Erst lesen, dann denken, dann nochmal lesen,
dann nochmal denken und dann erst senden!
Vergewissere dich, dass der Autor des Artikels, auf den du antworten willst, auch das gemeint hat, was du denkst.

Fasse Dich kurz!
Niemand liest gerne Artikel, die mehr als 50 Zeilen lang sind. Denke daran, wenn du Artikel verfasst.

Deine Artikel sprechen für Dich. Sei stolz auf sie!
Die meisten Leute aus dem Netz kennen und beurteilen dich nur über das, was du in Artikeln oder Mails schreibst.

Nimm Dir Zeit, wenn Du einen Artikel schreibst!
Einige Leute denken, es würde ausreichen, einen Artikel in zwei Minuten in den Rechner zu hacken. Du solltest dir Zeit nehmen, um einen Artikel zu verfassen, der auch deinen Ansprüchen genügt.

Vernachlässige nicht die Aufmachung
Deines Artikels!
Es ist natürlich nicht zwingend, einen Schreibmaschinenkurs mitgemacht zu haben, jedoch ist es ratsam, sich mit den wichtigsten der „Regeln für Maschinenschreiben" (z.B. DIN 5008) vertraut zu machen.

Achte auf die „Betreff:"-Zeile!
Hier sollte in kurzen Worten der Inhalt des Artikels beschrieben werden, so dass ein Leser entscheiden kann, ob er von Interesse für ihn ist oder nicht.

Denke an die Leserschaft!
Überlege dir vor dem Posten eines Artikels oder Followups, welche Leute du mit deiner Nachricht erreichen willst. Wähle die Gruppe (oder Gruppen), in die du schreibst, sorgfältig aus. Poste, wenn irgend möglich, nur in EINE Gruppe.

Vorsicht mit Humor und Sarkasmus!
Achte darauf, dass du deine sarkastisch gemeinten Bemerkungen so kennzeichnest, dass keine Missverständnisse provoziert werden.

Kürze den Text, auf den Du Dich beziehst,
auf das notwendige Minimum!
Mache es dir zur Angewohnheit, nur gerade so viel Originaltext stehen zu lassen, dass dem Leser der Zusammenhang nicht verlorengeht.

Gib eine Sammlung Deiner Erkenntnisse
ans Netz weiter!
Wenn du eine Frage an die Netzgemeinde gestellt hast und darauf Antworten per Mail empfangen hast, welche evtl. auch andere Leute interessieren könnten, fasse deine Ergebnisse (natürlich gekürzt) zusammen und lasse damit auch das Netz von deiner Frage profitieren.

Achte auf die gesetzlichen Regelungen!
Es ist völlig legal, kurze Auszüge aus urheberrechtlich geschützten Werken unter Angabe der Quelle zu informationellen Zwecken zu posten. Was darüber hinausgeht, ist illegal. Zu den urheberrechtlich geschützten Werken gehören unter anderem Zeitungsartikel, Liedtexte, Programme, Bilder etc.

Benutze Deinen wirklichen Namen,
kein Pseudonym!
Im Internet ist es ab und zu üblich, seine wahre Identität hinter einem Pseudonym zu verbergen. Wenn du nicht vorhast, deinen Namen preiszugeben, vergiss die Diskussionsforen (oder zumindest das Schreiben von Artikeln und Mails) bitte schnell wieder.

„Du" oder „Sie"
Dafür gibt es keine allgemeingültige Regel; es hat sich jedoch eingebürgert, den anderen mit „Du" anzureden. 99,9 % der Teilnehmer in der „de.*"-Hierarchie im Use-Net finden das auch völlig in Ordnung und würden es als eher absonderlich ansehen, wenn sie auf einmal gesiezt werden würden.

Nach Christian Kaiser / Ulrich Dessauer / Patrick Guelat / Joachim Astel

Internet
Arbeitsmaterial

Grafische Gestaltung und Navigation

▲ Werden die Lese- und Wahrnehmungsgewohnheiten der Nutzer berücksichtigt?

▲ Wie strukturieren die Einstiegsseiten das Angebot? Bieten sie Einstiegspunkte?

▲ Existiert ein plausibles und leicht zu erlernendes Navigationssystem?

▲ Sind Hyper-Links gekennzeichnet und die Zieladressen zu erkennen?

▲ Ist die Navigation (kommunikations-)logisch aufgebaut?

▲ Wie sind Ladezeiten und Qualität der Bilder?

▲ Haben animierte Bilder eine erkennbare Funktion, oder sind sie „nur" Unterhaltung?

▲ Welche Konsequenzen hat das Seitenlayout beim Ausdruck oder Kopieren?

▲ Ist eine einfache Kontaktaufnahme zum Anbieter möglich? Ist die Postadresse leicht zu finden?

Inhaltliches Angebot

▲ Ist ein eigenständiges inhaltliches Profil zu erkennen?

▲ Gibt es eine redaktionelle Betreuung des inhaltlichen Angebots?

▲ Sind Autoren oder Quellenangaben vorhanden?

▲ Spiegeln die Inhalte die politische oder fachwissenschaftliche Diskussion wider oder sind sie beliebig?

▲ Wie werden Inhalte dargestellt?

▲ Worin liegt der Nutzwert des Angebots?

▲ Gibt es Ansprechpartner für inhaltliche Rückfragen?

▲ Ist ein Qualitätsstandard zu erkennen?

▲ Werden neue Inhalte kenntlich gemacht?

▲ Werden Links gepflegt?

▲ Warum sollte jemand gerade dieses Internet-Angebot besuchen?

Bei Angeboten für die Bildungsarbeit

▲ Gibt es ein klares didaktisches Konzept?

▲ Sind Inhalte didaktisch aufbereitet?

▲ Sind Bilder Illustrationen oder haben sie eine didaktische Funktion?

▲ Wie ist das Verhältnis von Aktualität und strukturellen Informationen?

▲ Wie sind verschiedene Internet-Angebote verknüpft? (www, Mailing-List, Chats, Videokonferenzen, Offline-Medien, usw.)

▲ Sind eine Struktur und eine Systematik erkennbar?

▲ Werden Rückmeldungen und Praxisberichte einbezogen?

▲ Gibt es spezifische Angebote für unterschiedliche Benutzergruppen?

Programmtechnik /Struktur

▲ Wie schnell sind die Ladezeiten?

▲ Wie einfach und verständlich ist der Domain-Namen, z. B. bei Integration in Gesamtserver?

▲ Sind die Dateien und Bilder auf dem Server (Serverstruktur) klar strukturiert?

▲ Werden einheitliche und klare Dateinamen verwendet?

▲ Ist das Angebot auch als Offline-Version lauffähig?

▲ Ist die Programmierung dokumentiert?

▲ Werden Meta-Daten für Suchmaschinen verwendet?

▲ Sind serverinterne Links absolut oder relativ definiert?

▲ Welche HTML-Editoren werden zur Programmierung verwendet?

▲ Werden Frames verwendet? Sind diese programmtechnisch und von der Bedienungsstruktur her notwendig? (Durch Frames ist kein Bookmarking und keine Blindenschriftunterstützung möglich.)

▲ Werden Java-Scripts verwendet? Sind diese auf allen Browsern lauffähig? Sind diese von ihrer Funktion her notwendig?

▲ Ist das Angebot auf verschiedenen Systemplattformen und verschiedenen Browsertypen lauffähig?

▲ Existiert eine Hilfefunktion?

Projektorientierte Methoden

Lehrpfade

Ausstellungen

Zukunftswerkstatt

Computer bauen und begreifen

„Projekte" stellen in strengem Sinne keine Einzelmethode dar, sondern integrieren eine Vielzahl von handlungsorientieren Vorgehensweisen bei der Erstellung eines Produktes oder der Bewältigung einer Aufgabe, wobei dem Arbreitsprozess größere Bedeutung als dem Produkt eingeräumt wird.

Projektunterricht versteht sich als besondere Lernform, in der sich Lehrerinnen und Lehrer sowie Schülerinnen und Schüler einem gemeinsam formulierten Thema bzw. Problem zuwenden, zu dessen Bearbeitung einen Plan entwickeln, sich arbeitsteilig mit der Lösung beschäftigen und die Lösungsversuche anderen vermitteln bzw. in einem gemeinsamen Produkt präsentieren.

Im Projektunterricht besorgen sich die Schülerinnen und Schüler die notwendigen Arbeitsmittel und Informationen zur Lösung des Problems so weit wie möglich selbst; dabei arbeiten sie arbeitsteilig, handlungs- und produktbezogen in kleinen Gruppen über einen längeren Zeitraum.

Im Projektunterricht übernehmen die Schülerinnen und Schüler gemeinsam mit der Lehrerin oder dem Lehrer für den gesamten Arbeitsprozess die Rolle der Unterrichtsplaner. Dieser Rollenwechsel steht in enger Verbindung mit dem demokratischen Anspruch des Projektunterrichts und kann deshalb als Herzstück des Projektunterrichts bezeichnet werden. Projektunterricht ist dabei sowohl am Lehrplan als auch an den Fragen und Interessen der Beteiligten orientiert.

Mögliche Handlungsschritte

▲ Eine für den Erwerb von Erfahrungen geeignete, problemhaltige Sachlage wird ausgewählt.
▲ Gemeinsam wird ein Plan zur Problemlösung entwickelt.
▲ Die Beteiligten setzten sich handlungsorientiert mit dem Problem auseinander.
▲ Die Problemlösung wird an der Wirklichkeit überprüft.

Vgl. Johannes Bastian: Freie Arbeit und Projektunterricht. In: Pädagogik, Heft 10/1993, S. 6–9.

Lehrpfade

Lehrpfade sind vor allem aus dem Bereich der Ökologie bekannt. Waldlehrpfade mit Hinweisen auf Pflanzen, Bäume u. Ä. haben eine weite Verbreitung gefunden. Auch in einem anderen thematischen Kontext können Lehrpfade wichtige Einsichten vermitteln und die Auseinandersetzung mit bestimmten Inhalten erleichtern.

Anders als Ausstellungen sind Lehrpfade auf Dauer angelegt und befinden sich im Freien. Dies stellt natürlich an die Gestaltung und Ausführung (wetterfest) besondere Ansprüche. Lehrpfade müssen auch so konzipiert sein, dass sie keiner Führung und Betreuung bedürfen. Sie sprechen für sich. Ein Lehrpfad wird begangen oder erwandert. Die einzelnen Tafeln oder Objekte können weit verzweigt, aber durch ein gutes Wegenetz verbunden sein. Es ist auch möglich, dass bestimmte Themenbereiche nebeneinander gruppiert werden, um danach wieder Platz und Raum zu lassen.

Neben Lehrpfaden, die auf Dauer (einige Jahre) errichtet werden, ist es auch möglich, einen Lehrpfad saisonal einzurichten (z. B. nur für die Sommermonate, für die Fastenzeit etc.).

Der Bau eines Lehrpfades muss mit der Kommunalverwaltung bzw. den jeweiligen Grundstückseigentümern abgesprochen werden. Da Lehrpfade in der Öffentlichkeit für die Öffentlichkeit errichtet werden, ist es durchaus denkbar, dass sie auch Stein des Anstoßes sind, zumal dann, wenn sie politische Positionen beziehen oder auf gerne vergessenes Unrecht aufmerksam machen.

Beispiele

Die Gemeinde Schlingen in Baden-Württemberg hat 1988 eine Lehrpfad zum Thema „Wege zur Politik" eröffnet, der allgemein politische Informationen über Aufbau und Funktion der Bundesrepublik vermitteln will.

Die Initiative Gedenkstätte Eckerwald, auf der Schwäbischen Alb, möchte mit ihrem „Gedenkpfad Eckerwald" auf die Vernichtungspolitik des Nationalsozialismus aufmerksam machen. Auf dem Gebiet eines ehemaligen Zwangsarbeitslagers, wo die Nazis versuchten, aus Schiefergestein Öl für die Rüstung zu gewinnen, erschließt der Gedenkpfad die Überreste der von Häftlingen gebauten und bedienten Anlagen *(vgl. Beispiel).*

Mit **80 Tafeln „zur Erinnerung"** machten die Künstler Renata Stih und Frieder Schnock die tägliche Diskriminierung deutscher Juden wäh-

Wege zur Politik

Themen des Lehrpfades in Schlingen
Bürger, Gemeinde, Landkreis, Baden-Württemberg, Nation, Berlin, Grundgesetz, Bundespräsident, Bundeskanzler, Parlament, Wahlen, Parteien, Bund und Länder, Recht, Sozialstaat, Soziale Marktwirtschaft, Interessen, Öffentliche Meinung, Europa, Ost-West, Nord-Süd, UNO, Gefahren, Ermutigung.

Diese Themen werden auf 26 Bildtafeln durch Fotographien, Schaubilder, Grafiken und Texte dargestellt.

Ein Suchspiel, bei dem Textausschnitte der richtigen Tafel zugeordnet werden müssen und dadurch ein gesuchter Satz sich in der richtigen Reihenfolge ergibt, ist ein zusätzlicher Anreiz.

Vgl. Landeszentrale für politische Bildung Baden-Württemberg (Hrsg.): Wege zur Politik. Stuttgart, o. J. (1989).

rend der Nazizeit im Berliner Bezirk Schöneberg wieder sichtbar.

76 Plakate erinnern an 76 ermordete Juden in Fulda. Zum 50. Jahrestag der Deportation der Juden von Fulda nach Theresienstadt hat die Stadt Fulda 1992 76 Plakate in der Innenstadt aufgestellt. Auf jedem Plakat war unter dem Davidstern die Original-Deportationsliste mit allen 76 Namen der später ermordeten Juden zu finden. Die Plakate, die symbolisch für jedes Einzelschicksal stehen, wurden entlang von sechs Straßenzügen angebracht – beginnend beim ehemaligen Standort der Synagoge bis zum Bahnhof, wo die Waggons für die Fahrt in den Tod bereitgestellt waren.

Schautafeln

An Stelle eines Lehrpfades kann es auch sinnvoll sein, an einer besonderen Stelle eine Schautafel mit dem Hinweis auf ein besonderes Ereignis, einen besonderen Ort usw. anzubringen. Dies ist leichter zu realisieren als ein Lehrpfad.

Beispiel:

Juden dürfen am Bayerischen Platz nur die gelb markierten Sitzbänke benutzen.

Augenzeugenberichte 1939

Der Gedenkpfad Eckerwald

Mai 1985: Beim Eckerwald findet eine Gedenkfeier zum 40. Jahrestag der Befreiung vom Naziregime statt. Eingeladen haben – auf Initiative der Friedensgruppe Rottweil und mit Unterstützung der Stadt – mehrere Gruppen. Die Standort-Wahl geht auf Zeitungsveröffentlichungen von Jürgen Schübelin über die Relikte der weitläufigen Schieferöl-Gewinnungsanlage zurück. Diese Veranstaltung sollte die Initialzündung für diese Idee sein: Die Zeugen einer schrecklichen Vergangenheit – unmittelbar vor „unserer Haustür" – durch einen Gedenkpfad zu erschließen.

Februar 1987: Mit 25 Teilnehmern kommt es zur Gründung des Vereins „Initiative Gedenkstätte Eckerwald". Aus der Überzeugung, dass Verdrängung die falsche Alternative zu sinnvoller Vergangenheitsbewältigung ist, ergeben sich als erklärte Ziele: Erinnerung, Spurensicherung, Dokumentation. Es folgt im selben Monat eine der ersten Begehungen des völlig unwegsamen Geländes, die nicht selten in eine Unterholz-Bekriechung und rutschige Kletterpartie ausartet. Vielen wird dabei erst klar, was die junge Initiative sich da vorgenommen hat: Es wird sehr viel Arbeit kosten, das steilhügelige, in vier Jahrzehnten von Wald und Gestrüpp überwucherte, teilweise morastige und dabei sehr weitläufige Gelände überhaupt zugänglich zu machen. Hinzu kommt: Mit Blick auf Funktion und Zuordnung stellen die Relikte aus Beton und Backstein Fragen über Fragen.

Die Zeit der Arbeit in Gummistiefeln, mit Schubkarre, Spaten und Motorsäge ist angebrochen. Es bedarf der Koordination mit den Gemeinden Schömberg und Wellendingen sowie mit den Forstämtern, die sich aber problemlos, ja erfreulich gestaltet. Die Leute im Blauen Anton fällen Bäume, lichten Unterholz aus, zerlegen und schichten das Material, ein morscher Steg über den Bach muss gefestigt, später durch einen soliden Neubau ersetzt werden, um überhaupt den „Zugang zum Zugang" zu haben. Im Rahmen von Projekttagen helfen Schüler von Rottweiler Gymnasien bei den Arbeiten. Engagiert waren auch die Realschule Rottweil, Grund- und Hauptschule Wellendingen, das Aufbaugymnasium Mössingen und die Tuttlinger Gymnasien.

Die Ecker-„Waldarbeiter" fühlen sich dem gewachsenen Umfeld ebenso verpflichtet wie den Veränderungen, zu denen die Häftlinge in unmenschlicher Fronarbeit gezwungen worden waren. So wollte man sich bei der Wege-Erschließung auf Notwendigstes beschränken und nicht auf leicht zu durchschlendernde Parkwege hinarbeiten. Doch die Führungen und Gedenkveranstaltungen zwischendurch machten deutlich, dass dort noch eine Treppe, da eine weitere Schotterung notwendig waren, um das Terrain insbesondere auch älteren Menschen zugänglich zu machen.

Der Kampf mit Wurzelwerk und Lehm geht weiter. Stufen werden gestochen und befestigt. Den Schotter schleppen sie in Eimern oder schieben ihn in Schubkarren über viele hundert Meter heran. Seit Oktober 1987 stehen die Eckerwald-Ruinen auf Betreiben der Initiative unter Denkmalschutz.

Initiative Gedenkstätte Eckerwald e. V. (Hrsg.): Wüste 10. Gedenkpfad Eckerwald. Rottweil 1991 (Auszüge).

„Es geht um Bildung im umfassenden Sinn: Information, Verarbeitung, Sensibilisierung. Diese umfassende Bildungsarbeit darf sich nicht länger nur auf Gegenstände wie Auschwitz, Buchenwald und Dachau beziehen, die in ihrer Ferne vielen abstrakt bleiben. Hier bekommt Heimatkunde einen ganz neuen Stellenwert. So sind uns zwar die Begegnungen mit Menschen aus den so genannten „Opfer-Völkern" (Polen, Frankreich, Luxemburg etc.) sehr wichtig.

Aber genauso wichtig ist, dass die Menschen aus der Umgebung kommen. Wir wenden uns an Schulen, an Vereine, Gruppen und Initiativen, an kirchliche Organisationen, an Verbände und Gewerkschaften, an Parteien und politische Institutionen gerade in dieser Region: Zollernalb, Oberer Neckar, Schwarzwald-Baar-Heuberg. Wir wenden uns an Sie jetzt mit dieser Dokumentation, und wir stehen auch weiterhin mit Führungen durch den Gedenkpfad zur Verfügung."

Gerhard Lempp, ebd., S. 6.

Ausstellungen – I

Bilder und Objekte ersetzen oft viele Worte. Eine gute Grafik kann auf einen Blick Zusammenhänge verdeutlichen. Bildsprache öffnet einen Sachverhalt für die verschiedenen ihm innewohnenden Dimensionen.

Das besondere an der visuellen Präsentation von Inhalten ist: Die jeweiligen Verarbeitungsmuster sind individuell verschieden, sie sind nicht zwingend und nicht exakt planbar. Das macht eine Ausstellung zu einem demokratischen Medium. Anders als z. B. beim Film können die Besucherinnen und Besucher selbst entscheiden, wie intensiv und wie schnell sie sich einer Information aussetzen. Und dennoch ist das, was eine Ausstellung bei Besucherinnen und Besuchern auslöst, nicht beliebig. Eine dichte visuelle Präsentation provoziert eigenes Nachdenken und eigene Stellungnahmen.

Ausstellungen können auf vielerlei Weise genutzt werden:

▲ Eine (kleine) Ausstellung kann begleitend zum Seminar im Tagungshaus gezeigt werden.
▲ Es kann zum Konzept einer Weiterbildungseinrichtung oder Schule gehören, ständig (in einem Rhythmus von 4–6 Wochen wechselnd) Ausstellungen zu aktuellen zeitgeschichtlichen Themen im Foyer zu zeigen.
▲ Mit einer Lehrerfortbildungsgruppe oder Schulklasse kann als Exkursion eine Ausstellung in der Nähe besucht werden.
▲ Eine Schule (Tagungshaus etc.) kann als (Mit-) Veranstalter einer Leihausstellung auftreten.

Ausstellungen sind mehr als Schautafeln

Das „bloße Zurschaustellen" gesellschaftskritischer Themen reicht heute nicht mehr aus, um bei Jugendlichen und Erwachsenen Interesse zu wecken. Neue Elemente müssen hinzukommen. Objekte, an denen die Besucherinnen und Besucher durch Drehen, Drücken oder Schieben etwas verändern, etwas bewegen können. Dreidimensionale Dioramen, Videos, Filme und Computersimulationen können in eine Ausstellung integriert sein. Möglichkeiten der eigenen Gestaltung und (künstlerischen) Umsetzung für die Besucherinnen und Besucher können die eigentliche Ausstellung ergänzen.
Dies alles ist kein Selbstzweck, sondern unterstützt das „Be-greifen" von Zusammenhängen, Kreisläufen, Netzwerken usw.

▲ Eine Projektgruppe kann selbst eine Ausstellung (oder einen Teil einer Ausstellung) entwerfen und produzieren.
▲ Im Rahmen einen Projektes kann die thematische Auseinandersetzung mit der Fragestellung verbunden werden mit der Aufgabe, das Thema als Ausstellung zu präsentieren.

Wohlstandsausstellung

Die Ausstellungsobjekte sollen zwei Wohlstandsmodelle verdeutlichen. Zwei Schaufensterpuppen reichen dafür schon aus (bei manchen Kaufhäusern kann man solche Puppen ausleihen).

Eine Schaufensterpuppe sitzt inmitten der Gegenstände, die das alte auf Wachstum und Verbrauch orientierte Wohlstandsmodell verkörpern: Auto, Ölverbrauch, Müllberge, Eisen- und Metallschrott, Kohle, Fleisch, Flugzeuge, Dünger, Pestizide, toter Wald, Alkohol, gestörte soziale Beziehungen, Wegwerfgegenstände wie Dosen, Einmalgeschirr, Kleidung in großen Mengen usw.
Übersichtliche Schautafeln können neben den Gegenständen auf die ökonomischen Kosten, die Energiebilanz, die ökologischen Folgen und die entwicklungspolitischen Zusammenhänge unseres Wohlstandes hinweisen.

Die andere Schaufensterpuppe wird mit Gegenständen ausgestellt, die den neuen Wohlstand zum Ausdruck bringen: grüne Mülltonne, Energie sparende Elektrogeräte, Umweltpapier, Mehrwegflaschen, Fahrrad, Umweltticket des öffentlichen Personennahverkehrs, Produkte aus dem „Dritte-Welt-Laden" usw. Schautafeln machen auch hier deutlich, welche Vorteile diese Alternative zum herkömmlichen Wohlstandsmodell bringt.

Eine Welt für alle. Arbeitsgruppe Aktions-Leitfaden (Hrsg.): Leitfaden für das Projekt. Aktionen, Bausteine, Cooperationen. Köln 1992, S. 28.

Ausstellungen – 2

Eine Ausstellung produzieren

Die Auseinandersetzung mit Inhalten wird spannend, wenn sie produktorientiert ist, d. h., wenn ein vorzeigbares Ergebnis hergestellt werden soll.

Eine kleine Ausstellung zu konzipieren bedeutet für eine Lerngruppe, dass sie das Thema auf wesentliche Gesichtspunkte reduzieren muss, dass die Zusammenhänge und Aussagen klar formuliert werden müssen und dass diese anschaulich zu präsentieren sind. Über das eigene Verstehen hinaus kann diese Vermittlung an andere auch strittige Punkte und Kontroversen deutlich machen.

Vorgehensweise

▲ Das Thema muss klar formuliert und begrenzt sein.
▲ Am besten ist es, eine Zielgruppe vorzugeben, für die die Ausstellung konzipiert wird.
▲ Wichtig ist zu entscheiden, ob der Arbeitsgruppe Material über die Themenbereiche zur Verfügung gestellt wird oder ob sie dieses selbst recherchieren soll.
▲ Material und technische Hilfsmittel bereitstellen (Bilder, Stifte, Klebebuchstaben, Schreibmaschine, Kopierer, evtl. Computer …).
▲ Auf welchen Ausstellungsträgern soll die Ausstellung präsentiert werden (z. B. DIN-A1- oder DIN-A2-Karton)?
▲ Eine inhaltliche und grafische Konzeption erarbeiten: Wieviele Tafeln (z. B. 5–8 Tafeln) sollen verwendet werden? Welche Themen sollen auf welcher Tafel erscheinen?
▲ Überschriften für einzelne Bereiche/Themenfelder festlegen.
▲ Präsentationsformen finden, z. B. einzelne Bereiche als Comic oder Bildergeschichte gestalten.
▲ Eine skizzierte Arbeitsfassung anlegen.
▲ Die Text-Bild-Kombinationen festlegen und die Texte formulieren.
▲ Die eigentliche technische Produktion durchführen.
▲ Einen Rahmen für die Eröffnung und Präsentation überlegen.

Die Produktion einer eigenen Ausstellung ermöglicht selbstständiges Arbeiten aller Teilnehmerinnen und Teilnehmer. Jede bzw. jeder kann sich entsprechend ihrer bzw. seiner Fähigkeiten beteiligen. Handwerkliches Geschick ist genauso wichtig und gefragt, wie die Formulierung von

Texten oder das Veranschaulichen von Zusammenhängen.

Ausstellungen können jedoch nicht nur als Bild-Text-Kombination erstellt werden, sondern auch in Form von Objekten (aus Pappe, Holz, Stein …) oder auch durch die Gestaltung und Einbeziehung ganzer Räume.

Was bei der Produktion zu beachten ist

▲ **Weniger ist hier mehr.**
Wenige Tafeln und Exponate gut platziert wirken stärker als eine Fülle ungeordneten Materials.
▲ Modelle verdeutlichen Zusammenhänge besser als Texte und Zeichnungen.
▲ Die Ausstellungsstücke sollen für sich sprechen. Deshalb nur wenig erklärenden Text.
▲ Die Ausstellungstafeln und Objekte sollen ungewohnte Sehweisen ermöglichen und Denkanstöße bieten.
▲ Text hat bei Ausstellungen eine ergänzende Funktion. Er muss gut lesbar sein. Deshalb große, plakative Schrifttypen verwenden.

Vgl. Rita Maria Döltgen / Georg Klingsiek: Der Ausstellungsknigge. Tips, Tricks und Kniffe bei der Organisation einer Ausstellung. In: Geographie heute 67/1989, S. 29.

Ausstellungen
Erfahrungsberichte

Eine Schülerausstellung über den Todesmarsch von Hessental nach Dachau

„Welche großartigen Leistungen Schüler-AGs bei der selbstständigen Erforschung der Nazi-Geschichte in ihrem Heimat-Bezirk vollbringen können, habe ich schon öfters erlebt. Aber das, was die Schülerinnen und Schüler der Realschule Leinzell auf Initiative ihres Geschichtslehrers und Mitarbeit anderer Fachlehrer vollbracht haben, ist sicherlich ein Höhepunkt meiner Erlebnisse auf diesem Gebiet.

Unter dem Motto **Die Vergangenheit mahnt!** ging diese Gruppe fast ein Jahr lang auf Spurensuche zur Geschichte des Todesmarsches von Hessental, einem KZ-Außenlager bei Schwäbisch Hall. Von dort aus wurden vor Kriegsende die von Arbeit, Hunger und Krankheit geschwächten Häftlinge zu Fuß in Richtung Dachau getrieben. Die Schülergruppe hat in den Dörfern, durch die diese Elendsgestalten zogen, hunderte Stunden lang Todeslisten gesichtet und Zeitzeugen interviewt. Die Bewohner, die bereit waren, darüber zu sprechen, sind heute noch erschüttert über das, was sie damals erlebten. Wie die Häftlinge getrieben, geschlagen und erschlagen wurden. (...)

All das, was die Schülerinnen und Schüler zusammentrugen, haben sie mit ihren Fachlehrern in einer Ausstellung gestaltet. Den Vorraum ihrer Schule verwandelten sie durch Stacheldrahtzaun, durch dahinter stehende schwarze Wände mit den Dokumenten und durch das nachgeahmte KZ-Tor mit der Aufschrift ‚Arbeit macht frei‘, das sie vor ihre Haupttreppe stellten, sowie durch lebensgroße Schattenrisse der Häftlingsgestalten an der voll verglasten Eingangsfront zu einem einprägsamen und Nachdenken erzeugenden Lernort über die dunkle Zeit der Naziherrschaft.

Dass sich dieser Aussagekraft keiner entziehen kann, der durch diese nachempfundene Nazihölle hindurchging und sich darin umsah, das erwies sich bei den Veranstaltungen der Leinzeller Realschule zur Vorstellung dieser Spurensuche. (...) Die Gäste wurden beim geschlossenen KZ-Tor durch den Schülerchor, der sich dahinter postiert hatte, mit Lieder aus dem KZ empfangen.

Nach den Begrüßungsreden im Musiksaal durfte ich als Zeitzeuge zu den rund 60 versammelten Gästen sprechen. Ich führte aus, wie tief mich diese inhaltlich und optisch so treffliche Darstellung der Atmosphäre des Verfogtseins berühre und mein Dank an alle Beteiligten, vor allem den Jugendlichen, nicht groß genug sein könne."

Hans Pasparitsch: „Diese Aussstellung verdient einen Preis". In: VVN Baden-Württemberg (Hrsg.): Antifa-Nachrichten, Juli 1993, S. 24.

Schaufenster als Ausstellungsorte

Ein Plakat soll Neugier beim Betrachter wecken, ihn motivieren, genaues Hinschauen bewirken und lebt davon, dass die Menschen, die sich eigentlich aus einem anderen Grund an diesem Ort befinden die Informationen des Plakats mehr „nebenbei" in sich aufnehmen.

Genau diese Eigenschaften des Plakats sollten genutzt werden, indem Plakate gegen Fremdenfeindlichkeit in den Schaufenstern von Ladengeschäften einer Kleinstadt präsentiert wurden.

Alle Läden in der Innenstadt wurden einzeln angesprochen und um Beteiligung geben. Die an einer Zusammenarbeit interessierten Geschäftsleute sollten die Möglichkeit erhalten, die Plakate für ihre Schaufenster auszusuchen sowie die Form der Präsentation selbst in die Hand zu nehmen. Dies wurde sehr viel offener und auch engagierter aufgenommen, als dies von Seiten der politischen Vertreterinnen und Vertreter und der Stadtverwaltung erwartet wurde. Das Ergebnis war überzeugend: Es beteiligten sich nahezu alle Geschäfte im Zentrum der Stadt.

In seiner Gesamtheit ist dabei ein gemeinsames Ausstellungsprojekt einer Stadt entstanden, ein Projekt gegen Schweigen und Ohnmacht, gegen Desinteresse und Oberflächlichkeit. Die Aktion, bei der die Ulmer Volkshochschule die organisatorische Moderation übernahm, steht für den Mut zur Stellungnahme, für die Auseinandersetzung mit der eigenen Gegenwart und Geschichte und ist als ein Symbol für gegenseitige Akzeptanz und den Willen für ein friedliches Miteinanderleben zu werten.

Vgl. Reinhild Mergenthaler / Inge Schmatz: Plakate gegen Gewalt und Fremdenfeindlichkeit. In: ZEB, Zeitschrift für Entwicklungspädagogik, Heft 3/1996, S. 28 f.

Ausstellungen
Arbeitsmaterial

Eine Ausstellung besuchen

Es ist sinnvoll, Ausstellungen nicht unvorbereitet zu besuchen, sondern sie im Rahmen einer pädagogischen Betreuung zu erleben.

Durch den Besuch einer Ausstellung wird eine besondere soziale Situation geschaffen. Diese ist gekennzeichnet durch die Konfrontation der Besucherinnen und Besucher mit den Ausstellungstafeln und -objekten, aber auch mit den Reaktionen der anderen Besucherinnen und Besucher. Die Auseinandersetzung mit den Inhalten der Ausstellung findet auf diesen beiden Ebenen statt: den dargestellten Themen und den Meinungsäußerungen anderer Personen.

Inhalte, Aussagen und Absichten der Ausstellung sollen nicht „konsumiert", sondern „bearbeitet" werden. Dies geschieht am besten, indem mit Fragen, Thesen, Kritikpunkten usw. an die Ausstellung herangegangen wird. Hierzu können vielfältige Methoden eingesetzt werden: z. B. eignen sich Suchspiele oder ein Quiz ebenso wie auch das Angebot, verschiedene Aussagen der Ausstellung selbst als Plakat oder Objekt zu gestalten.

Tipps für den Besuch einer Ausstellung

▲ Eine Ausstellung muss „durchmessen" werden. Sie erschließt sich nicht allein. Deshalb keine Scheu und Schwellenangst.
▲ Ein Ausstellungsbesuch ist Muse.
  Man kann an einzelnen Stellen länger verweilen, andere auslassen, wieder andere mehrmals betrachten. Eine Ausstellung kann zu einer selbstständigen Entdeckungsreise werden.
▲ Versuchen Sie ihre Zeit so einzuteilen,
  dass Sie sich zunächst einen kurzen Überblick über die ganze Ausstellung verschaffen und dann noch genügend Zeit haben, an einigen Stellen länger zu verweilen.
▲ Die Gestalter der Ausstellung versuchen
  durch die Auswahl und die Anordnung der Gegenstände die Wahrnehmung des Betrachters zu beeinflussen und in bestimmte Richtungen zu lenken. Deshalb lassen Sie sich nicht nur von der Ausstellung mitreißen, sondern versuchen Sie immer wieder Distanz zu gewinnen.
▲ Versuchen Sie die einzelnen Ausstellungsobjekte auf sich wirken zu lassen. Danach versuchen Sie eine Strukturierung: z. B. wie viele

Was eine Ausstellungsführung leisten sollte

▲ Das Ausstellungskonzept und den Aufbau der Ausstellung deutlich machen.
▲ Zur Meinungsäußerung und Diskussion der Besucherinnen und Besucher anregen.
▲ Über die sachliche Information hinaus Emotionen sichtbar und spürbar machen.
▲ Wissensfragen beantworten.
▲ Hintergründe erklären.
▲ Auf Kontroversen aufmerksam machen.

und welche Elemente befinden sich auf der Tafel, wie erscheinen die darauf abgebildeten Personen, Gegenstände, aus welchem Blickwinkel betrachte ich sie, welche Rolle spielt die Farbe usw.?
▲ Versuchen Sie die Frage zu beantworten: Welchen Eindruck macht das Bild / das Objekt auf mich? Wie und wodurch kommt dieser Eindruck zu Stande?
▲ Versuchen Sie ein „vergleichendes Sehen" anzuwenden. Wie verhält sich das Dargestellte zur Realität?
▲ Einige Bilder und Objekte genau und ausführlich zu betrachten ist besser als die gesamte Ausstellung nur oberflächlich.

Vgl. Ute Gschwandtner / Berthold Meyer: Erfahrungen mit einer Ausstellung. Waldkirch 1977.

Ergebnisse ...

... einer repräsentativen Befragung über Museumsnutzung 2001:

Durchschnittlich jeder zweite Befragte war in den letzten 12 Monaten mindestens einmal in einem Museum.
Museumsbesucher sind vorwiegend
▲ weiblich,
▲ zwischen 30 und 59 Jahre alt,
▲ verheiratet,
▲ berufstätig,
▲ Realschulabsolventen.
Die Besuchshäufigkeit liegt schwerpunktmäßig bei 1 bis 3 Besuchen pro Jahr.

www.kommwiss.fu-berlin.de/~gwersig/
forschung/news/forsa.pdf

Eine Ausstellung besuchen

Arbeitsmaterial

Fragebogen

zur Auswertung eines Ausstellungsbesuches

1. Warum haben Sie die Ausstellung besucht?	
2. Mit welchen Erwartungen sind Sie hergekommen?	
3. Sind diese Erwartungen erfüllt worden?	☐ ja, warum: ☐ nein, warum nicht:
4. Welchen Gesamteindruck haben Sie von der Ausstellung?	
5. Haben Sie durch die Ausstellung neue Informationen erhalten oder neue Gesichtspunkte kennen gelernt?	☐ ja, welche? ☐ nein
6. Wie würden Sie den Inhalt der Ausstellung bewerten?	☐ sehr informativ ☐ informativ ☐ mittelmäßig ☐ wenig informativ ☐ überhaupt nicht informativ
7. Wie würden Sie die Ausstellungspräsentation bewerten?	☐ sehr gut ☐ gut ☐ mittelmäßig ☐ schlecht ☐ sehr schlecht
8. Wie wirken die Bilder und Texte auf Sie?	☐ aufklärend ☐ verschleiernd ☐ übertreibend ☐ einseitig …
9. Welcher Teil der Ausstellung hat Sie besonders angesprochen?	Warum?

10. Haben Sie
  – die Begleittexte gelesen?
 	
  – vor allem die Bilder angeschaut?
	☐ ja
	☐ nein
	
	☐

11. Was fehlt Ihnen an der Ausstellung?	
12. Was finden Sie an der Ausstellung überflüssig?	
13. Würden Sie die Ausstellung anderen weiterempfehlen?	☐ ja, warum? ☐ nein, warum nicht?

Vgl. Ilse Valentin / Imme Waßmund: Die Fragebogenerhebung. In: Bernd Nolz / Edgar Weiss (Hrsg.): Bedrohung – Bilder – Bildung. Atomfotografie und Friedenspädagogik. Hamburg 1991, S. 69 ff.

Zukunftswerkstatt – I

Seit über 25 Jahren werden Zukunftswerkstätten veranstaltet. Meist als eintägige oder mehrtägige Veranstaltungen erwiesen sie sich als äußerst motivierende und kommunikative Prozesse.

Die Idee der Zukunftswerkstatt geht auf Robert Jungk zurück. Er entwickelte die Zukunftswerkstatt als Methode der Erwachsenenbildung, um Betroffene zu Wort kommen zu lassen, Bürgerbeteiligung herzustellen und zu verstärkten Demokratisierungsprozessen beizutragen.

Zukunftswerkstätten entstanden dort, wo Menschen mit etablierten Institutionen oder natur- und umweltzerstörenden Produktions- und Lebensformen nicht einverstanden waren und sie betreffende Probleme gemeinsam bearbeiten und kreative Lösungswege entwickeln wollten. Die Entscheidungen über die Zukunft sollten nicht länger allein den Planern und Politikern überlassen werden, sondern betroffene Bürgerinnen und Bürger sollten ein Instrumentarium erhalten, mit dessen Hilfe sie ihre eigenen Konzepte einer lebenswerten, menschenwürdigen, ökologischen und friedlichen Zukunft entwickeln konnten.

Beschränkte sich die Zukunftswerkstatt zunächst auf verbale und visuelle Kommunikationsformen, so sind inzwischen eine Reihe von ganzheitlichen Methoden aufgenommen worden. Hierzu gehören u. a. gruppendynamische Übungen, Sensibilisierungen und meditative Techniken oder auch kritische, rationale Diskussionen und Planungsmethoden. Viele der in diesem Band vorgestellten Methoden werden im Rahmen einer Zukunftswerkstatt verwendet. Die Techniken und Methoden gezielt anzuwenden erfordert jedoch von den Moderatorinnen und Moderatoren eine entsprechende Qualifizierung.

Teilnehmerzahl

Die Gruppengröße für eine Zukunftswerkstatt sollte 25 Teilnehmerinnen und Teilnehmer nicht überschreiten. Idealer sind 15 bis 20 Teilnehmerinnen und Teilnehmer. Nach Möglichkeit sollen zwei Moderatorinnen bzw. Moderatoren die Zukunftswerkstatt begleiten.

Das Thema

Zukunftswerkstätten können für verschiedene Themenbereiche angewendet werden. Sie eignen sich für technische, soziale und ökologische Fragestellungen ebenso wie für medizinische, architektonische oder psychologische Probleme.

Die Entwicklung der Zukunftswerkstatt

„Bei der Entwickung der Zukunftswerkstatt hat mir ein Schlüsselerlebnis, das ich 1954 in Sizilien hatte, entscheidend geholfen. Und zwar bin ich damals nach Palermo gefahren, um den Sozialreformer Danilo Dolci zu interviewen. Der machte damals einen Hungerstreik, um auf die Unterdrückung der Bauern durch die Mafia in Sizilien hinzuweisen. Er hat also fast drei Wochen lang Hungerstreik gemacht, und die Leute kamen zu ihm, weil sie ihn verehrt haben und wollten mit ihm sprechen.

Und da habe ich zum ersten Mal erlebt, dass er diesen ganz einfachen Menschen gesagt hat: Jetzt sagt doch mal, wie ihr es eigentlich anders haben wollt! Wie müsste es eigentlich sein, wenn die Mafia euch nicht unterdrücken würde? Und da habe ich zum ersten Mal erlebt, nur dadurch habe ich Vertrauen gewonnen, dass Menschen in einem so schnellen Prozess überhaupt zum Reden kommen, dass sie es wagen zu reden, das sie es wagen, etwas zu erfinden.

Da habe ich gesehen, wenn das diese ganz einfachen sizilianischen Landarbeiter und Tagelöhner können, dann müssten es ja auch andere können. Ich dachte damals noch, das sei mit anderen Menschen einfacher. Dann habe ich aber herausgefunden, dass der kulturell belastete Mensch es viel schwerer hat, zu seiner Fantasie zu kommen, als jemand, der nicht so viel Wissen besitzt."

Robert Jungk in einem Interview in: Pädagogik, Heft 6/1992, S. 11f.

Wichtig erscheint es, daß die genaue Themen- bzw. Problemformulierung von den Teilnehmerinnen und Teilnehmern vorgenommen bzw. präzisiert wird.

Das Ziel

Der gesamte Prozess der Zukunftswerkstatt zielt darauf ab, mit Hilfe von verschiedenen Methoden und Techniken den Teilnehmerinnen und Teilnehmern behilflich zu sein, sich ihrer Ideen, Probleme, Wünsche und Konzepte bewusst zu werden und diese zu formulieren.

Eine Zukunftswerkstatt kann so als Katalysator oder Hilfsmittel verstanden werden um neue kreative Ideen für bestehende Probleme zu entwickeln.

Zukunftswerkstatt – 2

Die Moderatorin oder der Moderator

Die Moderatorin bzw. der Moderator ist nicht allwissend, belehrend und steuernd, sondern spielt die Rolle des Förderers und Verstärkers der Teilnehmerinnen und Teilnehmer, d. h. sie bzw. er organisiert, initiiert, regt an, vermittelt usw.

Die Arbeitsweise

Die Arbeitsweise vollzieht sich in einer Abfolge von Fantasie und Kritik, Intuitivität und Rationalität, Diskussion und Meditation. Alle diese Methoden sollen die Kreativität der Teilnehmerinnen und Teilnehmer fördern.

Zukunftswerkstatt – 3

Die Phasen der Zukunftswerkstatt

Bei aller thematischen Offenheit und teilnehmerbezogenen Flexibilität ist die Zukunftswerkstatt als eigenständige Methode durch ein formales Strukturmodell mit einem klaren Regelwerk bestimmt. Die Zukunftswerkstatt gliedert sich in drei Hauptphasen sowie eine vorbereitende und nachbereitende Phase. Anfang der 90er-Jahre schlug Robert Jungk vor, eine vierte Hauptphase zu integrieren, die soziale Experimente umfassen soll.

Vorbereitung

▲ Wer sind die Betroffenen und die an einer Zukunftswerkstatt Interessierten?
▲ Um welches Problem handelt es sich, wie sind die Hintergründe des Problems gelagert?
▲ Wo soll die Zukunftswerkstatt stattfinden?
▲ Wie lange soll sie dauern (2–3 Tage haben sich als sinnvoll erwiesen)?
▲ Können geeignete Räumlichkeiten (ohne feste Bestuhlung) gefunden werden?
▲ Zusammenstellung des benötigten Materials: große Papierbogen, bunte DIN-A4-Blätter, Wachsmalkreide, Klebeband usw.

Phase I: Kritik und Katharsis

▲ Von der Interessenlage der Teilnehmerinnen und Teilnehmer ausgehend, wird das gegebene Problem neu bzw. umdefiniert, präzisiert oder erweitert.

Frage: Was missfällt uns, was haben wir zu kritisieren?

Danach kann über diese Themenstellung eine mindestens halbstündige Ruhepause stattfinden, in der die Teilnehmerinnen und Teilnehmer sich hinlegen, entspannen und durch unterstützende Meditationsmusik ihre Assoziationen mit der Thematik erkunden.

▲ Nach Beendigung dieser thematischen Meditationsübung folgt die Besprechung der dabei entstandenen Assoziationen. Diese werden protokolliert (auf großen Wandzeitungen visualisiert) und besprochen, eine Wertung oder Einschätzung findet jedoch nicht statt.

▲ Versehen mit Kommentaren, Ergänzungen und weiteren Problemstellungen ist diese Sammlung von Kritiken, Problemen und Konflikten jetzt Gegenstand einer Diskussion, die auch den ganz persönlichen Bezug zu den Problemen mit einbezieht. Dies kann z. B. auch durch ein Rollenspiel geschehen.

▲ Danach wird ausgewählt, welche Probleme und Kritikpunkte die wesentlichen sind (z. B. durch Abstimmung, Wahl oder Punktevergabe).

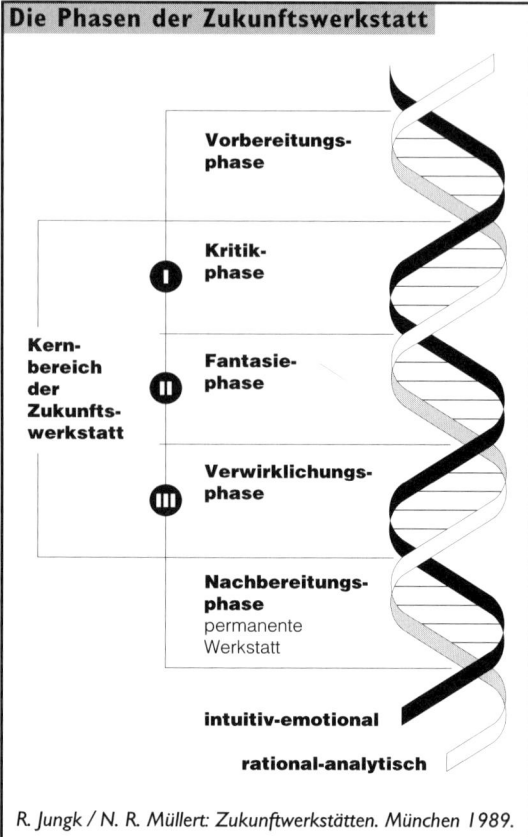

Die Phasen der Zukunftswerkstatt

Vorbereitungs-phase

I Kritik-phase

Kern-bereich der Zukunfts-werkstatt

II Fantasie-phase

III Verwirklichungs-phase

Nachbereitungs-phase
permanente Werkstatt

intuitiv-emotional

rational-analytisch

R. Jungk / N. R. Müllert: Zukunftwerkstätten. München 1989.

Was die Arbeit in Zukunftswerkstätten bewirken kann:

▲ Menschen aus unterschiedlichsten Erfahrungs- und Lebensbereichen kommen miteinander ins Gespräch;
▲ gegenseitiges Verstehen wird gefördert, man lernt sich „persönlich" kennen;
▲ tiefer gehende Auseinandersetzungen mit drängenden Fragen kommen zu Stande;
▲ eine Politisierung findet statt;
▲ man wird sich der eigenen Situation, der Lebensumstände bewusst;
▲ das Finden von Gemeinsamkeiten statt des Austragens von Kontroversen prägt die Arbeit;
▲ ein Gruppenkonsens wird erarbeitet;
▲ das Engagement, etwas zu unternehmen, wird geweckt;
▲ die Stimmung und der Enthusiasmus in der Gruppe beflügeln und reißen mit;
▲ neue Sichtweisen und Möglichkeiten ergeben sich;
▲ ungewöhnliche und überraschende Problemlösungen werden gefunden.

Jungk/Müllert, a. a. O, S. 127, Auszüge.

Diese werden zu Problemaussagen zusammengefasst. Die Statements werden diskutiert und konkretisiert, damit eindeutig geklärt ist, was sie beinhalten.

▲ Zum Abschluss der Phase I erfolgt die Prioritätensetzung der angesprochenen Problembereiche. Durch Bewertung wird entschieden, welche Probleme in der darauf folgenden Utopiephase behandelt werden sollen.

Frage: Welche Kritikthemenkreise interessieren uns, welche möchten wir lösen und weiterverfolgen?

Phase II: Utopie und Fantasie

▲ In dieser zweiten Phase werden die ausgewählten Problemkomplexe zunächst umformuliert, und zwar so, dass sie positive Zielaussagen ergeben. Dies geschieht durch gemeinsame Formulierungsarbeit der Gruppe – damit ist die Fragestellung bzw. Zielsetzung für die Utopiephase gegeben.

▲ Grundvoraussetzung für den Erfolg der Utopiephase ist die Schaffung einer kreativen und fantasievollen Atmosphäre sowie eines gewissen Verfremdungseffektes zur Stimulierung ungewöhnlicher, unüblicher Ideen und Lösungen. Hierzu werden Spiele verwendet, die Spaß machen und die Fantasie anregen.

▲ Sehr hilfreich ist auch entsprechende Musik, andere Beleuchtung, bzw. die Vorführung von fantasiestimulierenden Dias oder Filmen bzw. Videobändern.

▲ Sehr günstig und einfach zu handhaben sind Gesichtsfarben (Schminke), da sie jedes Individuum äußerlich so verfremden, dass auch für dieses selbst ein „Aus-der-Haut-Schlüpfen" vorstellbar ist.

▲ In dieser veränderten fantasiefördernden Umgebung wird mit der Lösungssuche zu der gegebenen Fragestellung begonnen, und zwar folgt jeweils auf eine intuitiv-spielerische Technik eine rational-abstrakte Methodik. Z. B. kann mit einer angeleiteten Fantasiemeditation begonnen werden und danach ein rein verbales Brainstorming folgen – oder nach einer Visualisierungsübung (Bilder malen) folgt die Präzisierung von Lösungsmöglichkeiten als Matrix.

▲ Die bei der ersten Utopienrunde gefundenen Aspekte werden in Zusammenhänge gebracht und von Kleingruppen (3–5 Personen) weiterbearbeitet. Diese Mini-Teams sollen sich dabei als Einheit verstehen, die in einem synergistischen Arbeitsprozess (keine Streitgespräche) ein Lösungskonzept erarbeiten, das dann der gesamten

---

Das theoretische Konzept

Eine Zukunftswerkstatt beinhaltet verschiedenen methodische Elemente.

Sie ist gleichzeitig:
▲ Experimentiermethode zur Entwicklung alternativer Zukünfte;
▲ Partizipationsmethode zur Problem- und Entscheidungsfindung sowie bei der Umsetzung von Vorhaben, und dieses nicht nur für die traditionellen „Problemlöser" wie Politikerinnen und Politiker, Expertinnen und Experten oder Planerinnen und Planer;
▲ Lernmethode für kooperatives Arbeiten und ganzheitliches Denken;
▲ Reflexionsmethode für das Überprüfen der individuellen Positon im Prozess der gesellschaftlichen Entwicklung.

Reinhard Fuß / Wolfgang Stark: Kritik, Phantasie und Realisierung – „Zukunftswerkstätten" und ihr Veränderungspotential. In: Arbeitskreis „Zukunftswerkstätten" (Hrsg.): München – WerkStadt der Zukunft. München 1991, S. 10.

Gruppe vorgestellt werden soll. Wie die Kleingruppe dabei vorgeht, bleibt ihr überlassen. Auch der Art der Präsentation der Gruppenergebnisse sind keine formalen Grenzen gesetzt (außer Zeit und Raum natürlich).

▲ Die Gruppenergebnisse werden diskutiert und ergänzt. Die Gesamtgruppe macht aus den Einzelergebnissen Lösungskonzepte in Form von „Ideenpaketen". Diese Ideenpakete werden dann bewertet und hinsichtlich ihrer Wünschbarkeit und Innovationskraft geordnet. Diese Auswahl wird dann noch einer intuitiven Bewertung unterworfen, indem aus dem jeweiligen Lösungskonzept eine Geschichte (Szenario) geformt wird, die durch einen speziellen Gruppenprozess entsteht.

Frage: Was ist von den Ideen, Erfindungen, Fantasien in den Entwürfen für uns neu, faszinierend, originell?

Phase III: Strategie und Umsetzung

▲ Die in der Utopiephase gewonnenen Ideen und Konzepte werden in dieser dritten Phase der Zukunftswerkstatt wieder in den Kontext des Alltags gestellt, d. h. eine nüchterne kritische Betrachtung der Utopien soll vorgenommen werden.

Dazu eignet sich z. B. die atmosphärische Gestaltung einer „Gerichtsszene", die Lösungskonzepte sind dabei die zu bearbeitenden „Fälle". Sämtliche zur Verhandlung anstehenden Fälle werden stichwortartig (also ohne ihr „Beiwerk") auf Postern präsentiert.

Frage: Welche Ideen sind besonders interessant und verfolgenswert, welche sollten wir aufgreifen?

▲ Die Sachlage wird vorgetragen, und die Lösungen werden jeweils hinsichtlich ihrer Vor- und Nachteile untersucht. Dazu können z. B. Anwälte der Lösungen und Gegenanwälte gewählt werden (eventuell auch Gruppen). Der Rest der Teilnehmerinnen und Teilnehmer wird dann zur Jury, die sowohl Sachinformation verlangen als auch geben darf sowie Adressat aller Aussagen ist. In jedem Fall müssen die Lösungskonzepte hinsichtlich ihrer Machbarkeit und Realisierungschance untersucht werden. Kritische analytische Arbeit wird somit gefordert.

Frage: Wo gab es, wo gibt es bereits Ähnliches in der Realität?

▲ Nach der Vorstellung und Analyse aller Möglichkeiten treffen die Teilnehmerinnen und Teilnehmer eine Auswahl bzw. eine Rangliste guter und schlechter Lösungen unter Abwägung aller zur Verfügung stehenden Kenntnisse bzw. mit Benennung aller Wissenslücken.

Der nächste Schritt besteht in der Ausführung und Realisierung der ausgewählten Lösung. Eine klare Planungsarbeit beginnt. In arbeitsteiligen Kleingruppen werden verschiedene Stufen der ausgewählten Lösungskonzepte detailliert ausgearbeitet.

▲ Diese Planungsideen und Pläne werden vorgestellt und gegenseitig abgestimmt, konkretisiert bzw. erweitert. Daraus ergeben sich Ablaufpläne und Arbeitsschritte, die dann im Einzelnen von der Gesamtgruppe diskutiert werden. Ein gemeinsam entworfener Stufenplan ist das Ergebnis dieser Phase.

Frage: Welche Forderungen müssen wir aufstellen, damit unsere ausgewählte Idee eine Chance erhält, wo muss dabei angesetzt werden?

▲ Der gemeinsame und individuelle Ausgleich und direkte Einstieg in dieses Vorhaben ist Gegenstand der abschließenden Besprechung, in der jeder Einzelne darstellen soll, was er oder sie als Nächstes unternehmen wird, um die gemeinsam entwickelte Problemlösung zu realisieren. Eine kontinuierliche Weiterarbeit (Treffen etc.) wird dabei angestrebt.

Frage: Was wollen wir konkret tun? Wie wollen wir es anfangen? Wer kann uns dabei unterstützen? Wo soll das Projekt entstehen? Wann beginnen wir?

Vgl. Robert Jungk / Norbert R. Müllert: Zukunftswerkstätten, Mit Phantasie gegen Routine und Resignation. München 1989, S. 220–233.
Rüdiger Lutz: Einführung in die Zukunftswerkstatt. Faltblatt. o. O., o. J.

| **Literaturhinweise** |

Albers, Olaf u. a.: Zukunftswerkstatt und Szenario-Technik. Weinheim und Basel 1999.

Burow, Olaf-Axel / Marina Neumann-Schönwetter (Hrsg.): Zukunftswerkstatt in Schule und Unterricht. Bergmann + Helbig 1997.

Dauscher, Ulrich: Moderationsmethode und Zukunftswerkstatt. Neuwied 1998.

Jungk, Robert / Norbert R. Müller: Zukunftswerkstätten. Mit der Phantasie gegen Routine und Resignation. München 1989.

Jungk, Robert (Hrsg.): Katalog der Hoffnung. 51 Modelle für die Zukunft. Frankfurt/M. 1990.

Jungk, Robert: Der Jahrtausendmensch. Aus den Zukunftswerkstätten unserer Gesellschaft. München 1993.

Kuhnt, Beate / Norbert R. Müller: Moderationsfibel Zukunftswerkstätten. Münster 2000.

Eine reichhaltige **Literaturauswahl** bietet die Internationale Bibliothek für Zukunftsfragen, Robert-Jungk-Stiftung, A-5020 Salzburg, Imbergstr. 2.
www.jungk-bibliothek.at

Zukunftswerkstätten in der Lehrerfortbildung

Die rund 300 Teilnehmerinnen und Teilnehmer unserer 17 Zukunftswerkstätten in der Lehrerfortbildung sind von uns mit unterschiedlichen Formen der Seminarkritik (im Anschluss an die Veranstaltung) und ein Drittel von ihnen zusätzlich noch in Form einer empirischen Erhebung zu ihren Erfahrungen mit der Methode Zukunftswerkstatt als Seminar- und Unterrichtsmethode befragt worden.

So haben rund 80 Prozent der Teilnehmerinnen und Teilnehmer Betroffenheit gespürt und etwas über sich selbst erfahren.

Das war in der Kritikphase

▲ Wahrnehmung von Sorgen, Wut, Angst, Ärger, negativen Bildern,
▲ die eigene Fähigkeit, die Gefühle und Fantasien in einer fast fremden Gruppe in visualisierter Form zu veröffentlichen.

In der Phantasiephase

▲ Wahrnehmung von verschütteten Fantasien, mehr Klarheit über ihre persönlichen Bedürfnisse (60 Prozent der Teilnehmerinnen und Teilnehmer),
▲ kreative Entwicklung von subjektiven visionären Vorstellungen,
▲ Mut, die subjektive Fantasie spielerisch zu veröffentlichen,
▲ Gemeinschaftsgefühl besonders in der Spielsituation.

In der Realisierungsphase

▲ Erkenntnis und Erfahrung, dass die Umsetzung der Visionen in Spannung stehen kann zur Realität und zur eigenen Person,
▲ dass Teile der Visionen in Konzepten und Projekten ihren Platz haben können,
▲ und schließlich die Erfahrung der Fähigkeit, in kollektiven Arbeitsprozessen selbst bestimmt mitarbeiten zu können.

Die von uns integrierten Übungen und Methoden (Fantasiereise, Rollenspiele, meditative Einstimmung u. a.) wurden durchgängig als ergiebige Mittel zur Freisetzung von individuellen und kollektiven Fantasien angesehen.

Frank Schäfer / Dirk Strotmann: Die Methode „Zukunftswerkstatt", Kritisieren – Träumen – Handeln. In: Politisches Lernen, Heft 1/1992.

Probleme bei der Durchführung von Zukunftswerkstätten

▲ Die Moderatorin / der Moderator verliert den „roten Faden". Die Werkstatt zerfällt in drei beliebige Blöcke.
▲ Die Zeitplanung läuft aus dem Ruder, man kommt nicht mehr zur Realisierungsphase.
▲ Die Balance zwischen Moderation (methodische Führung) und Selbstorganisation der Teilnehmenden ist gestört.
▲ Das „Loch" nach der Fantasiephase: der Einstieg in die Realität misslingt.
▲ Die eingesetzten Kreativitätstechniken überfordern die Lernerfahrungen der Teilnehmenden.
▲ Hierarchien, Geschlechts-, Generationsunterschiede führen zu unproduktiven Spannungen.
▲ Im klassischen Konzept fehlen Raum und Zeit für reflexive Diskussion.

Heino Apel

Zukunftswerkstatt

Erfahrungsbericht

Zukunftswerkstätten mit Jugendlichen

Zukunftswerkstätten haben Konjunktur. An die Methode werden hohe Erwartungen geknüpft. Sie wird gehandelt als eine Art Zaubermittel, das aus Apathie und Resignation führen soll, mit der sich Probleme so bearbeiten lassen, dass daraus kreative und konkret-utopische Lösungen entstehen.

Nach unseren Erfahrungen ist mit der Methode Zukunftswerkstatt an sich jedoch noch keine Gewähr für aktivierende Problembearbeitung gegeben. Es gibt Situationen, in denen die Methode nicht greift. Freiwilligkeit und die Bereitschaft aller Beteiligten zur Mitarbeit am Thema sind wichtige Voraussetzungen. Die Arbeitsformen müssen sorgfältig auf die jeweilige Situation und die Zielgruppe abgestimmt werden. Und vor allem: Die Realisierungsphase darf nicht das Schlusslicht einer Zukunftswerkstatt sein, sondern Kernpunkt mit angemessener Methodik, um die Kluft zwischen Utopie und Realität zu überwinden.

Die Realisierungsphase fiel aus

Erfahrungen in einem Freizeitheim
Was im Fantasie- oder Utopiebereich stattfand, war ein Bearbeiten der Zukunftsängste, ein Basteln und Feilen an Überlebensmöglichkeiten in einer bedrohlichen Zukunft. Die Werkstücke bieten überwiegend Lösungsmöglichkeiten an, wie die Helden aus modernen Comic-Serien gewöhnlich Probleme lösen: Individuelle Großtaten oder geniale Erfindungen bringen die Rettung, bis die nächste Gefahr genügend Stoff für die Fortsetzung der Serie liefert.

Die dargestellten Möglichkeiten zum Überleben repräsentieren eine Sicht der Welt, in der der Einzelne immer wieder schicksalhaft durch irgendwelche dunklen Mächte bedroht ist. Der Weg von diesen Fantasien zu Schritten der Umgestaltung der konkreten Wirklichkeit ist sehr weit. So passierte auch bei dieser Zukunftswerkstatt das, was wir als Teilnehmerinnen und Teilnehmer bei anderen Zukunftswerkstätten als höchst misslich erlebt haben: Die Realisierungsphase fiel ganz einfach aus.

Mit den Arbeitsformen, die wir als Realisierungsphase konzipiert hatten (Radio- und Videowerkstatt, die Meinungswände) hatten wir wenig Erfolg. Aber es passierte etwas anderes, das aufregend und zukunftsweisend war: Die Teenies bemächtigten sich auf ihre Weise des Themas Freizeit und Zukunft. Die Zukunft lag für sie nicht im Jahr 2020, sondern sie begann in 2–3 Jahren, wenn sie 18 sein würden und dann wegen der Altersbeschränkungen nicht mehr in den FZI dürfen. Das bedeutete für die Jugendlichen schon jetzt eine massive Bedrohung ihrer Freizeitmöglichkeiten: die Altersgrenze im FZI. Die konkrete, konfliktbeladene Heimsituation wäre ein angemesseneres Thema für diese Zukunftswerkstatt gewesen. Doch die Realisierungsphase (möglicherweise mit Nachbereitung) wurde vom Hausteam nicht zugelassen. So galt die Zukunftswerkstatt im Freizeittreff lediglich als eine Veranstaltung, die irgendwelche Leute von außen durchführten.

Hoffnung lässt sich nicht verordnen

Erfahrungen mit Zivildienstleistenden
Bei einem weiteren Experiment mit der Methode Zukunftswerkstatt schienen uns die Voraussetzungen dafür ideal zu sein. Geplant war sie für Zivildienstleistende einer großen sozialen Einrichtung. Sie fand im Rahmen einer Fortbildungswoche statt, zu der die Einsatzstelle die Zivis bei Vertragsabschluss verpflichtet hatte.

Das geplante und anberaumte Vorgespräch mit den Zivis war nur sehr dürftig besucht, sodass das Thema der Zukunftswerkstatt nicht mit den Zivis abgesprochen werden konnte. Deshalb prallten zu Beginn der Zukunftswerkstatt völlig entgegengesetzte Erwartungen aufeinander. Die Zivis wollten vor allem ihre Ruhe haben. Das zur Bearbeitung anstehende Thema kristallisierte sich bei der ersten Arbeitsphase glasklar heraus: Zwang.

Die Art und Weise, wie dann das Thema weiterverfolgt wurde, entsprach allerdings nicht mehr dem Ablaufschema einer Zukunftswerkstatt. Die Zivis verweigerten zunächst völlig ihre Mitarbeit – trotz oder vielleicht auch – wegen der uns sehr jugendgemäß erscheinenden Methode Radiowerkstatt. Die Jugendlichen fühlten sich dadurch unter hohem Erwartungsdruck, etwas Perfektes liefern zu müssen.

Renate Grasse: Zauberwort „Zukunftswerkstatt". Eine kritische Betrachtung der Methode. In: Arbeitskreis „Zukunftswerkstätten" (Hrsg): München – WerkStadt der Zukunft. München 1991. S. 14–19. Auszüge.

Computer bauen und begreifen – I

Computer bestimmen unsere Welt und unser Weltbild. Wir werden permanent mit ihnen konfrontiert und benützen sie pausenlos (etwa beim Autofahren), ohne dass wir es noch bemerken.

Jährlich werden Millionen neuer PCs hergestellt und verkauft und Hunderttausende von Geräten ausgemustert und verschrottet. Dabei ist beileibe nicht alles Schrott, was weggeworfen wird.

Das Faszinierende an der Hardware eines Computers ist der modulare Aufbau. Wie bei einem Baukasten werden einzelne Komponenten (die aus den verschiedensten Quellen stammen können) zusammengesteckt und wenn nötig konfiguriert.

Durch den einheitlichen Standart (ISA, EISA PCI usw.) passen praktisch alle Bauteile einer Computergeneration immer wieder neu zusammen. Dabei muss zwar bei einigen Bauteilen beachtet werden, dass die verschiedenen Generationen der Rechner nicht zu sehr durchmischt werden, bei anderen Bauteilen ist selbst dies gleichgültig.

Das eröffnet große Chancen für eigenes Experimentieren und Bauen. Es ermöglicht die Verbindung von eigenem Handeln, Wissenserwerb und sinnvoller Produkterstellung bei gleichzeitiger Widerverwertung von gebrauchten Teilen.

Sofern man bereit ist, auf die allerneuesten Trends zu verzichten, können ohne wesentliche Einbußen an Leistung verschiedene Komponenten sehr preisgünstig (oder gar kostenlos) besorgt werden.

Das hier dargestellte Projekt ...

ist für interessierte Laien konzipiert und setzt keine tiefer gehenden Spezialkenntnisse voraus, wohl aber Interesse an der Thematik und die Bereitschaft, sich mit manchen Begriffen und Zusammenhängen vertraut zu machen.
Diese Anleitung kann natürlich keine detaillierten Handbücher und Beschreibungen von Hard- und Software bei Computern ersetzen.

Gute Argumente für ein Computer-Bau-Projekt

Das Energiebilanz-Argument

Produktion und Betrieb von Computern belasten die Umwelt. Der größte Teil der Belastung fällt dabei bereits bei der Produktion an. Deshalb ist die Aufrüstung eines vorhandenen Altgerätes die ökologisch sinnvollste und günstigste Lösung.
Wer einen gebrauchten PC mit gebrauchten Teilen aufrüstet, verursacht keinen neuen Energieeinsatz.

Das Kostenargument

Wer einen PC kaufen will, muss heute zwischen 1000–1500 Euro aufwenden. Bei der Aufrüstung eines alten PCs, selbst wenn ein Wechsel von Mainboard und Prozessor notwendig ist, entstehen nur ca. 30–40 % dieser Kosten.
Werden für die Aufrüstung gebrauchte Teile verwendet, so werden die Kosten noch geringer.

Das Know-How-Argument

Computer sind für die meisten eine Black-Box. Das muss aber nicht so sein, denn Basiskenntnisse über den Aufbau eines PCs und dessen Aufrüstung lassen sich relativ einfach erwerben. Wer sich nicht davor scheut, Fehler zu machen, kann sich so vielleicht nicht zu einem Spezialisten, aber doch zu einem PC-Handwerker entwickeln.

Das Recycling-Argument

Nahezu alle Bauteile eines PCs sind gesteckt und darüber hinaus genormt. Dieser modulare Aufbau erleichtert einen Um- und Neubau erheblich. Da sich die Computertechnologie rasant weiterentwickelt, werden immer mehr PCs mit noch hochwertigen Komponeten ausgemustert.

Das Spaß-Argument

Schülerinnen und Schüler haben Spaß an handwerklicher Betätigung. Sie können hier selbstständig Dinge ausprobieren, ohne dass sie Angst haben müssen, etwas zu zerstören.

Hinweis

Der Bau eines PCs aus Altteilen steht hier exemplarisch für andere Bastel- und Bau-Bereiche. Mit denselben Argumenten und ähnlicher Vorgehensweise kann z. B. eine Fahrrad- oder Mofawerkstatt eingerichtet werden.

Computer bauen und begreifen – 2

Die Projektphasen

1. Idee und Planung
Gemeinsame Planungssitzung, Festlegung des Arbeitsablaufs, Bildung von kleinen Teams, die selbstständig arbeiten.

2. Materialbeschaffung
Sich Übersicht verschaffen: Was wird gebraucht? Was ist vorhanden? Was muss noch besorgt werden? Wer besorgt was?
Parallel dazu erste Grundkenntnisse über den Aufbau eines PCs vermitteln.

3. Arbeitsplätze einrichten
Welches Werkzeug ist notwendig?
Auf Sicherheitsbestimmungen hinweisen und deren Einhaltung überwachen.
Lagermöglichkeiten für Gebrauchtteile schaffen.

4. Die Bauphase
Alte Modelle zerlegen, Altteile ausbauen.
Ein Testgerät ohne Gehäuse bauen, das ausschließlich zum Testen von Komponenten dient. Gehäuse herrichten, und neue Teile zusammenbauen.

5. Den Rechnern das Laufen lernen

6. Mit den Rechnern arbeiten und spielen

7. Weiter aufrüsten

Der Test-PC

Sinnvoll ist es, sich zunächst einen einfachen Test-PC zu bauen. Die einzelnen Komponenten des PCs sollten dabei offen, ohne Gehäuse auf einer Holzplatte montiert werden, sodass alle Teile zugänglich und leicht austauschbar sind.

Mit Hilfe dieses Test-PCs werden nun die beschafften Einzelteile auf ihre Funktionsfähigkeit geprüft.

Was wird gebraucht?

Gehäuse
Netzteil (in der Regel im Gehäuse integriert)
Mainboard
Prozessor
Controller (befindet sich bei neueren Boards bereits auf dem Board)
Grafikkarte
Diskettenlaufwerk
CD-ROM-Laufwerke
Festplatte
Keyboard
Maus
Bildschirm

RAM-Speicher-Chips
Kabel für die Stromversorgung und Datenübertragung

Evtl.
Soundkarte
Videokarte

Mit PC-Teilen sorgfältig umgehen
▲ Einzelteile auf antistatische Folien legen.
▲ Vor Staub schützen.
▲ Mit den Händen nicht in der Mitte, sondern immer nur am Rand anfassen.

Da mit jeder neuen Prozessorgeneration (z. B. „Pentium II") die bisherigen Rechner (z. B. mit der Typenbezeichnung XT, AT, 386, 486 usw.) ausgemustert werden, sind diese „alten", aber durchaus leistungsfähigen Mainboards und Prozessoren relativ leicht und billig zu erhalten. Und da zudem die wenigsten Kunden die Prozessoren austauschen und sich stattdessen gleich einen kompletten neuen Rechner kaufen, sind auch genügend gebrauchte Gehäuse und Laufwerke auf dem Markt.

Computerwerkstatt: „Bosnische Kids online"

Im Sommer 1998 begann der Kinderberg e.V. ein Computer-Werkstatt-Projekt. Ziel des Werkstatt-Projektes ist es, Jugendlichen in Bosnien-Herzegowina und Deutschland den Zutritt zum „global village" via Internet zu ermöglichen. Drei Jugendeinrichtungen in Deutschland (Schulen, Jugendkulturzentren) bauen unter Anleitung je vier internetfähige PCs zusammen. Zwei dieser PCs behält jede Gruppe zur eigenen Nutzung, die anderen werden an die jeweilige Partnergruppe in Bosnien-Herzegowina verschenkt. Die Empfängergruppe wird zum Kommunikationspartner und gibt der „Gebergruppe" damit etwas zurück. Das Projekt deckt folgende inhaltliche Schwerpunkte ab:
– Erwerb von Kenntnissen über Computerhard- und software, Aufbau eines PCs, Internetnutzung und -präsentation.
– Interkulturelles Lernen durch das Kennenlernen der Partnergruppe, ihrer Lebensumstände und -geschichte.
– Möglichkeit eines dauerhaften Online-Kontaktes mit der Partnergruppe über E-Mail, Mailinglists und einen Internet-Server.
– Zusammenwirken von technischem, interkulturellem und politischem Lernen.

Aus der Projektbeschreibung „Computerwerkstatt – Bosnische Kids online", des Kinderberg e. V., Stuttgart, Sommer 1998. http://www.kinderberg.de

Computer bauen und begreifen

Arbeitsmaterial

Wie besorgen

▲ In Zeitschriften und Wochenblättern die Anzeigen durchsehen.

▲ Eigene Anzeigen aufgeben: „Wer schenkt …"

▲ Bei Computerhändlern nach gebrauchten Teilen fragen.

▲ In Mailboxen gibt es spezielle Bretter z. B.: „Fundgrube" oder „IBM-Hardware".

▲ Computerfirmen (Hersteller) schriftlich nach alten Rechnern fragen.

▲ Auf Schrottplätzen oder bei Elektronikmüll-Sammelstellen nachfragen. Dort stehen spezielle Elektroschrott-Container, die oft viele brauchbare Teile enthalten.

▲ Im Versandhandel (Computerzeitschriften auswerten!) werden oft billige Gebrauchtteile angeboten.

▲ Beim Großhändler vor Ort billig Teile erwerben.

Merke:

Wenn es nicht die allerneuesten Teile und Modelle sein sollten, so sind diese oft billigst oder kostenlos zu erhalten.

Empfehlung:

Wenn etwas Geld vorhanden ist, so sollten das Mainboard und der Prozesser gekauft werden. Ein aktuelles, gutes Mainboard kostet zwischen 80,– und 100,– Euro. Schnelle Prozessoren sind bereits für 60,– Euro zu erwerben. Alle anderen Teile sind nahezu kostenlos zu erhalten.

Werkzeuge

▲ Kreuzschlitz-Schraubenzieher in verschiedenen Größen

▲ Pinzette

▲ Flachzange, Kombizange

▲ Gabelschlüssel

▲ 6 mm Steckschlüssel

▲ Saubere Arbeitsunterlage

▲ Schreibutensilien

▲ Kleine Behälter zum Ordnen und Aufbewahren der Kleinteile.

Sicherheitsbestimmungen

▲ Niemals mit Kraft oder Gewalt Teile zerlegen oder einbauen. Alles lässt sich relativ leicht stecken.

▲ Die Spannungen im PC sind 5 bzw. 3,5 Volt und damit völlig ungefährlich. Nur im Netzteil treten gefährliche Spannungen auf (230 V).
Deshalb:
Das Netzteil nur komplett austauschen. Nicht öffnen und nicht reparieren.

▲ Elektrostatische Aufladungen sind weniger für den Menschen als vielmehr für die empfindlichen Teile des Computers äußerst gefährlich. Hier können Spannungen von bis zu 20.000 V auftreten, die die Bauteile und die Platine zerstören können.
Deshalb:

– Vor dem Arbeiten am offenen Gehäuses sich selbst erden (am besten mit einem Erdungsband am Handgelenk, das an einem festen Metallteil befestigt wird) oder aber indem man gezielt Metallteile berührt (Türklinke, Netzteil des Gehäuses).

– Keine Synthetikkleidung tragen.

– Keine Schuhe mit Kunststoffsohlen tragen.

▲ Auch bei ausgeschaltetem Netzteil ist der Uhrenschaltkreis auf dem Mainboard noch unter Spannung, da er mit Akkus gepuffert wird. Also Vorsicht vor Kurzschlüssen!

Computer bauen und begreifen
Arbeitsmaterial

Checkliste:
Teile besorgen

Was?	Wo?	Nachgefragt am?	Von wem?
Gehäuse			
Festplatten			
Kabel			
Grafikkarte			
Mainboard			
Controller			
Diskettenlaufwerk			
RAM-Bausteine			
Prozessor			
Soundkarte			
Monitor			
CD-ROM-Laufwerk			

Das Umfeld einbeziehen

Denktage

Ökologische Aspekte

Seminarbibliotheken

Meditation und Stille

In Schule und Unterricht sollte, wo immer möglich, das thematische, räumliche und zeitliche Umfeld einbezogen werden.

Das räumliche Umfeld: Hier sollte nachgeforscht werden, welche unterstützenden Möglichkeiten sich vor Ort für die Bearbeitung des Themas anbieten. Das können lokale Aspekte (Auswirkungen, Ereignisse) des Themas sein, wichtige Personen (z. B. Politikerinnen und Politiker, Expertinnen und Experten), die vor Ort wohnen oder arbeiten, oder aber auch Hilfsmittel in Form von Archiven, Bibliotheken, Institute, Kinos, Theater, Betriebsstätten usw.

Das thematische Umfeld: Häufig ist es sinnvoll, die thematische Bearbeitung nicht zu eng zu wählen, sondern Beziehungen und Verflechtungen zu anderen Themenbereichen deutlich zu machen. Ein

Aspekt, der inzwischen bei jedem Thema Berücksichtigung finden sollte, ist der der Ökologie.

Das zeitliche Umfeld: In aller Regel finden, während eine Bildungsveranstaltung durchgeführt wird, gleichzeitig an anderen Orten wichtige gesellschaftliche oder politische Ereignisse statt, die mit Gewinn für das Thema aufgegriffen werden sollten. Um historische Bezüge herzustellen, eignen sich in vielen Fällen sog. Jahrestage oder Denktage.

Im Folgenden sind verschiedene Beispiele aufgeführt, die zeigen, wie das Umfeld konkret einbezogen werden kann.

Denktage

Die bewusste Erinnerung an historische Ereignisse kann das Geschichtsbewusstsein schärfen und die Aufmerksamkeit für aktuelle Entwicklungen erhöhen.

Gedenktage, seien sie nationaler oder kirchlicher Art, unterliegen jedoch leicht der Gefahr des unkritischen und sentimentalen Beschönigens der Vergangenheit. Sie werden häufig funktional eingesetzt, um Stimmungen der Vergangenheit für die Gegenwart nutzbar zu machen, zumal sie immer auch an das Gruppenbewusstsein und -gefühl appellieren.

Im Gegensatz dazu sollen „Denktage" an Ereignisse und Personen erinnern, die Anstoss zum Nach- und Weiterdenken geben.

Es geht auch hier um gemeinsame Erinnerungsarbeit, um Trauer und Freude. Aber auch um das Verstehen der Zusammenhänge und deren Bedeutung für heute.

Denktage können auf vielfältige Weise in Lehrerfortbildung, Schule und Unterricht einbezogen werden:

Als Besinnung

Zu Beginn eines Tages kann als Rückblick auf die betreffende Person oder das Ereignis kurz eingegangen werden. Die Formen der Besinnung können sehr verschieden sein. Eine brennende Kerze auf einem kleinen Pult kann z. B. an den Jahrestag des Überfalls auf Polen erinnern. Ein Bild von Rosa Luxemburg erinnert an deren Geburts- oder Todestag usw. Allein solche Bilder und Symbole regen zu Nachfragen und Diskussionen an.

Als Anknüpfungspunkt

Der Jahrestag eines mit dem Seminarthema zusammenhängenden historischen Ereignisses wird als Ausgangspunkt für eine intensive Beschäftigung genommen.

Als Aufklärung

Das Ereignis wird zur vergleichenden Auseinandersetzung und Analyse verwendet (z. B. Tag der Menschenrechte: Wie ist die Situation der Menschenrechte heute ...). Sofern es der zeitliche Rahmen erlaubt, können Zeitzeuginnen und Zeitzeugen eingeladen werden.

Handelt es sich um Ereignisse, über die in den Medien berichtet wird, so können auch diese Berichte (Meldungen, Fotos, Fernsehsendungen usw.) als Ausgangspunkte verwendet werden. Es empfiehlt sich allerdings, diese kritisch zu analysieren.

In der Regel sind es jedoch nicht die großen nationalen Ereignisse, die Anstoß zum Nachdenken geben, sondern eher die vergessenen, „kleinen", die ins Bewusstsein gerückt werden sollten.

Literaturhinweise

Der Kampf um das Gedächtnis. Öffentliche Gedenktage in Mitteleuropa. Wien 1997.
Gieth, Hans-Jürgen van der: Engagiert: Gedenktage. 5. bis 7. Klasse sowie 4. Klasse der GS. Kempen 2002.
Harenberg (Hrsg.): Was geschah am ... Dortmund 2000.
Ploetz (Hrsg.): Geschichte Tag für Tag. Freiburg 1997.

Internet

Jahrestage
http://kalenderblatt.de/
Jüdische Feiertage
http://www.hagalil.com/judentum/feiertage/
Historische Jahrestage
http://de.wikipedia.org/wiki/
Historische_Jahrestage

Denktage
Arbeitsmaterial

Internationale Tage der UNO

8. März: Tag der Vereinten Nationen für die Rechte der Frau und den Weltfrieden (Internationaler Frauentag)

21. März: Internationaler Tag zur Beseitigung der rassischen Diskriminierung

22. März: Weltwassertag

23. März: Welttag der Meteorologie (WMO)

7. April: Weltgesundheitstag (WHO)

23. April: Welttag des Buches und des Urheberrechts (UNESCO)

3. Mai: Welttag der Pressefreiheit

3. Mai: Tag der Sonne (UNEP)

15. Mai: Internationaler Tag der Familie

17. Mai: Weltfernmeldetag (ITU)

21. Mai: Welttag für kulturelle Entwicklung (UNESCO)

25. Mai: Tag der Freiheit Afrikas

31. Mai: Weltnichtrauchertag (WHO)

5. Juni: Tag der Umwelt

17. Juni: Internationaler Tag zur Bekämpfung der Ausbreitung von Wüstengebieten

26. Juni: Internationaler Tag gegen Drogenmissbrauch und unerlaubten Suchtstoffverkehr

1. Samstag im Juli: Internationaler Tag der Kooperativen

11. Juli: Weltbevölkerungstag (UNDP)

9. August: Tag der autochthonen Bevölkerungsgruppen der Welt

8. September: Weltbildungstag (UNESCO)

16. September: Internationaler Tag zum Schutz der Ozonschicht

Dritter Dienstag im September: Internationaler Tag des Friedens (UNGA)

Ein Tag in der letzten Septemberwoche: Weltschiffahrtstag (IMO)

1. Oktober: Internationaler Tag der älteren Menschen

Erster Montag im Oktober: Welttag des Wohn- und Siedlungswesens (Habitat-Tag)

5. Oktober: Internationaler Tag des Lehrers (UNESCO)

Zweiter Mittwoch im Oktober: Internationaler Tag der Katastrophenvorbeugung

9. Oktober: Tag des Weltpostvereins (UPU)

16. Oktober: Welternährungstag (FAO)

17. Oktober: Internationaler Tag für die Beseitigung der Armut

24. Oktober: Tag der Vereinten Nationen, zugleich Welttag der Information über Entwicklungsfragen

16. November: Internationaler Tag der Toleranz (UNESCO)

20. November : Weltkindertag

20. November: Tag der Industrialisierung Afrikas

29. November: Internationaler Tag der Solidarität mit dem palästinensischen Volk

1. Dezember: Welt-Aids-Tag (WHO)

3. Dezember: Internationaler Tag der Behinderten

5. Dezember: Internationaler Entwicklungshelfertag für die wirtschaftliche und soziale Entwicklung

7. Dezember: Internationaler Tag der zivilen Luftfahrt (ICAO)

10. Dezember: Tag der Menschenrechte

29. Dezember: Internationaler Tag der biologischen Vielfalt

Internationale Wochen

Beginn am 21. März: Woche der Solidarität mit den gegen Rassismus und rassische Diskriminierung kämpfenden Völkern

Beginn am 24. Oktober: Abrüstungswoche

Woche, in die jeweils der 11. November fällt: Internationale Woche für Wissenschaft und Frieden

Internationale Jahrzehnte

1993–2003: Dritte Dekade zur Bekämpfung von Rassismus und rassischer Diskriminierung

1994–2004: Internationale Dekade der autochthonen Bevölkerungsgruppen der Welt

1995–2005: Dekade der Vereinten Nationen für Menschenrechtserziehung

1997–2006: 1. Dekade der Vereinten Nationen für die Beseitigung der Armut

10. 06. 1996, © Deutsche UNESCO-Kommission, Bonn:
http://www.unesco.de

Ökologische Aspekte

Ökologisch lernen bedeutet, dass die gesamte Lernsituation nach ökologischen Gesichtspunkten gestaltet sein sollte. Das geht über die Verwendung von Recyclingpapier bei Kopien weit hinaus. Nicht in jeder Veranstaltung können alle Punkte Berücksichtigung finden. Es sollte jedoch zumindest das Bemühen um eine ökologische Seminargestaltung sichtbar sein.

Veranstaltungsort

▲ Ist er für den Teilnehmerkreis zentral gelegen und mit öffentlichen Verkehrsmitteln gut erreichbar?
▲ Sind die Gebäude, Einrichtung, Energieversorgung nach baubiologischen und Energie sparenden Gesichtspunkten gestaltet?
▲ Ist das Tagungshaus mit umweltfreundlichen Materialien (z. B. Hygienepapier aus Altpapier oder ungebleichtem Zellstoff, Wassersparein-richtungen, kein Einweg-Geschirr) ausgestattet?
▲ Wird die Verpflegung mit Vollwertnahrung bzw. Produkten aus kontrolliert biologischem Anbau, unter Gesichtspunkten der Abfallverwertung dargeboten (keine einzeln verpackten Speisen)?
▲ Wird ein umweltfreundliches Abfallwirtschaftskonzept (Kompostierung, getrennt sammeln) angewendet?

An- und Abreise

▲ Werden Fahrgemeinschaften für Pkw-Reisende organisiert?
▲ Gibt es in der Einladung Hinweise auf Sondertarife öffentlicher Verkehrsmittel?
▲ Werden vom Veranstalter Gruppentarife organisiert?
▲ Werden die Teilnehmerinnen und Teilnehmer zur Benutzung umweltfreundlicher Verkehrsmittel aufgefordert?
▲ Wird ein Sammel-Abholservice (vom Bahnhof, Flughafen) organisiert?

Tagungsunterlagen/Hilfsmittel

▲ Sind Einladungen und Tagungsreader aus Recyclingpapier?
▲ Gibt es umweltfreundliche Arbeitsmaterialien (Bleistifte, lösungsmittelfreie Filzstifte, Wachsmalkreide; Notizpapier, Wandzeitung, Karten und Flipchartblocks aus Recyclingpapier)?
▲ Werden die schriftlichen Arbeitsunterlagen möglichst gering gehalten?
▲ Wird eine umweltfreundliche Tagungstechnik verwendet (emissionsarme Kopierer, Overheadprojektoren)?

Ablaufgestaltung/Rahmenveranstaltungen

▲ Wie wird mit den Raucherinnen und Rauchern umgegangen?
▲ Werden ortsnahe Umweltschutzorganisationen, ökologische Projekte oder Ausstellungen in das Programm einbezogen?
▲ Werden Referentinnen und Referenten, die umweltrelevante Bezüge zum Tagungsthema erläutern, eingeladen?
▲ Werden Ausflüge/Exkursionen mit umweltverträglichen Verkehrsmitteln durchgeführt?

Vgl. Karin Böhm / Joachim Klein: Report: Ökologisch tagen. In: management & seminar, 3/92, S. 12–21.

Literaturhinweise

Altner, Günter u. a.: Jahrbuch Ökologie 2003. München 2002.
Brand Karl (Hrsg.): Politik der Nachhaltigkeit. Edition Sigma 2002.
Gärtner, Helmut / Gesine Hellweg-Rode (Hrsg.): Umweltbildung und nachhaltige Entwicklung. Bd. 1: Grundlagen/Bd. 2: Praxisbeispiele. Hohengehren 2001.
Posch, Peter / Franz Rauch / Isolde Kreis: Bildung für Nachhaltigkeit. Innsbruck, Wien, München 2001.

Kohlendioxid-Emissionen durch Umweltkongress

Durch den INES-Kongreß* in Amsterdam (22. bis 25. 8. 1996) „Challenges of Sustainable Development" wurden 690 MWh = 220 Tonnen CO_2-Emissionen (meist durch Reisen der ca. 500 Teilnehmerinnen und Teilnehmer) verursacht.
Die Kongress-Teilnehmerinnen und Teilnehmer spendeten 1.800 Euro zur Aufforstung von 0,5 ha Land im Süden Nepals.
Es wird jedoch 30 Jahre dauern, bis die kongressbedingten CO_2-Emissionen durch die CO_2-Assimilation der Bäume kompensiert sind.

* INES = International Networf of Engineers and Scientists for Global Responsibility.

Ein Liter Benzin „verursacht" ca. 3 kg CO_2.
Ein ausgewachsener Baum „absorbiert" ca. 60 kg CO_2 im Jahr.

Vgl. Internationale Erich-Fromm-Gesellschaft (Hrsg.): Von der Kunst, umweltgerecht zu planen und zu handeln. Osnabrück 1996, S. 18.

Seminarbibliotheken

In nahezu jeder Bildungseinrichtung und jeder Schule existiert eine eigene Bibliothek. Diese Bibliotheken sind i. d. R. auch für Seminarteilnehmerinnen und Teilnehmer bzw. Schülerinnen und Schüler zugänglich, werden jedoch nur selten in die Seminar- und Unterrichtsgestaltung einbezogen.

Damit eine Bibliothek sinnvoll im Rahmen der Bildungsarbeit bzw. Schule als „Medium" eingesetzt werden kann, müssen eine Reihe von Voraussetzungen erfüllt sein:

▲ Die Bibliotheksbestände müssen erfaßt und katalogisiert sein. Zumindest sollte ein Autorenkatalog vorhanden sein, noch besser ist es, wenn noch ein Sachkatalog hinzukommt.
▲ Die Bibliothek muss frei zugänglich sein. Die Schülerinnen und Schüler müssen jederzeit oder zumindest zu großzügig geregelten Zeiten ungehindert in der Bibliothek arbeiten können.
▲ Es muss die Möglichkeit der Bücherausleihe vorhanden sein.
▲ Es muss über den Bücherbestand hinaus Möglichkeiten für weiter gehende Literaturrecherchen geben. Besonders nützlich ist hier ein Internetzugang oder ein Bücherkatalog auf CD-ROM.

Dies bedeutet für die Bibliotheksbetreuung unter Umständen eine zusätzliche Belastung durch Beratung und Ausleihe. Dies wird jedoch durch die Erfüllung des eigentlichens Sinns der Bibliothek – ihre Nutzung – aufgewogen. Das Risiko, dass Bücher abhanden kommen, sollte bewusst eingegangen werden, da diese dann wohl zumindest gelesen werden. Steht keine eigene Bibliothek zur Verfügung, so sollte geprüft werden, inwiefern eine Stadtbibliothek den gleichen Zweck erfüllen kann.

Möglichkeiten der Einbeziehung in die Seminararbeit

▲ Zum Thema wird ein Literaturapparat zusammengestellt, der in einer gesonderten Abteilung steht bzw. im Seminar- oder Unterrichtsraum aufgestellt wird und von allen genutzt werden kann.
▲ Für Gruppenarbeit während des Seminars oder Unterrichts wird Literatur vorbereitet, indem Kapitel, Aufsätze, Zeitungsausschnitte kenntlich gemacht und zur vertiefenden Lektüre empfohlen werden.

▲ Die Teilnehmerinnen und Teilnehmer werden auf den Bibliotheksbestand und auf zum Thema passende Freizeitlektüre aufmerksam gemacht.
▲ Die Teilnehmerinnen und Teilnehmer werden zum selbstständigen Suchen und Schmökern in der Bibliothek animiert.
▲ Die Recherche in der Bibliothek wird Aufgabe einer Gruppenarbeit.
▲ Die themenbezogene Auswertung (täglicher Ausschnittdienst) der in der Bibliothek geführten Tageszeitungen wird Teil der Seminararbeit.

Bibliothekskataloge im Internet

Übersicht über Bibliothekskataloge im Internet:
www.ub.fu-berlin.de/literatursuche/bibliotheks-kataloge/
www.ubka.uni-karlsruhe.de/hylib/

Bücherverzeichnisse:
www.amazon.de
www.buecher.de
www.buchhandel.de

Gutenberg-Projekt
Das Projekt „Gutenberg-DE" ist ein zentrales Archiv für digitale Texte, das allen Teilnehmerinnen und Teilnehmern des Internets offen steht. Gespeichert werden Werke in deutscher Sprache, deren Copyright abgelaufen ist oder für deren Veröffentlichung die Colpyrightfreigabe vorliegt. Das Archiv umfaßt ca. 50.000 Dateien und wird ständig erweitert und aktualisiert.
http://projekt.gutenberg.de

Meditation und Stille

Ein Zugang zu sich selbst und zur Welt auf dem Wege der inneren Konzentration und des stillen Nachdenkens ist die Meditation.

Im Rahmen der Bildungsarbeit wird hier neben der verbalen und handlungsbetonten Ebene ein dritter Bereich eingeführt, die Konzentration in der Stille.

Kurze Texte und Bilder können dabei eine wichtige Hilfestellung sein. Dieses stille Nachdenken braucht nicht die formalen Ansprüche zu erfüllen die häufig an Meditationen gestellt werden (z. B. Konzentrationsübungen, Atmung, bestimmte Körperhaltung usw.). Es genügt eine entspannte Atmosphäre.

Vom Zeitpunkt her eignet sich eine Meditation am besten für den Tagesanfang oder am Abend, zum Abschluss des Tages. Als regelmäßiges freies Angebot sind Meditationen für jedes Seminar eine Bereicherung.

Meditation im Rahmen von Bildungsarbeit kann verschiedene Aspekte und Ziele beinhalten:
- ▲ Konzentration und Aufmerksamkeit bündeln, um sich danach mit bestimmten Themen besser auseinander setzen zu können.
- ▲ Intuitives Auseinandersetzen mit bestimmten Bildern und Situationen.
- ▲ Hineindenken in gesellschaftlich-politische Problembereiche.

Verschiedene Arten von Meditation

Bei gelenkten Meditationen wird ein vorformulierter Text langsam vorgetragen. Er dient als Leitfaden, um sich in die formulierten Bilder einzudenken und diese auf sich wirken zu lassen.

Bei Bildmeditationen werden (am besten großflächig, für alle gut sichtbar, z. B. als Dia) ein oder zwei (z. B. sich kontrastierende) Bilder gezeigt. Über diese Bilder wird dann still (10 bis 15 Min.) meditiert.

Bei Meditationen mit Motivtüchern (z. B. den Hungertüchern von Misereor oder „Brot für die Welt") werden die verschiedenartigen Motive, die i. d. R. verschiedene Stationen auf einem Weg darstellen, meditativ durchlebt und erfasst.

Bei Meditationen über einen Ausspruch, ein Zitat oder einen Satz, wird dieser zu Beginn langsam vorgelesen (und am besten auch an die Wand geheftet). Anschließend beschäftigt sich jede/r in seinen Gedanken damit oder lässt den Satz einfach auf sich wirken.

Worauf zu achten ist

- ▲ Für Meditationen ist es häufig sinnvoll, den Raum zu wechseln und wenigstens einen Stuhlkreis als Sitzordnung zu wählen.
- ▲ Der Raum selbst sollte von Nebengeräuschen möglichst verschont bleiben (evtl. durch andere im Haus befindliche Gruppen).
- ▲ Teilnehmerinnen und Teilnehmer, die mit dieser Methode wenig Erfahrung haben, neigen dazu, die konzentrative Spannung vorzeitig zu verlassen, indem sie lachen oder (leise) Seitengespräche mit anderen beginnen. Lachen ist bei einer Meditation weder verboten noch schlimm. Es sollte nur nach dem Lachen eine Rückkehr in die Konzentration möglich sein.
- ▲ Vorgegebene Aussagen im Rahmen einer Meditation sind Angebote zur Auseinandersetzung und sollten dementsprechend offen formuliert sein.

15–20

Literaturhinweis

Pallasch, Waldemar / Pallasch Constanze: Schweigen, dann schweigen, sonst nichts. Eine Einführung in die meditative Entspannung für Pädagogen. Weinheim 1998.

Variationen zur Bildmeditation

- ▲ Ein Bild lange stehen lassen, damit die Berachterin / der Betrachter sich vertiefen, versenken kann.
- ▲ Ein Bild lange stehen lassen und dazu ausgewählte Musik spielen.
- ▲ Dem gleichen Bild verschiedenartige Musikstücke unterlegen.
- ▲ Während ein Bild lange steht, einen Brief schreiben.
- ▲ Zu einem stehenden Bild einen Text lesen: ein Gedicht, ein Prosastück, ein Märchen usw.
- ▲ Zu einem Bild eine ganz bestimmte Frage stellen und versuchen, Antworten zu finden.

Literatur

Grundlagen des Lehrens und Lernens

Alfred Herrhausen Gesellschaft (Hrsg.): Orientierung für die Zukunft. Bildung im Wettbewerb. München 2001.

Annan, Kofi u. a.: Brücken in die Zukunft. Ein Manifest für den Dialog der Kulturen. Frankfurt/M. 2001.

Arnold, Rolf / Horst Siebert: Konstruktivistische Erwachsenenbildung. Von der Deutung zur Konstruktion von Wirklichkeit. Hohengehren 1995.

Becker, Georg E.: Handlungsorientierte Didaktik. Eine auf die Praxis bezogene Theorie. 2. Auflage, Weinheim und Basel 1997.

Becker, Georg E.: Planung von Unterricht. Handlungsorientierte Didaktik, Teil II. 7. Auflage, Weinheim und Basel 1995.

Bertelsmann Stiftung (Hrsg.): Wir brauchen eine andere Schule! Konsequenzen aus PISA. Posititionen der Bertelsmann Stiftung. Gütersloh 2002.

Birkenbihl, Michael: „Train the Trainer". Arbeitshandbuch für Ausbilder und Dozenten. 12. Auflage, Landsberg/Lech 1995.

Dieckmann, Heinrich / Bernd Schachtsiek (Hrsg.): Lernkonzepte im Wandel. Die Zukunft der Bildung. Stuttgart 1998.

Elschenbroich, Donata: Weltwissen der Siebenjährigen. Wie Kinder die Welt entdecken können. München 2001.

Giesecke, Hermann: Politische Bildung. Didaktik und Methodik für Schule und Jugendarbeit. Weinheim/München 2000.

Gudjons, Herbert: Handlungsorientiert lehren und lernen. Schüleraktivierung. Selbsttätigkeit. Projektarbeit. Bad Heilbrunn 2001.

Hänsel, D. / L. Huber (Hrsg.): Lehrerbildung neu denken und gestalten. Weinheim und Basel 1995.

Hentig, Hartmut von: Bildung. München 1996.

Horster, Leonhard / Hans-Günter Rolff: Unterrichtsentwicklung. Grundlagen, Praxis, Steuerungsprozesse. Weinheim und Basel 2001.

Hüholdt, Jürgen: Wunderland des Lernens. Lernbiologie, Lernmethodik, Lerntechnik. 10. neubearb. Auflage, Bochum 1995.

Klippert, Heinz: Pädagogische Schulentwicklung. Planungs- und Arbeitshilfen zur Förderung einer neuen Lernkultur. 2. Aufl. Weinheim und Basel 2000.

Miller, Reinhold (Hrsg.): Lern-Wanderung. Basiswissen, Reflexionen und Trainingselemente zum Thema Lernen und Lehren. Weinheim und Basel 2001

Meisel, Klaus u. a.: Kursleitung an Volkshochschulen. Frankfurt/M. 1997.

Morin, Edgar: Die sieben Fundamente des Wissens für eine Erziehung der Zukunft. Hamburg 2001.

Pallasch, Waldemar / Wolfgang Mutzeck / Heino Heimers (Hrsg.): Beratung – Training – Supervision. Eine Bestandsaufnahme über Konzepte zum Erwerb von Handlungskompetenzen in der pädagogischen Arbeit. Weinheim 1992.

Rolff, Hans-Günter u. a.: Manual Schulentwicklung. Handlungskonzepte zur pädagogischen Schulentwicklungsberatung. 2. Aufl. Weinheim und Basel 1999.

Scheunpflug, Annette: Biologische Grundlagen des Lernens. Berlin 2001.

Scheunpflug, Annette / Klaus Hirsch (Hrsg.): Globalisierung als Herausforderung für die Pädagogik. Frankfurt/M. 2000.

Schratz Michael / Ulrike Steiner-Löffler: Die Lernende Schule. Mit einer neuen Kultur in die Zukunft. Ein Arbeitsbuch. Innsbruck/Wien 1997.

SKILL-Autorenteam: Kreativ lehren und lernen. Offenbach 1995.

Ulich, Klaus: Beruf: Lehrer/in. Arbeitsbelastungen, Beziehungskonflikte, Zufriedenheit. Weinheim und Basel 1996.

Weißeno, Georg (Hrsg.): Lexikon der politischen Bildung. 3 Bde. Schwalbach/Ts. 1999 f.

Methodenbeispiele und Methodensammlungen

Bachmair, Ben u. a. (Hrsg.): Jahrbuch Medienpädagogik, Bd. 2. Opladen 2001.

Baer, Ulrich (Hrsg.): 666 Spiele. Für jede Gruppe, für alle Situationen. München 2001.

Baer, Ulrich: Kreativität für alle. Fantasieanregende Ideen für die pädagogische Arbeit. München 2001.

Baer, Ulrich: Spielpraxis. Eine Einführung in die Spielpädagogik. München 1999.

Bieger, E., u. a.: Übungen und Methoden für die Kursleitung. Hamburg 1995.

Brauneck, Peter / Rüdiger Urbanek, Ferdinand Zimmermann: Methodensammlung. Anregungen und Beispiele für die Moderation. Landesinstitut für Schule und Weiterbildung, Soest 1995.

Brühwiler, Herbert: Methoden der ganzheitlichen Jugend- und Erwachsenenbildung. Opladen 1994.

Bundesministerium für Bildung, Wissenschaft und Kultur (Hrsg.): Erziehung zur interkulturellen Verständigung. Das Handbuch der „Europäischen Jugendakademie". Innsbruck u. a. 2002.

Literatur

Claussen, Claus / Valentin Merkelbach: Erzählwerkstatt. Braunschweig 1996.

Dauscher, Ulrich: Moderationsmethode und Zukunftswerkstatt. Neuwied 1995.

Decker, Franz: Die neuen Methoden des Lernens und der Veränderung. Lern- und Organisationsentwicklung mit NLP, Kinesiologie und Mentalpädagogik. München 1995.

Everling, Esther: Ein Hörspiel produzieren. Aneignung sprachlicher und technischer Gestaltungselemente in der Sekundarstufe I. 2. Auflage, Berlin 1992.

Geißler, Karlheinz A.: Anfangssituationen. Was man tun und besser lassen sollte. 7. Auflage, Weinheim und Basel 1999.

Geißler, Karlheinz A.: Schlußsituationen. Die Suche nach dem guten Ende. Weinheim und Basel 2000.

Geißler, Karlheinz A.: Lernprozesse steuern. Übergänge: Zwischen Willkommen und Abschied. Weinheim und Basel 1999.

Gugel, Günther: Politische Bildungsarbeit praktisch. Seminarmodelle und Materialien zu Fremdenfeindlichkeit, Zukunftsfähigkeit, Neue Medien, Konfliktbearbeitung. Tübingen/Düsseldorf 2002.

Gugel, Günther: Vertretungsstunden mit Pfiff. Anregungen für einen handlungsorientierten Unterricht zum Themenbereich Eine Welt in den Sekundarstufen. 6. aktualisierte Aufl. Tübingen 2001.

Gugel, Günther / Uli Jäger: Streitkultur. Konflikteskalation und Deeskalation. Eine Bilderbox. Tübingen 2001.

Heckmair, Bernd / Werner Michl: Erleben und Lernen. Einstieg in die Erlebnispädagogik. Neuwied 2002.

Hegele, Irmintraut (Hrsg.): Lernziel Stationenarbeit. Eine neue Form des offenen Unterrichts. 2. Auflage, Weinheim und Basel 1997.

Knoll, Jörg: Kurs- und Seminarmethoden. Ein Trainingsbuch zur Gestaltung von Kursen und Seminaren. Arbeits- und Gesprächskreisen. Weinheim und Basel 2001.

Kuhl-Greif, Martha (Hrsg.): Literatur und Kinderbücher der südlichen Kontinente im Unterricht. Wuppertal 1993.

Landeszentrale für politische Bildung Baden-Württemberg (Hrsg.): Praktische politische Bildung. Schwalbach/Ts. 1997.

Lange, Thomas (Hrsg.): Geschichte – selbst erforschen. Schülerarbeit im Archiv. Weinheim und Basel 1993.

Lipp, Ulrich / Hermann Will: Das große Workshop-Buch. Weinheim und Basel 2001.

Mann, Christine u. a.: Selbsterfahrung durch Kunst. Methodik für die kreative Gruppenarbeit mit Literatur, Malerei und Musik. Weinheim 1995.

Matiru, Barbara / Anna Mwangi / Ruth Schlette: Teach Your Best. A Handbook for University Lecturers. Frankfurt/M. 1995.

Meueler, Erhard: Lob des Scheiterns. Methoden- und Geschichtenbuch zur Erwachsenenbildung an der Universität. Hohengehren 2001.

Meyer, Hilbert: Unterrichtsmethoden. Band 1: Theorieband, Berlin 1999.

Meyer, Hilbert: Unterrichtsmethoden. Band 2: Praxisband, Berlin 2000.

Mickel, Wolfgang W. (Hrsg.): Handbuch zur politischen Bildung. Bonn 1999.

Müller, Doris: Phantasiereisen im Unterricht. Braunschweig 1994.

Neuland, Michéle: Neuland-Moderation. Eichenzell 1995.

Neuland, Michéle: Schüler wollen lernen. Lebendiges Lernen mit der Neuland-Moderation. Eichenzell 1995.

Pallasch, Waldemar / Dietmar Zopf: Methodix Bausteine für den Unterricht. Weinheim 2000.

Pallasch, Waldemar / Dietmar Zopf: Praktix. Bausteine für den Unterricht, Vertretungsstunde, außerschulische Bildungsarbeit. 4. neu ausgest. Auflage, Weinheim 1996.

Philipp, Elmar / Helmolt Rademacher: Konfliktmanagement im Kollegium. Arbeitsbuch mit Modellen und Methoden. Weinheim und Basel 2002.

Pommerin, Gabriele u. a.: Kreatives Schreiben. Handbuch für den deutschen und interkulturellen Sprachunterricht in den Klassen 1–10. Weinheim und Basel 1996.

Rademacher, Helmolt: Spielend interkulturell lernen? Wirkungsanalyse von Spielen zum interkulturellen Lernen bei internationalen Jugendbegegnungen. Berlin 1991.

Reiners, Annette: Praktische Erlebnispädagogik. Neue Sammlung motivierender Interaktionsspiele. 3. Auflage, München 1993.

Rodari, Gianni: Grammatik der Phantasie. Die Kunst, Geschichten zu erfinden. Leipzig 1993.

Röschmann, Dorin: Arbeitskatalog der Übungen und Spiele. Band 2. Hamburg 1990.

Sander, Wolfgang (Hrsg.): Handbuch politische Bildung. Schwalbach/Ts. 1997.

Sander, Wolfgang: Politik entdecken - Freiheit leben. Neue Lernkulturen in der politischen Bildung. Schwalbach/Ts. 2001.

Schräder-Naef, Regula: Lerntraining in der Schule. Voraussetzungen – Erfahrungen – Beispiele. Weinheim und Basel 2002.

Literatur

Steinmann, Bodeo / Birgirt Weber (Hrsg.): Handlungsorientierte Methoden in der Ökonomie. Ein Sammelband mit 31 Beiträgen für die Unterrichtspraxis. Neusäß 1995.

Thiesen, Peter: Ideenmischmaschine. Weinheim und Basel 2001.

Thierer, Elisabeth: Stille-Übungen und Bild-Erleben. 20 erprobte Beispiele für „Tagträume im Unterricht". Weinheim und Basel 1996.

Weber, Hermann: Arbeitskatalog der Übungen und Spiele. Band 1. 3. Auflage, Hamburg 1996.

Weidenmann: Lernen mit Bildmedien. Seminareinheit 1. Mit den Augen lernen. 2. Auflage, Weinheim und Basel 1994.

Will, Hermann (Hrsg.): Mit den Augen lernen. Medien in der Aus- und Weiterbildung. 5 Bände im Schuber. 2. Auflage, Weinheim und Basel 1994.

Gruppendynamik und Kommunikation, Moderation

Antons, Klaus: Praxis der Gruppendynamik. Übungen und Techniken. Göttingen u. a. 2000.

Brocher, Tobias / Walter Rosenberger: Gruppenberatung und Gruppendynamik. Leonberg 1999.

Birkenbihl, Vera F.: Kommunikationstraining. Zwischenmenschliche Beziehungen erfolgreich gestalten. München/Landsberg 2000.

Birkenbihl, Vera F.: Kommunikation für Könner … schnell trainiert. Die hohe Kunst der professionellen Kommunikation. München/Landsberg 2000.

Cohn, Ruth C.: Von der Psychoanalyse zur Themenzentrierten Interaktion. Von der Behandlung einzelner zu einer Pädagogik für alle. Stuttgart 1997.

Decker, Franz: team working. Gruppen erfolgreich führen und moderieren. München 1994.

Frey, Siegfried: Die Macht des Bildes. Der Einfluß der nonverbalen Kommunikatioin auf Kultur und Politik. Bern u. a. 1999.

Hartkemeyer, Martina & Johannes F. / L. Fremman Dhority: Miteinander Denken. Das Geheimnis des Dialogs. Stuttgart 1998.

Hofstätter, Peter R.: Gruppendynamik. Kritik der Massenpsychologie. Reinbek 1985.

Kaiser, Constanze: Körpersprache der Schüler. Lautlose Mitteilungen erkennen, bewerten, reagieren. Neuwied 1998.

Klein, Irene: Gruppenleiten ohne Angst. Ein Handbuch für Gruppenleiter. Donauwörth 2002.

Klippert, Heinz: Kommunikations-Training. Weinheim und Basel 2000.

Langmaack, Barbara / Michael Braune-Krickau: Wie die Gruppe laufen lernt. Anregungen zum Planen und Leiten von Gruppen. Weinheim und Basel 2000.

Langmaack, Barbara: Einführung in die Themenzentrierte Interaktion. Weinheim und Basel 2001.

LeMar, Bernd: Menschliche Kommunikation im Medienzeitalter. Im Spannungsfeld technischer Möglichkeiten und sozialer Kompetenz. Berlin 2001.

Löhmer, Cornelia / Rüdiger Standhardt: Themenzentrierte Interaktion. TZI. Die Kunst, sich selbst und die Gruppe zu leiten. Mannheim 1992.

Marmet, Otto: Ich und du und so weiter. Kleine Einführung in die Sozialpsychologie. Weinheim und Basel 2000.

Molcho, Samy: Alles über Körpersprache. Sich selbst und andere besser verstehen. München 2001.

Nissen, Peter / Uwe Iden: Kurz(s) Korrektur Schule. Ein Handbuch zur Einführung der Moderationsmethode im System Schule für die Verbesserung der Kommunikation und des miteinander Lernens. Hamburg 1995.

Kuhnt, Beate / Robert R. Müllert: Moderationsfibel Zukunftswerkstätten: verstehen – anleiten – einsetzen; das Praxisbuch zur sozialen Problemlösungsmethode Zukunftswerkstatt. Münster 1996.

Philipp, E.: Teamentwickung in der Schule. Konzepte und Methoden. Weinheim und Basel 1996.

Pühl, Harald: Angst in Gruppen und Institutionen. Bielefeld 1994.

Richter, Horst E.: Die Gruppe. Hoffnung auf einen neuen Weg sich selbst und andere zu befreien. Reinbek 1972.

Rosenberg, Marshall B.: Gewaltfreie Kommunikation. Paderborn 2002.

Schulz von Thun, Friedemann: Miteinander reden 1–3. Reinbek 2001.

Stahl, Eberhard: Dynamik in Gruppen. Handbuch der Gruppenleitung. Weinheim und Basel 2002.

Standhard, Rüdiger / Cornelia Löhmer (Hrsg.): Zur Tat befreien. Gesellschaftspolitische Perspektiven der TZI-Gruppenarbeit. Mainz 1994.

Thomann, Christoph / Friedemann Schultz von Thun: Klärungshilfe. Handbuch für Therapeuten, Gesprächshelfer und Moderatoren in schwierigen Gesprächen. Reinbek 1993.

Vopel, Klaus W.: Handbuch für Gruppenleiter/innen. Salzhausen 2000.

Internet

Vernetzung von Schulen

- Schulweb
www.schulweb.de
- Schulen ans Netz e.V.
www.san-ev.de
- Deutscher Bildungs-Server (DBS)
http://dbs.schule.de
- Offenes Deutsches Schulnetz
www.be.schule.de

Bildungsserver der Länder

- Deutscher Bildungs-Server (DBS)
http://dbs.schule.de/
- Baden-Württemberg
http://lbs.bw.schule.de
- Bayern
www.schule.bayern.de
- Berlin
http://bebis.cidsnet.de
- Brandenburg
http://bebis.cidsnet.de
- Bremen
www.schule.bremen.de
- Hamburg
http://lbs.hh.schule.de
- Hessen
www.bildung.hessen.de
- Niedersachsen
http://nibis.ni.schule.de
- Nordrhein-Westfalen
www.learn-line.nrw.de
- Rheinland-Pfalz
http://bildung.rp.schule.de
- Sachsen
www.sn.schule.de
- Sachsen-Anhalt
http://lbs.st.schule.de
- Schleswig-Holstein
www.lernnetz-sh.de
- Thüringen
www.thueringen.de/tkm

Politische Bildung

- Politische Bildung
www.politische-bildung.de
- Bundeszentrale für politische Bildung
www.bpb.de
- Landeszentrale für politische Bildung Baden-Württemberg
www.lpb.bwue.de
- Bayerische Landeszentrale für politische Bildungsarbeit
www.km.bayern.de/blz/index.htm
- Brandenburgische Landeszentrale für politische Bildung
www.politische-bildung-brandenburg.de/
- Landeszentrale für politische Bildungsarbeit Berlin
www.berlin.de/landeszentrale-politische-bildung
- Landeszentrale für politische Bildung Bremen
www.lzpb-bremen.de
- Landeszentrale für politische Bildung Hamburg
www.hamburg.de/Behoerden/Landeszentrale/welcome.htm
- Hessische Landeszentrale für politische Bildung
www.hlz.hessen.de
- Landeszentrale für politische Bildung Mecklenburg-Vorpommern
www.lpp.mvnet.de
- Niedersächsische Landeszentrale für politische Bildung
www.nlpb.de
- Landeszentrale für politische Bildung Nordrhein-Westfalen
www.lzpb.nrw.de
- Landeszentrale für politische Bildung Rheinland-Pfalz
www.politische-bildung-rlp.de
- Landeszentrale für politische Bildung Saarland (LPM)
www.lpm.uni-sb.de/lpb/
- Sächsische Landeszentrale für politische Bildung
www.slpb.de
- Landeszentrale für politische Bildung des Landes Sachsen-Anhalt
www.lpb.sachsen-anhalt.de
- Landeszentrale für politische Bildung Schleswig-Holstein
www.politische-bildung.schleswig-holstein.de
- Landeszentrale für politische Bildung Thüringen
www.thueringen.de/lzt
- Liste mit Links zur politischen Bildung:
www.lpb.bwue.de
Computerspiele
- Datenbank Search and Play
www.bpb.de/snp

Globales lernen

- Gemeinsame Einstiegsseite der Eine-Welt-Internet-Konferenz
www.eine-welt-netz.de
- Zeitschrift „Global lernen" und mehr
www.global-lernen.de
- Hamburger Schulberatungsstelle Globales Lernen und Geografie
www.hh.schule.de/globern

E-Mail-Projekte (Informationen über)

- Goethe Institut, Deutschland:
www.goethe.de/z/ekp/deindex.htm
- Das transatlantische Klassenzimmer (TAK),
Deutschland
www.tak.schule.de
- St. Olaf College, USA (Intercultural Email
Classroom Connections):
www.stolaf.edu/network/iecc
- Intercultural E-Mail Classroom Connections
www. iecc.org
- Global SchoolNet, USA
www.gsn.org
- School Gate von Windows on the World
www.wotw.org.uk

Jugendschutz

- Jugendschutz der Ministerien und Behörden
www.jugendschutz.net
- Internet Medienrat
www.eco.de
- Freiwillige Selbstkontrolle der Multimedia-
Anbieter
www.fsm.de
- Selbstkontrolle Unterhaltungssoftware
www.usk.de
- Freiwillige Selbstkontrolle Fernsehen
www.fsf.de
- Freiwillige Selbstkontrolle der Filmwirtschaft
http://spielfilm.com/organe/fsk.html

Register

Register

Informationen beschaffen

Einen eigenen Standpunkt entwicklen

Register

Günther Gugel: Methoden Manual 1: „Neues Lernen". Tausend Praxisvorschläge für Schule und Lehrerfortbildung. Beltz Verlag. Weinheim, Basel, Berlin.

Alphabetisches Register
Methoden Manual 1